西藏古格王国遗址洞窟变形破坏机理及加固对策研究

齐　干　杨国兴　李　兵　杨　军
陶志刚　奚守仲　闫　晶　茹东永　著

北　京
冶　金　工　业　出　版　社
2016

内容提要

本书针对西藏古格王国遗址洞窟存在的稳定性问题，以遗址洞窟变形破坏机理及加固对策为主要研究对象，运用工程地质学、工程岩体力学、软岩工程力学等学科知识，采用现场工程地质调查、工程地质勘察、现场测试、室内试验、数值模拟、理论分析和设计验算等方法手段，系统分析了古格王国遗址的工程地质条件，研究提出了遗址洞窟的变形破坏模式，分析了其变形破坏力学机制及影响因素，对遗址洞窟、边坡及危岩体稳定性进行了评价，最后提出了洞窟加固防护对策及排水整治措施（应用于现场并取得了良好的效果），研究成果对古文化遗址保护等工作具有较重要的参考价值和借鉴意义。

本书可供从事文物保护工程、古建筑、文博等专业的工程技术人员、研究人员学习参考，也可供从事地质工程、岩土工程、岩体力学等专业的大专院校师生阅读使用。

图书在版编目（CIP）数据

西藏古格王国遗址洞窟变形破坏机理及加固对策研究/齐干等著. —北京：冶金工业出版社，2016.1

ISBN 978-7-5024-7167-5

Ⅰ.①西…　Ⅱ.①齐…　Ⅲ.①古格—古城遗址（考古）—文物保护—研究　Ⅳ.①K878.04

中国版本图书馆 CIP 数据核字（2016）第 010541 号

出 版 人　谭学余
地　　址　北京市东城区嵩祝院北巷 39 号　邮编　100009　电话　(010)64027926
网　　址　www.cnmip.com.cn　电子信箱　yjcbs@cnmip.com.cn
责任编辑　赵亚敏　张耀辉　美术编辑　彭子赫　版式设计　孙跃红
责任校对　卿文春　责任印制　李玉山
ISBN 978-7-5024-7167-5
冶金工业出版社出版发行；各地新华书店经销；固安华明印业有限公司印刷
2016 年 1 月第 1 版，2016 年 1 月第 1 次印刷
169mm×239mm；19.5 印张；379 千字；298 页
68.00 元

冶金工业出版社　投稿电话　(010)64027932　投稿信箱　tougao@cnmip.com.cn
冶金工业出版社营销中心　电话　(010)64044283　传真　(010)64027893
冶金书店　地址　北京市东四西大街 46 号（100010）　电话　(010)65289081（兼传真）
冶金工业出版社天猫旗舰店　yjgycbs.tmall.com

前　言

我国是一个历史悠久的文明古国，在数千年的历史长河中创造了灿烂辉煌的文化，给人类留下了大量的文化遗产和文物遗迹，尤以石质古建筑类文物遗迹、遗址数量众多。据2011年底国务院第三次全国文物普查领导小组办公室、国家文物局公布的第三次全国文物普查成果，全国共登记不可移动文物766722处，其中古遗址类193282处，占登记总量的25.21%。截至2014年底，我国已有47处文物古迹或风景名胜被列入《世界文化和自然遗产名录》，其中文化遗产29处、自然遗产10处、文化自然双重遗产4处、文化景观4处。此外，我国还拥有4296处全国重点文物保护单位、1万余处省级文物保护单位、6万余处县级文物保护单位。我国现今所留存下来的石质古建筑类文物遗迹、遗址经受了数百年乃至数千年的风雨沧桑，在自然因素和人为因素的综合作用影响下，大多遭受到了不同形式、不同程度的变形破坏，给文物带来难以挽回的损失，严重影响了文物的安全稳定、长远保护和价值展现，亟待开展文物保护的相关研究工作。

西藏古格王国遗址又称古格故城遗址、古格王国都城遗址，位于阿里地区札达县城以西约18km、象泉河以南的札不让“土山”上，是国务院1961年公布的全国第一批重点文物保护单位之一。该遗址始建于公元9世纪中叶，毁于1630年的战乱中。遗址总面积约为72万平方米，调查登记房屋遗迹445间、洞窟700多个、碉堡58座、暗道4条、各类佛塔28座、洞葬1处；武器库1座、石锅库1座、大小粮仓11座、供佛洞窑4座、壁葬1处、木棺土葬1处，这些构成了古格王国遗址的主体部分。西藏古格王国故城历经千余年风雨沧桑，在各种内外部因素的综合作用下，现今保留下来的各种遗迹如房屋建筑、各式洞窟、山体边坡、壁画、道路、暗道等均出现了不同程度的变形破坏现象，遗址原貌受到较大改变，有的甚至遭到毁灭性的破坏，严重影响了遗址的完整保护和深入研究。1987 年，由国家文物局拨款，西藏自治区文物管理委员会组织，进行了初步治理和维修工作，主要对5 处建筑进行维修，并整治了上山道路。1997 年，国家文物局又拨款对宫殿、壁画和天花板进行了恢复和保护，补齐了殿堂外墙上的装饰，使建筑物外观得以恢复，并对遗址较为严重的危险部位进行了抢险加固或防护处理，取得了一定的成效。但由于没有开展系列深入的勘测、试验和综合研究工作，未能充分认识到该地区独特的地层岩性和合理利用地形地貌特点，未能形成对遗址文物本体和载体保护有利的排水网络，且整治范围有限，仅围绕古建筑群进行了局部的排水整治，而对洞窟群几乎没有做过加固防护和排水整治。自 1997 年加固防护和排水整治以后，古格王国遗址又经过了十余年，在自然营力的作用下，遗址区山体中有很大一部分排水设施逐步失效，无序的排水和冲蚀对于遗址山体边坡稳定、遗址区建筑物以及山梁两侧洞窟等文物遗存产生严重的影响。

本书作者针对西藏古格王国遗址山体边坡及洞窟变形破坏现状及长期稳定性问题，以遗址洞窟变形破坏机理及加固对策为主要研究对象，综合运用工程地质学、工程岩体力学、软岩工程力学等学科知识，先后四次进藏，历经数百天，采用现场工程地质调查、工程地质勘察、现场调查统计、现场测试、室内试验、数值模拟、理论分析和设计验算等方法手段，系统分析了古格王国遗址的工程地质条件，研究提出了遗址洞窟的变形破坏模式，分析了其变形破坏力学机制及影响因素，对遗址洞窟、边坡及危岩体稳定性进行了评价，最后提出了洞窟加固防护对策及排水整治措施，应用于现场并取得了良好的效果，研究成果对古文化遗址保护等工作具有较重要的参考价值和借鉴意义。

2011 年 5 月，总投资 5744 万元的古格王国遗址保护维修工程正式启动，是迄今对古格王国遗址最大规模的保护维修工程。工程通过文物建筑本体的保护维修和建筑遗址保护、壁画保护与修复、遗址山体的排水整治与山体加固三个阶段，对遗址进行了全面的保护性维修。其中洞窟遗址保护维修、遗址山体的排水整治与山体加固等工作采用了本书研究提出的加固防护对策、排水整治措施及工程设计施工方案。整个保护维修工程历时 3 年多，已于 2014 年 9 月底前全面完工，效果显著，已顺利通过了国家文物局验收专家组的终验。为进一步加强文物保护和文化传承，总投资 1270 万元、占地面积 2300 平方米的古格文化展厅也于 2015 年 8 月建成。保护维修工程完工和古格文化展厅建成后，世人将可以身临其境近观这座昔日王朝的神秘风采，近距离触摸感受厚重的西藏文化历史。

本书由北京市地质研究所齐干博士（后）、高级工程师，总装备部工程设计研究总院杨国兴高级工程师、李兵、闫晶、茹东永，中国矿业大学（北京）杨军副教授、陶志刚博士（后），天地科技股份有限公司奚守仲助理研究员等共同协作完成。全书共分 7 章：第 1 章，绪论；第 2 章，古格王国遗址工程条件分析与试验研究；第 3 章，古格王国遗址洞窟分类及变形破坏模式研究；第 4 章，古格王国遗址洞窟变形破坏力学机制及影响因素分析；第 5 章，古格王国遗址边坡及洞窟稳定性评价与加固对策设计；第 6 章，古格王国遗址区排水系统破坏机理及整治对策设计；第 7 章，结论与展望。

本次研究工作和本书的出版得到了中国科学院何满潮院士、中国工程院顾金才院士、蔡美峰院士、李英骏教授、杜修力教授、聂孟荀教授、孙晓明教授、杨晓杰教授等专家学者的悉心指导和学术支持。现场调查研究期间，得到了西藏自治区文化厅、自治区文物局、阿里地委行署、阿里地区文物局、札达县委县政府、古格王国遗址管理所等单位领导的大力支持；室内试验及综合分析研究工作得到了中国矿业大学（北京）岩土工程研究中心、深部岩土力学与地下工程国家重点实验室师生、总装备部工程设计研究总院相关领导及专业技术人员的无私帮助和大力支持，在此一并表示感谢。本书编写过程中参阅并引用了大量国内外有关专业文献，谨向文献作者表示感谢。

囿于作者水平，书中不足之处，敬请广大专家和读者批评指正。

作　者

2015 年10月于北京

目　　录

1　绪论 ······ 1

1.1　古格王国遗址概况 ······ 1

1.1.1　地理位置 ······ 1

1.1.2　历史沿革 ······ 2

1.1.3　遗址布局 ······ 2

1.1.4　文物价值 ······ 3

1.2　问题的提出 ······ 5

1.2.1　历次加固维修情况 ······ 5

1.2.2　仍然存在的问题 ······ 7

1.3　国内外研究现状 ······ 10

1.3.1　文物古迹保护历程及现状 ······ 11

1.3.2　古遗址保护研究现状 ······ 15

1.3.3　存在的主要问题 ······ 27

1.4　研究内容和技术关键 ······ 28

1.4.1　研究内容 ······ 29

1.4.2　技术关键 ······ 29

1.5　研究方法和技术路线 ······ 30

1.5.1　研究方法 ······ 30

1.5.2　技术路线 ······ 30

2　古格王国遗址工程条件分析与试验研究 ······ 32

2.1　地形地貌 ······ 32

2.2　地质构造与古地理环境 ······ 34

2.2.1　地质构造 ······ 34

2.2.2　古地理环境 ······ 35

2.3　地层岩性及空间分布 ······ 36

2.4　层理、节理及裂隙 ······ 41

2.4.1　层理 ······ 42

2.4.2　节理 …… 42
2.4.3　裂隙 …… 45
2.5　地震及不良地质现象 …… 46
2.6　气象水文 …… 47
2.6.1　气象条件 …… 47
2.6.2　水文地质条件 …… 47
2.7　岩石微观结构及矿物成分试验分析 …… 49
2.7.1　岩矿薄片鉴定分析 …… 49
2.7.2　扫描电镜分析 …… 51
2.7.3　X射线衍射分析 …… 55
2.8　岩石物理力学及水理性质试验分析 …… 62
2.8.1　岩石物理力学性质 …… 62
2.8.2　岩石崩解性 …… 62
2.8.3　岩石水理性质 …… 62
2.8.4　岩石易溶盐含量、化学类型和腐蚀性评价 …… 74

3　古格王国遗址洞窟分类及变形破坏模式研究 …… 76

3.1　洞窟分区及命名原则 …… 76
3.2　洞窟的类型划分 …… 77
3.2.1　按洞窟规模分类 …… 80
3.2.2　按洞窟围岩分类 …… 82
3.2.3　按洞窟结构分类 …… 84
3.2.4　按洞窟完整性分类 …… 88
3.3　洞窟的变形破坏模式 …… 91
3.3.1　洞顶破坏型 …… 91
3.3.2　洞口破坏型 …… 98
3.3.3　洞壁破坏型 …… 102
3.3.4　洞底破坏型 …… 105
3.3.5　人为破坏型 …… 108

4　古格王国遗址洞窟变形破坏力学机制及影响因素分析 …… 110

4.1　洞窟变形破坏力学机制 …… 110
4.1.1　结构型变形破坏机制（Ⅰ型） …… 110
4.1.2　水理型变形破坏机制（Ⅱ型） …… 114
4.1.3　应力型变形破坏机制（Ⅲ型） …… 117

4.1.4　复合型变形破坏机制 …… 124
4.2　洞窟变形破坏过程数值模拟分析 …… 124
4.2.1　数值模拟方案 …… 125
4.2.2　单体洞窟变形破坏过程模拟 …… 125
4.2.3　洞窟群变形破坏过程模拟 …… 131
4.3　洞窟顶板变形破坏的力学分析 …… 136
4.3.1　梁板模型法分析 …… 136
4.3.2　破裂拱模型法分析 …… 138
4.3.3　塌陷平衡法分析 …… 138
4.3.4　合理拱模型法分析 …… 139
4.3.5　承载拱模型法分析 …… 140
4.3.6　典型计算及对比分析 …… 141
4.4　洞窟变形破坏原因分析 …… 142
4.4.1　岩性特征 …… 142
4.4.2　岩体结构 …… 143
4.4.3　水的影响 …… 143
4.4.4　风的影响 …… 144
4.4.5　高应力破坏 …… 144
4.4.6　人为原因 …… 145
4.5　基于BP网络的洞窟完整性预测及影响因素分析 …… 146
4.5.1　BP神经网络基本原理方法 …… 146
4.5.2　BP网络结构设计 …… 151
4.5.3　训练样本选择和归一化 …… 152
4.5.4　网络训练及检验 …… 156
4.5.5　基于BP网络的影响因素分析 …… 160

5　古格王国遗址边坡及洞窟稳定性评价与加固对策设计 …… 163

5.1　古格山体边坡稳定性影响因素分析 …… 163
5.1.1　地层岩性对边坡稳定性的影响分析 …… 163
5.1.2　边坡坡度对边坡稳定性的影响分析 …… 164
5.1.3　结构面对边坡稳定性的影响分析 …… 164
5.1.4　雨水对边坡稳定性的影响分析 …… 167
5.1.5　洞窟开挖对边坡稳定性的影响分析 …… 167
5.1.6　地震对边坡稳定性的影响分析 …… 176
5.2　古格王国遗址边坡整体稳定性评价 …… 178

5.2.1 MSARMA 分析方法原理及设计系统 …… 178
5.2.2 古格王国遗址区边坡稳定性计算 …… 182
5.3 古格王国遗址洞窟与边坡稳定性评价 …… 184
5.3.1 有限元软件 LDEAS 简介及基本原理 …… 185
5.3.2 古格王国遗址边坡稳定性计算 …… 188
5.3.3 洞窟与危岩体稳定性评价 …… 199
5.4 古格王国遗址洞窟与边坡加固治理设计 …… 203
5.4.1 加固治理原则 …… 205
5.4.2 加固治理分类与加固治理重点 …… 206
5.4.3 加固治理对策 …… 208
5.4.4 古格王国遗址区洞窟与危岩体的加固对策设计 …… 210
5.4.5 洞窟及边坡稳定性远程监测设计 …… 222

6 古格王国遗址区排水系统破坏机理及整治对策设计 …… 234

6.1 古格王国遗址区排水系统现状调查分析 …… 234
6.1.1 遗址区历次排水整治修复概况 …… 234
6.1.2 遗址区山体排水系统组成 …… 238
6.1.3 山体排水系统破坏类型及特点 …… 239
6.2 古格王国遗址区排水系统破坏机理及原因分析 …… 253
6.2.1 排水系统破坏机理 …… 253
6.2.2 排水系统破坏原因分析 …… 253
6.3 古格王国遗址区排水整治设计 …… 255
6.3.1 遗址区排水整治设计原则 …… 255
6.3.2 排水设计步骤 …… 255
6.3.3 古格王国遗址区排水设计流量计算 …… 255
6.3.4 古格王国遗址区排水系统设计 …… 264

7 结论与展望 …… 278

7.1 主要研究结论 …… 278
7.2 研究工作展望 …… 280
7.2.1 加强古格王国遗址围岩的冻融及风化研究 …… 281
7.2.2 加强古格王国遗址边坡建筑群变形机理及加固对策研究 …… 281
7.2.3 建立古格王国遗址三维信息系统和三维可视化系统 …… 281

附录 …… 282

附图一　西藏古格王国遗址洞窟平面位置示意图 …… 282

附图二 西藏古格王国遗址山体平面排水设计图 …………………………… 283
附图三 西藏古格王国遗址山体Ⅰ区平面排水设计图 ………………………… 284
附图四 西藏古格王国遗址山体Ⅱ区平面排水设计图 ………………………… 285
附图五 西藏古格王国遗址山体Ⅲ区平面排水设计图 ………………………… 286

参考文献 ……………………………………………………………………… 287

1 绪　　论

西藏古格王国遗址是全国首批重点文物保护单位。本章首先从地理位置、历史沿革、遗址建筑及布局和文物价值等多个方面介绍了遗址的基本概况，指出了遗址的保存现状、目前存在的主要问题以及历次维护修缮的情况，提出了本次研究工作亟待解决的重点工程问题和难题。分析探讨了国内外在古遗址特别是石质文物和土遗址保护加固理论、方法和技术等方面的研究现状，提出了本次工作的主要研究内容和技术关键，阐述了研究方法和技术路线。

1.1 古格王国遗址概况

1.1.1 地理位置

西藏古格王国遗址，又称古格故城遗址、古格王国都城遗址[1~3]，是国务院公布的全国第一批重点文物保护单位之一（见图 1.1、图 1.2）。该遗址位于西藏藏族自治区阿里地区西南部的札达县。札达县地处喜马拉雅山脉与冈底斯山脉之间，北靠葛尔县，东南与普兰县毗邻，西南与印度接壤。该县地处高原地带的札达盆地，整个地形四面环山，被札达地区所特有的“土林地貌”所环绕。境内共有大小河流 14 条，其中阿里地区的第二大河—象泉河横穿县境。古格王国遗址地理坐标为东经 79°39′、北纬 31°25′，位于札达县城以西约 18km、象泉河南岸的一座土山上（称为札不让山），北距札不让村约 2km，距象泉河约 2.5km（见图 1.3）。遗址东西宽约 600m，南北长约 1200m，占地面积约 720000m^2，最

图 1.1　西藏古格王国遗址正门入口

图 1.2　全国重点文物保护单位授予标志牌

图 1.3　古格王国遗址在札达县的位置

高处宫殿遗址高程 3850m 左右。遗址西侧是最高达 200m 的断崖，崖下为一条时常干枯的河床—牛让沟；南端依靠高耸陡峭的大土山；东边是相对宽缓的坡地，坡下有一条小溪——肉帮沟。

1.1.2　历史沿革

公元 9 世纪中叶，吐蕃王朝末代赞布朗达玛去世后，王室内部展开了争夺王位的斗争，于是战乱四起。朗达玛后裔中的一支吉德尼玛衮在斗争中失败，逃至阿里地区，建立了一个小王朝。后来他将阿里一分为三，分封给他的三个儿子，古格王国便是其第三子德祖衮的封国。这个政权在延续了 700 多年，世袭了 16 个国王之后，于公元 1630 年在拉达克人的一次入侵中覆灭，古格王国都城也逐渐沦为废墟[4~8]。

据现有考古、文物志等资料和现场访问可知，现古格王国遗址区札不让山上的洞窟于古格王国建立前就已经开挖并有人居住。阿里地区有史籍记载是始于“象雄时代”，“象雄”是在吐蕃王朝建立之前已雄踞西藏高原的一个强大的部落联盟。随着吐蕃王朝的崩溃和古格王国的建立、发展，洞窟和上部建筑的规模逐渐扩大，据称古格都城居住人口最多时曾达到 10 万多人[9]。在古格王国消亡后，遗址洞窟仍发挥着居住的作用，直到 1975 年 ~ 1978 年间，居住在现古格王国遗址管理所附近的最后 14 户人家陆续迁出遗址洞窟，搬迁至札不让山东北方向的象泉河南岸处，即现在的札不让村。

1.1.3　遗址布局

古格王国遗址按照社会等级依山势而建，社会地位越高，居住的地势越高。遗址建筑分上、中、下三层，依次为王宫、寺庙和民居。札不让山脚下分布着三百余间成排的洞窟和简陋的房屋遗迹，为平民居住区。沿札不让山近南北向的山脊线，在山脊平台和东侧建有高大的庙宇和密集的僧房，为宗教活动和僧侣居住区，是古格王国遗址的重点遗迹分布区。其中保存较好的有红殿和白殿，殿内的壁画内容既有宗教故事、社会生活，也有反映吐蕃王朝发展历史及其历代赞布和古格王国国王的世系画像，不仅内容丰富，而且还有较高的艺术水平。绝壁以上的山顶坐落着雄伟的王宫，包括聚会议事的大殿，进行佛事活动的经堂、坛城、神殿和王室成员居住的冬宫、夏宫等。

遗址下部有城墙，山腰上环绕着障墙、碉堡，绝壁内修凿了路线复杂、四通八达的隧道。在遗址山体西侧还设有盘旋的取水道（现已毁坏），可以直通山下的水源（泉水）。

遗址大部分建筑物在土山的东面，依山叠砌，层层而上。房屋、洞窟等星罗棋布，据1985年西藏自治区文管会组织的考察队调查统计，共有445间庙堂房屋遗迹、879个洞窟、58座碉楼、4条暗道、28座各类佛塔、11座大小粮仓、1个武器库和其他一些附属建筑。整个建筑群规模庞大，气势宏伟。整个遗址的房屋建筑均为土木结构、平顶，一般房屋的面积在12～18m^2，为官僚和僧侣的住宅，这类建筑现今大都已塌毁，只剩残墙断壁。

古格王国遗址建筑、洞窟等布局如图1.4～图1.7所示。

图1.4　古格王国遗址东北立面远景

图1.5　古格王国遗址西北立面远景

1.1.4　文物价值

公元9世纪中叶至17世纪初，古格王国雄踞西藏西部，弘扬佛教，抵御外侮，在西藏吐蕃王朝以后的历史舞台上扮演了重要的角色。它是吐蕃王室后裔在吐蕃西部阿里地区建立的地方政权，其统治范围最盛时遍及阿里全境。它不仅是吐蕃世系的延续，而且使佛教在吐蕃瓦解后重新找到立足点，并由此逐渐达到全盛。因此古格王朝在西藏历史上具有重要意义，它长达700余年的历史一直是西

图1.6 洞窟依山开挖叠砌、逐层而上

图1.7 古格遗址主要建筑

藏学专家所关心的研究课题，而且古格王国遗址遗留下来的遗迹、遗物非常丰富。因此古格王国遗址具有很高的文物价值，对研究西藏的历史、文化、政治、经济、军事、佛教、艺术和建筑等都有重要的意义和作用，主要体现在以下几个方面：

（1）古格王国遗址是古格王国最重要的遗迹之一，气势宏伟、规模浩大，曾作为古格王朝都城使用近700余年，为研究西藏历史和古代建筑提供了重要的实物资料。

（2）古格王国遗址是西藏地区城堡类建筑的代表之一。它综合民用、军事和佛教等功能，包括房屋、佛塔、碉堡、围墙、暗道和洞窟等建（构）筑物，所形成的复合式都城模式是世界王都建筑史上的一项创举。

（3）古格王国遗址的建筑布局充分利用山形地势而巧妙构思、合理规划，完美地体现了自然风貌与人类创造的浑然一体，充分展现出古格人在建筑设计和建筑技术上的审美情趣和高超技艺。洞窟与建筑的完美结合，充分利用第三系沉积岩体半成岩的强度特点（宜开挖且自稳性好），并结合土木石的建筑满足各类功能的需求，体现人与自然的协调，堪称山城建筑中的上乘之作，其洞窟开挖的方法在整个西藏仅见于古格王国范围内的现札达、普兰两县。此外古城的围墙也是石刻艺术的宝库，城墙角的碉堡当年虽是作防御之用，却也是战争与艺术融为一体的结晶。

（4）古格壁画是古格艺术的精品，虽然已经沉睡了几个世纪，但如今依然光彩照人。这些壁画包括佛教故事、神话传说以及当时古格人的生产、生活场面等等，内容十分丰富。透过这些绚丽斑斓的图画，人们不难领略到昔日古格王朝的政治经济活动以及文化风情，从中去追寻古格兴盛与消亡的历史。

（5）近十数年间于古格遗址周围不断发掘出的造像、雕刻及壁画等是这个神秘王朝留给今人的宝贵财富。古格雕塑多为金银佛教造像，其中被称为“古格银眼”的雕像代表其最高成就。遗存最为完整、数量最多的是它的壁画。古格壁画风格独特、气势宏大，较全面地反映了当时社会生活各层面。所绘人物用笔简练，性格突出，其中丰满动感的女体人物尤具代表性。由于古格王国所处地理位置及受多种外来文化影响，在艺术表现风格上带有明显的克什米尔及犍陀罗艺术痕迹。古格盛产黄金白银，一种用金银汁书写的经书充分体现当时皇室生活的奢华程度。

1.2 问题的提出

1.2.1 历次加固维修情况

自从古格王国灭亡之后便几近销声匿迹，鲜为人知。最早对这座古城遗址进行考察的是英国人麦克活斯·扬，他于 1912 年从印度沿象泉河溯流而上来此进行考察。此后便有探险家、旅行者、摄影家和艺术家们源源不断地来探奇访幽。但真正的科学考察是从 1985 年 6 月中旬开始的，由西藏自治区文物管理委员会组织，故宫博物院、文物出版社、四川大学等 6 个单位组成综合考察队，对古格王国遗址第一次进行全面、系统、科学的考察，考察成果汇成《古格故城》一书[10]。据实地测量，遗址总面积约为 72 万平方米，调查登记房屋遗迹 445 间、洞窟 879 个、碉堡 58 座、暗道 4 条、各类佛塔 28 座、洞葬 1 处；发现武器库 1 座、石锅库 1 座、大小粮仓 11 座、供佛洞窑 4 座、壁葬 1 处、木棺土葬 1 处。这些构成了古格王国遗址的主体部分。

西藏古格王国故城历经千余年风雨沧桑，在各种内外部因素的综合作用下，现今保留下来的各种遗迹如房屋建筑、各式洞窟、山体边坡、壁画、道路、暗道等均出现了不同程度的变形破坏现象，遗址原貌受到较大改变，有的甚至遭到毁灭性的破坏，严重影响了遗址的完整保护和深入研究。为此，国家和地方曾先后两次对古格王国遗址进行了初步的治理和维护。

1987 年，由国家文物局拨款，西藏自治区文物管理委员会组织，进行了初步治理和维修工作，主要对 5 处保存比较完好的建筑进行了维修，整治了上山的道路[11]。

1997 年，国家文物局拨款 137 万对宫殿、壁画和天花板进行了恢复和保护，补齐了殿堂外墙上的装饰，使建筑物原来的外观得到恢复。国家文物局还拨款 40 多万元作为遗址抢险加固与整治排水经费，对较为严重的危险部位进行了加固或防护处理[12]。

在历次加固维修中，对洞窟、边坡和部分建筑也做了一定程度的维修保护，主要采用土坯墙和泥砌块石进行支挡和封堵的方法。根据现场调查可以看出，洞窟加固和防护采用土坯墙支挡和封堵加固的效果总体较好，但是存在以下两方面问题：一是由于未进行专门的洞窟防水设计，洞口及洞外的土坯墙易受雨水的冲刷而被冲垮，如图 1.8 所示；二是洞内局部支顶的支柱位置不当而导致洞顶顶板在支顶范围以外发生破坏，如图 1.9 所示。对于边坡的防护，主要采用土坯墙或泥砌块石支挡危岩体的方法，起到一定的效果，如图 1.10 所示。此外对红殿西北角基础和部分墙体也进行了加固，效果良好，如图 1.11、图 1.12 所示。

图 1.8　洞口封堵处土坯受雨水冲刷而被破坏

图 1.9　支顶柱位置不当而发生破坏

图 1.10　前期山体边坡防护

图 1.11　红殿西北角基础加固

图 1.12　部分墙体支挡加固

古格王国遗址区 1987 年和 1997 年先后两次排水整治，重点放在山顶的王宫区和建筑遗存较多的山体东侧区域。排水整治的主要思路和做法是疏导、组织排水、分层排水和适当处理出水口，主要包括两方面：

（1）地面排水整治：包括地面出水口整治和上山道路硬化处理，第Ⅱ区第 5 亚区地面排水整治出水口共 26 处，第Ⅲ区（山顶王宫区）地面排水整治出水口共 37 处（洞窟分区及命名原则详见 3.1 节）。

（2）建筑物屋顶排水整治。据现场调查统计，主要针对第Ⅱ区第5亚区建筑物（白殿、红殿、大威德殿等）屋顶进行了排水整治，共计设置排水口30多处。

根据对遗址区排水情况全面、系统的调查，遗址区历次排水整治的成功之处有：

（1）进行了局部区域疏导、组织排水、分层排水整治，避免雨水的无序排水，减少了汇水面积，同时也减小了地表径流的水动力，减缓了雨水对山体的冲刷破坏。

（2）在山体比较狭窄的路段硬化山路作为排水通道，既方便了游客登山游览景点，又可作为雨水的排水通道。

（3）在建筑物排水出口下方铺设一层砂卵石，减缓出水口雨水水流对地面的冲蚀破坏，排水效果较好。

（4）出水口处硬化，有助于减缓雨水水流对出水口的破坏。

（5）在局部平台外侧修砂卵石土坎挡水，调整排水方向，效果良好。

1.2.2　仍然存在的问题

虽然古格王国遗址区历次排水整治取得了一定的效果，但由于没有充分认识到该地区岩性特点和合理利用地形地貌特点，未能形成对遗址文物本体和载体保护有利的排水网络，且整治范围有限，仅围绕古建筑群进行了局部的排水整治，而对洞窟群几乎没有做过排水整治。历次排水整治至今，古格遗址又经过了十余年，在自然营力的作用下，遗址区山体中有很大一部分排水设施逐步失效，无序的排水和冲蚀对于遗址山体边坡稳定、遗址区建筑物以及山梁两侧洞窟等文物遗存产生严重的影响。

截至2008年，古格王国遗址除白殿、红殿、大威德殿、度母殿以及王宫区的坛城殿等少数宗教建筑保存较为完好外，主要存在以下几方面严重问题：

（1）房屋建筑损毁严重，绝大多数屋顶皆失，仅存残垣断壁，如图1.13～图1.16所示。

图1.13　遗址西北角房屋建筑损毁情况

图1.14　遗址东北角房屋建筑损毁情况

图1.15　山顶王宫平台房屋建筑损毁情况

图1.16　墙体破坏细部情况

（2）洞窟存在不同程度的坍塌及其他形式的破坏，很多已经面目全非。如图1.17～图1.20所示。

图1.17　遗址东立面部分洞窟破坏情况

图1.18　遗址北立面部分洞窟破坏情况

图1.19　遗址西立面部分洞窟破坏情况

图1.20　遗址部分洞窟细部破坏情况

（3）存在一定数量的边坡危岩体，严重威胁着遗址的安全。如遗址南边相邻山体巨型危岩体出现大范围的垮塌（见图1.21），西北立面边坡局部出现零星崩塌（见图 1.22），西立面和西北立面边坡有的危岩体存在潜在危险（见图 1.23 和图 1.24）。根据现场调查，在遗址东立面和北立面则基本不存在危岩体。

图 1.21 遗址南边相邻山体危岩体垮塌

图 1.22 遗址西北立面崩塌岩体

图 1.23 遗址西立面危岩体

图 1.24 遗址西北立面小型危岩体

（4）排水系统不佳，从而造成雨水渗流和冲蚀严重影响遗址山体边坡、洞窟及建筑物的安全和稳定。如图 1.25 ~ 图 1.28 所示。

图 1.25 遗址东立面雨水严重冲刷情况

图 1.26 遗址西立面大型冲沟

图 1.27　流水对建筑的严重冲刷掏蚀情况

图 1.28　渗流及冲刷对洞窟的破坏情况

基于西藏古格王国遗址文物价值的重要性和现存遗迹破坏的严重性，急需针对遗址存在的主要问题——遗址赋存的工程地质条件、变形破坏模式及变形破坏机理等展开勘察测绘、现场及室内试验和相关研究工作，并有针对性地提出对应的加固治理和排水整治对策，以有效地保护遗址的安全和长期稳定。

1.3　国内外研究现状

文物古迹是指人类在历史上创造或遗留的具有价值的不可移动的实物遗存，包括古文化遗址、古墓葬、古建筑、石窟寺、石刻、近现代史迹及代表性建筑、历史文化名城、名镇、名村和其中的附属文物；文化景观、文化线路、遗产运河等类型的遗产也属于文物古迹的范畴。文物是历史信息的载体，是祖先遗留下来的不可再生的文化遗产，是人类历史的见证。作为文物大国，我国拥有数量众多的文物资源，而且历来非常重视文物保护和研究工作。为了保护世界文化和自然遗产，联合国教科文组织于 1972 年 11 月 16 日在第十七次大会上正式通过了《保护世界文化和自然遗产公约》（以下简称《公约》）。《世界文化和自然遗产名录》是隶属于联合国教科文组织的世界遗产委员会 1976 年成立时建立的。中国于 1985 年 12 月 12 日加入《公约》，1999 年 10 月 29 日当选为世界遗产委员会成员。截至 2014 年底，中国已有 47 处文物古迹或风景名胜被列入《世界文化和自然遗产名录》，其中文化遗产 29 处、自然遗产 10 处、文化自然双重遗产 4 处、文化景观 4 处。此外，中国还拥有 4296 处全国重点文物保护单位、1 万余处省级文物保护单位、6 万余处县级文物保护单位。

据 2011 年底国务院第三次全国文物普查领导小组办公室、国家文物局组织的第三次全国文物普查统计，全国共登记不可移动文物 766722 处（不包括港、澳、台地区）。其中，新发现登记不可移动文物 536001 处，复查登记不可移动文物 230721 处。新发现登记占登记总量的 69.91%；从类别构成方面，古遗址类 193282 处、古墓葬类 139458 处、古建筑类 263885 处、石窟寺及石刻类 24422

处、近现代重要史迹及代表性建筑类141449处、其他类4226处，分别占登记总量的25.21%、18.19%、34.42%、3.19%、18.44%、0.55%。

古格王国遗址作为国务院1961年公布的全国第一批重点文物保护单位之一，根据遗址的形制特点和围岩特性，从文物学的角度可以将其归为石质古建筑类遗址的范畴。我国是一个历史悠久的文明古国，在数千年的历史长河中创造了灿烂辉煌的文化，给我们留下了大量的文化遗产和文物遗迹，尤以石质古建筑类文物遗迹、遗址数量众多。然而现今所留存下来的石质古建筑类文物遗迹、遗址往往经受了数百年乃至数千年的风雨沧桑，在自然因素和人为因素的综合作用影响下，大多数遭受到了不同形式、不同程度的变形破坏。这些破坏给文物造成了不可挽回的损失，严重影响了文物的安全稳定和价值展现。为此，国内外文物考古学界、古建筑学界、岩石力学界等领域的专家学者在古建筑文物遗址保护和维修加固等方面做了大量的研究工作，取得了丰硕的研究成果，部分研究成果对本次研究有着很强的借鉴意义和很高的参考价值，并奠定了一定的研究基础。

1.3.1 文物古迹保护历程及现状

1.3.1.1 国外文物古迹保护历程与现状

保护文物古迹意识的形成过程，是与近现代的历史学、考古学的发展轨迹平行的。人们对古希腊、古罗马古董的兴趣导致了收藏之风，并随着英法等国对地中海的大规模考察，催生了19世纪的考古学。通过国家立法将对文物古迹的保护确定下来，也就是在同一时期开始的。

1840年在古建筑鉴定专家梅里美的倡议下，法国成立了历史建筑管理局，提出《历史性建筑法案》[13]；此后在1913年颁布了保护历史性建筑的《历史古迹法》[14]。在英国，1877年由威廉·莫理斯创建了古建筑保护协会；1882年颁布《古迹保护法》，保护21项古迹，其中主要是遗址[15,16]；1913年颁布《古建筑加固和改善法》[17]，1931年颁布《古建筑加固和改善法修正案》；1953年制定了保护历史性建筑物的《古建筑及古迹法》[18]。在日本，1897年国家制定了《古神社寺庙保存法》；1919年制定了《古迹名胜天然纪念物保存法》；1929年制定了《国宝保护法》；1952年综合以上三个法令为《文物保护法》[19~22]。

1933年，国际现代建筑协会制定了第一个获国际公认的城市规划纲领性文件——《雅典宪章》[23]，其中有一节专门论述“有历史价值的建筑和地区”，指出了保护文物建筑的意义与基本原则，及保护好代表一个历史时期的历史遗存在教育后代方面的重要意义，这表明文物建筑的保护运动已成为一股很重要的国际力量。第二次世界大战后经济复兴，各类城市建设高潮涌起，致使许多文物建筑及其环境受到了破坏，城市保护与发展的矛盾越来越突出，问题也越来越复杂[24]。在这种背景下，联合国教科文组织在1964年5月于威尼斯召开的第二届历史古迹建筑师及技师国际会议上通过了著名的《国际古迹保护与修复宪章》，即通常所称的《威尼斯宪章》。《威尼斯宪章》扩大了文物古迹的概念："不仅包括单个建筑物，而且包括能够从中找出一种独特的文明、一种有意义的发展或一个历史事件见证的城市或乡村环境。这不仅包括伟大的艺术作品，而且亦适用于随时光流逝而获得文化意义的过去一些较为朴实的艺术品"。文件还指出"古迹的保护包含着对一定规模环境的保护"，"不能与其所见证的历史和其产生的环境分离"。关于保护的宗旨，文件指出："保护和修复古迹的目的旨在把它们既作为历史见证，又作为艺术品予以保护"。此外，文件还规定要保护文物建筑的全部，从平面、立面，到室内的装饰、雕刻、绘画，强调保护全部历史的信息，保存各个时代的叠加物，修复时添加的部分必须保持整体的和谐一致，但又必须和原来的部分明显地区别，禁止任何重建[25,26]。

文物保护的对象从个体的文物建筑扩大到历史地段，是20世纪60年代以来国际上兴起的新潮流。保护首先从文物建筑周围的环境开始。如日本1966年颁布的《古都保存法》，主要目的是保护古都文物古迹周围的环境以及文物连片地区的整体环境[27]。之后，历史地段的保护由"文物建筑所在地段"的保护向"历史街区"逐步拓展。"历史街区"强调的不是个体建筑，地段内单体建筑并不个个都具有文物价值，但它们所构成的整体环境和秩序却反映了某一历史时期的风貌特色，因而使价值得到了升华。从地段的构成上看，也不仅限于宫殿、庙宇等重要的纪念性建筑物，而且包括了民居、商店、村落等更广泛的内容，并逐渐发展到保护历史街区。

1972年6月，联合国人类环境会议在斯德哥尔摩召开大会，58个国家152位成员组成的通讯顾问委员会编成了此后影响深远的报告：《只有一个地球——对一个小小行星的关怀和维护》，提出了要充分和有效地注意城市文物的保护[28]。1987年10月，国际古迹遗址理事会通过《华盛顿宪章》，这是继《威尼斯宪章》之后第二个国际性法规文件。2000年7月，由联合国教科文组织、世界银行和中国国家文物局、建设部共同举办了"中国文化遗产保护与城市发展"国际会议，来自十几个国家和国内三十几个城市的专家、学者、政府官员达成《北京共识》[29]，认为在经济快速发展的21世纪，许多城市中的文化遗产遭受到冲击，甚至面临着遭受破坏的危险。因此，各级各类文物古迹的保护成为世界政治、经济和文化协调持续发展的重要内容。

1.3.1.2　国内文物古迹保护历程与现状

我国政府历来特别是21世纪以来高度重视文物保护工作。1985年12月12日我国加入《保护世界文化和自然遗产公约》，1999年10月29日当选为世界遗产委员会成员。2000年，由中国国家文物局编制的《中国文物古迹保护准则》（以下简称《中国准则》）印发颁行，至今已有15个年头。它在对中国当时的文物保护工作进行充分总结的基础上，明确了文物保护工作的基本程序和基本原则，澄清了当时文物保护工作中存在的一些争议，提升了中国文物保护的理论水平，规范了中国文物保护的实践工作，促进了中国和国际文物保护理论研究的交流和学习。《中国准则》作为中国文物保护工作的最高行业规则和主要标准，问世后得到了广泛的宣传、普及和运用，一大批文物保护工作者接受了《中国准则》的培训，有中国特色的文物保护理念在业内乃至社会上广泛传播，对中国的文化遗产保护工作起到了很好的理论指引和重要的推动作用，在国内外文化遗产保护领域产生了广泛而深刻的影响。应该说，《中国准则》为 2000 年以后中国文物保护工作的科学开展创造了条件、奠定了基础，对中国文物保护事业的发展具有重要的指导意义。

2000 年以后，随着经济社会的迅速发展，中国文物保护事业进入到一个蓬勃发展的黄金时期。这首先体现在空前活跃的文物保护实践上。在这 15 年里，我国进一步摸清了文物家底，登记的不可移动文物数量有了井喷式增长。通过第三次全国文物普查工作，被认定为不可移动文物的数量从 30 余万处增加到 76 万余处，全国重点文物保护单位的数量也从 2000 年的 750 处增长到目前的 4296 处，各地省级和市县级文物保护单位的数量也有了大幅度增长。

在这 15 年里，一大批重点文物保护单位得到妥善保护，周边环境明显改善。三峡文物保护工程、南水北调文物保护工程、山西南部早期建筑保护工程、西藏重点文物保护工程等取得显著成果，积累了大量宝贵的实践经验。汶川震后文物抢救保护工程、玉树震后文物抢救保护工程，反映了中国文物工作者应对大规模灾害后文物保护应急水平和专业能力。蒙古博格达汉宫门前区维修工程、柬埔寨吴哥窟周萨神庙和茶胶寺维修工程等援外项目，则向世界展示了中国文物保护的理念、技术和水平。

在这 15 年里，大遗址保护、考古遗址公园建设方兴未艾。安阳殷墟遗址、洛阳隋唐洛阳城遗址、成都金沙遗址和西安大明宫遗址等大遗址保护工程和考古遗址公园的建设，为解决遗址保护利用、阐释展示、利益相关者权益的实现、旅游发展、民生改善等问题提供了基于考古学研究的新模式，为文化遗产保护和经济社会共同发展探索了崭新的解决方案，是当前新型城镇化背景下各利益相关者实现共赢发展的有效途径，既实现了考古遗产的可持续发展，维护了文化多样性，又使文物保护的成果真正惠及地方，惠及民众，产生了良好的社会效益和经济效益。

在这 15 年里，中国的世界文化遗产保护管理取得了长足进步。截至 2014 年，中国已经拥有了 47 项世界遗产，在世界文化遗产的申报、保护、管理、监测、研究等各个方面逐步形成了一套较为完备、行之有效的工作机制。更为重要的是，随着突出普遍价值、真实性、完整性等世界遗产保护理念的普及，以及丝绸之路、大运河这类巨型线性遗产保护实践工作的开展，文化遗产保护工作在中国的广度和深度都得到了大大的拓展。不仅列入《世界遗产名录》中的文化遗产得到了很好的保护与管理，其他各类文化遗产的保护也从世界文化遗产保护的理论与方法上汲取了宝贵的营养，世界文化遗产在保护、监测、展示等方面的先进理念和方法在中国得到了普遍运用，大大提高了文化遗产保护管理的整体水平，带动了遗产地的经济社会全面发展。

文物保护事业进入蓬勃发展的黄金时期，另一个体现就是中国文化遗产保护理论的不断丰富。20 世纪 90 年代以后，特别是进入新世纪以后，文化遗产保护理论发展进入了新的活跃期，人们对文化遗产的真实性、完整性和文化遗产的合理利用等有了更加深入的认识，一些新型文化遗产的保护也逐渐进入视野，这进一步推动了中国文物保护理论的发展和丰富。

2005 年 12 月，国务院印发了《关于加强文化遗产保护的通知》，明确提出了加强文化遗产保护的指导思想、基本方针、总体目标和主要措施，标志着中国文物事业进入一个新的发展阶段。自 2006 年开始，国家文物局每年举办一次中国文化遗产保护无锡论坛，先后对工业遗产、乡土建筑、20 世纪遗产、文化景观、文化线路、运河遗产及世界遗产的可持续发展、文化遗产的保护与利用等主题进行了广泛深入的讨论。第 28 届世界遗产委员会大会、第 15 届国际古迹遗址理事会大会、第 2 届文化遗产保护与可持续发展国际会议、东亚地区文物建筑保护理念与实践国际研讨会、东亚地区木结构彩画保护国际研讨会以及国际古迹遗址理事会顾问委员会暨科学委员会会议等重要国际会议先后在中国召开，《世界遗产青少年教育苏州宣言》《西安宣言》《绍兴宣言》《北京文件——关于东亚地区文物建筑保护与修复》《关于东亚地区关于彩画保护和修复的北京备忘录》等国际文件的陆续出台，加强了中国与国际文化遗产保护领域的沟通与交流，为国际文化遗产保护理论的丰富与发展做出了重要贡献。

当今社会，文化遗产保护与社会发展结合得更加紧密。文化遗产作为促进经济社会可持续发展的积极力量，正在努力、更好地造福人类的当代生活，使得这个世界更加丰富多彩，更加和谐美好。文化遗产在社会发展中的影响不断凸显，对文化遗产保护提出了更高的要求。

如何从单纯对文物的保护，逐渐发展成展示、利用与保护并重，综合考虑文化遗产保护的社会效益，更加强调文物保护对社会发展的促进作用，是当今文化遗产保护要重点解决的问题。

同时不可否认，文化遗产在当今仍然面临诸多威胁。国际上，一些争端地区的文化遗产屡遭破坏。极端分子妄图通过摧毁文化遗产来摧毁一个地区人民的信仰，摧毁人类的历史记忆。在中国，我们面临的主要问题是如何处理好经济社会发展与文化遗产保护的关系，实现发展与保护的共赢。我国目前正在经历一个经济快速发展期，不少地方存在单纯追求经济利益、忽视文化遗产保护的现象，甚至为了短期经济利益不惜破坏文化遗产；还有一些地方在经济发展后开始重视文化遗产保护，投入了大量经费，但却没有按照正确的保护理论去加以保护，结果好心办了坏事。为解决这些问题，我国一是加强了文化遗产保护的执法督察，重点查处破坏文化遗产的违法行为；二是加强了宣传，让全社会、各利益相关者正确理解文化遗产对当代社会的积极作用；更为重要的是加强了对文化遗产保护理念的探索，用正确的理念去引导、解决文化遗产保护问题。比如，我国重点加强了对文化遗产合理利用的理论探索，指出合理利用是保持文物古迹在当代社会生活中的活力、促进保护文物古迹及其价值的重要方法，这已成为业内外的高度共识。我国所关注的早已不是连篇累牍的研讨，而是大量案例的实质性推进，在大遗址、乡土建筑、工业遗产、文化景观等各种类型遗产的保护利用实践中都做了很多有益的尝试。

1.3.2 古遗址保护研究现状

古遗址保护是一项系统工程，越来越多地体现了多学科之间的交叉融合。总的来说地质学、岩土力学、现代分析测试技术、应用化学、材料学、工程技术等学科在古遗址保护中占有重要的位置，而古遗址本身的特点也决定了地质学、岩土力学和工程技术等在其中占据更加重要的地位[30~34]。

1.3.2.1 地质学在古遗址保护中的应用研究现状

古遗址本身就是一种与地质有关的文物遗址，岩土材料多取自于地球表面或地球浅层，如黏土矿物和各类型岩土材料等。因此，掌握岩土材料的物理、化学、矿物及水理性质能使我们更好地了解古遗址本身的特性和变化特点，而地质学所涉及的矿物学、岩石学、土质学、地球物理学等理论正为我们提供了古遗址研究基础。

通过地质学理论、方法和技术可以获得古遗址所处位置的区域地质构造、不良地质现象的规模和空间分布、地下水的分布情况等宏观数据，查明遗址所处场地内有无不良地质现象的发育情况及其对遗址的影响，还能对区域稳定性和场地稳定性做出评价。同时针对不良的地质条件提供建议和措施方案，并能在保护工程实施后对周围地质环境和文物本体的影响做出科学的预测。可以说地质工作从整体上给出了古遗址所处地质大环境的定性和定量评价，是文物保护工程中的基础工作，其结论的可靠程度决定了古遗址所处位置稳定性评价的准确程度，也牵涉到后期遗址保护设计方案的合理性。地质勘探工作往往分为工程地质测绘、勘探与取样、工程地质测试、现场监测、工程地质模拟技术等步骤。现场调查采用的技术手段一般有测绘、钻探、坑探、物探等。

国内外专家学者和工程技术人员在这方面进行了大量的理论研究和工程实

践。Danilo Ranalli、Marco Scozzafava、Marco Tallini 等利用探地雷达对意大利阿奎拉地区的 Collemaggio 教堂进行了探测[35]。张寅生[36]、阎桂林[37]、钟世航[38~45]等采用磁学、微测深、高密度电法、视电阻率法、地质雷达等地球物理勘探方法对云冈石窟、龙门石窟、克孜尔石窟、北京故宫（旧称紫禁城）、嵩岳寺塔、古泗州城遗址、凤阳明中都等古建筑、古遗址进行了物理探查，将物探技术应用于古墓探查、大型古建筑地下遗存现状探查、重要古建基础状况探查、古遗迹断代等方面，取得了显著的效果。孙秀容、许东儿等[46]利用场地速度结构测试技术对绍兴城市广场大善寺塔基础进行了地质调查，并对塔基进行了稳定性地球物理评价。何满潮、韩雪、周旭荣等[47]以高密度电法为基本探查方法，以改进的轻便取芯触探法为辅助方法，对古代护城河的空间位置进行探查并取得了成功。刘成禹、何满潮、周旭荣等[48]综合运用高密度电法及改进的轻型动力触探确定了湖南里耶秦代古城护城河的位置、深度及形状，实现了古护城河的准确勘察，此方法在古遗址勘察方面与传统方法相比具有明显优势。何满潮、周旭荣、韩雪等[49]在以无损或低损综合勘察方法准确获得相关地质信息的前提下，分析了碗米坡水库修建后遗址区的主要水文地质病害，为遗址区的进一步发掘和长期保护提供了科学依据。沈鸿雁、袁炳强、肖忠祥等[50]采用高密度电阻率法与探地雷达结合的手段对晋阳古城遗址多处古文化层、古遗迹靶区进行地球物理试验性探测，取得了非常丰富的地球物理特征认识，为传统方法考古提供了大量的有效信息，为晋阳古城遗址研究和保护打下了坚实的基础。在古遗址水文地质方面，许多专家学者也做了大量的研究工作。汪东云等[51]在对宝顶山石刻区水文地质条件、水体化学特征及动态变化趋势的研究基础上，根据多年的监测资料对水体质量从盐蚀作用、侵蚀分解作用和水质污染三个方面进行了综合评价，为环境的综合治理提供了依据。张赞勋等[52]对北山石窟风化产物可溶盐形成的水文地球化学机理进行了研究，提出了石刻表面积盐的三种沉积作用——渗流水沉积作用、浓差扩散沉积作用和雾凝水沉积作用。汪东云等[53]还对宝顶山石窟造象岩壁风化产物化学特征及形成进行了研究，分析论证了可溶盐不同水化学成因类型的形成特征，为防风化防渗水危害治理措施提供了可靠依据。上述研究人员[54~58]还从北山典型石窟渗水状况及变化趋势、风化现状及控制因素、风化产物化学特征及变化规律等多个方面对典型石窟渗水病害的形成和作用机理进行了研究，为化学保护和治水措施设计提供了依据。李文军[59]通过对庆阳北石窟寺地层岩性地质构造和水文地质特征的分析，认为受窟前二级阶地阻挡和岩层斜层理向山倾影响，排泄不畅的地下基岩裂隙水，是北石窟寺洞窟岩体潮湿、渗水的重要原因之一，也是窟内空气湿度大、形成凝结水的原因之一，并在此基础上提出了地下水治理措施。张红梅等[60]分析了大同云冈石窟石质文物渗水病害的类型与成因，并提出了新的渗水病害防治方法，为我国石质文物的保护提供了参考。蒋思维等[61]论述了大足北山石窟渗水病害造成石刻风化加速的状况，提出了采用隧洞排水的方法解决石窟区的渗水病害。周尚忠[62]通过对云冈石窟石质的理化性质及温度、降水、降尘、风力的影响测试，得出了相关结论及保护建议。方云等[63]在龙门石窟溶蚀现状调查的基础上，从岩溶的空间分布规律、岩体结构渗水连通网络和微观结构等方面探讨了溶蚀病害的机理，提出治理龙门石窟溶蚀病害的根本途径是治水，应该通过裂隙注浆、设置地表防渗铺盖和地表排水系统等止水措施，杜绝雨水入渗到洞窟内溶蚀雕刻品。周正强[64]对甘肃省景泰县五佛沿寺石窟渗水治理项目的处理方案及施工方法进行了阐述，为类似文物保护工程处理提供了借鉴。王茹等[65]通过对龙门石窟渗水病害严重的皇甫公洞及路洞的钻探勘察、注水试验等资料的分析，认为裂隙和岩溶是控制渗水强弱的主要因素，地层时代对其有明显影响，为进一步保护、修复石窟文物提供基础地质依据。李丽慧等[66]从工程地质调查入手，对龙游古地下洞室群的工程地质条件、水文地质条件等进行了分析，发现了多种破坏现象如顶板脱落、洞间壁坍塌、柱子拉张或剪切破坏及渗水导致洞室围岩干湿交替引发的风化现象等，为下一步的保护工作提供地质基础依据。李黎、谷本親伯[67]对浙江龙游石窟的地质环境、岩石特征以及裂隙发育、岩体坍塌、岩面片状剥离、风化、雨水和窟顶植被对岩石造成的风化等地质病害进行了初步调查，同时对岩石进行了偏光显微镜岩矿鉴定并对砂岩胶结泥质进行了X射线衍射分析和扫描电镜分析，为石窟的保护加固提供了理论基础。二人还对龙游石窟砂岩的水稳定性进行了研究[68]，证明了被淹没在水下的石窟砂岩洞室相对较稳定，但洞室的水被抽干后由于水环境的突变以及随后环境湿度的频繁变化，大大加速了洞室的风化。李黎等[69,70]在龙游石窟砂岩胶结物的黏土矿物类型及特性研究的基础上，对窟内的积水、洞室顶部的裂隙渗水、地表水及衢江水等水样进行化学分析，结果表明石窟砂岩的矿物组成及构造决定了洞室渗水的水质，是造成水质不同的主要原因。丁梧秀等[71]对洛阳龙门石窟围岩风化特征及风化作用影响因素进行调查研究，指出目前围岩风化作用主要为生物风化和物理风化作用，并进一步对其风化机理进行了探讨。张在明等[72]从文物保护角度论述了陕西彬县大佛寺的历史沿革、地质概况及考古调查情况，用较详细的第一手资料对大佛寺主窟进行了窟内隧道工程、湿气及石窟风化和窟内淤积物等方面的探讨，得出了相应的结论及合理化的建议。石玉成[73]在概述石窟寺主要病害的基础上，结合典型灾例，从气象气候因素、地震活动、水文特征、环境工程地质条件、石窟寺结构和龛内文物自身的特殊性以及人类社会行为因素等6个方面详细分析了石窟文物病害形成的内部作用因素和外部环境条件，强调了综合减灾的重要性，并提出了相应的减灾对策。曹文炳等[74]采用密封循环干燥原理研制出的凝结水量测量装置，对云冈石窟凝结水形成机制和凝结水量进行了现场定量研究和测量，并探讨了凝结水对砂岩风化的影响。孙兵[75]对龙门石窟渗水病害机理进行了分析，指出以灰岩和白云岩为主的地层岩性是出现岩溶病害的内因，渗水的反复性和持续性是洞窟产生破坏现象的主要外因，提出了防渗是治理龙门石窟病害的根本途径，并进行了防渗材料试验研究。甘向明[76]通过室内模拟和现场试验对云冈石窟凝结水进行了研究，并提出了针对性的防治对策。

1.3.2.2　现代分析测试技术在古遗址保护中的应用研究现状

现代的分析测试技术能够帮助我们更直接地认识岩土体的微观结构、矿物种类及含量、岩体组成、风化程度等。现代测试分析技术在古遗址保护中应用较多的是晶像显微镜、扫描电镜、X 射线衍射、超声波探测等现代分析仪器设备。

（1）晶像显微镜和扫描电镜。晶像显微镜也就是偏光显微镜，它通过将普通光改变为偏振光对矿物晶体进行镜检的方法，可以用来鉴别某一物质是单折射性（各向同性）还是双折射性（各向异性）。它是岩土矿物学中必备的设备之一，通过直接观察古遗址中黏土矿物在偏振光下的图像情况，来判断岩土体内所含的矿物种类。它的放大倍数一般在几十到数百倍。扫描电子显微镜是利用具有一定能量的电子束轰击固体样品，使电子和样品相互作用产生一系列有用信息，借助特殊的探测仪器分别进行收集处理并成像的大型综合分析仪器。它可以用来直接观察样品的微观形貌结构并进行微区元素成分分析。放大倍数可以从 10 倍到 20 万倍，而且连续可调。扫描电镜分析可观察样品表层和内部区域结构原貌以及研究古遗址岩土体内外结构的差别。

（2）X 射线衍射。X 射线衍射是利用波长极短的 X 射线照射矿物晶体时，发生 X 射线的衍射现象，利用这一特性可测定矿物的晶体结构。它是根据布拉格公式原理来测定的，X 射线通过结晶物质特有的结构得到特定的衍射图谱可以判断结晶物质的成分，所以它是一种重要的材料物像及结构分析仪器。在古遗址保护工作中可以对样品表面和内部进行扫描分析，判断古遗址表面析出成分的物质组成，可研究古遗址风化状况，确定风化造成表层和内部矿物成分的差别。因此 X 射线衍射分析是了解古遗址包含成分的重要手段。

（3）超声波检测。超声波技术可了解、评价自然岩土质量的参数。测量振源与接收器之间的超声波波速，可以了解岩土内部结构及强度变化，大的裂隙可使超声波信号消失，小的裂隙可使同样速度的超声波大大衰减，再辅之以波频分析，可探测岩土的裂隙情况，从而对岩土风化情况做出准确评价。通过比较岩土处理前后超声波波速及频率变化，可评价保护处理的效果，较高超声波波速和较强波频往往预示保护处理的成功。

（4）环境气象监测。许多文物保护专家认识到改善文物所处的环境是对文物遗址长期保护的有效手段，甚至比在文物实体上进行的保护显得更为必要。因此，对环境的监测就成为古遗址保护的一项长期工作。环境数据的采集一般包括遗址所处的大环境和其本身的小环境，对于大环境的数据一般可以通过气象台站来获得。一般来说与古遗址有关的气象数据主要包括温湿度、大气污染、降雨量、风速风向、蒸发量、降尘等。对于古遗址具体部位的环境数据的采集可运用一些小型的手持式设备。利用一些长期的监测数据可以推断出环境气象的主要特点，将环境气象的特点与文物本体的病害情况相结合，就可以得到病害和环境之间的相关联系，判断病害发生的主要原因，从而可以从根本上控制遗址病害发生的源头。

参考文献［52］、［53］、［55］及［57］中采用偏光显微镜和X射线衍射等方法对宝顶山石窟造象岩壁岩石及风化产物的化学成分、变化规律及形成过程进行了研究，并分析论证了可溶盐不同水化学成因类型的形成特征，为防风化防渗水危害治理措施提供了可靠依据。姚增等[77]、王旭东等[78]采用偏光显微镜、X射线衍射、地震法弹性波测试等方法研究了敦煌莫高窟围岩的矿物种类、成分含量及弹性波动力特征。李最雄等[79]采用美国生产的Bison1580型浅层信号增强型地震仪，灌浆前先对榆林东崖裂隙深度进行检测，灌浆一个星期后对灌浆效果进行人工地震检测。王洪章[80]利用现场工程地质调查和弹性波速测试等手段对洛阳龙门石窟地质环境和振动环境进行了研究，分析了龙门石窟被破坏的主要原因。陈日等[81]通过对石窟中石雕表面现场调查研究和该地区环境质量状况监测结果分析，初步搞清了石窟地区污染源及主要污染物，基本上证实了环境污染是促进石雕表面风化腐蚀的客观原因。陈日[82]还通过分析硫酸盐化速率对云冈石窟的环境污染程度和变化规律，提出了切实可行的防治对策。李海波等[83]通过波动测试及数学力学的类比法确定了洛阳龙门石窟岩体的动态力学参数，为分析石窟文物区岩体的动态性能与稳定性提供了资料及依据。马涛等[84]采用德国生产的便携式USG20超声波仪，对彬县大佛寺石窟风化岩石的化学加固进行效果评价。马涛等[85]还采用超声波探测技术，对乾陵石刻中呈长方形的无字碑和水平剖面呈圆形的东1号翁仲进行了现场探测。李俊如等[86]利用超声波检测技术确定出莫高窟北区洞窟的岩壁力学参数。赵以辛等[87]从对南响堂石窟石雕表面所覆盖的粉尘进行的物化性能测试分析入手，对粉尘的特征、来源进行了系统地研究。赵以辛等[88]还以南响堂石窟石雕风化壳破损特征为主要研究对象，针对其表面粒度、孔隙演化过程，利用偏光显微镜、电子显微镜、红外光谱及图像分析仪等矿物学分析方法对石雕表层风化壳进行了剖面分层系统讨论及分析，找出两种不同石雕灰岩风化壳各层孔隙、粒度的变化规律。周尚忠[62]为保护云冈石窟进行仿自然条件的风化研究，通过对云冈石窟石质的理化性质及温度、降水、降尘、风力的影响测试，提出结论及保护建议。钟世航[89]采用电阻微测深法，利用自己研制的无损检测仪器C-1微测深仪，在山西大同云冈石窟实测石雕风化深度；还利用电阻率五极电测深法，在重庆大足北山155石窟和宝顶山石窟分别测试了多处裂缝和4处堵水剂的灌浆深度。钟世航等[45]还应用电阻率勘探方法测出了一些低电阻的含水砂岩层。黄继忠等[90]研究了粉尘对云冈石窟石雕影响的研究。李耀刚等[91]采用了地震CT、电法CT、地质雷达等多种物探新技术，从弹性、电性、磁性等多个角度，为解决云冈石窟窟顶的渗水问题进行探查，结合无水泡沫钻探手段，以及井中综合物探方法，探查了窟顶地质问题。陈祥等[92]使用超声波CT检测技术，现场测定其纵波速度，依据风化岩石与新鲜岩石的纵波速度的比值来表征岩石的风化程度，对古月桥桥身条石的风化程度进行无损评价，取得了较好的效果。温晓龙等[93]根据多年来对云冈石窟的环境监测，重点论述了二氧化硫、氮氧化物和降尘对石窟的损害以及国道改线前后云冈石窟环境条件的变化。梅宝等[94]利用探地雷达对云冈石窟遗址的厚度及其风化程度进行了检测，为遗址的保护和修缮工作提供了地质参考。李黎等[95]通过对浙江龙游石窟砂岩的偏光显微镜岩矿鉴定、砂岩泥质胶结物质的X射线衍射定性及定量分析、扫描电镜观察、差热分析，研究了砂岩的泥质胶结特征，为石窟风化研究和保护加固研究提供了科学依据。李黎等[96]还在龙游石窟砂岩岩矿分析、泥质胶结物中黏土矿物和地表、洞室渗水分析研究的基础上，模拟石窟客观环境条件，进行了加速风化试验，研究了砂岩的风化特征。

除上述常用的分析测试及检测技术外，傅立叶红外分析、差热-热重分析、孔隙率检测、光导纤维反射光谱分析、拉曼光谱分析、X射线照相技术、计算机断层摄影、计算机全息摄影等在古遗址保护中也都有一定程度的应用[97~100]。

1.3.2.3 岩土力学在古遗址保护中的应用研究现状

地质工作往往提供了一个区域性的宏观数据资料，现代分析测试及检测技术则提供了一份微观数据资料。当具体到某遗址本身的情况时，还需要运用岩土力学的知识来了解。从岩土的本质上来说，它是一种由固、液、气三相组成的多孔隙体系，岩土体中三相组分的相互作用，共同决定了岩土的性质。岩土力学就是以岩土体为研究对象的学科，它通过理论和实践相结合的方法，对岩土的各种性质和变化进行阐述，它的主要指标有岩土组成、矿物成分、微观结构等。这些指标使研究者对岩土体的物理性质、力学性质、水理性质等有一个较为全面的认识，进而对古遗址的稳定性做出分析和评价。岩土力学在古遗址保护中的应用主要包括古遗址围岩（土）的物理力学性质试验和各种力学分析。前者主要是在工作现场采集原状的试样，不破坏岩土体的结构，并用特制容器密封保存好，然后将样品带入试验室加工成标准试件进行试验分析，可以得到实际环境中岩土体物理、力学、水理性质等基本参数。后者是采用力学原理和方法对古遗址的局部和整体进行力学分析，最后做出稳定性分析和评价。因此二者也是古遗址保护工作中的一项基本要求。

杨志法等[101]从岩石力学和工程地质观点出发，通过与目前发现的国内外大型古地下工程[102~104]相比较，讨论了我国大型古地下工程的若干问题，指出了对其进行研究的必要性，既揭示蕴藏其中的古代工程科学技术信息，为旅游资源开发提供科学依据，为其保护提供理论基础，还提出了相应的研究方法并总结了已取得的部分研究成果。孙钧等[105]由岩体工程科学角度出发，着重从洞室总体布局与地下定位、洞室结构与构造、施工技术与工艺、围岩及其岩体结构稳定性、工程利用与保护等多个方面对龙游石窟现状及存在的问题进行了论述，提出了颇具价值的建议。参考文献［77］对敦煌石窟群围岩波速、波主振频率、衰减系数、共振频率、围岩低通滤波特性及波传播的各向异性特征进行了较深入的研究，并结合现场调查与动力法测试参数的对照，给出了石窟围岩稳定状态的动参数值。参考文献［78］通过现场调查将敦煌莫高窟洞窟地层分为四个工程地质岩组，并对这四个岩组岩石的物理力学性质和动力学特性进行了分析测试；同时还对洞窟围岩的结构面特征进行了调查和弹性波测试，结果表明莫高窟洞窟地层既具有手工可以开挖又具有自持稳定的工程特性。杨志法等[106]以龙游石窟4号洞的4-2号岩柱为对象对古地下石窟岩柱长期抗剪强度进行了反演研究，并借助于FLAC^{3D}（fast lagrangian analysis of continua，有限差分程序）分析结果对不同部分分别进行研究，取得了较好的反演结果。李丽慧等[107]从现场工程地质调查和三维数值计算入手，对龙游石窟的斜顶“设计”所蕴含的工程科学问题进行了分析，结果表明古人所采用的斜顶“设计”是一种能很好地解决超浅埋问题的方法。李丽慧等[108]、中国科学院地质研究所等单位研究人员[109~111]从工程地质和岩石力学角度对邯郸北响堂寺3号石窟的科学亮点进行了详细论述，借助于FLAC^{3D}三维数值计算对斜墙“设计”进行了论证，通过对斜墙开挖下石窟围岩关键部位的拉应力分布情况、剪应力的大小以及变形等的分析，表明斜墙“设计”可使围岩的应力条件得到多方面的改善，有利于石窟的稳定。郭改梅等[112]以浙江龙游牛场古地下洞室群1号洞内岩柱1的拉裂现象为研究对象，根据最大拉应力论来反演岩体的长期抗拉强度，不仅对长期强度研究具有理论意义，而且对古地下工程保护方面也具有应用价值。该研究团队[113]还对龙游牛场古地下洞室群1号洞顶板长期抗拉强度进行了估算。赵立新等[114]依据龙游石窟3号洞室围岩的结构破坏特征，分析场地的地质构造、地应力作用特点及洞室开挖布局所产生的应力变化，结合地下水作用等因素，分析判断洞室围岩变形破坏的发展趋势，从而制定出了有效可行的洞室围岩加固措施。王宏伟等[115]对花山谜窟景区2号、35号洞窟的地质力学环境和洞窟稳定性问题进行了分析研究，并在此基础上提出了加强洞窟地质环境保护的对策。祝介旺等[116]利用工程地质力学、岩石力学理论和工程结构理论等从龙游石窟的斜顶式穹隆结构、鱼尾柱结构、柱帽式结构和变截面结构等方面对龙游石窟结构的力学思想进行了阐述，指出了其科学性。张成渝[117]采用岩体力学中的基本理论和方法——库仑准则和摩尔圆，评价了水的赋存对洛阳龙门石窟立壁岩体稳定性的影响。通过计算饱水前后节理面滑动临界剪切强度的降低和从应力摩尔圆的直观图示可以得到，边坡卸荷裂隙中水的存在明显降低了岩体的力学强度，是诱发洞窟岩体失稳事件产生的活跃因素。该研究团队[118]还推导出了龙门石窟石灰岩疲劳曲线，通过对石窟实际振动环境中典型要素的抽取和振动试验，分析了龙门石窟的疲劳破坏效应，指出了振动环境已成为导致龙门石窟某些薄弱点（如多条裂隙交叉点、严重风化、酥解的壁面雕刻品等）产生疲劳破坏的重要诱发因素。丁梧秀等[119]以洛阳龙门石窟围岩风化层弹性波速资料为基础，对其风化层结构状态进行了定量化描述。丁梧秀等[71]还对洛阳龙门石窟围岩风化特征及风化作用影响因素进行了调查研究，指出目前围岩风化作用主要为生物风化和物理风化作用，并进一步对其风化机理进行了探讨。石玉成[120]针对石窟文物的特点，强调了防震减灾在石窟文物保护中的重要性，阐述了石窟的抗震救灾应从地震安全性、石窟地震稳定性分析和工程防护措施等三个方面加以考虑。他和其他研究人员[121]还以莫高窟为例探讨了挡墙加固型石窟围岩及其附属构筑物的地震稳定性评价方法，认为对于大型的石窟群及其附属构筑物，其地震稳定性评价宜采用以动力分析方法为主、拟静力法为辅的双轨制方法，并提出了具体的评价思路和理论分析方法。晏鄂川等[122]通过现场勘察和病害调查，采取岩样和水样进行测试分析，对云冈石窟岩体进行了三维数值模拟分析，查明了石柱承受荷载的大小及应力分布情况、立柱岩体的强度及安全系数，评价了立柱岩体的稳定性，为石窟防治和加固设计提供了科学依据。王芝银等[123]根据某石窟变形破坏规律及结构边界条件，采用黏弹性薄板理论，给出了广义开尔文模型下岩层的黏弹性变形、应力解析解，还建立模型采用数值模拟方法分析了石窟薄层顶板破坏的早期潜在原因。杨志法、曾庆利、宋玉环等[124,125]从工程地质条件和岩石力学两方面对安徽花山谜窟古代大型洞室群围岩的变形破坏规律，特别是支顶岩柱拉裂和剪裂破坏及顶板掉块等进行了研究，对洞室群的稳定性做出了初步评价。在此基础上，提出了以防止地表水沿裂隙入渗和建立一个高效监测系统为主要手段的建议。牟会宠等[126]以工程地质力学为理论基础，应用“工程地质力学综合集成”方法，研究了石质文物的风化问题、腐蚀问题、沉降和塌陷变形问题、石窟的稳定性分析与评价问题、摩崖石刻的变形问题、环境污染对石雕的腐蚀问题、风沙吹蚀问题、地震活动及人工爆破对文物的影响问题以及环境变迁对文物的影响问题等，探讨了石质文物病害及其保护方案和具体措施。

何满潮、金永军、孙晓明等[127]通过野外地质调查、工程物探、室内试验和力学分析等方法，从布达拉宫地基岩体岩性、风化程度、岩体质量等级、矿物成分、结构面性质、物理力学性质对地基岩体稳定性进行了分析评价。何满潮、韩雪、刘成禹等[128,129]通过对布达拉宫红山岩体及结构主体的调研和勘察，揭示了影响该文物建筑结构稳定的三个因素，即斜坡岩体地基非均质性、建筑物刚度具有较大差异性和结构荷载分布的不均匀性；进一步分析了地基中的应力分布特征，模拟研究了三个因素综合影响下的地基沉降及结构变形力学机制，为斜坡岩体古建筑的保护提供了依据；同时应用三维模拟技术，分析了布达拉宫西印经院在结构荷载作用下的差异性沉降规律，研究了西印经院在自重和地震组合作用下的破坏机制，对结构稳定性进行了定性分区，为该文物建筑工程的防护对策提供了科学依据。何满潮、刘成禹等[130,131]在现场调研和工程地质勘察的基础上，分析了高句丽将军坟变形破坏的特征，应用三维有限差分程序 FLAC^{3D}模拟研究了高句丽将军坟分别在自重、局部地基软化和地下水渗流三种工况下的应力场变化和变形破坏规律，揭示了高句丽将军坟渐进变形破坏的机制和过程，进而对高句丽太王陵的稳定性进行了研究。

1.3.2.4　材料学在古遗址保护中的应用研究现状

化学保护材料是古遗址保护工作中常用的保护手段，它直接作用到古遗址的表面，改变古遗址的某些物理性质，也对岩土体有较为明显的影响。目前，古遗址的保护材料发展与现代材料科学有着密切联系，特别是有机高分子材料在保护材料中占有重要地位。在古遗址保护中应用的化学材料有较长的一段历史，从开始的无机材料如石灰水，到后来的丙烯酸树脂如三甲树脂，到目前使用较多的是有机硅产品和改性后的高模数 PS 材料。由于保护材料要在特定的环境下才能使用，因此材料的前期保护试验特别重要，而且即使在环境相似的条件下同种材料也会因操作工艺等人为因素的影响而会产生不同的保护效果。

从材料的种类基本上可以分成无机材料和有机材料两类。古遗址的无机保护材料主要是高模数的改性硅酸钾材料，主要在干燥环境下使用。其主要优点是有较好的表面处理效果，较强的抗风蚀能力、耐老化性，重复使用性良好等，在我国西北古遗址保护工作中得到了大范围的应用。尤其可贵的是在近二十年的古遗址保护工作中，逐渐摸索出一套成熟的施工工艺，在实际应用中也取得了良好的保护效果。适用于古遗址的有机类保护材料近年来开发的种类较多。目前经常使用的是丙烯酸类和有机硅类材料。以丙烯酸类材料为代表的主要有 B72、31J（丙烯酸树脂的非水分散体）等，以有机硅类材料为代表的主要有正硅酸乙酯、甲基三乙氧基硅烷、NS（改性有机硅产品）、WD（长链烷基有机硅产品）等。这些有机类保护材料都在不同的环境下做过一些试验性研究和使用，取得了一定的保护效果。其主要特点是渗透能力较好，多数都具有一定的憎水能力，对岩土体的加固效果较为明显，在潮湿环境下也能起到保护效果。不利因素是有机材料受光照变色问题和耐老化性弱，价格较高，有些材料对人体有一定的伤害等。

从材料的作用上可以分为防风化加固材料[132~140]和灌浆材料[141~145]，国内外在这方面的研究也较多。防止土遗址表面风化材料的研制一直是土遗址保护研究的重点和难题。文物工作者曾尝试了多种材料：无机材料如硅酸钠、硅酸钾、硅酸铝、氢氧化钙、氢氧化钡等；有机高分子材料类如有机硅树脂、有机聚合物材料（全氟聚醚、环氧树脂、聚氨酯树脂、醋酸乙烯酯、丙烯酸等）；无机-有机复合材料如硅酸钾-甲基三乙氧基硅烷等。在国外，1969 年 Giacomo Chiari 等人将正硅酸乙酯-乙醇体系、聚醋酸乙烯酯和丙烯酸树脂（注射）等用于对伊拉克某遗址（Selcucia and Hatra in Isaq）风干砖的保护[146]；1975 年秘鲁采用正硅酸乙酯与乙醇混合体系处理土坯建筑的表面[141]；20 世纪 60 ~ 70 年代日本采用甲基丙烯酸树脂加固土质；日本学者采用聚氨酯树脂保护古墓[147]。在国内，单玮等[148]采用丙烯酸树脂对秦始皇兵马俑炭化遗迹进行保护，张宗仁等[149]采用有机硅单体、低聚物、高聚物等材料对秦俑弩弓迹、车轮迹、西安半坡部分土遗址、西安老牛坡商代古墓群中车马坑进行保护。近年来，李最雄等[150]在无机材料的改性方面研制出一种特别适用于西北干旱地区土遗址保护的材料，并在西北地区大面积推广使用，成效显著。1983 年，尝试采用渗透的方法加固秦安大地湾居住遗址，取得了明显的防风化效果；1992 年，通过系统研究，在室内试验取得成功的基础上，先后在甘肃省安西县的汉代破城子古城遗址、吐鲁番交河故城 4 号寺、西安半坡遗址、秦俑坑遗址、三门峡虢国墓地车马坑进行了现场试验，通过这些试验得出了加固土遗址合适的模数、浓度、施工工艺参数。室内试验与现场试验结果表明，PS 加固西北干旱区土遗址能保证材料有较好的渗透性，因而起到了保护加固遗址表面风化层的作用，避免遗址在自然营力作用下的进一步剥蚀破坏[138]。1999 年至 2002 年，采用多学科的测试手段如 X 射线衍射分析、扫描电子显微镜分析、透射电子显微镜分析、X 射线能量色散谱分析、孔隙率和比表面分析以及差热分析，对 PS 材料本身及其与黏土矿物、黏性土（西夏陵遗址土）作用的机理进一步进行研究。研究表明，经材料加固后的遗址土体仍具有良好透气透水性的特点[151]。同时发现 PS 材料不仅改变了土体中黏土矿物的结构，并可与土中的可溶性盐类发生一系列的化学反应，生成硅酸盐凝胶等产物，改变了土的成分和结构，从而改善了土的一系列工程性能，提高了土体抵抗自然营力破坏的能力[138]。1998 ~ 2002 年应用材料对甘肃敦煌玉门关、河仓城和宁夏王陵三号陵墓、交河故城瞭望台进行了保护加固工程，经过实际工程检验，材料已经取得认可，目前正处于推广应用阶段。近年来，对潮湿地区的土遗址表面防风化材料研究也取得了一些成就，但都是处于试验阶段，还没有达到工程应用程度，如偏氟聚物[132]、丙烯酸树脂[133,134,136]等。

灌浆材料一般用于岩土遗址裂缝灌浆填充和破碎块的粘连。国外常用的有石灰粉、火山灰、石英砂与水混合或者黏性土与石灰水混合[152]；在国内，作为土遗址裂隙灌浆系列材料的 PS-C、PS-F 等在交河故城、高昌故城、玉门关、阳关等工程应用中已获得成功[133,153 ~ 164]。

需要指出的是，尽管材料科学在古遗址本体的保护中取得了一定的进展和成绩，但是还应清醒地认识到材料保护的局限性。其一，由于保护材料直接应用到文物本体，它带来的影响直接导致文物本体的变化，所以它的使用应成为保护工作中的最后手段；其二，任何一种成功的材料，都不可能仅仅是材料本身的成功，它的成功往往与一些辅助的保护工程有直接或间接的联系，仅仅依靠某种材料就能解决古遗址所有病害的想法是不切实际的。

1.3.2.5 加固保护技术在古遗址保护中的应用研究现状

目前国内外古遗址加固保护最常用的有化学加固、物理加固和化学物理加固相结合的方法。所谓化学加固法，即土木工程领域中的灌浆法，就是用化学溶液对加固体进行灌浆处理。用灌浆法对古遗址进行化学加固成功与否的关键在于灌浆材料的选用。目前用于古遗址加固保护用的灌浆材料种类繁多。无机材料主要有水玻璃（Na_2SiO_3、K_2SiO_3）、氢氧化钙、氢氧化钡等。无机材料的优点是抗老化性能好、价格低，但加固效果不明显，易泛碱。有机材料是20世纪60年代早期出现的，具有耐水、耐腐蚀、强度高、加工性能好等特点。有机材料也多种多样，如有机硅树脂、聚氨类树脂（聚丙烯酸、聚氨酯等）、脲醛树脂加固剂等。在古遗址化学加固方面，各国科技工作者都做出了不懈努力，并取得了相当的成就。在国外，美国Getty研究所用硅酸乙酯和聚氨酯硅对新墨西哥州印第安人故居进行了加固实验[165,166]。日本国立文化研究所对YoKohama遗址用有机硅低聚物进行过加固保护[167,168]。在国内，单玮、张志军、李最雄等用丙烯酸树脂对秦始皇兵马俑炭化遗址进行过加固保护[148,155,169]。张宗仁等采用有机硅单体、低聚物、高聚物等材料对秦俑弩弓迹、车轮迹、西安半坡部分土遗址、西安老牛坡商代古墓群中车马坑进行了保护[149]。李最雄、庞正智等采用乳液复合物进行加固交河古城试样的试验等[144,150,154]。此外，不少保护工作者还致力于新型加固剂的开发和应用，并取得丰硕成果。李最雄等采用PS加固材料对甘肃秦安大地湾遗址、三门峡车马坑、洛阳含嘉仓等遗址的保护与试验并对交河故城进行了加固施工[138,151,156,170]。周双林开发了丙烯酸非水分散体加固剂，对辽宁牛河梁红山文化遗址土体等进行加固保护[133,134,136,139,147,171,172]。和玲开发了含氟聚合物加固剂，对半坡遗址等进行了加固保护研究[33,132]。周环等用潮气固化有机硅材料保护潮湿环境土遗址[164]。虽然在这方面取得了大量的研究成果和实践效果，但由于古遗址的特殊性，目前尚没有一种方法和材料令人完全满意。

物理加固是指土木工程领域中的锚固法、砌补法、支护法等。国内外文物工作者和工程技术人员都进行了大量的理论研究和工程实践，取得了较为理想的效果。陈怡名等[173]以台湾地下洞窟工程为例，论述了钢纤维混凝土的配比设计、材料规范及喷装过程，现场应用表明钢纤维混凝土用于地下洞窟支撑较传统方法更为经济、便捷且安全。刘芳珍[174]针对陕西彬县大佛寺石窟危岩的工程地质条件和现状，提出了加固设计原则，选择了全长砂浆胶结预应力锚杆锚固方案，探讨了施工机具、钻进工艺、锚孔注浆工艺、施工要求等内容，现场实践证明整体加固效果良好。石玉成等[73,120,175,176]、秋仁东等[177,179]以甘肃安西榆林石窟为例，对地震荷载作用下预应力锚索加固石窟围岩的动力响应进行了较深入的研究，提出了相应的抗震加固及减灾对策，对类似条件下石窟保护有重要的借鉴和参考意义。刘丽萍等[180]针对甘肃省庆阳市北石窟寺165号洞窟窟顶危岩问题，采用模筑混凝土斗拱加灌浆锚杆相结合的联合加固法，经加固实施后，防止了洞窟窟顶松散砂石的下落，增强了岩体的稳定性，降低了洞窟顶部岩体的风化剥落速度，延长了石窟文物的保存期，达到了预期目的。王幼松等[181]详尽勘测了山西太原天龙山石窟危岩分布，建立了分析模型，设计了包括面层防风化处理、浇筑钢筋混凝土面层、锚杆、工字钢以及预制钢筋混凝土顶柱加固等的加固设计综合方案，该项工程实践为以后类似工作提供了有益的经验。高峰等[182]利用大型通用ADINA有限元分析软件，通过对无裂隙无锚杆、有裂隙无锚杆、有裂隙有锚杆和有裂隙有预应力锚杆4种模型的动力分析，研究了锚杆在石窟岩体加固中的作用。结果表明：锚杆的加固作用明显，特别是在有裂隙的部位打入锚杆对石窟整体结构的安全性是有益处的。通过两条地震波作用下石窟的地震反应分析，指出了石窟结构在地震荷载作用下的薄弱部位，计算结果表明地震作用下薄弱部位多数发生在石窟的脚点附近。张旺民等[183]根据龙游石窟4号、5号洞室围岩的地质结构特征，采用锚杆、锚索锁定松动岩体，结合表部喷混凝土的措施解决了洞室围岩稳定问题，经过两年的变形观测，未发现洞室围岩变形，加固效果良好。赵立新等[114]依据龙游石窟3号洞室围岩的工程地质条件、围岩受力特点、结构破坏特征以及所处地下水环境，采用切合实际的锚喷措施对洞室进行加固，并使加固体系整体化，排除了工程隐患，达到了除险加固的目的。蒲有林[184]研究提出了甘肃镇原石崆寺岩体保护的预应力锚索加挂网喷射混凝土的加固设计方案，提出了文物保护中最佳的岩土工程实施方案，做到遵循“不改变文物现状”原则，使中华民族的珍贵文化遗产得以有效保护，尽可能地延长文物保存期。杨志法等[185]从龙游石窟群工程地质条件、古石窟群开挖技术中的科学技术亮点、围岩的主要变形破坏类型出发，从七个方面提出了该古石窟群的保护对策。李丽慧等[186]对龙游大型古地下洞室群进行了多次现场工程地质调查，发现该洞室群破坏方式主要表现为洞顶及岩柱的破坏。采用FLAC^{3D}数值计算，对洞室变形破坏机理进行了研究。在此基础上，以1号、2号洞为例，本着安全第一、整旧如旧的原则，提出了以支顶为主的加固方法。王现国等[187]从工程地质调查入手，对龙门石窟水文地质条件、工程地质条件以及围岩的主要变形破坏类型进行了分析，同时提出了涂层封闭、防风化、防溶蚀、科学排水等七个方面的保护对策。李丽慧等[188]也对龙门大型古地下洞室群加固方法进行了探讨。张晓华等[189]在满足工程安全设计要求的前提下，通过对某石窟工程的碳纤维材料加固方法的分析验算，提出了具体的加固实施过程，对施工、设计等单位在类似工程中有一定的参考价值。王金华[190]全面、系统地介绍了锚固技术的类型和基本原理，并通过总结锚固技术加固岩土遗址保护工程的应用实例，阐述了锚固技术的作用机理，同时对锚固技术应用的技术要求与文物保护结合的关系进行了说明，对锚固技术在岩土遗址加固保护方面的进一步应用，具有较好的借鉴和指导作用。李最雄[191]结合实例，介绍了交河故城抢险加固工程锚杆锚固技术应用的特点，结合传统锚固技术对土遗址保护工程的锚杆锚固技术进行分析，在传统锚固技术的基础上，初步形成锚杆锚固配合多种结构支护的技术措施。赵明霞[192]介绍了我国土遗址的特点，针对土遗址保护的重要性，结合实际工程，对土遗址病害和损害的原因进行了分析，并遵循保护为主、抢救第一的原则，提出了土遗址加固保护方法。孙满利等[193]研究指出土遗址加固可采用木质锚杆、PS 系列浆液灌浆。PS 系列不同的灌浆材料对木质锚杆的锚固力的影响不大。木质锚杆、PS 系列灌浆材料加固土遗址时锚杆的长度不能太大，长度不宜超过 1.5 ~2.0m。赵冬等[194]结合新疆高昌故城土建筑遗址保护工程，将土工长丝这种新型锚杆应用于墙体加固，简要介绍了杆件材料的特点、性能和施工工艺，并对土坯墙体中的锚杆进行拉拔试验，从不同的影响因素上对锚杆承载力进行对比分析。试验结果表明，锚杆表面状态对锚固力的影响较大；锚杆的长度不宜太大，以 0.8 ~1.5m 为宜。对小型土建筑遗址墙体加固而言，土工长丝锚杆是一类优良的材料，具有技术先进、工艺新颖、施工方便、对文物本体破坏较小等特点，有广泛推广应用的价值。宁甲旭等[195]研究指出，在石质性文物保护工程中，特别是在极软岩、软岩中施工的小口径锚杆，采用锚杆扩孔钻具扩大孔径从而提高高强钢筋锚杆的抗拔力，取得了较好的效果。周环等[159,196,197]重点研究了潮湿环境下古代土遗址的防水和保护加固问题，研制了一种由短链羟基封端聚硅氧烷和正硅酸乙酯等组成的室温硫化硅橡胶（RTV）材料，可用于潮湿环境土遗址的加固保护。李心坚[198]研究了龙门石窟长时间以来在保护工作中用到的灌浆技术，主要包括灌浆材料、灌浆步骤和灌浆方法等，对石窟保护有一定参考价值。

1.3.3 存在的主要问题

古格王国遗址是西藏地区由土木石筑成的建于山体之上的古堡式建筑的代表，具有非常强的典型性、独特性和复杂性。其典型、独特和复杂之处在于：

（1）遗址地处“低纬度高海拔”的“土林地貌”地区，自然地理环境独特而复杂。

（2）遗址区地质力学环境恶劣，具体表现为构造复杂、节理特别是竖直节理发育、层理明显、遗址本体具“半土半岩”特点、围岩强度低、膨胀性较强、水理性质差等多个方面。

（3）遗址建筑形制复杂多样。在高度200余米、占地面积约72万平方米的山体上，密布着房屋遗迹、洞窟、碉堡、暗道、佛塔等大量建（构）筑物和其他历史遗迹，遗址加固保护内容繁多。遗址的稳定不仅包括各类建筑和洞窟的稳定，还应考虑山体的稳定。

（4）作为重点研究对象的遗址洞窟，数量庞大、形态各异、变化多端，具有不同的变形破坏模式和变形破坏力学机制，必须分门别类进行研究，然后有针对性地选择加固保护对策，因而难度高、工作量大、复杂性强。

（5）作为国家重点文物，其加固保护方法和措施必须遵循文物保护原则，加固手段和施工方法的选择余地较小，受到方方面面的制约。

虽然国内外在古遗址保护方面做了大量的理论研究和工程实践工作，取得了一定的成果。但由于古格王国遗址问题的独特性和复杂性，前人许多研究成果尚不能直接借鉴，再加上此前对古格王国遗址区的研究几乎空白，本次研究尚属首次。借助国家发展与改革委员会和国家文物局联合立项研究之机遇，本次研究将针对遗址特殊的工程地质条件和变形破坏现状，展开全面深入的研究，对症下药地提出科学、合理、可行的加固保护对策，付诸于现场实施，最终达到文物保护的目的。

1.4 研究内容和技术关键

根据《中国文物古迹保护准则》（2000年及2015年修订版），确定本次研究的研究内容和技术关键。该准则规定：保护是指为保存文物古迹及其环境和其他相关要素进行的全部活动；保护的目的是通过技术和管理措施真实、完整地保存其历史信息及其价值；研究应贯穿保护工作全过程，所有保护程序都要以研究成果为依据；研究成果应当通过有效的途径公布或出版，促进文物古迹保护研究，促进公众对文物古迹价值的认识；文物古迹保护和管理工作程序分为六步，依次是调查、评估、确定文物保护单位等级、制订文物保护规划、实施文物保护规划、定期检查文物保护规划及其实施情况。其中，调查包括普查、复查和重点调查。一切历史遗迹和有关的文献，以及周边环境都应当列为调查对象。遗址应进行考古勘查，确定遗址范围和保存状况。评估包括对文物古迹的价值、保存状态、管理条件和威胁文物古迹安全因素的评估，也包括对文物古迹研究和展示、利用状况的评估。评估对象为文物古迹本体以及所在环境，评估应以勘查、发掘及相关研究为依据。该准则还指出：文物古迹的利用必须以文物古迹安全为前提，以合理利用为原则；利用必须坚持突出社会效益，不允许因为利用而损害文物古迹的价值。

根据《中国文物古迹保护准则》（2000年及2015年修订版）的相关规定，结合古格王国遗址特殊的工程条件和目前存在的急需解决的问题，特提出本次研究的主要内容和技术关键。

1.4.1 研究内容

鉴于前述古格王国遗址的变形破坏现状，受西藏自治区文物局的委托，主要完成古格王国遗址区内洞窟、边坡加固及山体排水整治的设计研究工作。本次研究工作目的是通过洞窟、边坡加固和山体排水整治，解决札不让山体的稳定问题（即文物载体的稳定问题）和洞窟遗迹的保护问题（即文物本体的安全问题）。由于工作分工及周期等原因，遗址区内的五大殿、佛塔、围墙和其他房屋建筑的残墙遗迹等的维修加固未列入本次研究工作内容。本次工作区域范围：北起古格故城遗址管理处北部的东西向最外围残墙，南至山顶王宫遗址南部的断崖处，东西方向分别以牛让沟和肉帮沟边坡为界。

本次研究工作的主要内容有以下几个方面：

（1）收集、分析区域地质、气象、水文、地震等资料，查明古格王国遗址区所处的自然、地质环境背景，研究环境因素对遗址区的影响；

（2）查清遗址区工程地质及水文地质条件，包括地形地貌、地质构造、地层岩性及其空间分布、洞窟围岩结构及矿物成分、岩体的物理力学性质、水理性质、地下水埋藏、径流条件等，在此基础上对古格山体和洞窟围岩进行综合评价；

（3）详细调查遗址洞窟的类型及其变形破坏现状，总结其变形破坏模式，分析其变形破坏力学机制，为遗址洞窟的加固维护提供依据；

（4）通过对洞窟的调查统计，建立洞窟基本资料信息库，结合力学理论分析及数值模拟分析，找出影响洞窟稳定性的主要因素。对所有洞窟按重要性等级进行分类，有重点地进行加固设计；

（5）提出远程实时监测预报设计方案，对重点区域和关键部位进行监控，以检验设计方案的科学性、合理性和可行性，并确保洞窟及边坡的稳定；

（6）调查遗址山体排水系统的破坏现状，分析其破坏原因，提出山体排水整治设计方案。

1.4.2 技术关键

针对本次研究的主要内容及将要解决的主要问题，课题研究的技术关键为：

（1）结合现场工程地质勘察和洞窟现状调查分析，确定遗址洞窟的变形破坏模式及其力学机制，并通过理论分析和数值模拟等方法对变形破坏影响因素进行分析；

（2）洞窟、边坡、危岩体加固维修方案的研究确定；

（3）洞窟及边坡稳定性远程监测预报设计方案的确定；

（4）古格山体排水整治对策及方案设计。

1.5　研究方法和技术路线

1.5.1　研究方法

通过对古格王国遗址洞窟变形破坏特点的分析，洞窟已进入大变形破坏状态。对于进入大变形状态的工程稳定性研究，其研究方法也必须遵循适合其大变形力学特性的研究方法。因此，本课题的研究将采用何满潮教授提出的工程岩体非线性力学理论研究方法，即采用工程地质学和现代大变形力学相结合的研究方法，结合地学、力学和工程科学等多学科领域的交叉，在理论研究的基础上，借助现场、理论、试验多种研究手段的融合，通过现场工程地质调查分析、微观结构分析、实验室岩石力学试验、理论计算和数值模拟分析等手段，对古格王国遗址洞窟的变形破坏模式、变形破坏力学机制及其主控性影响因素进行分析，并对洞窟所依存的山体边坡的稳定性进行评价，最后对洞窟及边坡加固治理对策进行深入研究。

1.5.2　技术路线

本次研究分为外业工作和内业工作两个阶段。外业工作主要进行现场工程地质测绘、勘探、调查及古格王国遗址洞窟的各种变形破坏现象勘察。外业工作过程中采用罗盘、地质锤、放大镜、数码相机、SE2404A 型综合工程探测仪、水准仪、测距仪、便携计算机等设备，完成了大量地质测绘、工程物探、现场拍照、现场素描、节理测量、样品采集、洞窟信息采集及变形破坏现状调查、遗址山体排水系统调查等工作，完成了遗址区及周边 2 平方千米范围的工程地质平面图测绘、多条工程地质剖面和综合地质柱状图的编制，从地形地貌、地质构造、地层岩性、气象水文、地震活动等方面基本查清了遗址赋存的工程地质条件。

内业工作首先现场采集、室内加工了大量岩石样品，在实验室进行了扫描电镜分析、X 射线衍射试验、物理力学性质试验和水理特性试验等试验项目，深入分析、充分掌握了洞窟围岩工程特性。整理了 747 个洞窟的详细信息，建立了洞窟资料信息库，统计分析了洞窟的类型，总结出了洞窟的变形破坏模式。在此基础上，研究了洞窟的变形破坏力学机制，采用理论分析和数值模拟等手段对变形破坏机理和影响因素进行了深入分析，找出了影响洞窟稳定性的主控性因素。进一步对洞窟、边坡及危岩体的稳定性进行了评价，最后从遗址洞窟及边坡加固、远程监测预报和古格山体排水系统整治等三个方面提出了古格王国遗址洞窟的综合加固治理对策。

综上所述，本次研究的技术路线如图 1.29 所示。

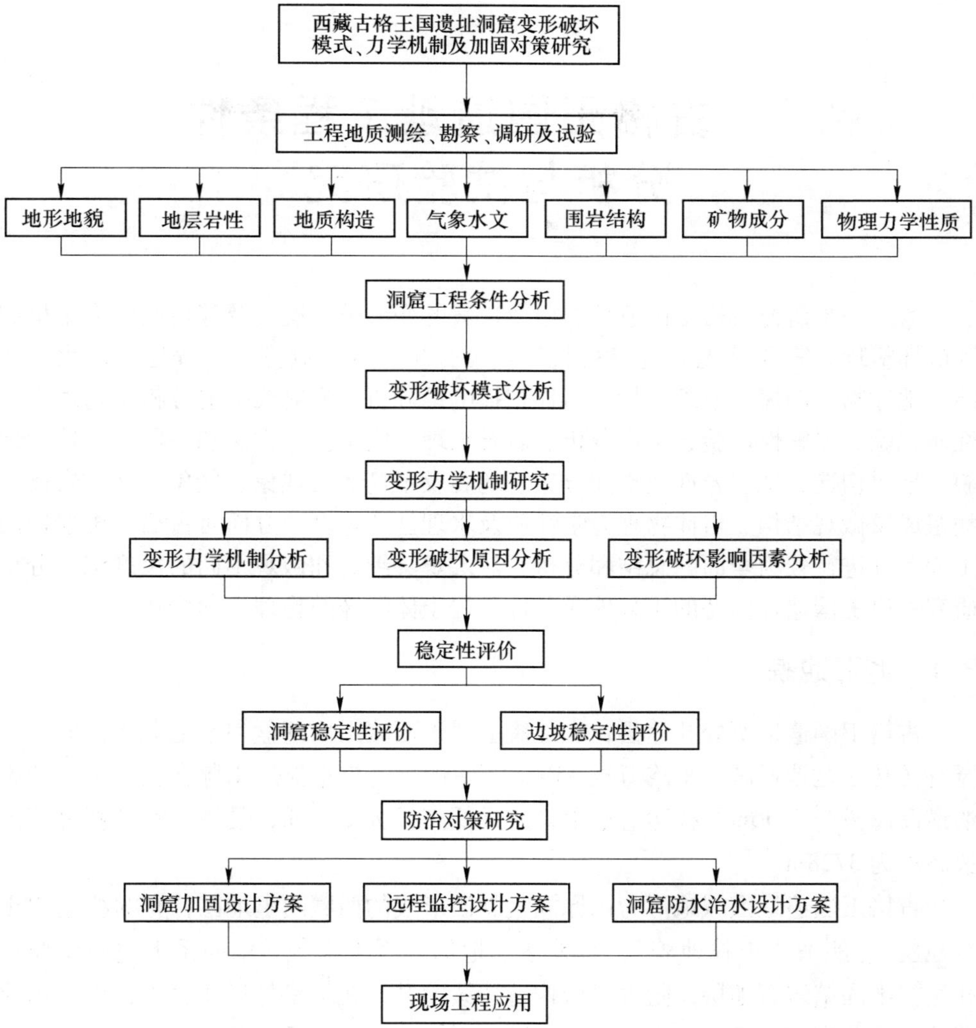

图 1.29 本次研究的技术路线

2 古格王国遗址工程条件分析与试验研究

为进一步研究古格王国遗址洞窟及边坡的变形破坏模式及其控制的力学机制和破坏机理，需要首先通过资料收集整理分析、现场调查、工程地质勘察、测绘、地球物理勘探、节理测量、岩样扫描电镜分析、X射线衍射分析、物理力学性质试验、崩解性试验、水样分析、岩石水理性质试验等方法和手段，从地形地貌、地质构造、地层岩性及空间分布、地震及不良地质现象、气象水文、岩体矿物组成及微观结构、岩体物理力学性质及水理性质等多个方面对古格王国遗址的工程条件进行较为全面的总结和分析，从宏观、细观和微观不同的尺度综合分析研究古格王国遗址独特的工程地质条件和岩土体特殊的物理力学特性。

2.1 地形地貌

古格王国遗址所处札达县，在地貌上属于西藏山原湖盆谷地之藏南山原湖盆宽谷区札达盆地亚区，平均海拔4500m，南侧喜马拉雅弧形山脉在县内卡美特山的最高海拔为7756m，札达盆地出口的最低海拔为2900m，县城所在地托林镇海拔高度为3728m。

古格王国遗址区域地形为山原湖盘剥蚀形成的西藏阿里地区特有的札达“土林地貌”。所谓“土林地貌”，是札达盆地第三系上新统—第四系下更新统厚层札达群半固结岩石地层，随着区域构造持续抬升，在干旱气候条件下，经过风化剥蚀，被象泉河水系及其支流，深切淋滤形成的，具有垂直节理和临空面，平面上沟壑纵横，临河、临沟具有高耸陡壁，其上布满直立的切沟，将陡壁边缘的岩体切割成孤立柱体或林立的“浮雕式梳状”柱体的层次丰富、形态多姿的奇特地貌形态组合。典型的土林地貌如图2.1所示。

古格王国遗址位于札达县城以西约18km，象泉河以南的札不让“土山”上，为札达土林地貌的一部分。山体山脊走向北偏东32°~43°，为东侧肉帮沟和西侧牛让沟两条大冲沟形成的“钝刃状”沟间山脊，如图2.2所示。

古格王宫所在山顶平台最大高程3850m左右，山体北缘坡脚管理所平台高程3721m左右，东侧肉帮沟谷底高程3716~3663m，西侧牛让沟谷底高程3706~3665m，古格遗址正北方约1.6km的象泉河距水面高程约3604m。山体东西两侧尤其是牛让沟一侧，由于冲沟的侵蚀，形成陡倾高耸的峭壁，而沿山脊走向向北，

(a) (b) (c) (d)

图 2.1 土林地貌

（a）土林地貌远景；（b）土林地貌近景；（c）塔林；（d）双塔

(a) (b)

(c)

(d)

图 2.2　古格王国遗址远景

(a) 东立面；(b) 北立面；(c) 西北立面；(b) 西立面

则渐行渐低，由于岩性的差异，形成相对宽缓的平台与陡壁在垂向上相间分布的地形特征（见图 2.2）。

2.2　地质构造与古地理环境

2.2.1　地质构造

根据《西藏自治区札达土林自然保护区综合考察报告》[199]（刘伟等，西藏地矿厅第二地质大队），被喻为世界“第三极”的西藏高原大部分地方曾经为古地中海的组成部分。自第三纪强烈上升以来，如今高原南部的喜马拉雅山脉，平均海拔达到 6000m 以上，成为了世界最年轻的高原。高原的上升造就了札达盆地的形成，而大地构造作用决定了高原的隆起。

从大地构造来讲，札达盆地在区域上按板块构造划分，属于印度板块与欧亚板块的雅鲁藏布江缝合带之西段。该缝合带在札达盆地一带位于札达县城至达巴以北、阿依拉山脉以南地区。札达县城以南部分则属于北喜马拉雅盖层滑脱壳片。以札达-萨嘎一带的蛇绿岩及复理石混杂堆积的特征分析，它有可能是雅鲁藏布江缝合带在西段出现的两条蛇绿岩带之南带。它还可能是从三叠纪开始扩展而形成的大洋洋壳带的遗迹。由于札达-达巴-拉孜断裂是一条向北逆推的深大断裂，该断裂以南的高喜马拉雅基底集成壳片受到西瓦利克的陆内俯冲而出现楔状滑覆体翘升，进而成为喜马拉雅弧形山脉的主脊，山脊北面的北喜马拉雅盖层滑脱壳片则沿其边界形成了一条背滑伸展断层。这就是说，沿北喜马拉雅分布的断陷盆地带最西端的札达盆地具有背滑正断盆地的特征。

札达盆地以南的次级构造主要是呈北西-南东向展布的长 120km、宽约 20km 的波林向斜。该向斜宽缓，两翼倾角小于 15°，核部由白垩系上统波林夏拉组灰岩与岩屑砂岩组成，并被三条大致平行的平移断层所截切。在向斜北侧是一条走向与向斜大致平行的长约40km的逆断层，倾向向北，这与香孜-霍尔深大断裂的逆推性质有些相似。由此可以看出，札达断陷盆地两侧的逆推断裂只能与之相平行的逆断裂形成叠瓦状推覆，而真正控制盆地形成的一级构造是南部的背滑伸展断层和北部的逆推断裂带。它们的走向与盆地的展布方向大致平行。总体上断陷盆地由上游的姜叶马与土林分布区的达巴、托林、香孜、曲松等小盆地呈串珠状共同构成完整的札达盆地。

由于印度板块持续向北运动，而今的札达盆地依然处于持续抬升的地质构造背景中，这就决定了札达的气候就不可能变得温湿，植被也会因干燥和高寒而不会变得茂盛。在盆地内达巴以东约20m出露的金珠等三个温泉显示了地热活动的存在。它们位于喜马拉雅水热活动带上，说明盆地内在札达-达巴一线和香孜-霍尔一线两个热水活动亚带上有新构造活动迹象。从区域构造应力场分析，盆地的断陷可能尚未结束，只是这种断陷的速率与北喜马拉雅包括整个札达盆地的上升速率相比要弱一些罢了，正是这种差异升降加剧了象泉河对札达盆地旺盛的剥蚀，增强了沿象泉河两岸支流、支沟的发育，进而促进了土林的形成和发育。

2.2.2 古地理环境

控制土林地貌形成和发展的沉积、剥蚀作用，主要来自晚白垩世以来构造运动带来的古地理环境的一系列改变。

在晚白垩世之前，受早期古地理环境的控制，札达地区属于浅海静水环境，到了晚白垩世，由于印度洋脊的扩张，印度板块快速向北漂移，特提斯主域的洋壳迅速向冈底斯-念青唐古拉大陆边缘俯冲消减，使包括札达在内的喜马拉雅地区向上隆起，海水由深变浅，出现海退，至晚白垩世末期完全上升为陆地。

第三纪始新世印度板块同冈底斯板块碰合，由此形成了印度河-雅鲁藏布江缝合带。由于印度板块持续向北推挤，西瓦利克开始陆内俯冲，从此本区地壳构成一个相对封闭的板内变形系统，开始了超碰撞构造变形和高原均衡隆升阶段。在第三纪上更新世至第四纪早更新世一边断陷，一边接受沉积，形成了札达盆地厚达800m的河湖相沉积地层——札达群。

第四纪早更新世以后，札达盆地经过高原的一个剧烈抬升阶段，加速了高原南部位于印度的萨特累季河的向源侵蚀，进而发展成切穿分水岭与札达盆地相通，湖水迅速外泻，断陷盆地在没有经过沼泽化过程的情况下，就被很快形成的象泉河水系取而代之，从此，湖相沉积变成了河流相沉积。

晚更新世，象泉河向源侵蚀到达门士后，袭夺噶尔藏布在门士以东的上游水系，使象泉河的地表径流量和水动力条件大大增强，在经历了一次巨大的洪水和宽谷段的大面积堆积之后，开始了对札达盆地强烈地下切侵蚀，使札达群地层受到象泉河水系强烈切割，随着一些支流和冲沟的逐步发展，象泉河两岸的土林地貌随之出现。

2.3 地层岩性及空间分布

札达盆地土林出露的地层，由古到今分别有前震旦系聂拉木群（Anznl）、奥陶系幕霞群（Omx）、中石炭统打昌群（C_2dc）、中石炭统丁波群（C_2db）、二叠系下统曲嘎组（P_1q）、三叠系中下统穷果群（$T_{1\text{-}2}qn$）、三叠系上统修康群（T_3xk）、涅如群（T_3nr）、侏罗系中下统才里群（$J_{1\text{-}2}cl$）、侏罗系上统放马场组（J_3f）、维美组（J_3w）、侏罗-白垩系（J-K）、白垩系下统嘎姐组（k_1g）、亚如那嘎组（K_1y）、第三系上新统-第四系下更新统札达群（N_2-Q_1）zd 以及第四系全新统残坡积（Q_4^{edl}）、坡风积（Q_4^{dl+eol}）、冲洪积（Q_4^{al+pl}）等松散堆积。

古格王国遗址地区出露地层主要为三叠系上统修康群（T_3xk）、第三系上新统-第四系下更新统札达群（N_2-Q_1）zd 托林组以及第四系全新统残坡积（Q_4^{el+dl}）、坡风积（Q_4^{dl+eol}）、冲洪积（Q_4^{al+pl}），其中三叠系上统修康群为下卧层，第四纪全新统松散堆积物在特定地段构成覆盖层，而构成古格遗址山体的为第三系上新统-第四系下更新统札达群（N_2-Q_1）zd 托林组，详见图 2.3。

三叠系上统修康群（T_3xk）：修康群的岩性为砂岩、板岩及少量硅质岩，不整合下伏于札达群托林组。

第三系上新统-第四系下更新统札达群（N_2-Q_1）zd 托林组：该组岩体构成土林山体，岩性下段以含卵砾石土、卵石土为主，上段以粉砂质黏土、粉砂土夹粗砂土为主。固结程度很高，具半成岩性质。不整合上覆于三叠系上统修康群之上。

第四系全新统残坡积（Q_4^{edl}）、冲洪积（Q_4^{al+pl}）：残坡积（Q_4^{edl}）主要分布于基岩区的下部，分布范围较小，展布方向与盆地走向一致，厚度较小，且变化幅度较大。冲洪积堆积（Q_4^{al+pl}），主要分布于象泉河谷的河床与河漫滩位置及其大的支流、支沟两侧。

构成古格王国遗址山体主体的托林组地层多为厚层-巨厚层状，局部为中厚层状；产状基本水平；在管理所所处平台及其以下，岩性以砾岩为主；其上至王宫所处的山顶平台，则为砂岩、泥岩等中-细碎屑岩，以略等厚层状态相间分布，间或夹泥质灰岩，也就是说，砂岩、泥岩构成了古格遗址所依存的山体的主体，详见图 2.4 和图 2.5。

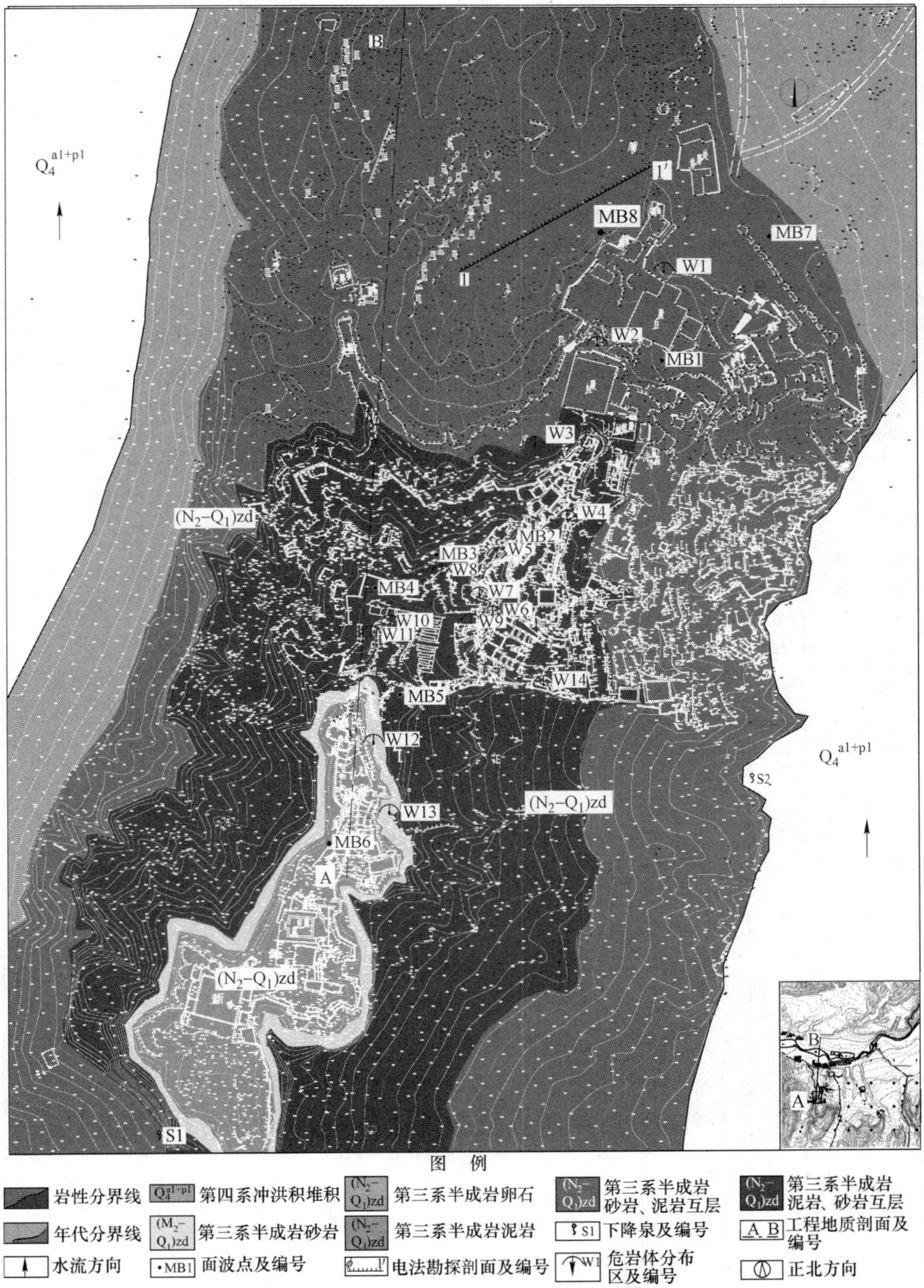

图 2.3 古格王国遗址区综合工程地质平面图

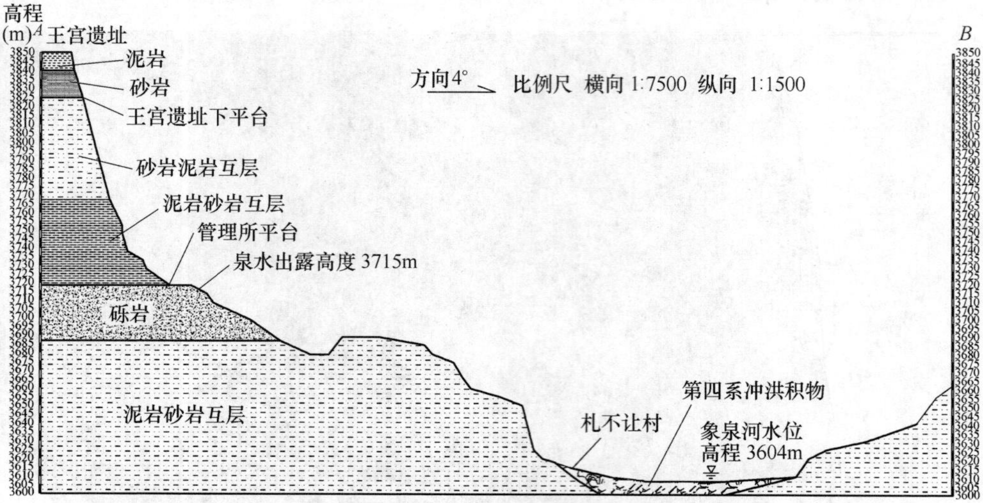

图2.4　古格王国遗址区综合工程地质剖面图

地层编号	时代成因	层底高程	层底深度	分层厚度	柱状图	岩土名称及其特征	取样编号
①	$(N_2-Q_1)zd$	3850.30	3.20	3.20		泥晶灰岩：灰绿色，块状结构，密实，以黏土矿物为主，结构致密，断面光滑，节理发育	33、34
②	$(N_2-Q_1)zd$	3840.30	10.00	6.80		泥岩：灰白色，块状结构，密实，以黏土矿物及方解石为主，结构致密，断面光滑，节理发育	31、32
③	$(N_2-Q_1)zd$	3828.50	25.00	15.00		砂岩：褐黄色，块状结构，密实，以石英、长石、黑云母为主，岩石碎屑以细砂为主，含粗粉砂、中砂碎屑；粗糙度：中等～较好； 磨圆度：次棱角状，节理发育	27、28、29、30
④	$(N_2-Q_1)zd$	3758.60	94.90	69.90		泥岩、砂岩：褐黄色，块状结构，密实，以黏土矿物、方解石、石英、长石云母为主，泥岩和砂岩互层，层厚3～6m左右，砂岩主要为泥质胶结少量钙质胶结，强度较低	26 25 24 23 22 17-1、17-2、18、19、20 21 16-1、16-2 15 14 13 12 10-1、10-2 11-1、11-2 9

地层编号	时代成因	层底高程	层底深度	分层厚度	柱状图	岩土名称及其特征	取样编号
⑤	$(N_2-Q_1)zd$	3722.00	131.50	36.60		砂岩、泥岩：浅黄色，块状结构，密实；以黏土矿物、方解石、石英、长石云母为主，泥岩和砂岩互层，层厚3～6m左右，砂岩主要为泥质胶结，少量钙质胶结，强度较低	8-3 8-2 8-1 7 6 5 4 3 2 1
⑥	$(N_2-Q_1)zd$	3700.30	153.20	21.70		砾岩：杂色，卵石磨圆度较好，最大粒径可达30cm，以变质岩为主，卵石颗粒之间由粉细砂充填，胶结程度较高	35～38

图 2.5　古格王国遗址区综合地质柱状图

由于古格王国遗址场地不具备钻探条件，为调查研究古格山体的抗震性能，同时采用多种手段调查岩土体的岩性特征及空间分布，以得到更准确的结果，特在工作区场地布置了物探工作，主要方法为面波勘探和电法勘探[200]。

在古格王国遗址区共布置了 8 个面波勘探点，具体位置见图 2.3，现场采集到的面波记录经过傅里叶变换后的频散曲线如图 2.6 所示。

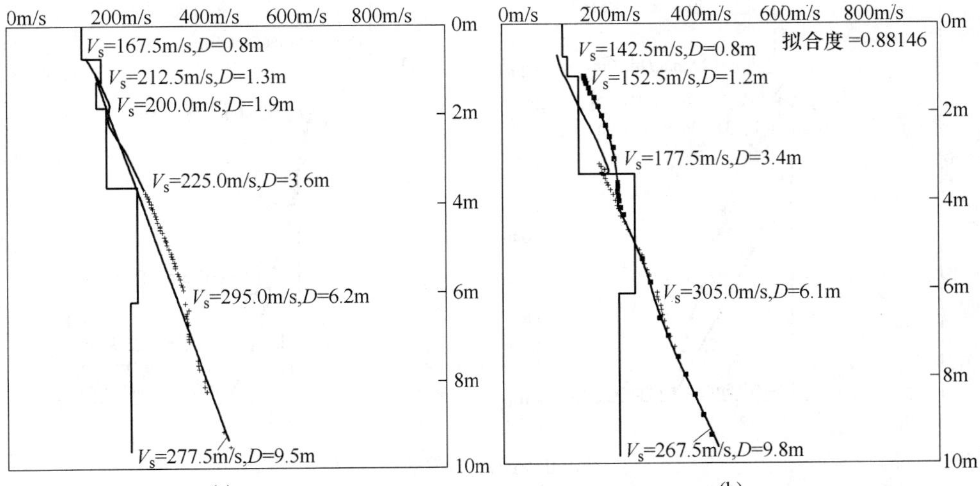

(a)　(b)

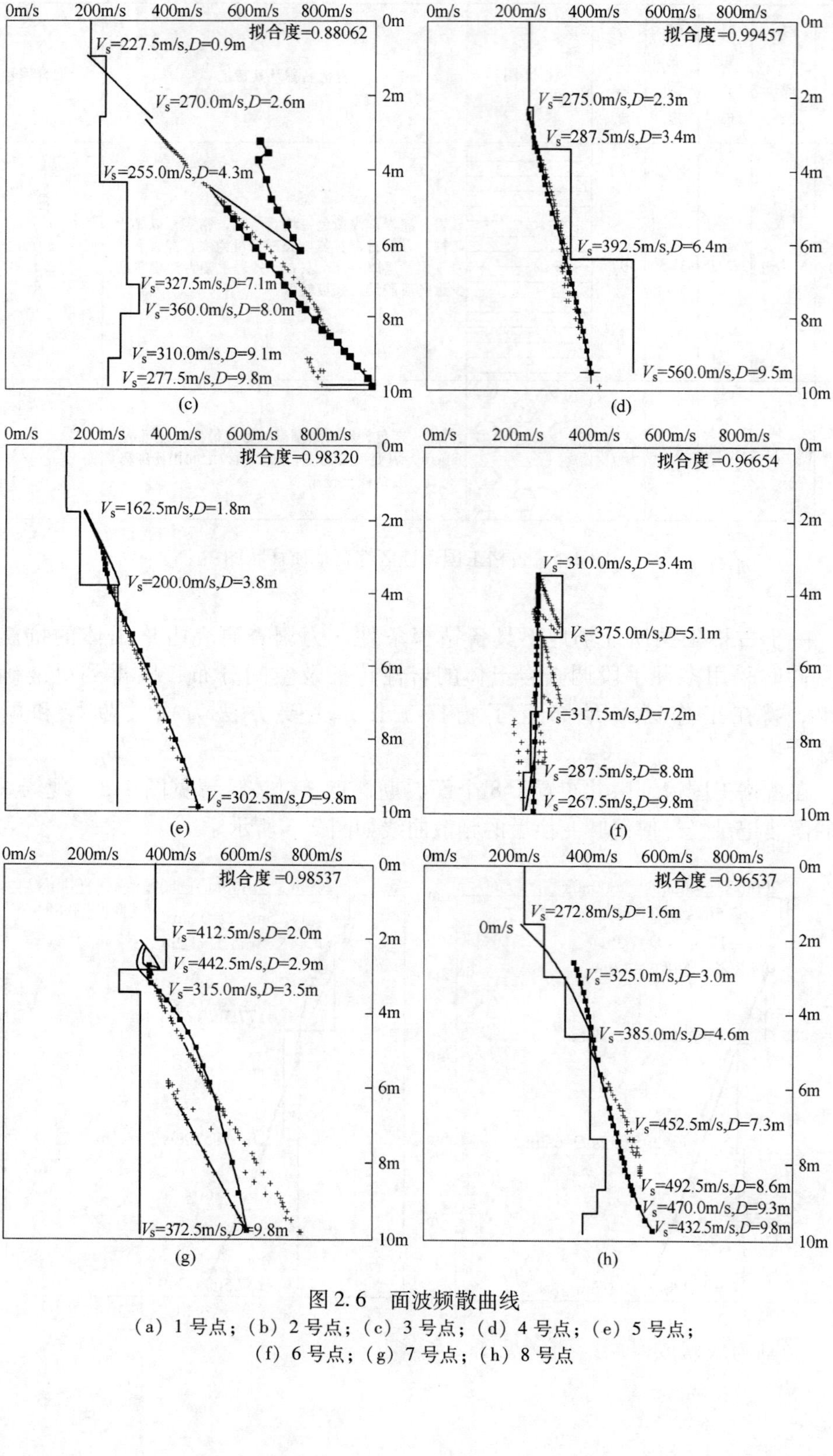

图 2.6 面波频散曲线

（a）1 号点；（b）2 号点；（c）3 号点；（d）4 号点；（e）5 号点；
（f）6 号点；（g）7 号点；（h）8 号点

从面波频散曲线可以看出，地层剪切波波速的主要分布范围为 140～500m/s。其中，主要波速范围为 250m/s ≤ V_s ≤500m/s，界于岩石和土之间，充分体现了岩体半土半岩的性质；局部岩土的剪切波速范围为 140m/s ≤ V_s ≤250m/s，主要为山体风化和松散层堆积物，岩体较软；局部岩土剪切波速大于 500m/s，主要是这部分岩体方解石含量比较高，比较致密，推断主要为泥岩和泥晶灰岩。

电法勘探主要是通过被测地层不同岩性间的电性差异而达到分层的目的，特别适合产状近于水平的地质问题。电法勘探采用 E60BN 型高密度电法仪进行，由于地形条件限制，只在管理所西侧做了一道电法勘探剖面（具体位置见图 2.3）。高密度电法反演结果如图 2.7 所示，从图中可以明显看出地层的水平层理，而且越往下视电阻率越大，主要是由于岩体越往下越密实的缘故。

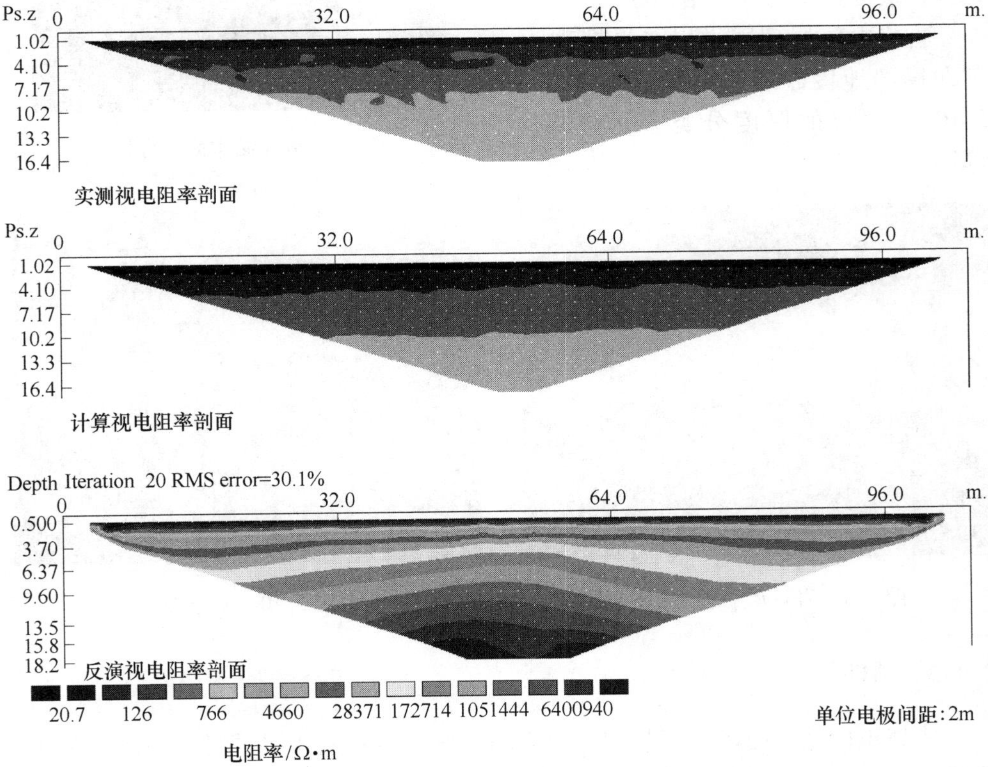

图 2.7 高密度电法反演成果

2.4 层理、节理及裂隙

古格王国遗址山体的结构面，由层面层理、裂隙和节理组成，层面为近水平产状展布，裂隙、节理多为近垂直的高倾角产状，这些结构面一起将古格山体的岩石切割为块状或厚层结构（见图 2.8）。

2.4.1　层理

层面是沉积岩的原生结构，是上下地层在成分和结构上不连续的分界面，是相对的软弱面（见图2.9）。

由于未经受大的水平向构造运动，古格王国遗址山体岩石层面基本水平展布，层的厚度分类多为厚层～巨厚层。在整体上，根据《工程岩体分级标准》（GB 50218—94）结构面结合程度的划分，古格山体层面为结合好的结构面。

古格山体层理同样以水平层理为主，但在局部地段砂岩中可见斜层理（见图2.10）。岩层的厚度分类多为厚层～巨厚层。

图2.8　洞窟结构面发育情况

图2.9　岩石水平层面和层理

图2.10　斜层理

2.4.2　节理

古格王国遗址山体发育节理近垂直的高倾角节理及水平层理，节理面光滑、平整、闭合，具有剪节理的性状，为构造节理（见图2.11）。高倾角节理总体上对山体稳定性影响不大，但是由于节理面贯穿，加之层面、地形临空面的共同切割，而使得危岩体比较发育，因而岩体容易产生崩塌。同时，降水沿垂直节理渗流、冲刷、掏蚀、切割形成冲沟（见图2.12），促进了土林地貌的形成和发展。

通过对古格王国遗址山体节理的现场观察和量测，节理贯穿性一般，间距不等，总体在35～150cm之间，往往在泥岩中的间距小于砂岩中的间距。34组67条节理产状统计列于表2.1。

图 2.11 岩石中的垂直节理

图 2.12 沿垂直节理产生的冲沟

表 2.1 古格王国遗址山体节理产状统计表

观测点号	岩 性	节理产状			
		组别	倾向/(°)	倾角/(°)	间距/cm
1	泥岩	①	55	87	120 ~ 140
		②	265	74	
		③	155	79	
2	砂岩	①	264	89	
		②	295	87	
3	砂岩	①	255	81	80
		②	144	88	75
4	泥岩与砂岩互层	①	102	86	40
		②	114	83	
5	泥岩	①	150	86	
		②	117	85	
6	砂岩	①	40	60	
		②	290	87	40
7	泥岩与砂岩互层	①	60	65	
		②	290	87	
8	泥岩与砂岩互层	①	287	84	
		②	45	79	
		③	185	32	
9	砂岩	①	210	73	30 ~ 35
		②	330	75	10 ~ 40
10	砂岩	①	122	74	60
		②	215	66	70 ~ 120

续表 2.1

观测点号	岩　性	节理产状			
		组别	倾向/(°)	倾角/(°)	间距/cm
11	泥岩	①	200	80	
		②	103	86	35
12	泥岩	①	2	84	80
		②	111	86	60 ~ 75
13	泥岩	①	343	89	20 ~ 30
		②	283	80	
14	泥岩	①	215	86	30 ~ 40
		②	40	60	30
15	砂岩	①	40	77	50 ~ 80
		②	114	80	
16	泥岩	①	325	86	30 ~ 50
		②	117	87	
17	泥岩	①	315	86	60 ~ 100
		②	70	87	40 ~ 60
		③	45	60	100 ~ 150
18	泥岩	①	100	88	20 ~ 30
		②	300	88	60 ~ 80
19	砂岩	①	333	76	50 ~ 60
		②	74	88	
		③	108	80	
20	泥岩	①	50	84	50
		②	265	75	45
21	砂岩	①	185	88	60 ~ 100
22	泥岩	①	160	85	110
		②	45	75	130 ~ 150
23	泥岩	①	74	60	
		②	335	45	140 ~ 200
24	砂岩	①	255	89	70 ~ 90
25	泥岩	①	60	84	13
26	砂岩	①	340	86	60 ~ 65
27	砂岩	①	335	85	90 ~ 140

续表 2.1

观测点号	岩　性	节理产状			
		组别	倾向/(°)	倾角/(°)	间距/cm
28	泥岩	①	350	85	80
		②	160	85	
29	泥岩	①	170	87	90 ~ 120
		②	282	84	
30	泥岩	①	105	84	
		②	51	75	
31	砂岩	①	107	87	
		②	36	78	
32	泥岩	①	109	81	
		②	230	75	
33	泥岩	①	105	87	
		②	165	83	
34	砂岩	①	110	84	
		②	179	86	

由现场测量编制的节理玫瑰花图和节理极点图（分别见图 2.13、图 2.14）可以看出，走向 10° ~20°的节理最为发育，走向 20° ~30°的节理次之。古格王国遗址区山体两边的河流牛让沟及肉帮沟的走向大致一致，说明节理与区域构造具有成因和产状上的一致性，并在一定程度上控制了地貌的形成。

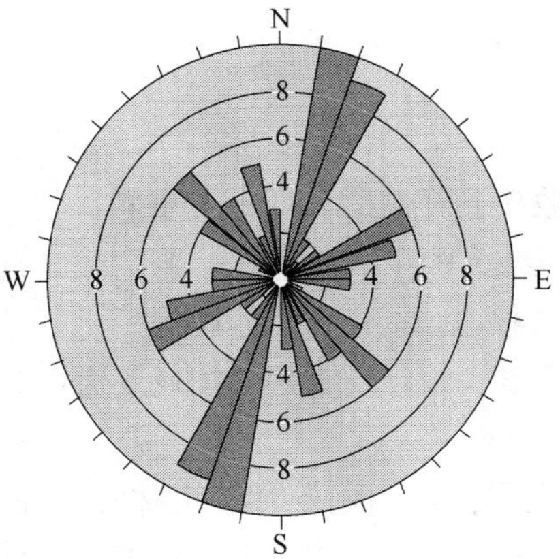

图 2.13　节理玫瑰花图

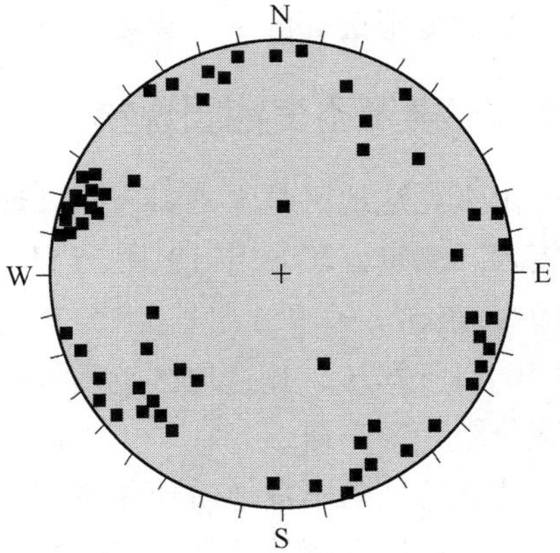

图 2.14　节理极点图

2.4.3　裂隙

古格王国遗址山体中的裂隙主要为沿古格山体峭壁陡坡，因水平卸荷产生的张裂隙（见图 2.15）。这种张裂隙平行于临空面普遍发育，同时也仅在垂直于边坡一定深度内发育，裂隙面弯曲起伏、张开度大，最大可以到 20mm，无充填，结构面结合一般~结合差。这种裂隙和垂直节理共同控制而使得危岩体平行于边坡方向与山体脱离，产生崩塌和“片帮”。

图 2.15　沿陡壁发育的卸荷张裂隙
（a）竖直张裂隙；（b）倾斜张裂隙

上述层理、节理及裂隙相互组合，共同切割岩体，构成古格王国遗址山体洞窟与边坡变形破坏的一个重要因素。

2.5　地震及不良地质现象

由于札达地区基本资料有限，现场并未收集到详细的早期地震资料。据中国地震台网测定，2004 年 10 月 26 日 10 时 11 分 35 秒在西藏札达、普兰间（北纬 30.9°，东经 80.9°）发生 5.7 级地震。根据《建筑抗震设计规范》GB 50011—2010，札达地区抗震设防烈度为 7 度，设计基本地震加速度为 0.15g，地震分组为第一组。

札达地区的不良地质现象主要是崩塌和泥石流。崩塌发育于土林临空面上，受札达群地层发育的节理、陡倾的地形控制和影响；其危害在于，沿路地段的斜坡每当雨季产生崩塌经常使得道路中断，县城到各乡雨季难以通车，甚至有的乡村公路几个月不能通行。同时，古格山体边缘危岩体的崩塌，严重影响古格遗址保存、保护。

由于气候干旱、植被稀疏、地表覆盖层松散破碎、雨季地表径流集中量大，札达盆地的冲沟内普遍发育泥石流，对道路交通及人民生命财产安全造成危害。

2.6 气象水文

2.6.1 气象条件

札达盆地气候在西藏气候区划中被列为高原温带季风干旱气候地区，受西风环流和西南季风的交替影响很大。当具有气候下沉特点的西风环流盛行时，札达气候干燥、降水量少、温差剧烈、多大风，成为冬季的主要气候特点；夏季西南季风于6月初或中旬进入札达上空，具有气候温热、雨量集中的特点。

高耸在札达盆地南侧的喜马拉雅山系的巨大屏障作用在很大程度上阻碍了暖湿气流向北运行，从而使札达盆地成为“雨影区”，故年降水量仅160mm左右，年蒸发量约为2300mm，全年最长无降水时间为110天左右。在谷盆热效应的影响下，札达盆地内的气候又变得非常干热。据有关气象资料表明，札达县年平均气温3℃，最热月（7月）的平均气温为13.7℃，最冷月（1月）的月平均气温是-9.2℃，大于0℃的天数为230天，大于10℃的天数约110天。年无霜期为124~130天，年日照时数约为3500小时。

据狮泉河1961~1980年与普兰1973~1980年间所测得的降雨量分别是73.4mm和170.9mm，札达引用的数据是160mm。根据同期资料可以进一步推知，狮泉河7~8月的降水量达49.6mm，一日最大降水量达24.6mm（1971年6月23日），普兰7~8月降水量达52mm，而一日最大降水量却达到了74.6mm（1979年5月15日），则札达7~8月降水量大致为50mm，一日最大降水量不低于25mm。同期蒸发量，普兰是2257.1mm、狮泉河是2420.6mm，推测札达年蒸发量约为2300mm。也是根据同期资料，狮泉河的全年最长无降水天数为134天，普兰则是108天，故札达可能在110~120天左右。

上述资料表明，札达盆地年降水量远小于年蒸发量，一般降水集中在6~8月，且一日最大降水量可以占全年降水量的五分之一至三分之一，从而使得札达盆地一年中大多数时间处于干燥状态。

2.6.2 水文地质条件

（1）地表水。札达土林所在的札达盆地的地表水系主要为象泉河及其支流。象泉河全长309km，流域内地势为南东高，北西低，落差达2400m，平均坡降7.8‰，古格遗址即位于象泉河中游南岸。象泉河的补给来源既有上游的冰川及融雪补给，也有沿流程的支流与季节性河流、洪流，还有向象泉河排泄的地下水补给。年平均流速约为28.9m^3/s，年平均径流量达9.1亿立方米，是阿里地区年平均径流量最大的外流河。象泉河的支流有二十余条，在土林分布区内的常年性河流有达巴河、玛拉藏布、香孜河、鄂博河（曲松河）等，季节性河流主要有那错浦、东坡曲、龚贵曲、狼果曲、曲罗河以及丁丁沟、茅刺沟、热布加林沟等，流量一般是南侧的河流大于北侧的河流。

古格王国遗址区周围河流、冲沟较多，其中象泉河由东向西流经古格遗址区北侧，河流常年流水，遗址区山体处于象泉河的二级阶地之上。遗址区山体的东、西两侧各有一条冲沟，东面（遗址正面）有一片较为开阔的山坡地，坡下所临冲沟名为“肉帮沟”，西面（遗址背面）所临冲沟为“牛让沟”。其中，牛让沟在雨季水流较大，对古格王国遗址区西侧山体的影响较大。本项研究现场工作期间肉帮沟基本保持较小的稳定水流，而牛让沟基本处于干涸状态，但发生一次水位高约50cm的洪水，排泄时间在数小时以内，肉帮沟水流以泉水成溪为主，沟内草丛植被较为茂盛。两条沟均为季节性冲沟，在雨季汇集该地区的大气降水和地下水，补给象泉河。象泉河、牛让沟、肉帮沟与古格王国遗址的位置关系如图2.16和图2.17所示。

图2.16　象泉河及肉帮沟远景

图2.17　牛让沟远景

（2）地下水。札达盆地的地下水类型，以岩石裂隙水为主。在盆地周边，一部分降雪被融化时，往往有较充足的时间沿基岩风化裂隙或松散堆积物的孔隙缓慢下渗，从而形成了边部较高位置富水程度弱的基岩风化裂隙水；在土林前缘，由于卸荷垂直节理的发育，大气降水下渗，也形成裂隙含水带。

由于札达盆地的年降水量仅160mm，加上土林发育区地形陡、植被稀少，大气降水一般在土林区绝大多数直接转为地表径流而汇入下游进入象泉河，大气降水的直接入渗量有限，而同时蒸发量却很大；另一方面由于组成土林的粗、细粒土的结构都很紧密，渗透性很低，仅在土林前缘发育较多的垂直裂隙，形成入渗通道。综合以上因素，土林前缘裂隙含水带的水量很小。

地下水的排泄则以溢出为主。当地下水入渗到垂直裂隙带端部，受阻后溢出为泉，转为地表水流入象泉河。而这个溢出带，基本在海拔3800m左右，砾岩的顶面，伴随以植被发育，这在牛让沟和肉帮沟均普遍可见。地下水浸出、渗出、溢出的排泄带的日排泄总量不足20L/s（托林镇一带），水量很小。地下水溢出较集中的部位，是地层有轻微“向斜”构造的部位，因为这些部位容易汇集较大水量，这在牛让沟古格遗址南侧的豁口处清晰可见。

由于托林组地层具有崩解性，在地下水溢出部位，往往造成岩体在坡脚处的崩解、坍塌，并依次向上发展，产生更大规模的坍塌，甚至大体量崩塌，一定程度上影响着古格山体的稳定性。

（3）水化学特征。本次工作在象泉河及肉帮沟取了两组水样，水化学类型为 HCO_3^- · SO_4^{2-} · Ca^{2+} · Mg^{2+} 型，pH 值为 6.99，总矿化度 299mg/L，偏硅酸 H_2SiO_3 含量 18.9mg/L，锶含量 0.48mg/L。较高的矿化度和较高的偏硅酸含量，显示出古格遗址地区的地下水已接近饮用天然矿泉水的界限指标，表现出径流速度慢，径流路径长的深循环径流特征。水质分析结果显示水对混凝土结构无腐蚀性，对混凝土结构及钢筋混凝土中的钢筋无腐蚀性，对钢结构有弱腐蚀性。

2.7 岩石微观结构及矿物成分试验分析

组成古格山体的托林组地层，由于地域的限制，以往研究工作很少，同时，对于半成岩软岩，可借鉴的资料也很少。在本次研究工作中，共在古格山体上下采集岩石样品 38 组 44 块，进行了不同类型的室内试验，试验内容主要包括岩矿薄片鉴定、电子扫描、X 射线衍射分析、物理力学性质试验、水理性质等，以期对古格王国遗址山体岩石进行全面、准确的分析和评价。

2.7.1 岩矿薄片鉴定分析

岩矿薄片鉴定的特征列于表 2.2。

表 2.2 岩矿薄片鉴定定名、组成及结构特征

岩性	组成及微观结构（共性）	工程地质层号	岩样编号	各岩样自身特点
泥岩	泥状结构；岩石以黏土矿物为主，含粉砂碎屑和其他矿物颗粒；黏土矿物含量 92% ~ 97%，粉砂、细粉砂碎屑含量 2% ~5%，其他矿物颗粒不超过 1%；黏土矿物以呈显微纤维状的绢云母为主，并含少量隐晶状黏土矿物，其中绢云母杂乱分布；粉砂碎屑成分为石英，粒径小于 0.05mm，均匀地分布于黏土矿物构成的泥质基质之中	⑤	1	其他矿物：为不透明呈细小碎屑状的黑色金属矿物组成
			6	其他矿物：氧化铁矿物，呈漫染状和细小碎屑状分布
砂岩	均具砂状结构，只是粒径有所差异；碎屑成分依次为石英、长石、岩屑以及云母；孔隙式胶结，胶结物为黏土矿物、方解石，合计含量 10% ~15% 左右	⑤	3	长石岩屑中-细岩，粒径一般在 0.1 ~0.32mm 之间
		④	16-2	长石石英细砂-粗粉砂岩，粒径一般在 0.06 ~ 0.12mm 之间。胶结物：黏土矿物被氧化铁浸染呈浅棕色，10% 左右；方解石已重结晶，5% 左右

续表 2.2

岩性	组成及微观结构（共性）	工程地质层号	岩样编号	各岩样自身特点
砂岩	均具砂状结构，只是粒径有所差异；碎屑成分依次为石英、长石、岩屑以及云母；孔隙式胶结，胶结物为黏土矿物、方解石，合计含量10% ~15%左右	④	17-2	长石石英粗粉-细砂岩，粒径一般在0.06 ~0.20mm之间； 胶结物：被氧化铁浸染的黏土矿物8%左右，方解石2%
			25	长石岩屑细砂岩，粒径一般在0.10 ~0.25mm； 微量胶结物：由黏土矿物组成，并被氧化铁浸染呈棕红色，10% ~15%
		③	27	长石岩屑中-细砂岩，粒径一般在0.15 ~0.40mm； 之间胶结物：同25号样
粉砂岩	具粉砂状结构；岩石碎屑以粉砂为主，含少量细砂，粒径一般在0.04 ~0.10mm之间。碎屑成分及特征为：石英77% ~82%；长石15% ~20%；岩屑未见分布；云母，黑云母、白云母，均匀分布，1% ~2%；不透明矿物，由呈碎屑状的铁的氧化物组成，1%；胶结构，由黏土矿物和方解石组成。其中黏土矿物被氧化铁浸染呈浅棕红色。方解石泥晶状分布在碎屑矿物之间。其中黏土矿物，10%左右；方解石，5%左右；胶结类型为孔隙式	④	11-2	长石石英粉砂岩
灰质泥岩	由碎屑和基质两部分组成，其中：碎屑粒径在0.05 ~0.1mm之间为粗粉砂碎屑，成分以石英为主、长石岩屑也有分布，<10%； 基质：由黏土矿物和方解石构成，二者均匀混合分布，黏土矿物被氧化铁浸染呈棕红色；含量，黏土矿物>方解石	④	20	
含灰质泥岩	泥状结构；岩石以黏土矿物为主，含有碎屑和碳酸盐矿物以及不透明矿物；其中，黏土矿物以绢云母为主。碎屑由呈细粉砂级的石英碎屑组成，分布在黏土矿物之间；碳酸盐矿物，呈泥晶状的方解石均匀分布在黏土矿物间；不透明矿物，细小粒状及浸染状分布；含量，黏土矿物>76%，方解石20%左右，石英碎屑2% ~3%，不透明矿物<1%	④	23	

续表 2.2

岩性	组成及微观结构（共性）	工程地质层号	岩样编号	各岩样自身特点
粉砂质含灰泥岩	岩石具粉砂质泥状结构；岩石由碎屑和基质两部分组成；其中，碎屑以粉砂级碎屑为主，均匀分布在基质之中，含量40%左右；基质以黏土矿物为主，含方解石，其黏土矿物大部分为隐晶状，部分已重结晶，为显微纤维状的绢云母；方解石呈泥晶状与黏土矿物均匀混合分布；基质被氧化铁浸染呈棕红色。含量：60%左右，其中方解石10%左右	②	31	
泥晶灰岩	砂状泥晶结构；岩石由碎屑、基质两部分组成，碎屑由粒径在 0.06 ~ 0.15mm 之间为主的碎屑，即粗粉砂至细砂级的碎屑组成，成分以石英和长石碎屑为主；基质，以呈泥晶状的方解石为主，含呈隐晶状的黏土矿物，二者均匀分布。含量：粗粉-细砂碎屑 30% ~45%；方解石 50% ~55%；黏土矿物 5% ~15%；不透明矿物 <1%	⑤	8-2	粗粉-细砂质泥晶灰岩
		④	13	粗粉-细砂质泥晶灰岩

从岩矿薄片分析可以看出，托林组地层由湖相沉积砾岩、砂岩、粉砂岩、泥岩、（含）灰质泥岩、泥晶灰岩相间组成，砂岩、粉砂岩基质含量少，加之成岩作用短，因而胶结作用差；而泥岩以及（含）泥质灰岩因含有较多黏土矿物及方解石，胶结状况相对较好，这从扫描电镜分析、物理力学性质试验和水理性质试验结果中也可以得到很好的验证。

2.7.2 扫描电镜分析

扫描电子显微镜（scanning electron microscope）是利用具有一定能量的电子束轰击固体样品，使电子和样品相互作用产生一系列有用信息，借助特殊的探测仪器分别进行收集处理并成像的大型综合分析仪器。它可以用来直接观察样品的微观形貌结构并进行微区元素成分分析，对岩心、岩屑、地面手标本、单矿物颗粒、化石、现代花粉等固体样品均可进行分析。

通常扫描电子显微镜是由电子光学系统、信息检测系统、扫描系统、真空系统、电源系统以及 X 射线能谱仪组成。本次电子显微镜分析采用英国剑桥生产的 LEO435VP 型电子显微镜，能谱仪采用英国牛津生产的 LINK-ISIS 型能谱仪，如图 2.18 所示。

扫描电镜分析主要分为样品制备和样品扫描两个步骤，其中样品制备有三个主要环节：（1）样品的预处理，主要步骤为洗油、磨制、酸化、净化、干燥等。（2）样品上桩粘结，通常采用导电胶把经上述处理后的样品粘结到样品桩上。

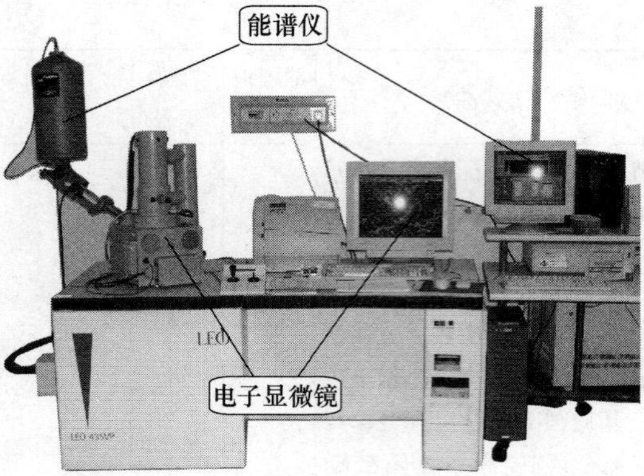

图 2.18 电子显微镜和能谱仪

(3) 镀膜，最常用的镀膜材料是金，其纯度应为光谱纯，另外还可以用金-钯合金。镀膜一般在真空镀膜机中进行，要注意使镀层均匀。

本次扫描电镜试验分析结果见表 2.3。

表 2.3 扫描电子显微镜分析记录表

样品编号	岩性	分析号	分析内容	放大倍数
34	泥岩	1	全貌	300
		2	岩内溶孔 20～50μm	800
		3	微孔隙及黏土矿物（C、S、I）	2000
		4	蜂窝状蒙皂石	5000
32	泥岩	5	全貌	300
		6	裂缝及溶孔	800
		7	片状伊利石及晶间微孔隙	2000
		8	片状伊利石、石英颗粒	5000
10-2	砂岩	9	全貌	100
		10	粒间孔径 200μm 左右	300
		11	碎屑颗粒蚀变或片状绿泥石	800
		12	粒表蜂窝状蒙皂石	3000
11-1	泥岩	13	全貌	300
		14	粒间孔隙 20～30μm	800
		15	粒间方解石被溶蚀	3000
		16	钠长石沿解理缝溶蚀	2000
5	砂岩	17	全貌	100
		18	粒间孔隙 40～60μm	300
		19	粒表蜂窝状蒙皂石	1500
		20	粒表蜂窝状蒙皂石及少量片状伊利石	10000

续表 2.3

样品编号	岩性	分析号	分析内容	放大倍数
8-3	泥岩	21	全貌	300
		22	裂隙及晶间孔隙 10 ~ 15μm	800
		23	碎屑微裂及片状伊利石	2000
		24	黏土主要呈片状结构	5000

各岩石样品的部分扫描电镜照片如图 2.19 ~ 图 2.24 所示。

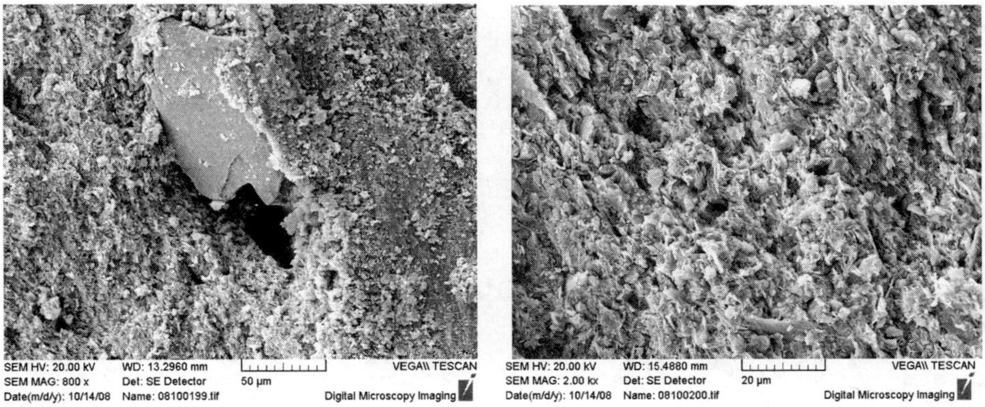

(a) (b)

图 2.19 34 号泥岩（第 1 层）的部分扫描照片

（a）放大 800 倍；（b）放大 2000 倍

(a) (b)

图 2.20 32 号泥岩（第 2 层）的部分扫描照片

（a）放大 800 倍；（b）放大 2000 倍

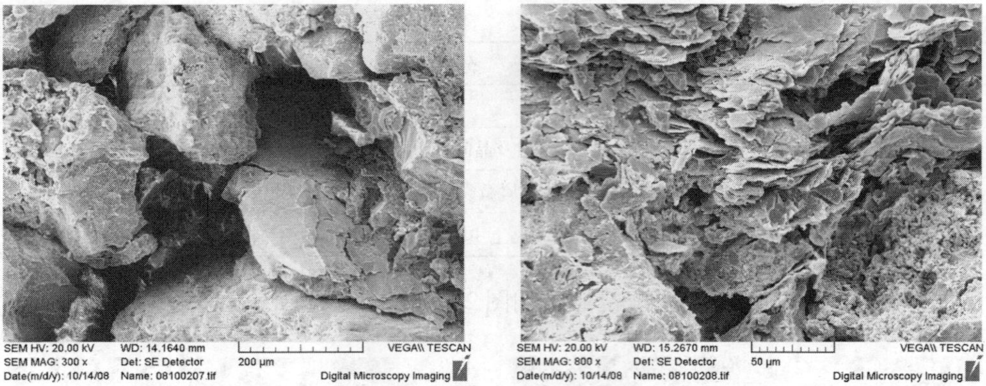

(a)　(b)

图 2.21　10-2 号砂岩（第 4 层）的部分扫描照片

（a）放大 300 倍；（b）放大 800 倍

(a)　(b)

图 2.22　11-1 号泥岩（第 4 层）的部分扫描照片

（a）放大 800 倍；（b）放大 3000 倍

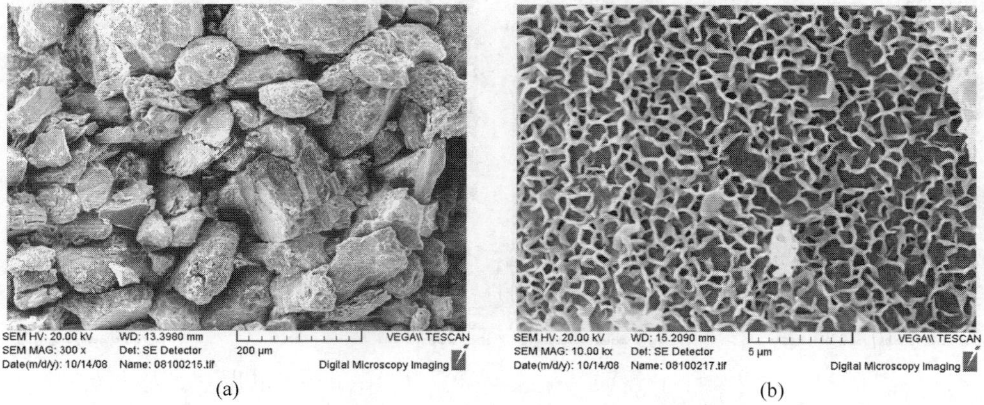

(a)　(b)

图 2.23　5 号砂岩（第 5 层）的部分扫描照片

（a）放大 300 倍；（b）放大 10000 倍

(a) (b)

图 2.24 8-3 号泥岩（第 5 层）的部分扫描照片

（a）放大 800 倍；（b）放大 5000 倍

2.7.3 X 射线衍射分析

X 射线衍射效应是在晶体中发生的，绝大多数矿物都是晶体，不同的矿物具有不同的晶体结构，X 射线衍射技术就是根据不同晶体结构发生衍射谱图的特点来鉴别矿物的种类，对于片架状硅酸盐类的黏土矿物尤为如此。本次试验采用日本理学电机公司（Rigaku）生产的 D/MAX 2500 射线衍射仪，如图 2.25 所示。

图 2.25 D/MAX 2500 射线衍射仪

试验条件如下：Cu 靶，波长 0.154184nm；电压 40kV，电流 100mA；狭缝系统为 1°，1°，0.3mm；扫描速度为 4°/min。

X 射线衍射分析试验步骤分为全岩分析和黏土矿物分析两部分。

全岩分析：样品粉碎、研磨至全部粒径小于 40μm，将粉末装入铝质样品框架 20mm × 18mm 空框内，垂直压紧成型。然后上机测量 X 射线衍射峰值来定性分析矿物种类及其相对含量，按绝热方程计算。

黏土矿物分析：黏土矿物通常是指粒径小于 2μm 含水的层状硅酸盐矿物。X 射线衍射分析中首先分离（沉降法）出小于 2μm 的黏土矿物，在玻璃片上（40mm × 25mm）制备样品，然后分别通过自然状态（室温自然干燥），乙二醇饱和（60℃，7.5h），加热处理（450℃，2.5h）三种状态下 X 射线衍射峰值来定性分析各种黏土矿物种类及其相对含量。

各岩石样品的 X 射线衍射全岩分析图谱和黏土矿物分析图谱如图 2.26 ~ 图 2.31 所示。根据 X 射线衍射分析结果，可计算得出试样的矿物成分及含量如表 2.4、表 2.5 所示。

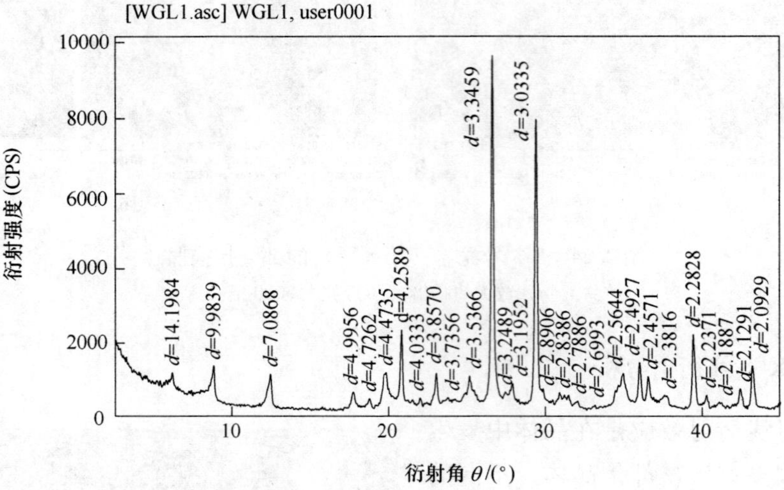

(a)

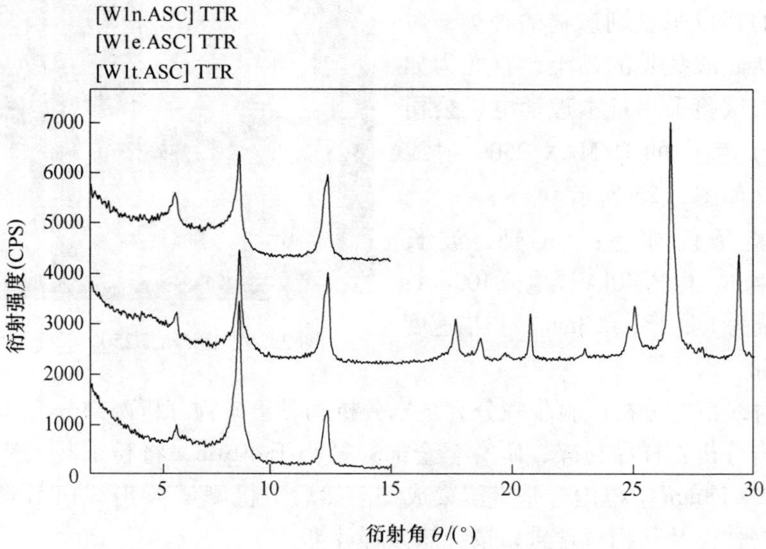

(b)

图 2.26　34 号泥岩（第 1 层）的 X 射线分析图谱

（a）全岩分析；（b）黏土矿物分析

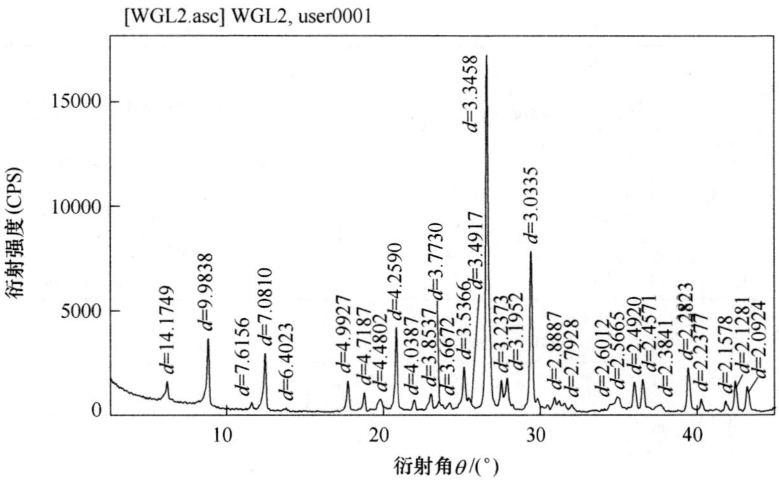

(a)

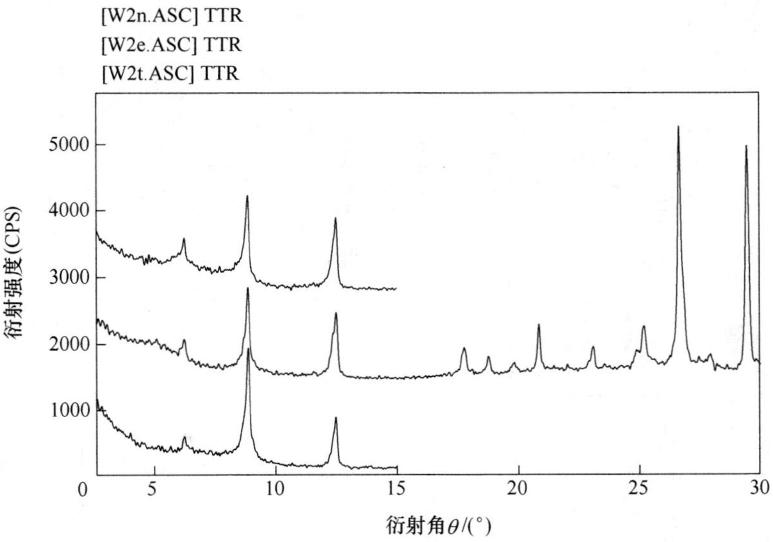

(b)

图 2.27 32 号泥岩（第 2 层）的 X 射线分析图谱

（a）全岩分析；（b）黏土矿物分析

表 2.4 全岩矿物 X 射线衍射分析结果

试样编号		矿物种类和含量/%								黏土矿物总量/%
		石英	钾长石	斜长石	方解石	白云石	赤铁矿	角闪石	石膏	
第 1 层	34 号泥岩	18.0	0.4	2.8	30.6	1.1				47.1
第 2 层	32 号泥岩	27.6	8.1	5.6	24.6	1.5			0.4	32.2

续表 2.4

试样编号		矿物种类和含量/%								黏土矿物总量/%
		石英	钾长石	斜长石	方解石	白云石	赤铁矿	角闪石	石膏	
第 4 层	10-2 号砂岩	57.7	8.1	11.5	3.8				0.4	18.5
	11-1 号泥岩	53.0	3.1	19.0	0.3					24.6
第 5 层	5 号砂岩	52.2	6.1	22.6	0.8					18.3
	8-3 号泥岩	42.6	1.8	13.2	9.6				0.4	32.4

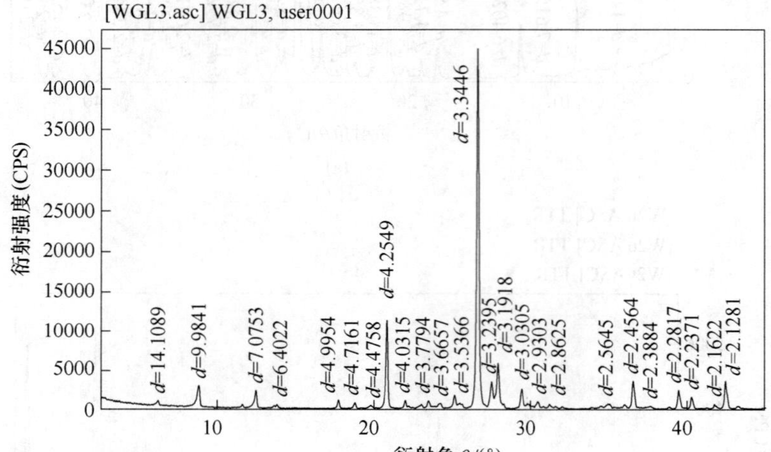

(a)

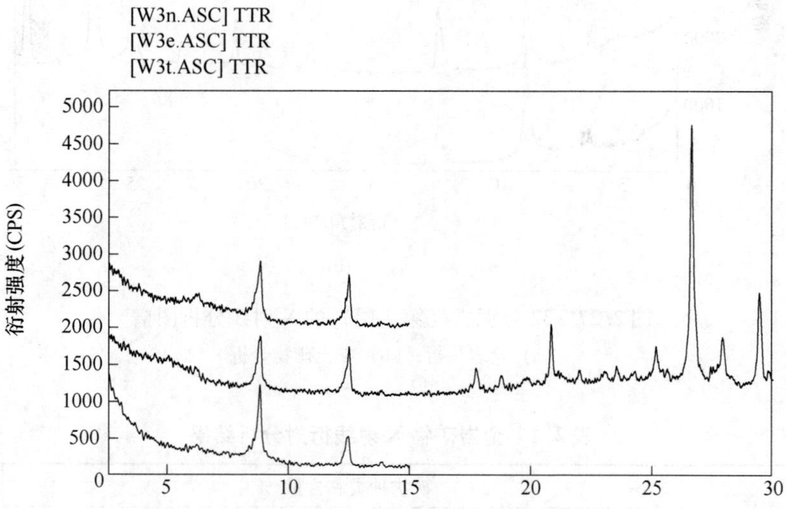

(b)

图 2.28　10-2 号泥岩（第 4 层）的 X 射线分析图谱

（a）全岩分析；（b）黏土矿物分析

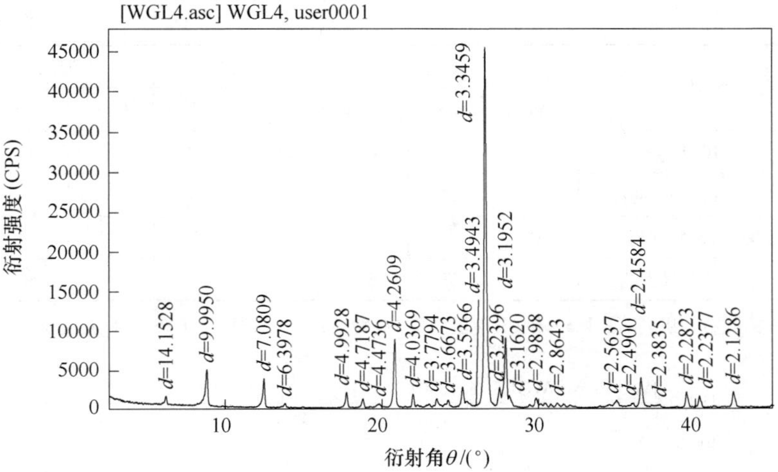

(a)

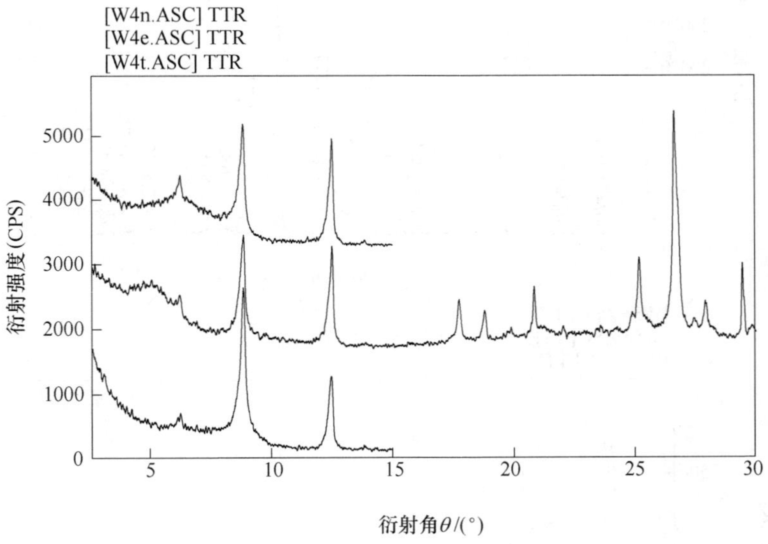

(b)

图 2.29 11-1 号泥岩（第 4 层）的 X 射线分析图谱

（a）全岩分析；（b）黏土矿物分析

表 2.5 黏土矿物 X 射线衍射分析结果

试样编号		黏土矿物相对含量/%					混层比/%S		
		S	I/S	I	K	C	C/S	I/S	C/S
第 1 层	34 号泥岩		29	47	8	16		45	
第 2 层	32 号泥岩		20	53	8	19		40	

续表 2.5

试样编号		黏土矿物相对含量/%					混层比/%S		
		S	I/S	I	K	C	C/S	I/S	C/S
第 4 层	10-2 号砂岩		10	64	3	23		40	
	11-1 号泥岩		22	56	5	17		50	
第 5 层	5 号砂岩	67		23	3	7			
	8-3 号泥岩		7	63	5	25		50	

注：S—蒙脱石；伊利石；I/S—伊/蒙混层；K—高岭石；C—绿泥石；C/S—绿/蒙混层。

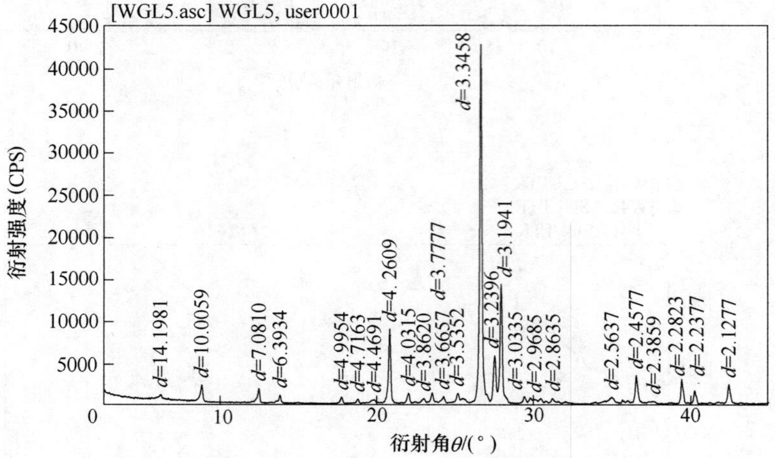

(a)

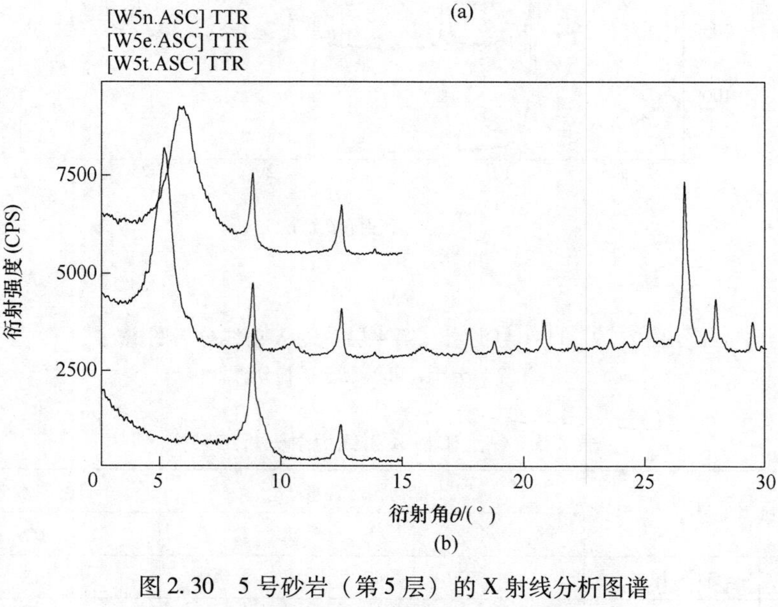

(b)

图 2.30 5 号砂岩（第 5 层）的 X 射线分析图谱

（a）全岩分析；（b）黏土矿物分析

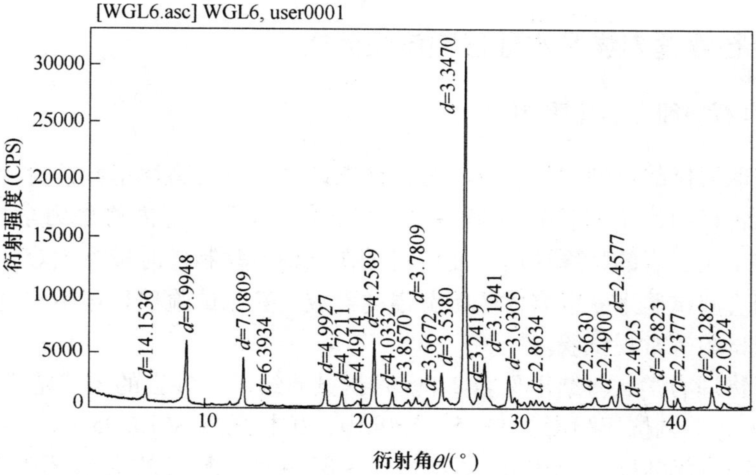

(a)

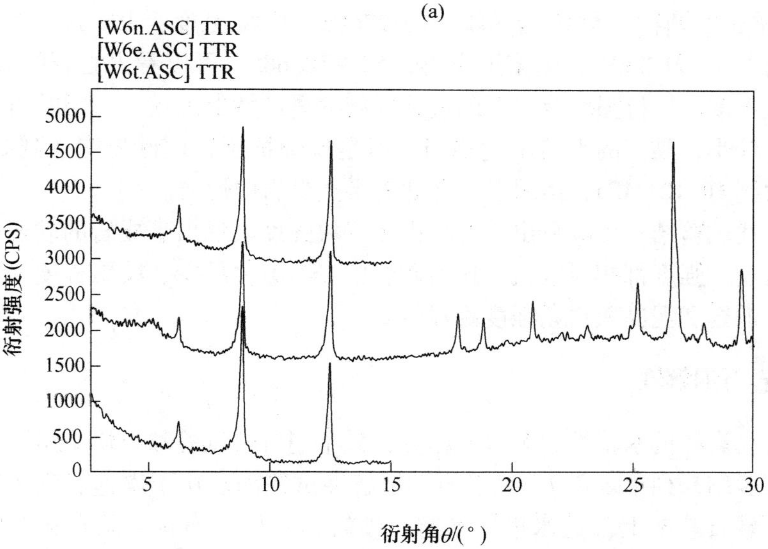

(b)

图2.31　8-3号泥岩（第5层）的X射线分析图谱

（a）全岩分析；（b）黏土矿物分析

由X射线衍射分析结果可以看出，岩样中的碎屑矿物主要为石英、钾长石、钠长石、方解石和石膏，少数样品中含有白云石，其中方解石含量在各个样品中含量离散性比较大，最高为34号泥岩的30.6%，最低为11-1号泥岩的0.3%。黏土矿物主要为伊利石、蒙脱石、伊利石/蒙脱石混层矿物、高岭石和绿泥石。5号砂岩的黏土矿物含量中发现有67%的蒙脱石，而在其他岩样中几乎不含蒙脱石。在泥岩中伊利石/蒙脱石混层矿物含量较高，且混层比达到50%左右，因此均有一定的膨胀性。

2.8　岩石物理力学及水理性质试验分析

2.8.1　岩石物理力学性质

为获取岩体的物理力学参数，为古格遗址边坡及洞窟稳定性评价提供基础性数据，在古格山体不同位置采集了19块岩样，进行了室内物理力学性质试验。由于岩样半土半岩的特殊性质，使得岩样在三轴试验制样时较为困难，因而本次试验采用直剪试验来获取岩体的抗剪强度参数，其他试验项目包括密度、单轴抗压、劈裂试验等常规试验。

岩石物理力学试验结果见表2.6。根据试验结果，砂岩的天然密度为1.43～1.81g/cm^3，单轴抗压强度为99.5～790kPa，抗拉强度为13.95～153.45kPa，黏聚力为88～1568kPa，摩擦角为22.31°～37.46°；泥岩的天然密度为1.58～1.98g/cm^3，单轴抗压强度为541～10127kPa，抗拉强度为91.81～577.32kPa，黏聚力为154～2122kPa，摩擦角为29.15°～38.68°。可以看出岩石的天然密度、单轴抗压强度、抗拉强度及岩石的抗剪强度的离散性都比较大，同时岩石的天然密度都比较小，黏土的天然密度相当，但是单轴抗压强度砂岩能达到0.79MPa，泥岩能达到10.127MPa，体现了土林地貌半土半岩的性质。

由上述试验结果可以看出，古格山体岩块强度表现出半成岩的软岩性质，而砂岩的密度、强度都相对较低，这与砂岩中$CaCO_3$含量少、胶结程度较差有直接的联系，泥岩和泥晶灰岩则强度相对较高。

2.8.2　岩石崩解性

为研究岩块的水稳性，本次工作分别做了崩解性试验和岩块干燥饱和吸水率试验，试验结果列于表2.7。从岩石的崩解性试验和岩块干燥饱和吸水率试验结果发现，岩石基本上都遇水极易崩解，砂岩相对更易崩解，泥岩和泥晶灰岩次之。从岩块干燥饱和吸水率看，岩块多具中等膨胀性，部分为强膨胀性。

2.8.3　岩石水理性质

水是古格王国遗址洞窟及山体破坏的最主要因素之一。为研究分析水对古格王国遗址洞窟及山体边坡稳定性的影响程度，需对山体围岩进行水理性质指标测试。本次工作采集砂岩、泥岩各三组样品做了岩石的吸水试验及强度软化试验[201,202]。

2.8.3.1　吸水试验

岩石的吸水试验主要研究岩石受水作用后的吸水性能。试验设备采用中国矿业大学（北京）深部岩土力学与地下工程国家重点实验室研制的软岩水理作用测试仪（见图2.32）。

表 2.6 岩石物理力学试验结果汇总表

岩样编号	岩性	密度试验		单轴压缩试验			直剪试验		劈裂试验
		天然密度 ρ_0/g·cm^{-3}	颗粒密度 ρ_s/g·cm^{-3}	干抗压强度 σ_c/kPa	弹性模量 E/MPa	泊松比 μ	内摩擦角 φ/(°)	黏聚力 C/MPa	天然抗拉强度 σ_t/kPa
16	长石石英类细砂-粗粉砂岩	1.81	2.47	608	20.62		33.26	0.821	137.23
3	长石岩屑中-细砂岩	1.76	2.43	790	24.63		37.46	0.395	73.19
17	长石石英类粗粉-细粒砂岩	1.51	2.62	102.4	9.28				36.54
27	长石岩屑中-细粒砂岩	1.43	2.58	99.5	13.3		23.65	0.088	13.99
11-2	长石石英粉砂岩	1.61	2.48	663	37.01		23.79	1.568	153.45
1	泥岩	1.88	2.48	10127	1343.21	0.485	32.41	2.122	577.32
6	泥岩	1.82	2.61	4766	396	0.311	32.22	1.663	559.51
20	灰质泥岩	1.64	2.58	2071	40.45				91.81
25	含灰质泥岩	1.58	2.50	541	39.4		34.04	0.154	295.55
31	粉砂质含灰泥岩	1.98	2.60	4467	300	0.387	38.68	0.900	252.68
23	含灰质泥岩	1.82	2.57	2304	261	0.280	29.15	0.885	242.73
8-2	粗粉细砂质泥晶灰岩	1.85	2.57	5482	469	0.304	29.33	1.570	430.73
13	粗粉细砂质泥晶灰岩	1.87	2.51				30.40	2.121	
33	含泥质泥晶灰岩	1.69	2.45	9293	709	0.330			677.92
8-1	泥岩	1.69					29.62	0.328	
10-2	砂岩	1.52					34.16	0.098	
2	砂岩	1.74					22.31	0.693	
9	泥岩	1.85					34.26	1.295	
12	砂岩	1.60					37.83	0.264	

表 2.7　岩石耐崩解性试验结果

岩样编号	原定名	风干体积密度 /g·cm^{-3}	岩块在水中崩解物性状	岩块干燥饱和吸水率/%	耐崩解性指标		液限 /%	塑限 /%	塑性指数
					Id_1	Id_2			
5	砂岩	1.76	粉状物	25.91	0.00	0.00			
18	砂岩	1.66	泥粉状物	28.18	0.83	0.04			
27	砂岩	1.43	开裂	24.44	0.00	0.00			
21	泥岩	1.83	泥状物	36.33	1.44	0.18	40.01	27.69	12.32
26	泥岩	2.02	粉泥状物	25.59	1.02	0	28.61	20.46	8.15
6	泥岩	1.82	粉泥状	41.65	3.29	0.05	37.69	25.78	11.91
31	含灰泥岩	1.98	粉泥状	28.71	0.39	0.48	27.20	20.31	6.89
8-2	泥晶灰岩	1.85	沿层理开裂	23.28	96.12	56.03	31.02	23.13	7.89
13	泥晶灰岩	1.87	碎片状	40.24	3.05	0.57	39.56	24.18	15.38
33	泥晶灰岩		碎片状	57.68	14.59	13.20	57.03	27.21	29.82

注：1. Id_1、Id_2分别代表第一次和第二次干湿循环后崩解耐久性指标，即在2mm筛孔上残留物百分数，Id_2 <30%属于耐崩解性很低的岩石；

2. 泥质岩按岩块干燥饱和吸水率膨胀势判别标准：低于10%为非膨胀性，10%~20%为微膨胀性，20%~50%为中等膨胀性，50%~100%为强膨胀性，大于100%为剧膨胀性。

吸水试验的主要步骤如下：

（1）选择试样，测量试样尺寸、质量、天然密度、天然吸水率等参数。

（2）粘接触水器，粘接时应注意粘结胶不易涂得过多，使粘结胶进入到触水器内部，避免减少触水面积。放置10～12h并确认充分粘牢后，进行测试。

（3）密封试件侧壁，以防试样所吸水分与室内空气发生交换。

（4）向系统内注水使系统内空气排出，调整水头到试验要求高度，记录测试箱内计量管初始水位。水头高度为计量管水位12到试样7与触水器5相接触的试样表面的垂直距离。

（5）开始试验，按规定时间间隔记录计量管读数（吸水量 Q）。

（6）整理试验数据，根据测试记录的吸水时间（t）和相对应的吸水量（Q），绘制软岩吸水量随吸水时间变化的吸水特征（Q-t）曲线。

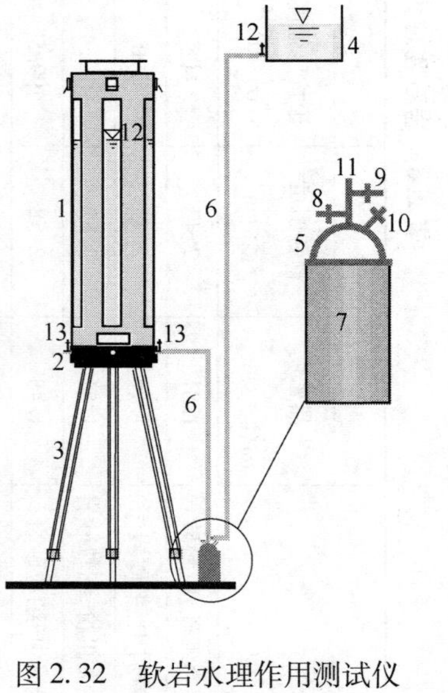

图2.32　软岩水理作用测试仪

1—测试箱；2—圆筒扩套；3—三脚架；4—水箱；5—触水器；6—连接胶管；7—试样；8—止水阀；9—注水阀；10—排气阀；11—进水口；12—计量管水位；13—出水口

吸水试验数据整理分析过程如下：

（1）整理试验记录数据表，以吸水时间为（t）横坐标，吸水量（Q）为纵坐标，绘制吸水特征曲线。

（2）试验测试结束时，计算试样的吸水率与吸水速率。

吸水率按下式计算

$$\omega_t = \omega_0 + \frac{m_{wt}}{m_s} \tag{2.1}$$

式中 ω_0——天然含水率；

m_{wt}——对应时间 t 试样的吸水质量；

m_s——试样干质量。

吸水速率（ k_a ）按下式计算

$$k_a = \frac{dQ_t}{dt} \tag{2.2}$$

式中 Q_t——随时间变化的吸水量。

（3）岩石吸水过程具有明显的时间效应，吸水量随吸水时间的变化可分为两个阶段来描述。第一阶段为初始吸水阶段或减速吸水阶段；第二阶段为线性吸水阶段或等速吸水阶段。

对两阶段曲线进行拟合分析，得到各阶段的吸水过程函数，减速吸水阶段为负指数函数关系，即

$$Q_{t_1} = Q_s(1 - e^{-k_{s_1}t}) \tag{2.3}$$

等速吸水阶段为线性函数关系，即

$$Q_{t_2} = Q_{t_0} + k_{s_2}(t - t_0) \tag{2.4}$$

式中 Q_{t_1}——减速吸水阶段随吸水时间变化的吸水量，mL；

Q_{t_2}——等速吸水阶段随吸水随时间变化的吸水量，mL；

Q_s——试样吸水饱和时吸水量，mL；

t——吸水时间，h；

k_{s_1}——减速吸水阶段吸水率参数；

Q_{t_0}——等速吸水阶段起始点 t_0 时刻吸水量，mL；

t_0——等速吸水阶段起始时间，h；

k_{s_2}——线性增长阶段吸水率参数。

（4）整理得出试样的吸水特征曲线、试样水理试验结果、试样吸水 Q-t 拟合曲线、试样拟合函数。

本次工作共进行了两类（砂岩、泥岩）四层共 8 个岩石样品的吸水试验。各试样的吸水试验数据结果见表 2.8；根据试样的吸水试验数据，整理得各试样的吸水特征曲线如图 2.33 ~ 图 2.36；各试样的吸水过程 Q-t 拟合曲线如图 2.37 ~

图 2. 40；各试样的吸水过程拟合函数见表 2. 9；各试样的吸水特征拟合参数见表 2. 10。从吸水曲线可以看出：一般地，砂岩吸水速率较快，吸水量大。

表 2. 8　各试样吸水试验数据结果表

试样编号		天然密度 /g · cm^{-3}	吸水量 /mL	吸水时间/min	天然吸水率/%	吸水率/%			
						上部	中部	下部	平均值
10-2 号砂岩（第 4 层）	4 号	1. 58	92. 2	0. 50	0. 08	16. 30	17. 79	18. 96	17. 68
	1 号	1. 61	29. 9	15. 00		8. 36	7. 54	8. 57	8. 16
5 号砂岩（第 5 层）	2 号	1. 58	65. 9	15. 25	0. 63	20. 46	17. 25	21. 87	19. 86
	1 号	1. 57	43. 9	2. 95		10. 74	9. 92	4. 35	8. 34
8-3 号泥岩（第 5 层）	2 号	1. 78	99. 7	480. 00	—	18. 85			
	1 号	1. 75	59. 6	60. 00		19. 77	16. 73	7. 45	14. 65
11-1 号泥岩（第 4 层）	3 号	1. 65	113. 1	32. 00	—	18. 88			
	1 号	1. 66	55. 2	20. 00		16. 16	15. 40	6. 84	12. 80

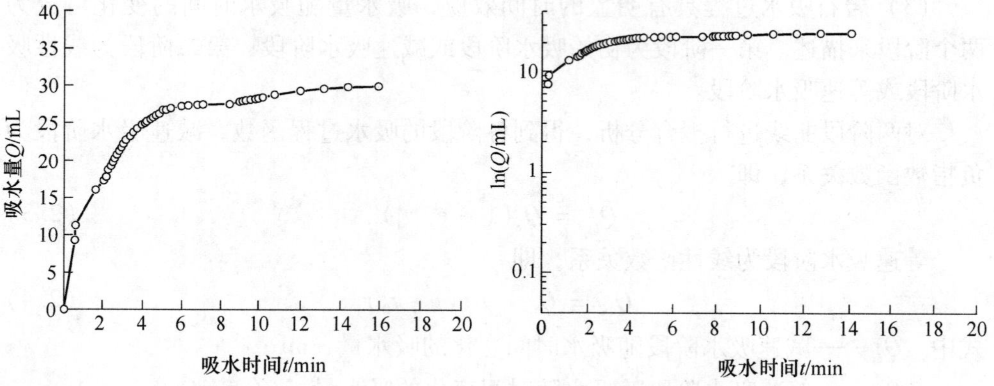

图 2. 33　10-2 号砂岩（第 4 层）1 号样的吸水特征曲线

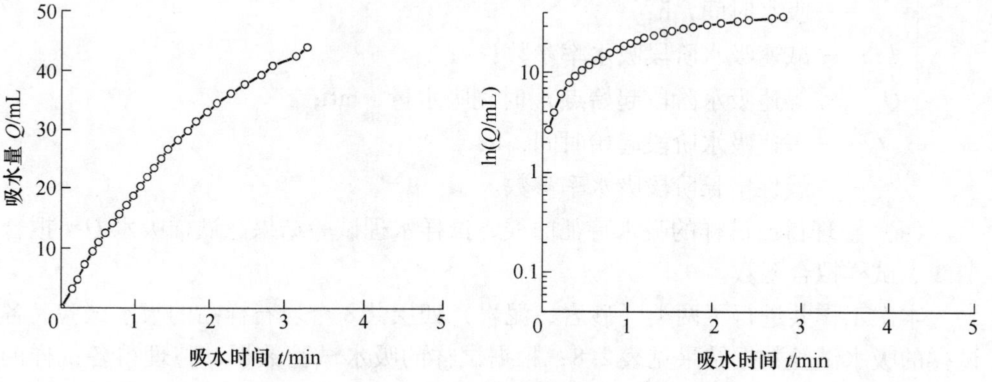

(a)

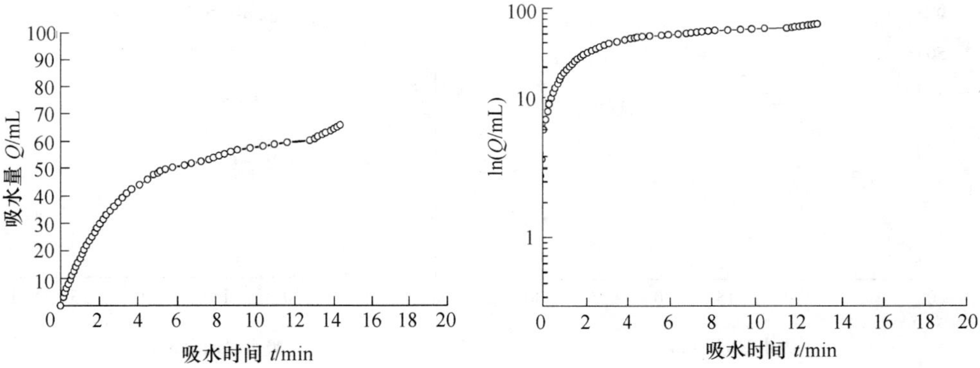

(b)

图 2.34 5 号砂岩（第 5 层）的吸水特征曲线

（a）1 号样的吸水特征曲线；（b）2 号样的吸水特征曲线

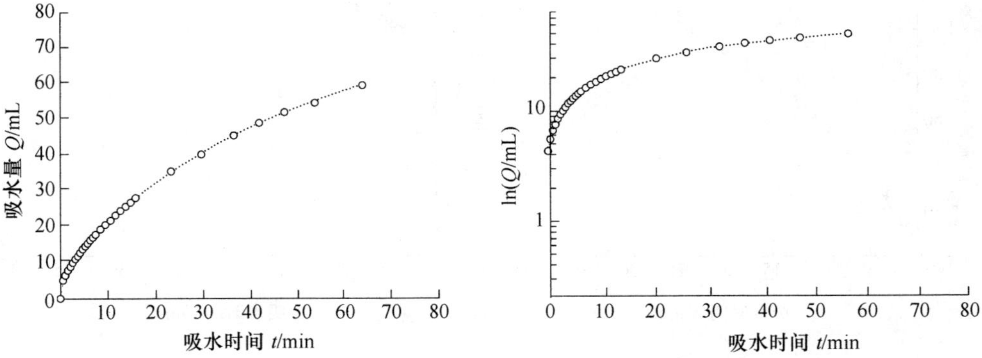

(a)

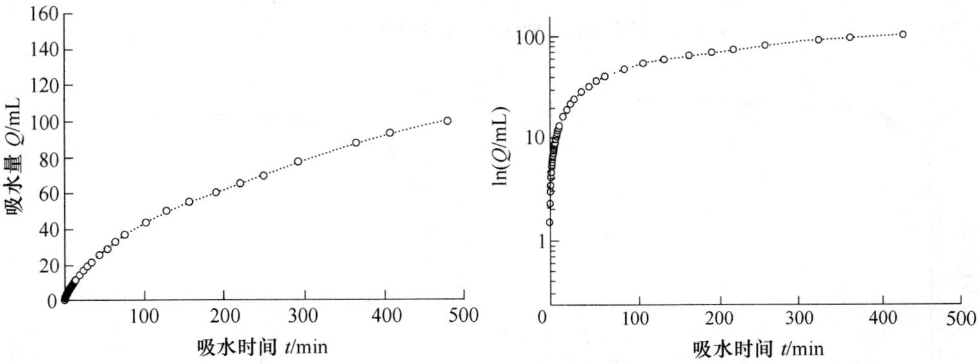

(b)

图 2.35 8-3 号泥岩（第 5 层）的吸水特征曲线

（a）1 号样吸水特征曲线；（b）2 号样吸水特征曲线

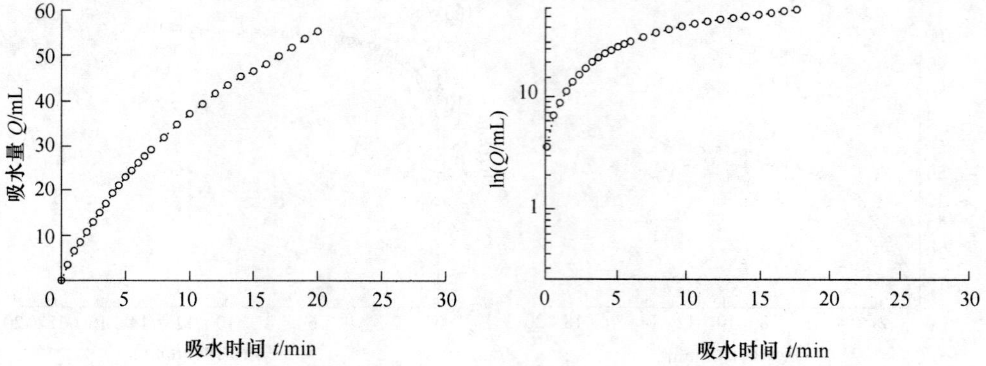

(a)

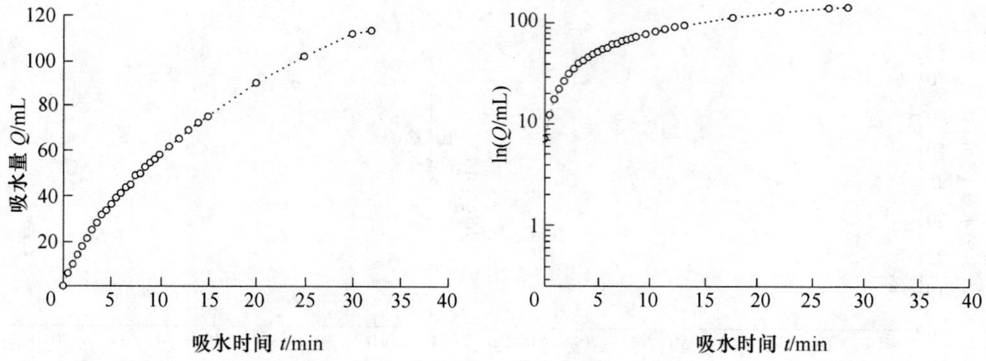

(b)

图 2.36　11-1 号泥岩（第 4 层）的吸水特征曲线

（a）1 号样的吸水特征曲线；（b）3 号样的吸水特征曲线

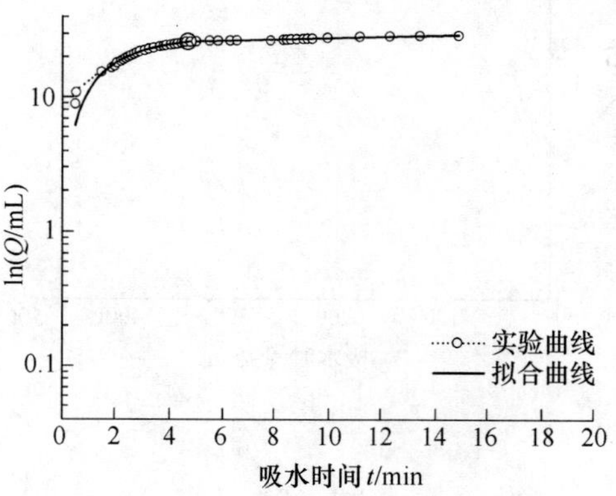

图 2.37　10-2 号砂岩 1 号样 Q-t 拟合曲线

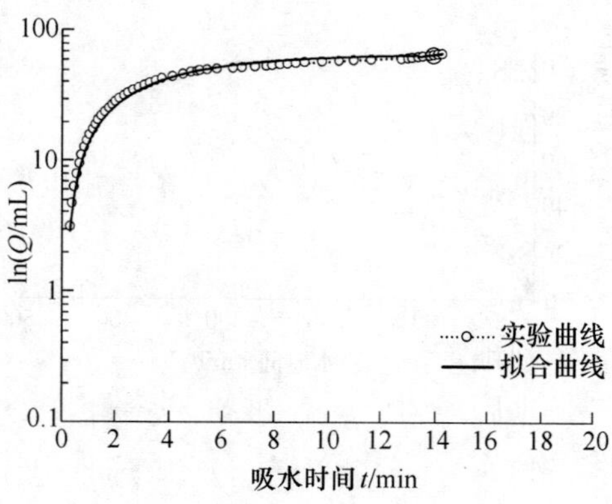

图 2.38　5 号砂岩 2 号样 Q-t 拟合曲线

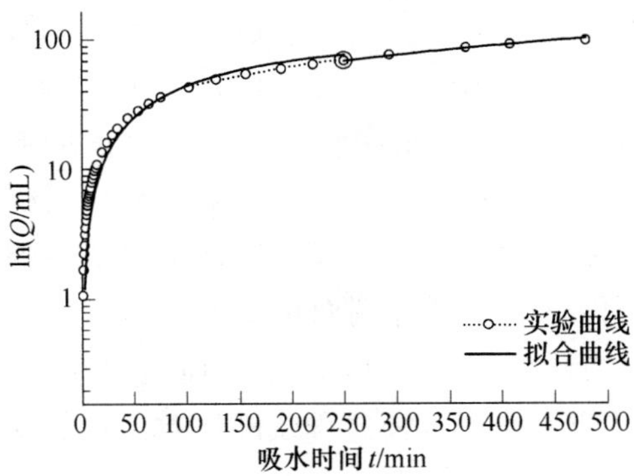

图 2.39 8-3 号泥岩 2 号样 Q-t 拟合曲线

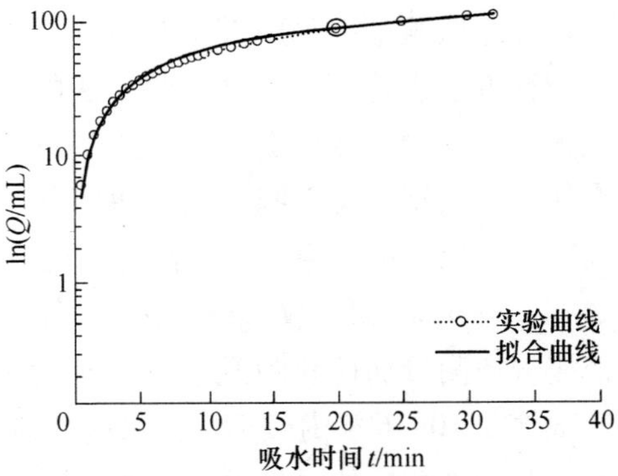

图 2.40 11-1 号泥岩 3 号样 Q-t 拟合曲线

表 2.9 试样的吸水过程拟合函数表

试样编号		减速吸水阶段	相关系数	等速吸水阶段	相关系数
10-2 号砂岩（第 4 层）	1 号	$Q_{t_1}=29.88(1-e^{-0.48t})$	$R=0.98$	$Q_{t_2}=26.95+0.32(t-5.05)$	$R=0.98$
5 号砂岩(第 5 层)	2 号	$Q_{t_1}=65.88(1-e^{-0.26t})$	$R=0.99$	$Q_{t_2}=62.35+3.65(t-13.63)$	$R=0.99$
8-3 号泥岩(第 5 层)	2 号	$Q_{t_1}=99.69(1-e^{-0.01t})$	$R=0.99$	$Q_{t_2}=69.45+0.25(t-249.83)$	$R=0.96$
11-1 号泥岩(第 4 层)	3 号	$Q_{t_1}=113.10(1-e^{-0.08t})$	$R=0.99$	$Q_{t_2}=89.84+3.69(t-20.00)$	$R=0.96$

表 2.10 试样的吸水特征拟合参数表

试样编号		Q-t 曲线拟合参数				
		Q_s/mL	k_{s1}	t_0/min	Q_{t_0}/mL	k_{s2}
10-2 号砂岩（第 4 层）	1 号	29.88	0.48	5.05	26.95	0.32
5 号砂岩（第 5 层）	2 号	65.88	0.26	13.63	62.35	3.65
8-3 号泥岩（第 5 层）	2 号	99.69	0.01	249.83	69.45	0.25
11-1 号泥岩（第 4 层）	3 号	113.10	0.08	20.00	89.84	3.69

2.8.3.2 强度软化试验

强度软化试验主要研究岩石吸水前后强度的变化，本次工作主要研究岩石吸水后单轴抗压强度的变化。本次强度软化试验设备主要选用：深部软岩水理作用测试仪；XTR01 微机控制电液伺服岩石三轴试验机；点荷载试验仪。

强度软化试验包括吸水试验和单轴压缩试验两步。首先对各试样进行吸水，当达到预定的吸水时间后，立即结束吸水，取下试样并擦去试样表面水分，称量其吸水后质量，以便准确测量试样的最后吸水量，然后对试样进行单轴压缩试验。

吸水试验的方法步骤与上节所述相同，含水率试验和单轴压缩试验按中华人民共和国国家标准《工程岩体试验方法标准》(GB/T 50266—99) 相关规定进行。

单轴压缩试验分别采用 XTR01 微机控制电液伺服岩石三轴试验机和点荷载试验仪两种方法进行。前一种试验方法的主要步骤如下：（1）将试件置于试验机承压板中心，调节球形支座，使试件受力均匀。（2）以轴向变形 0.002mm/s 的速度加荷，数据采集系统自动采集荷载和变形值，直至破坏。（3）记录加荷过程及破坏时出现的现象，并对破坏后的试件进行描述。后一种试验方法的主要步骤如下：（1）将试件放入球端之间，使上下两端位于试件端面正中处并与试件紧密接触。测量加荷间距及垂直于加荷方向的试件宽度。（2）稳定地施加荷载，使试件在 10～60s 内破坏，记录破坏荷载。（3）记录加荷过程及破坏时出现的现象，并对破坏后的试件进行描述。

强度软化试验数据整理分析过程如下：

（1）吸水试验数据整理，方法步骤详见上节。

（2）根据下式进行岩石单轴抗压强度计算

$$\sigma = P/A \tag{2.5}$$

式中　σ——岩石单轴抗压强度，MPa；

P——试件破坏荷载，N；

A——试件面积，mm^2。

（3）强度软化分析。研究表明岩石的单轴压缩强度随着吸水时间的增加呈衰减趋势。因此在进行软化试验和强度试验后，可根据试验结果求得水理作用强度衰减函数、强度衰减速率、强度软化系数，并绘制试样单轴压缩强度随时间软化的衰减曲线。

1）水理作用强度衰减函数。强度随时间的变化规律按下式进行拟合

$$\sigma_t = \sigma_{as} + (\sigma_c - \sigma_{as}) \times e^{-k_{ts}t} \tag{2.6}$$

式中　σ_t——随吸水时间变化的单轴压缩强度值，MPa；

σ_{as}——试样吸水饱和时单轴压缩强度值，MPa；

σ_c——干燥试样单轴压缩强度值，MPa；

t——吸水时间，h；

k_{ts}——水理作用强度衰减系数。

上式为岩石的水理作用强度衰减函数。

2）强度衰减速率计算。岩石吸水后的强度衰减速率 k_σ 按下式计算

$$k_\sigma = \frac{d\sigma_t}{dt} \tag{2.7}$$

3）强度软化系数计算。岩体随吸水时间变化的强度软化系数按下式计算

$$\eta(t) = \frac{\sigma_{t_i}}{\sigma_c} \tag{2.8}$$

式中 σ_{t_i}——岩体随吸水时间变化的强度值，MPa。

（4）绘制试样单轴压缩强度随时间软化的衰减曲线。本次工作共进行了两类（砂岩、泥岩）四层岩样，每层各三个共12个岩石样品，进行了强度软化试验。根据各试样在不同吸水状态下的单轴强度试验（其中每组有1个样品为自然原始状态，作为比对值），整理数据得强度软化结果见表2.11。试样单轴压缩强度随吸水时间衰减趋势拟合函数如表2.12所示。根据各试样的吸水软化试验数据，整理得各试样单轴压缩强度随吸水时间软化的衰减曲线如图2.41～图2.44所示。图2.45、图2.46分别为10-2号、8-3号岩层各样品单轴压缩试验破坏情况。

从试验结果可以看出，岩样吸水后，单轴抗压强度降低很快，饱和后的岩样，单轴抗压强度一般为干燥状态下的7%～40%左右，如11-1号砂岩吸水后，单轴抗压强度仅为天然状态下的7%左右，因此可以看出，水对岩体的强度性能影响极大。

表2.11 岩石软化试验结果

试样编号		吸水时间 t/min	吸水量 Q/mL	吸水率 w/%	衰减强度值 σ_t/MPa	软化系数 η
10-2号砂岩（第4层）	2号	0	0	0	0.25	1.000
	1号	15.00	29.9	8.16	0.13	0.520
	4号	0.50	92.2	17.68	0.10	0.400
5号砂岩（第5层）	3号	0	0	0	0.42	1.000
	1号	2.95	43.9	8.34	0.12	0.286
	2号	15.25	65.9	19.86	0.07	0.167
8-3号泥岩（第5层）	3号	0	0	0	1.90	1.000
	1号	60.00	59.6	14.65	0.18	0.095
	2号	480.00	99.7	18.85	0.22	0.116
11-1号泥岩（第4层）	4号	0	0	0	1.81	1.000
	1号	20.00	55.2	12.80	0.14	0.077
	3号	32.00	113.1	18.88	0.63	0.348

表2.12 试样单轴压缩强度随吸水时间衰减趋势拟合函数

试样编号	拟合函数	相关系数
10-2号砂岩（第4层）	$\sigma_t = 0.10 + 0.15e^{-0.11t}$	$R = 1.00$
5号砂岩（第5层）	$\sigma_t = 0.07 + 0.35e^{-0.66t}$	$R = 1.00$
8-3号泥岩（第5层）	$\sigma_t = 0.22 + 1.68e^{-0.64t}$	$R = 1.00$
11-1号泥岩（第4层）	$\sigma_t = 0.45 + 1.36e^{-2.30t}$	$R = 0.91$

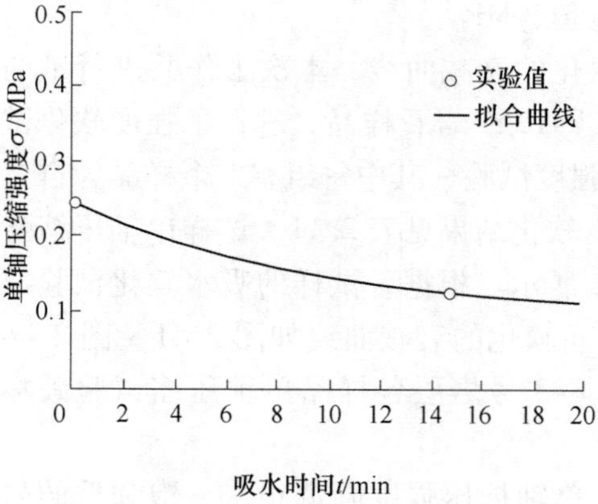

图 2.41　10-2 号砂岩强度吸水软化衰减曲线

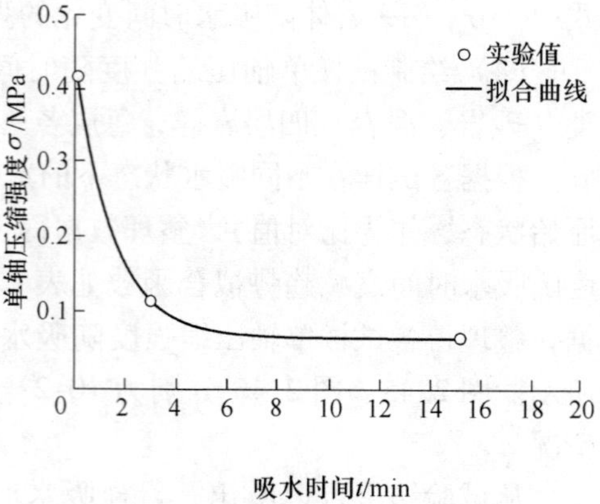

图 2.42　5 号砂岩强度吸水软化衰减曲线

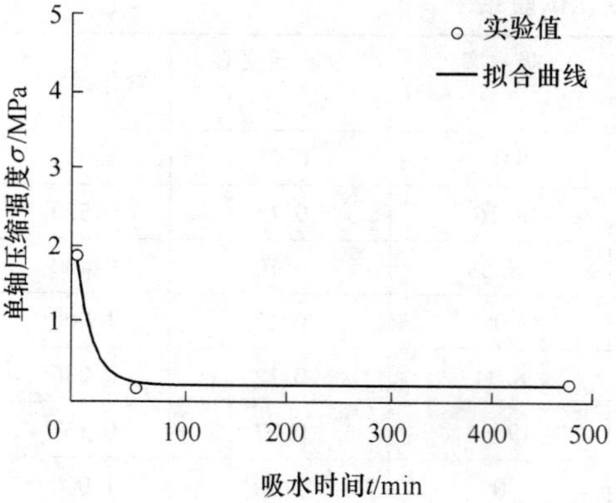

图 2.43　8-3 号泥岩强度吸水软化衰减曲线

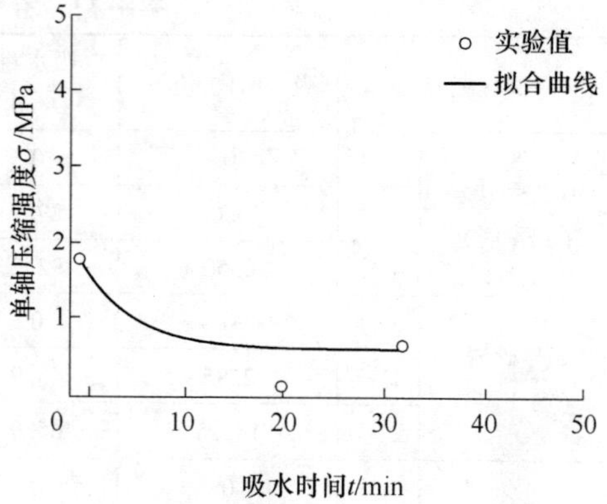

图 2.44　11-1 号泥岩强度吸水软化衰减曲线

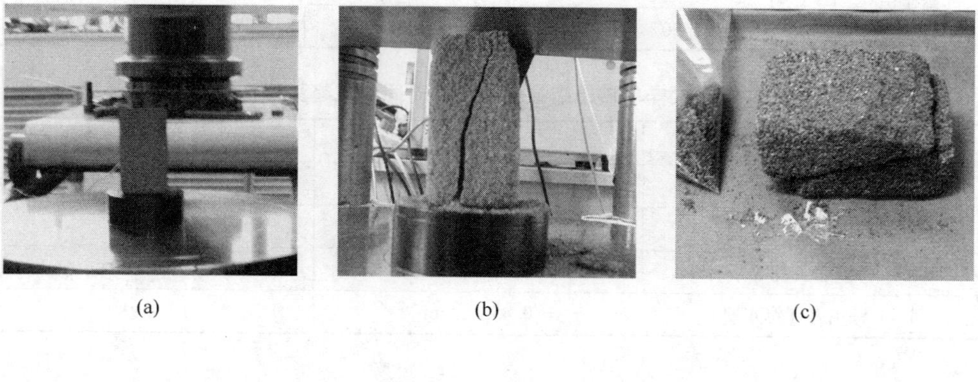

(a)　　(b)　　(c)

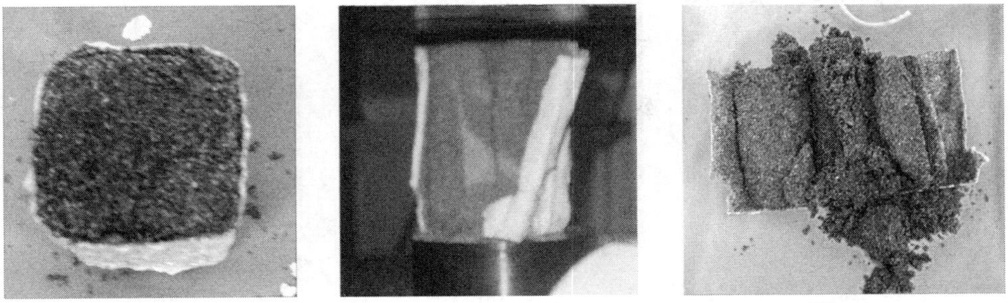

(d)　(e)　(f)

(g)　(h)　(i)

图 2.45　10-2 号砂岩（第 4 层）单轴破坏情况

（a）2 号样试验前；（b）2 号样试验中；（c）2 号样试验后；（d）1 号样试验前；（e）1 号样试验中；（f）1 号样试验后；（g）4 号样试验前；（h）4 号样试验中；（i）4 号样试验后

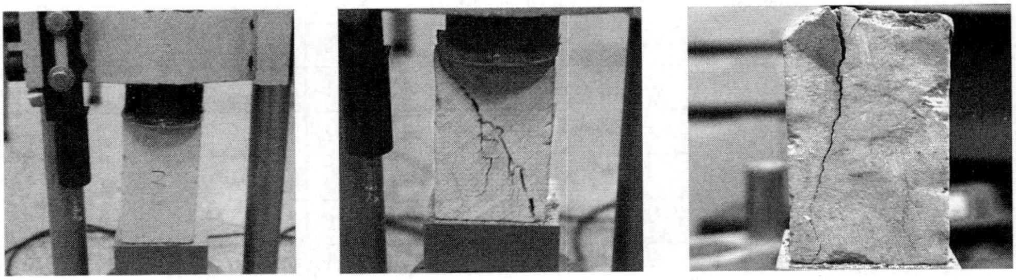

(a)　(b)　(c)

(d)　(e)　(f)

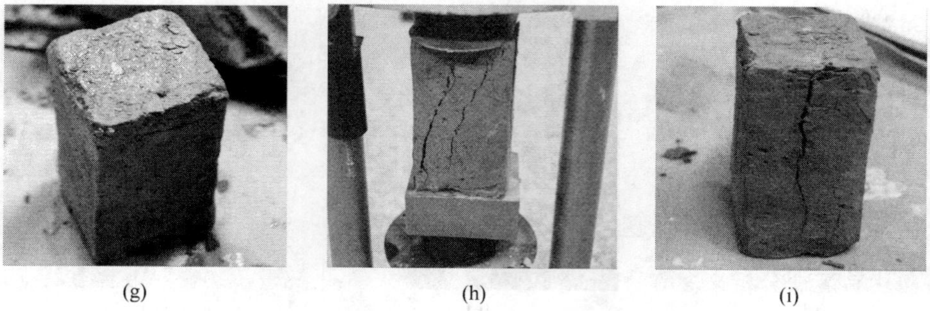

图 2.46　8-3 号泥岩（第 5 层）单轴破坏情况

（a）3 号样试验前；（b）3 号样试验中；（c）3 号样试验后；（d）1 号样试验前；（e）1 号样试验中；（f）1 号样试验后；（g）2 号样试验前；（h）2 号样试验中；（i）2 号样试验后

2.8.4　岩石易溶盐含量、化学类型和腐蚀性评价

岩石易溶盐含量、化学类型和腐蚀性评价的目的主要是为加固治理方案提供基础数据和依据。本次工作共采集了四类八个不同岩性的岩样进行了测试。岩石易溶盐含量、化学成分测试结果列于表 2.13。

表 2.13　岩石易溶盐含量及化学成分测试结果表

岩样编号	岩性	百克含盐量 /mg	易溶盐化学成分（百克含量）/mg						
			CO_3^{2-}	HCO_3^-	SO_4^{2-}	Cl^-	Ca^{2+}	Mg^{2+}	$K^+ + Na^+$
18	砂岩	64.30	—	15.36	16.85	13.92	15.41	2.72	0.04
21	泥岩	628.33	—	25.59	258.17	155.16	167.17	22.24	—
26	泥岩	1527.45	—	18.61	620.9	429.31	355.74	80.32	22.57
6	泥岩	267.97	—	18.15	8.18	151.32	83.06	6.99	0.27
31	含灰泥岩	240.67	—	19.08	146.44	7.05	52.08	5.17	10.40
8-2	泥晶灰岩	65.63	—	18.5	10.23	18.40	14.22	3.18	1.35
13	泥晶灰岩	667.58	—	13.96	63.32	373.53	167.17	40.84	8.76
33	泥晶灰岩	89.77	—	32.57	31.33	2.04	14.22	2.99	6.62

根据易溶盐含量、化学成分确定的土化学类型以及腐蚀性评价列于表 2.14。

表 2.14　土化学类型以及腐蚀性评价表

岩样编号	岩　性	土化学类型	腐蚀性评价
18	砂岩	$Cl^- \cdot SO_4^{2-} \cdot HCO_3^- - Ca^{2+}$	无腐蚀性
21	泥岩	$SO_4^{2-} \cdot Cl^- - Ca^{2+}$	中等腐蚀性
26	泥岩	$SO_4^{2-} \cdot Cl^- - Ca^{2+} \cdot Mg^+$	中等腐蚀性
6	泥岩	$Cl^- - Ca^{2+}$	中等腐蚀性

续表 2.14

岩样编号	岩　性	土化学类型	腐蚀性评价
31	含灰泥岩	SO_4^{2-}-Ca^{2+}	无腐蚀性
8-2	泥晶灰岩	Cl^-·HCO_3^--Ca^{2+}·Mg^{2+}	无腐蚀性
13	泥晶灰岩	Cl^--Ca^{2+}·Mg^{2+}	中等腐蚀性
33	泥晶灰岩	SO_4^{2-}·HCO_3^--Ca^{2+}	无腐蚀性

从易溶盐分析来看，部分岩石中含有较多的氯盐和石膏，对混凝土结构以及钢筋混凝土中的钢筋有腐蚀性，所以在选择山体及洞窟加固方案的时候，应予以重点考虑。

3 古格王国遗址洞窟分类及变形破坏模式研究

根据现场调查统计，古格王国遗址现今遗存洞窟747座。洞窟既是文物本体，因其在古格遗址边坡上开挖同时又要承载上部房屋等建筑，故又是文物的载体。由于各个洞窟赋存工程地质条件及岩层物理力学特性等的差异，加之外部因素如降雨、风化、人为破坏等因素的影响大小不一，各个洞窟的保存现状不尽相同甚至差别很大。因此，在对古格王国遗址工程条件分析与试验研究的基础上，对洞窟的保存现状及其不同的变形破坏模式进行分类研究，以期找出洞窟的变形破坏力学机制及其影响因素，进而分析代表性洞窟的稳定性，为下一步有针对性地进行加固设计奠定基础。

3.1 洞窟分区及命名原则

古格王国遗址内现存洞窟的加固设计研究是本次研究工作的核心内容，具有较高的理论意义和应用价值。总体思路和方法步骤是在对洞窟赋存工程地质条件、物理力学特性、变形破坏特征等的调查分析基础上，研究其变形破坏的力学机制，分析导致其变形破坏的主控性影响因素，进而确定洞窟及边坡的加固设计原则和加固设计方案，将其应用于现场，确保现存洞窟及边坡的稳定和完整，以达到长期完整展示文物、实现文物价值的目的。

为此，历经数月对古格王国遗址现存洞窟进行了认真详细的现场调查、记录、统计、编目、归档等工作。据调查统计，古格王国遗址现今遗存洞窟747座。如此众多的洞窟，各自大小、形状、保存现状和变形破坏特征显然不尽相同甚至差别很大。因此，必须首先对洞窟进行分区和命名编号，以便调查、统计和分析。

根据调查访问，1985年考古工作时曾对古格王国遗址区进行了分区，并对洞窟进行了编号，工作范围包括了肉帮沟东侧的遗存建筑。从现场情况看，洞窟内的编号标志大部分遗失，部分洞窟内只保留粉笔痕迹且难以识别，无法判定原分区界限，需重新进行分区、编号和命名。在本次研究工作中，从尊重文物历史的分区功能、方便科学调查分析研究、有利于文物保护工程的轻重缓急和主次之分的角度出发，重新对洞窟进行了分区，在制定洞窟分区和命名原则时重点考虑了文物价值、历史沿革功能、遗址分布特点和地形地貌特点等因素，具体的分区和命名原则如下：

（1）古格王国遗址区现存一圈较完整的围墙，充分利用了断崖陡坎，围墙内建筑为庙宇、僧房、仓库、碉堡和洞窟等，是遗址区内最重要的遗迹分布区。该区自近东西向北围墙起至最北部的东西向残墙处（工作范围北部边界），分布着许多简陋的洞窟，为平民居住区。该区南围墙在山脊处和绝壁处王宫平台连接，王宫平台有庙宇、议会厅等房屋建筑和冬宫，为王室成员居住区。因此以现存围墙为界，结合地形，按照遗存分布特点及文物分区功能把古格王国遗址区洞窟分为三个大区，即Ⅰ大区、Ⅱ大区和Ⅲ大区。

（2）古格王国遗址区坐落的山体为东侧肉帮沟和西侧牛让沟两条大冲沟形成的"钝刃状"沟间山脊，主山脊的西北侧和东侧由冲沟切割形成了许多山梁，山梁两侧开凿许多洞窟，因此以冲沟为界，在上述三大区划分的基础上，把每个大区分为若干个亚区。

根据这一原则和边坡洞窟群的具体分布情况，将Ⅰ大区分为Ⅰ-1、Ⅰ-2、Ⅰ-3和Ⅰ-4等4个亚区；Ⅱ大区分为Ⅱ-1、Ⅱ-2、Ⅱ-3、Ⅱ-4和Ⅱ-5等5个亚区；Ⅲ大区分为Ⅲ-1、Ⅲ-2和Ⅲ-3、Ⅲ-DG（冬宫）等4个亚区。

（3）在每个亚区中，根据洞窟所在不同的立面，又可将其分为1、2、3、4小区，分别对应于东、南、西、北四个立面。

（4）在上述分区的基础上，对每一个洞窟，根据不同的位置和相邻关系，依次按照01、02、03……进行编号，直至统计完毕。

图3.1为古格王国遗址区分区及洞窟编号的简要说明图。根据上述分区及命名原则，对古格王国遗址现场所有洞窟进行了详尽的调查统计，表3.1为各区洞窟的统计一览表。各洞窟平面位置详见附图一《西藏古格王国遗址洞窟平面位置示意图》。

3.2 洞窟的类型划分

如前所述，古格王国遗址现今遗存洞窟747座，数量非常庞大。为研究洞窟的稳定性，有针对性地确定加固设计方案，必须首先对洞窟类型进行科学分类。1985年初，西藏自治区文物管理委员会曾组织考察队对古格王国遗址进行了全面的考古调查等工作，提交了《古格故城》的成果资料，形成全部洞窟的登记表并总结分析了洞窟的类型：以洞窟的室数多少分类，有单室、双室、三室、四室、五室之分；以洞窟的平面形状分类，有正方形、长方形、刀把形、圆形、椭圆形、不规则形状之分；以洞窟的用途分类，有王宫、民居、仓库、作坊、议事厅、供佛洞、地牢之分。成果中还提到一部分洞窟不完全作为一个独立建筑，而是和房屋组成前屋后洞的组合建筑形式，并分九个区对典型洞窟进行了描述。该成果对深入认识洞窟的建筑形制特点和洞窟的功能特点及本次洞窟加固设计工作有一定的借鉴和参考价值。

图 3.1　洞窟分区示意图及编号说明

表 3.1 洞窟分区统计一览表

大 区	亚 区	立 面	洞窟数量	亚区总计	大区总计
Ⅰ大区	Ⅰ-1	Ⅰ-1-1	27	43	153
		Ⅰ-1-2	4		
		Ⅰ-1-3	12		
	Ⅰ-2	Ⅰ-2-1	35	51	
		Ⅰ-2-3	15		
		Ⅰ-2-3	1		
	Ⅰ-3	Ⅰ-3-1	25	30	
		Ⅰ-3-2	5		
	Ⅰ-4	Ⅰ-4-1	29	29	
Ⅱ大区	Ⅱ-1	Ⅱ-1-1	6	16	541
		Ⅱ-1-2	6		
		Ⅱ-1-3	4		
	Ⅱ-2	Ⅱ-2-1	32	90	
		Ⅱ-2-2	28		
		Ⅱ-2-3	30		
	Ⅱ-3	Ⅱ-3-1	27	149	
		Ⅱ-3-2	18		
		Ⅱ-3-3	104		
	Ⅱ-4	Ⅱ-4-1	16	26	
		Ⅱ-4-2	10		
	Ⅱ-5	Ⅱ-5-1	97	260	
		Ⅱ-5-2	78		
		Ⅱ-5-3	85		
Ⅲ大区	Ⅲ-1	Ⅲ-1-1	12	12	53
	Ⅲ-2	Ⅲ-2-1	25	25	
	Ⅲ-3	Ⅲ-3-1	7	9	
		Ⅲ-3-2	2		
	Ⅲ-DG（冬宫）		7	7	
总计	13	27	747	747	747

鉴于以前的洞窟考察主要从文物本体的形制和用途等角度出发，而本次工作任务除洞窟加固保护外尚需解决遗址山体边坡稳定问题（即文物载体稳定问题），因此本次研究从岩体工程力学角度出发，根据洞窟的规模、洞窟围岩、洞

窟的结构和洞窟的完整性分别进行分类，以期从中发现洞窟的规模（具体表现在高度、宽度和进深的不同）、围岩类型（具体表现在物理力学性质、水理性质、风化程度等的差异）和空间结构（具体表现为洞窟的现状及洞窟之间的相对位置关系）等与洞窟完整性之间的相互关系，进而分析研究洞窟的变形破坏机制和洞窟稳定性的主要影响因素，为最终研究制定古格王国遗址洞窟加固保护对策奠定基础。

3.2.1　按洞窟规模分类

在古格王国遗址现存的747座洞窟中，各个洞窟的形状不尽相同，主要有近似矩形、矩圆形（总体轮廓为矩形，拐角处为圆形或弧形）、近似圆形、近似弧形、近似拱形、多边形和不规则形状等，其中以近似矩形和矩圆形居多。在调查统计中，主要选取洞窟的进深（L）、宽度（W）和高度（H）来代表各个洞窟的规模。由于单个洞窟的形状存在差异，其三个指标 L、W 和 H 均测取其最大值。由于所有洞窟之间的高度差别不大，在统计过程中，根据洞窟进深和宽度二者之间最大值的大小，将洞窟分为小型洞窟、中等洞窟、大型洞窟和巨型洞窟。分类原则具体如式（3.1）所示。

$$\max(L,W)=\begin{cases}<2.5\text{m}, & \text{小型}\\ 2.5\sim 4\text{m}, & \text{中等}\\ 4\sim 6\text{m}, & \text{大型}\\ >6\text{m}, & \text{巨型}\end{cases} \tag{3.1}$$

根据该原则，对现存747座洞窟进行了统计，其中小型洞窟169座，中等洞窟328座，大型洞窟179座，巨型洞窟34座，因洞口被掩埋封填人员无法进入调查、尺寸不明的洞窟37座，分别占洞窟总数的22.6%、43.9%、23.9%、4.6%及5%，详见表3.2。图3.2～图3.9分别为四种不同规模的代表性洞窟现场照片。

表3.2　洞窟按规模分类一览表

规　模	分　区	洞窟数量/个		比例/%
小型	Ⅰ区	38	169	22.6
	Ⅱ区	111		
	Ⅲ区	20		
中等	Ⅰ区	85	328	43.9
	Ⅱ区	225		
	Ⅲ区	18		

续表 3.2

规 模	分 区	洞窟数量/个		比例/%
大型	Ⅰ区	21	179	23.9
	Ⅱ区	148		
	Ⅲ区	10		
巨型	Ⅰ区	5	34	4.6
	Ⅱ区	27		
	Ⅲ区	2		
不明	Ⅰ区	4	37	5
	Ⅱ区	30		
	Ⅲ区	3		

图 3.2 小型洞窟外部（Ⅱ-2-1-14）

图 3.3 小型洞窟内部（Ⅱ-2-1-14）

图 3.4 中等洞窟外部（Ⅱ-2-1-13）

图 3.5 中等洞窟内部（Ⅱ-2-1-13）

图3.6　大型洞窟内部（Ⅱ-3-2-13）

图3.7　大型洞窟内部（Ⅲ-DG-03）

图3.8　巨型洞窟内部（Ⅱ-4-1-07）

图3.9　巨型洞窟内部（Ⅰ-3-1-04）

3.2.2　按洞窟围岩分类

前已述及，古格遗址地区出露地层主要为三叠系上统修康群（T_3xk）、第三系上新统—第四系下更新统札达群（N_2-Q_1）zd托林组以及第四系全新统残坡积（Q_4^{el+dl}）、冲洪积（Q_4^{al+pl}），其中三叠系上统修康群为下卧层，第四纪全新统松散堆积物在特定地段构成覆盖层，而构成古格遗址山体的为第三系上新统—第四系下更新统札达群（N_2-Q_1）zd托林组。托林组地层多为厚层—巨厚层状，局部为中厚层状，产状基本水平。在管理所所处平台及其以下，岩性以砾岩为主；其上至王宫所处的山顶平台，则为砂岩、泥岩等中—细碎屑岩，以略等厚层状态相间分布，间或夹泥质灰岩。也就是说，砂岩、泥岩构成了古格王国遗址所依存的山体的主体。

因此，根据现场洞窟实际调查结果，结合古格遗址地区的地层情况，可按照洞窟赋存围岩岩性情况将洞窟分为砾岩型洞窟、砂岩型洞窟、泥岩型洞窟和互层型洞窟。

图3.10～图3.13为四种不同围岩类型的代表性洞窟现场照片。根据统计，四种类型洞窟的个数分别为52个、245个、151个和262个，分别占总数的7%、

33%、20%和35%（详见表3.3）。由此可见，古格王国遗址现存洞窟围岩以砂岩、泥岩和互层型为主，少数洞窟围岩为砾岩型。

(a)

(b)

图3.10 砾岩型洞窟

（a）Ⅰ-4-1-19号洞窟；（b）Ⅰ-4-1-29号洞窟

(a)

(b)

图3.11 砂岩型洞窟

（a）Ⅱ-5-3-60号洞窟；（b）Ⅲ-2-1-17号洞窟

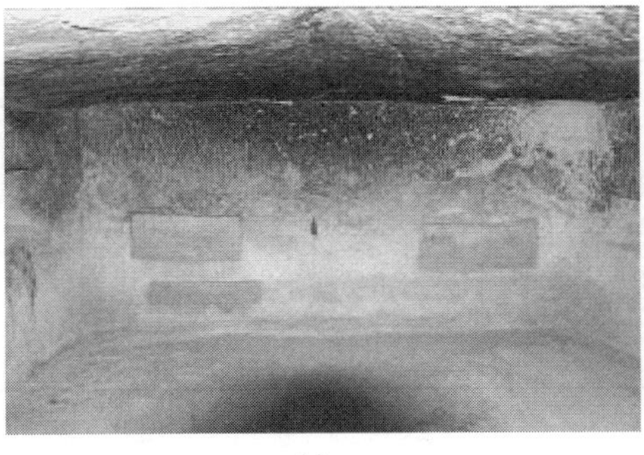
(a)

(b)

图3.12 泥岩型洞窟

（a）Ⅰ-1-3-12号洞窟；（b）Ⅲ-1-1-06号洞窟

(a)

(b)

图 3.13　互层型洞窟

（a）Ⅱ-2-3-28 号洞窟；（b）Ⅲ-DG-04 号洞窟

表 3.3　洞窟按围岩分类一览表

类　型	分　区	洞窟数量/个		比例/%
砾岩	Ⅰ区	29	52	7
	Ⅱ区	23		
	Ⅲ区	0		
砂岩	Ⅰ区	8	245	33
	Ⅱ区	207		
	Ⅲ区	30		
泥岩	Ⅰ区	40	151	20
	Ⅱ区	106		
	Ⅲ区	5		
互层	Ⅰ区	72	262	35
	Ⅱ区	175		
	Ⅲ区	15		
不明	Ⅰ区	4	37	5
	Ⅱ区	30		
	Ⅲ区	3		

3.2.3　按洞窟结构分类

古格王国遗址大部分依山而建，多位于山体的东立面和北立面，少数位于西立面。最初洞窟开挖时，由于使用功能等的不同，洞窟的内部结构、形状、大小和连通情况等也大不相同。根据现场调查，可按照洞窟内部结构将洞窟分为两大类：单体洞窟和连体洞窟。其中前者又可分为单体盲洞、连体盲洞、单连通洞和复连通洞，后者又可分为水平连体和上下连体。

（1）单体盲洞。该类洞窟是指仅由一个主洞组成，且只有一个出入口的一类洞窟；

（2）连体盲洞。该类洞窟是指由一个以上主洞组成，或由一个主洞和多个附洞组成，且只有一个出入口的一类洞窟，在所有洞窟中以该类洞窟数量居多；

（3）单连通洞。该类洞窟是指仅由一个主洞组成，但有多于一个出入口的一类洞窟；

（4）复连通洞。该类洞窟是指由一个以上主洞组成，或由一个主洞和多个附洞组成，但有多于一个出入口的一类洞窟；

（5）连体洞窟。该类洞窟是指在一个以上间距较小的洞窟群中，若干个洞窟在上下、前后和左右方向上相互串联，彼此之间顶底板厚度较薄或前后、左右之间岩柱厚度较小的一类洞窟，可分为上下连体和水平连体，该类洞窟虽然数量很少，但稳定性一般较差。

图 3. 14 ~ 图 3. 20 为不同结构类型的代表性洞窟现场照片。统计时只分单体洞、水平连体和上下连体三类来进行统计。根据统计，单体洞 635 个、水平连体洞 61 个、上下连体洞 14 个。分别占总数的 85%、8%、2%（详见表 3. 4）。由此可见，古格王国遗址现存洞窟以单体结构占绝对多数，水平连体和上下连体洞窟数量较少。

(a) (b)

图 3. 14 单体盲洞（Ⅰ-1-3-02 号洞窟）

（a）洞窟外部；（b）洞窟内部

(a)　(b)

图 3. 15　连体盲洞（Ⅱ-2-1-04 号洞窟）

（a）洞窟外部；（b）洞窟内部前后 2 个主洞

(a)　(b)

图 3. 16　单连通洞（Ⅲ-3-2-01 号洞窟）

（a）洞窟西北入口；（b）洞窟西南入口

(a)　(b)

图 3. 17　复连通洞（Ⅱ-2-1-01 号洞窟）

（a）洞窟外部；（b）洞窟内部多个主洞和出入口

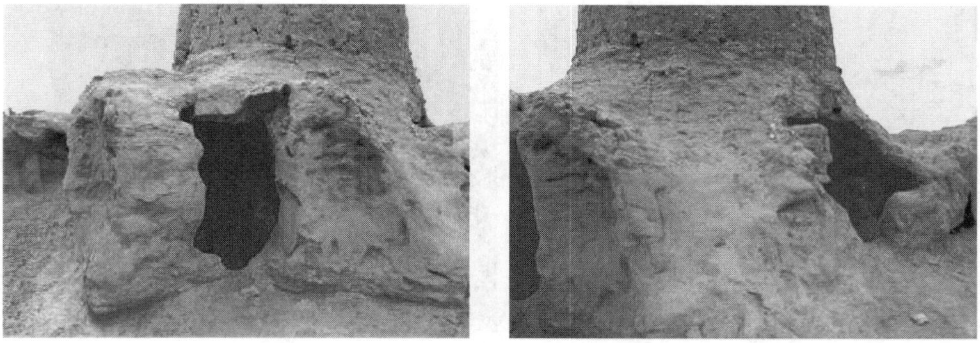

(a)　　(b)

图 3.18　左右交叉洞窟
（a） Ⅰ-3-1-24 号洞窟；（b） Ⅰ-3-1-25 洞窟

(a)　　(b)　　(c)

图 3.19　上下交叉洞窟（Ⅱ-3-2-07a 与Ⅱ-3-2-07b 号洞窟）
（a）入口处全貌；（b） Ⅱ-3-2-07a（下方）；（c） Ⅱ-3-2-07b（上方）

(a)　　(b)

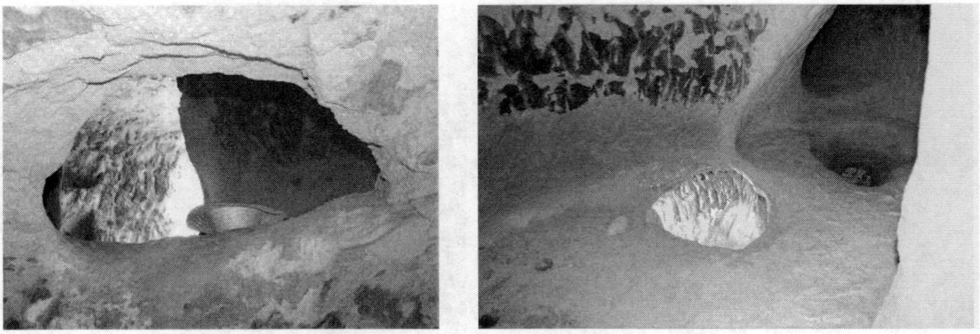

(c)　(d)

图 3.20　Ⅲ-2-1-03～06 号洞窟之间平面连通、上下交叉情况

（a）Ⅲ-2-1-03 上通 05；（b）Ⅲ-2-1-03 左通 04；（c）Ⅲ-2-1-05 下通 03；（d）Ⅲ-2-1-06 下通 03

表 3.4　洞窟按结构分类统计一览表

类　型		分　区	洞窟数量/个		比例/%
单体洞窟		Ⅰ区	127	635	85
		Ⅱ区	463		
		Ⅲ区	45		
连体洞窟	水平连体	Ⅰ区	17	61	8
		Ⅱ区	40		
		Ⅲ区	4		
	上下连体	Ⅰ区	5	14	2
		Ⅱ区	8		
		Ⅲ区	1		
不　明		Ⅰ区	4	37	5
		Ⅱ区	30		
		Ⅲ区	3		

3.2.4　按洞窟完整性分类

古格王国遗址 747 座洞窟开凿至今已逾千年，距古格王朝的毁灭也有四百年之久。长期以来，在内外因（工程地质条件、物理力学特性、降雨、人为破坏等）的综合作用下，不同洞窟的完整性遭受到了不同程度的破坏。洞窟的完整性分类以洞窟顶板坍塌（冒落）范围（面积）的大小来界定。根据洞窟顶板坍塌（冒落）范围的大小，将现存 747 座洞窟分为完整、较完整、不完整和极不完整（完全坍塌或几乎完全坍塌）4 类。分类原则如下：

（1）洞窟顶板整体完好、无明显剥落、掉块现象的洞窟为完整洞窟；

（2）洞窟顶板整体较完好、坍塌面积小于顶板面积 30% 的洞窟为较完整洞窟；

（3）洞窟顶板大范围坍塌、坍塌面积占顶板面积 30%~80% 的洞窟为不完整洞窟；

（4）洞窟顶板坍塌面积超过顶板面积 80% 的洞窟为极不完整洞窟。

图 3.21 ~ 图 3.24 为四种不同类型洞窟的现场照片。根据统计，四种类型洞窟的个数分别为 299、165、209、37，分别占总数的 40%、22%、28% 和 5%（详见表 3.5）。

(a) (b)

图 3.21 完整洞窟（Ⅲ-2-1-16 号洞窟）

（a）洞窟外部；（b）洞窟内部

(a) (b)

图 3.22 较完整洞窟（Ⅱ-4-1-16 号洞窟）

（a）洞口顶板局部掉块；（b）洞内顶板较完整

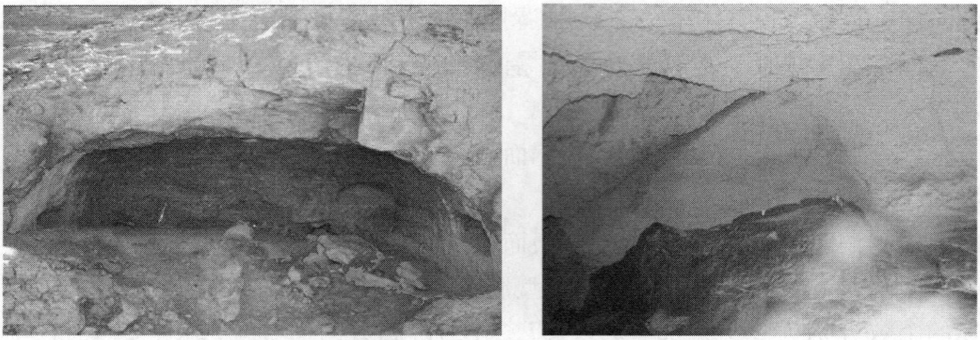

(a)　　(b)

图 3.23　不完整洞窟

（a）Ⅰ-2-1-30 号洞窟；（b）Ⅱ-2-3-04 号洞窟

(a)　　(b)

图 3.24　极不完整洞窟

（a）Ⅱ-2-1-21 号洞窟；（b）Ⅰ-3-2-01 号洞窟

表 3.5　洞窟按完整性分类一览表

类　型	分　区	洞窟数量/个		比例/%
完整	Ⅰ区	51	299	40
	Ⅱ区	224		
	Ⅲ区	24		
较完整	Ⅰ区	22	165	22
	Ⅱ区	137		
	Ⅲ区	6		
不完整	Ⅰ区	61	209	28
	Ⅱ区	128		
	Ⅲ区	20		

续表 3.5

类　型	分　区	洞窟数量/个		比例/%
极不完整	Ⅰ区	15	37	5
	Ⅱ区	22		
	Ⅲ区	0		
不明	Ⅰ区	4	37	5
	Ⅱ区	30		
	Ⅲ区	3		

3.3 洞窟的变形破坏模式

古格王国遗址现存 747 个洞窟，历经近千年风雨沧桑，在内部因素（围岩岩性、结构、成分、力学特性、地质力学环境等）和外部因素（水作用、风化作用、工程影响、人为破坏等）的综合作用下，除少数洞窟保存完整外，绝大多数均不同程度地产生了一定的变形破坏。

通过对洞窟的现场调查、分析和研究，按照洞窟发生变形破坏的位置、形状和方式，可将古格王国遗址洞窟的变形破坏模式分为以下五大类十一种。

3.3.1 洞顶破坏型

3.3.1.1 洞顶坍塌型

洞顶坍塌型破坏是指洞窟顶板在各种构造节理、层理、自重应力、水流冲刷等内外部影响因素单一作用或复合作用下，洞顶局部或全部失去与上部岩体的黏结力，向下崩落、坍塌的变形破坏现象。

该种破坏类型与围岩岩性、围岩结构、顶板厚度、节理发育程度、洞顶水流渗入及冲刷程度等因素密切相关，是所有变形破坏洞窟中比较常见的一种类型，主要发生在节理较发育、顶板较薄、洞顶围岩胶结较差、洞顶水流冲刷严重的洞窟中。

根据顶板坍塌的范围，可分为局部坍塌型（见图 3.25）和完全坍塌型（见图 3.26）。根据顶板坍塌体的形状，又可分为矩形、梯形、三角形、圆形、椭圆形、倒阶梯状和不规则形状坍塌等（见图 3.27）。

3.3.1.2 洞顶下卧型

洞顶下卧型破坏是指洞窟顶板相对较坚硬、完整，而洞壁相对强度较低，在持续较强的水流作用下，洞壁发生溃塌，进而使洞窟顶板失去支撑，在上覆围岩自重应力作用下产生整体下卧但顶板仍较完整的一类变形破坏现象。该类变形破坏多发生在洞顶较坚硬完整、厚度较大、洞壁周围有冲沟或冲蚀槽的洞窟中，较为少见（见图 3.28）。

(a)　(b)

图 3.25　洞顶局部坍塌型洞窟（Ⅱ-2-1-15 号洞窟）

（a）洞窟外部全貌；（b）洞口局部坍塌现状

(a)　(b)

图 3.26　洞顶完全坍塌型洞窟

（a）Ⅰ-3-1-16 号洞窟；（b）Ⅱ-2-1-21 号洞窟

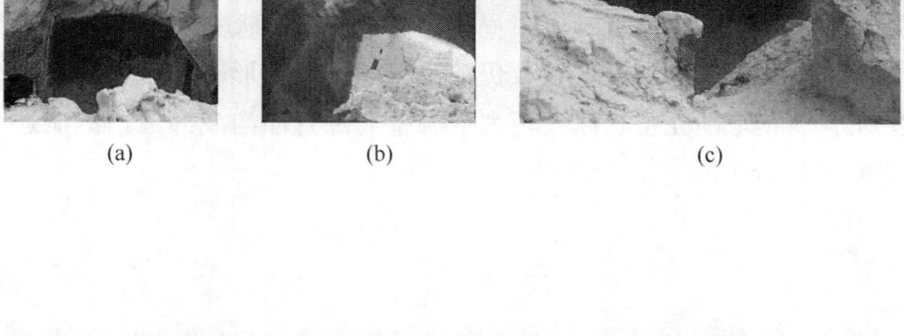

(a)　(b)　(c)

(d)

(e)

(f)

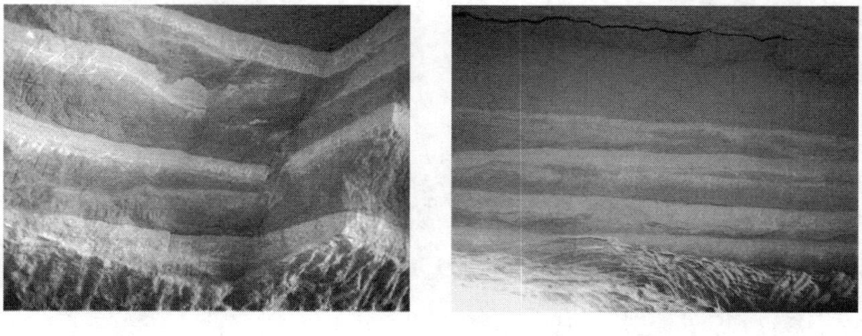

(g)

图 3.27 不同形状的洞顶坍塌

（a）矩形坍塌（Ⅱ-2-3-11）；（b）三角形坍塌（Ⅱ-4-1-05）；（c）梯形坍塌（Ⅱ-3-2-03）；
（d）半圆形坍塌（Ⅱ-2-1-17）；（e）洞口顶板半椭圆形坍塌（Ⅰ-3-1-17）；
（f）不规则形状坍塌（Ⅱ-2-1-23）；（g）倒阶梯状坍塌（冬宫内洞窟）

3.3.1.3 洞顶冒落型

洞顶冒落型破坏是指层理较发育、但无节理或节理不发育的洞窟顶板，或者胶结程度较差的砾岩或砂岩顶板，在内外部因素的综合作用下，洞顶下部岩体与上部岩体逐渐发生离层或脱离，使洞窟顶板不完整的一类变形破坏现象。

该类破坏现象较为常见，其冒落形状在空间上多为倒漏斗状，最大冒落面常呈近似圆形、椭圆形或其他不规则形状（见图 3.29 ~ 图 3.31）。

(a)

(b)

(c)

(d)

图 3.28　洞顶整体下卧型

（a）Ⅰ-3-1-01 号洞窟（高度仅余 45cm）；（b）Ⅱ-2-1-31 号洞窟（高度仅余 60cm）；

（c）Ⅰ-4-1-11 号洞窟；（d）Ⅱ-5-1-04 号洞窟

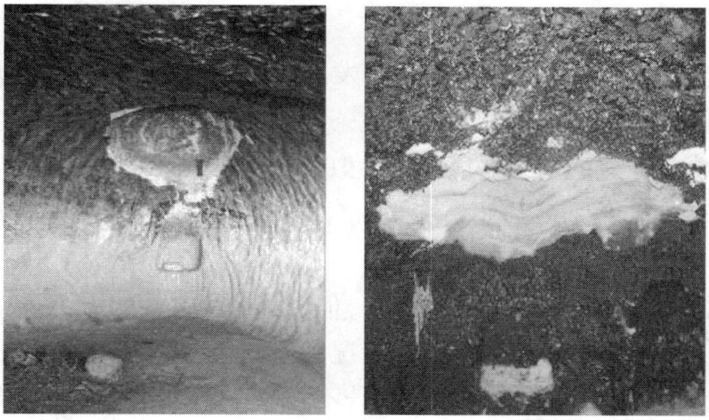

(a) (b)

图 3.29 洞顶局部冒落

（a）Ⅱ-4-1-01 号洞窟；（b）Ⅱ-5-1-29 号洞窟

(a) (b)

图 3.30 洞顶大范围冒落

（a）Ⅱ-2-1-02 号洞窟；（b）Ⅱ-2-1-05 号洞窟

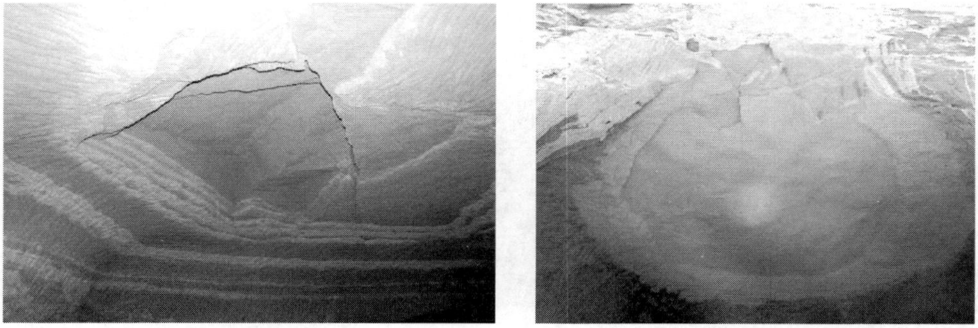

(a) (b)

图 3.31 洞顶冒落形状

（a）Ⅲ-DG-3 号洞窟顶板多边形冒落；（b）Ⅲ-2-1-15 号洞窟顶板近似圆形冒落

3.3.1.4　洞顶冒漏型

洞顶冒漏型是洞顶冒落型的进一步发展，主要发生在顶板较薄的洞窟或洞窟不等厚顶板的较薄处，在水流及其他条件作用下，顶板冒落高度一直延伸到边坡顶部，形成所谓的贯通“漏斗”，似开了一个或多个“天窗”，其外形有三角形、梯形、矩形、多边形、弧形和不规则形状等，如图 3.32 ~ 图 3.37 所示。

该种类型的破坏虽然所占比例不大，但对洞窟稳定性的影响是比较大的。此类破坏与顶板岩性、厚度及顶板汇水情况关系很大，特别是在下雨时顶板易汇水、渗水且厚度较小的洞窟中易发生，若不采取一定的措施，顶板垮塌、冒落范围将逐步扩大，甚至会导致洞窟顶板最终完全坍塌。

(a)

(b)

图 3.32　洞顶三角形冒漏（Ⅰ-2-2-06 号洞窟）

（a）洞窟外部；（b）洞窟内部

(a)

(b)

图 3.33　洞顶梯形冒漏（Ⅱ-1-3-03 号洞窟）

（a）洞窟外部；（b）洞窟内部

(a) (b)

图3.34 洞顶多边形冒漏（Ⅱ-4-1-05 号洞窟）
（a）洞窟外部；（b）洞窟内部

(a) (b)

图3.35 洞顶不规则形状冒漏（Ⅰ-2-1-35 号洞窟）
（a）洞窟外部；（b）洞窟内部

(a) (b)

图3.36 洞顶多处不规则形状冒漏（Ⅱ-1-2-05 号洞窟）
（a）洞窟外部；（b）洞窟内部

(a)

(b)

图 3.37　洞顶顶板大面积冒漏

（a）Ⅱ-1-1-05 号洞窟；（b）Ⅱ-2-3-24 号洞窟

3.3.1.5　洞顶剥蚀型

顶板剥蚀型主要是指洞窟顶板表层岩体在上部渗水条件下遭受侵蚀，逐渐泥粉化或受长期风化作用缓慢脱离母岩体的一种变形破坏现象。

该类变形破坏现象非常常见，多发生在顶板较完整、顶板岩体多为含膨胀性矿物的泥岩或砂泥岩互层、顶板上部易渗水、顶板岩体风化、崩解的洞窟中。如图 3.38、图 3.39 所示。

(a)

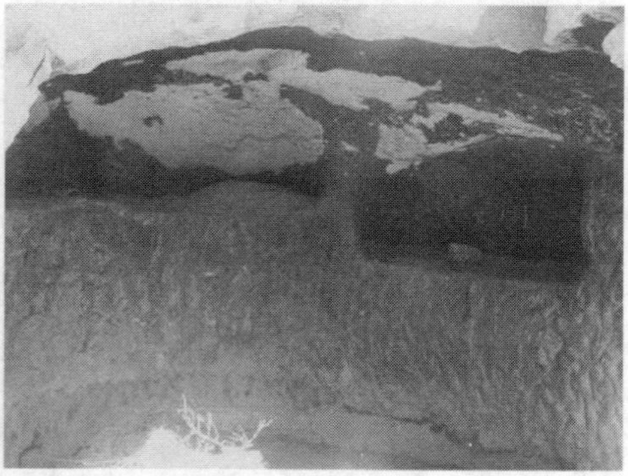

(b)

图 3.38　洞顶局部剥蚀

（a）Ⅱ-5-1-76 号洞窟；（b）Ⅱ-5-1-28 号洞窟

3.3.2　洞口破坏型

3.3.2.1　洞口淤积型

洞口淤积型是指洞口顶板大面积坍塌堆积于洞口，或洞口上方及周边雨水冲积物大量淤积于洞口，造成洞口缩小甚至封堵、人员难以甚至无法进入的一种变形破坏现象，如图 3.40 ~ 图 3.42 所示。

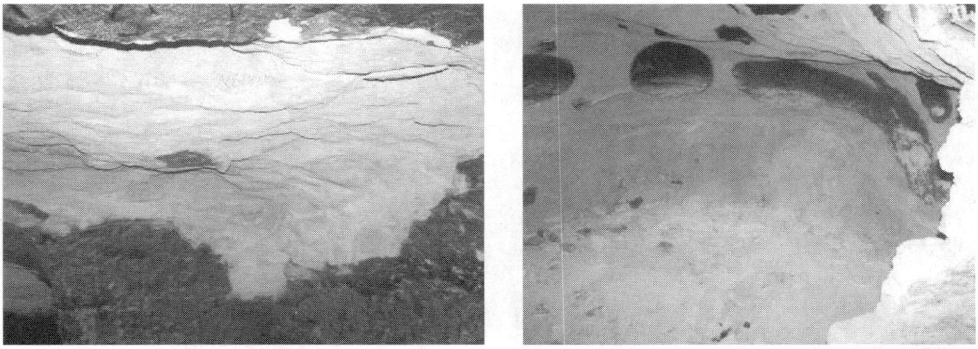

(a) (b)

图 3.39 洞顶大面积剥蚀

（a） Ⅱ-4-1-14 号洞窟；（b） Ⅱ-5-1-48 号洞窟

(a) (b)

图 3.40 洞口较轻淤积

（a） Ⅲ-2-1-13 号洞窟；（b） Ⅲ-3-1-04 号洞窟

(a) (b)

图 3.41 洞口严重淤积

（a） Ⅲ-2-1-20 号洞窟；（b） Ⅱ-5-1-31 号洞窟

(a)

(b)

图 3.42　洞口严重淤积（Ⅲ-3-2-02 号洞窟）
（a）洞窟外部；（b）洞窟内部

该类破坏现象多发生在洞窟顶板上方或洞口周边松散堆积物较多，且容易遭受雨水冲刷的洞窟中。古格王国遗址洞窟建造的特点一般多为洞口较小，而内部洞腔较大。因而洞口严重淤积往往会“淹没”洞窟，需对洞口淤积物进行清淤挖除处理。

3.3.2.2　洞口破坏型

古格王国遗址洞窟在建造初期，洞口尺寸较小而洞窟内部空间较大，洞口形状大多为直墙拱形。但经过千余年的风雨，在各种内外部因素的综合作用下，洞口出现了多种变形破坏现象，如洞口溃塌、尖顶、出现缺口等，统称为洞口破坏型，如图 3.43、图 3.44 所示。

该种破坏现象较为普遍，现今遗存洞窟的洞口形状各异，较少能保持原始开凿时的形态。但对洞窟的整体稳定性影响大多不大，但需采用洞口防水、支挡等措施进行治理。

(a)

(b)

(c)

(d)

(e)

图 3.43 洞口尖顶现象

（a）Ⅱ-2-1-05 号洞窟；（b）Ⅰ-3-1-13 号洞窟；（c）Ⅱ-2-1-07 号洞窟；（d）Ⅱ-2-3-29 号洞窟；（e）Ⅱ-2-1-16 号洞窟

(a)

(b)

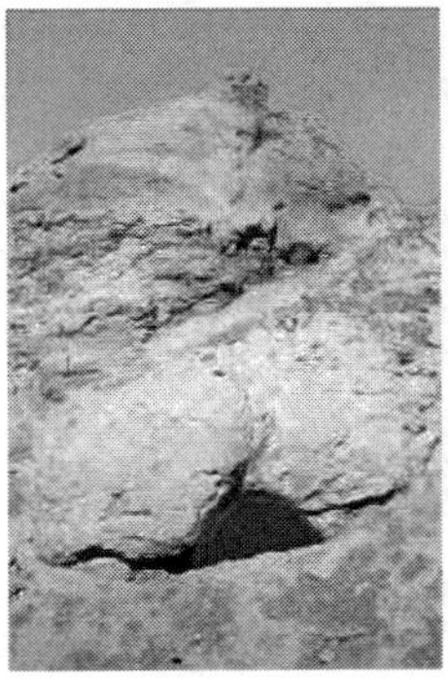

(c)

(d)

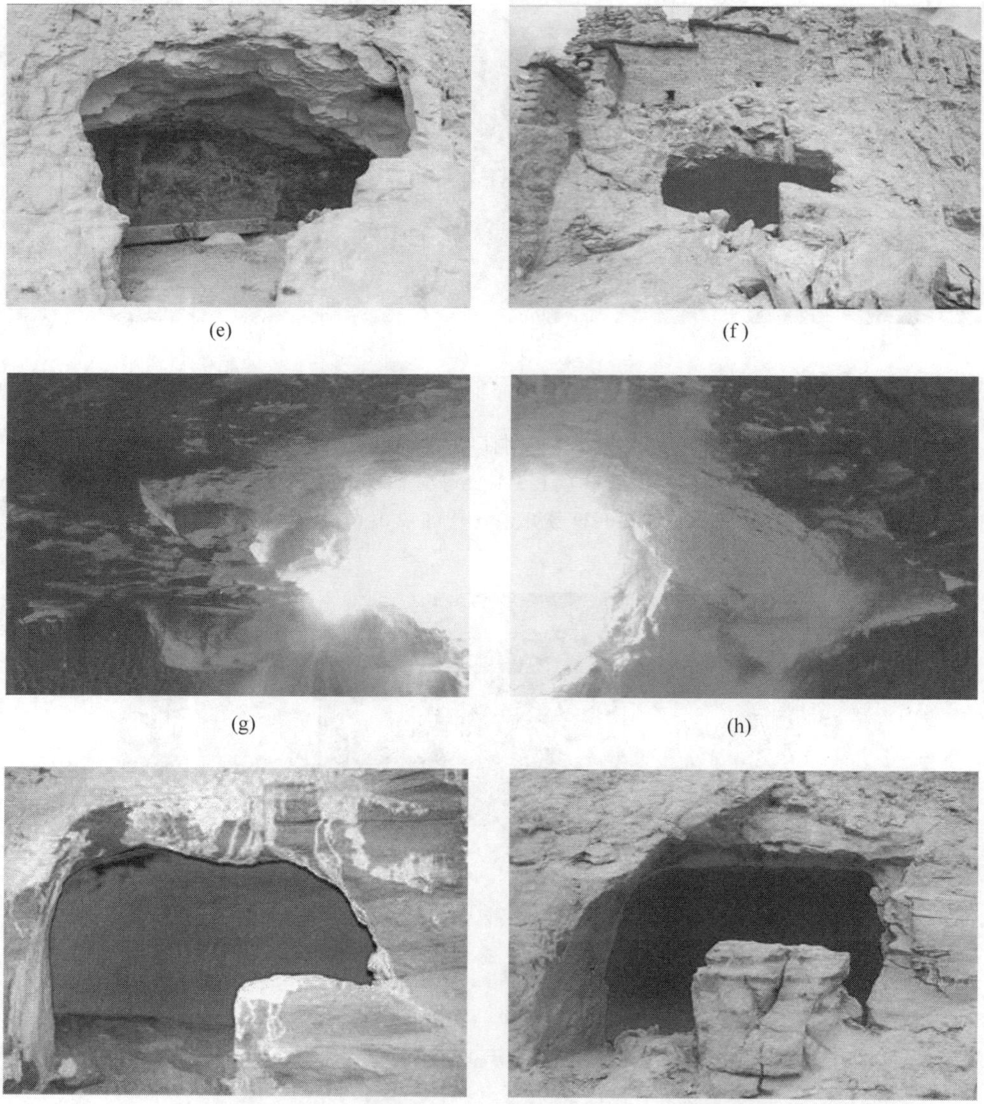

(e)　(f)

(g)　(h)

(i)　(j)

图 3.44　洞口各种破坏现象

（a）Ⅰ-2-2-13 号洞窟；（b）Ⅰ-2-2-04 号洞窟；（c）Ⅰ-2-3-01 号洞窟；（d）Ⅰ-4-1-13 号洞窟；
（e）Ⅱ-1-3-01 号洞窟；（f）Ⅱ-1-3-02 号洞窟；（g）Ⅱ-2-1-17 号洞窟左侧；
（h）Ⅱ-2-1-17 号洞窟右侧；（i）Ⅱ-5-3-60 号洞窟；（j）Ⅱ-5-3-77 号洞窟

3.3.3　洞壁破坏型

3.3.3.1　洞壁垮塌型

洞壁垮塌型破坏是指洞窟内壁或外壁在内外诸因素如内部发育节理、雨水冲刷等综合作用下，洞壁的局部或大部出现垮塌，从而使洞窟不完整的一种变形破坏现象。

洞壁垮塌的不同类型如图 3.45 ~ 图 3.47 所示。该类破坏现象较为常见，多发生在洞壁岩性条件较差、节理较发育、常遭受雨水冲刷侵蚀的洞窟中。大范围的洞壁垮塌会使洞窟顶板失去支撑，进而导致顶板坍塌，因而必须引起高度重视并采取适当的处理措施。

(a) (b) (c) (d) (e) (f)

图 3.45 洞窟外壁严重坍塌

(a) Ⅱ-5-1-89 号洞窟；(b) Ⅱ-5-1-93 号洞窟；(c) Ⅰ-2-2-05 号洞窟；(d) Ⅰ-2-2-12 号洞窟；(e) Ⅰ-1-1-13 号洞窟；(f) Ⅰ-1-1-17 号洞窟

(a)

(b)

(c)

(d)

图 3.46　洞窟外壁较严重坍塌和缺口

（a）Ⅱ-2-1-16 号洞窟；（b）Ⅱ-2-1-24 号洞窟；（c）Ⅱ-5-1-28 号洞窟；（d）Ⅱ-2-3-16 号洞窟

(a)

(b)

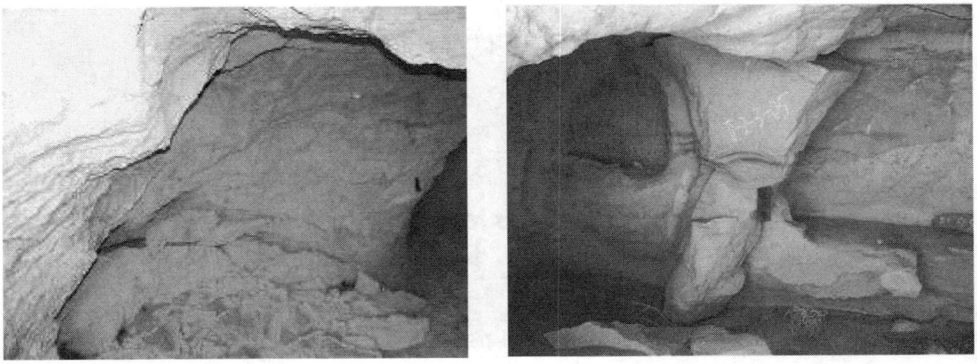

(c) (d)

图 3.47 洞窟内壁坍塌

（a） Ⅱ-2-1-09 号洞窟；（b） Ⅱ-1-3-04 号洞窟；（c） Ⅰ-3-1-04 号洞窟；（d） Ⅱ-2-3-05 号洞窟

3.3.3.2 洞壁剥蚀型

洞壁剥蚀型主要是指洞窟内壁表层岩体在上部渗流作用下遭受侵蚀，逐渐泥粉化或受长期风化作用缓慢脱离母岩体的一种变形破坏现象。

该类变形破坏现象也很常见，多发生在洞窟内壁较完整，洞壁岩体多为富含膨胀性矿物的泥岩或砂泥岩互层，洞顶上部易渗水，洞壁岩体易风化、崩解的洞窟中，如图 3.48 ~ 图 3.50。

(a) (b)

图 3.48 洞壁较轻微剥蚀

（a） Ⅱ-4-1-12 号洞窟；（b） Ⅱ-5-1-61 号洞窟

3.3.4 洞底破坏型

在古格王国遗址现存 747 个洞窟中，大多数洞窟底板较为完好。少数底板破坏主要表现为底板侵蚀、底板堆积、底板淤积、底板坑洞等（见图 3.51 ~

(a)

(b)

(c)

(d)

图 3. 49　洞壁较严重剥蚀
（a）Ⅱ-2-3-29 号洞窟；（b）Ⅱ-3-2-03 号洞窟；（c）Ⅱ-3-2-09 号洞窟；（d）Ⅱ-3-2-12 号洞窟

(a)

(b)

图 3. 50　洞壁严重剥蚀
（a）Ⅱ-2-1-09 号洞窟；（b）Ⅱ-4-1-14 号洞窟

图 3.53）。在顶底板间距较小的上下交叉洞窟群中，往往会发生上方洞窟底板（即下方洞窟顶板）局部或完全坍塌的现象（见图 3.54）。

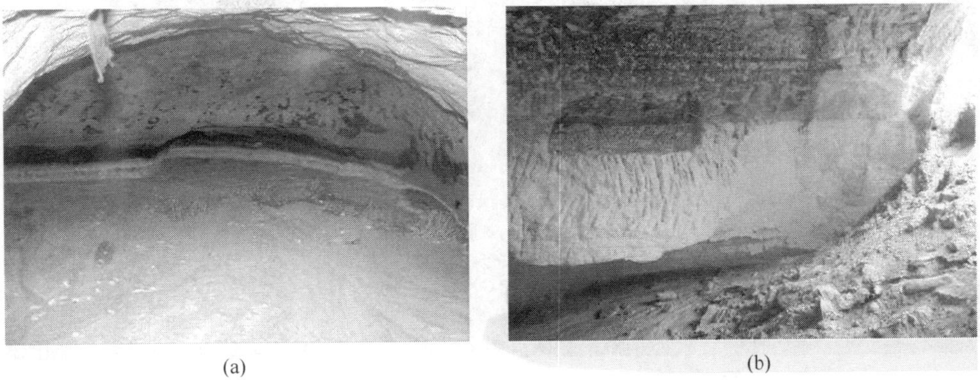

(a) (b)

图 3.51 洞窟底板侵蚀

（a） Ⅱ-2-3-22 号洞窟；（b） Ⅱ-2-3-29 号洞窟

(a) (b) (c) (d)

图 3.52 洞口及洞内底板严重堆积、淤积

（a） Ⅱ-2-1-28 号洞窟；（b） Ⅱ-2-1-17 号洞窟；（c） Ⅱ-2-1-26 号洞窟；（d） Ⅱ-2-1-02 号洞窟

(a)

(b)

图 3.53　洞窟底板坑洞

（a）Ⅱ-2-3-04 号洞窟；（b）Ⅱ-2-3-10 号洞窟

(a)

(b)

图 3.54　洞窟底板局部和完全坍塌

（a）Ⅲ-2-1-06 号洞窟；（b）Ⅰ-3-1-10 号洞窟

据现场调查，洞底破坏现象虽然较为普遍，但处理措施相对简便，一般采用简单的底板清淤处理和洞顶防水即可。

3.3.5　人为破坏型

在古格王国遗址现存洞窟中，除上述破坏形式外，还有由于战争、动乱、盗卖、游客践踏、刻画、涂抹等行为造成的破坏，统称为人为破坏型，如图 3.55 所示。现场调查过程中，发现少数顶板较薄的洞窟，承载力较小，如果游客随意通行践踏，长期势必会对洞窟造成灭“顶”之灾。

该类破坏因人的主观行为而异，无明显破坏规律，如上世纪六、七十年代曾

(a) (b) (c) (d)

图 3.55 各种人为破坏现象

（a）Ⅱ-2-1-32 号洞窟壁画铲除；（b）Ⅱ-2-1-32 号洞窟底板遗留壁画残片；（c）游客刻划（Ⅲ-2-1-12 号洞窟）；（d）游客刻划（冬宫内洞窟）

将少部分洞窟上的壁画铲除，对文物保护造成了不可挽回的损失。有的因为游客肆意刻划，加剧了洞窟岩体的风化剥落，长此以往也将会对洞窟的稳定性造成一定的影响。

总体而言，该类破坏较少，若及时采取相应的措施（如设立专门游览通道、设立禁区、加强游客宣传教育等)，就可将人为因素带来的破坏降至最低。

4　古格王国遗址洞窟变形破坏力学机制及影响因素分析

本章在古格王国遗址洞窟工程地质条件和变形破坏模式分析的基础上，总结分析了导致其变形破坏的四大类八种力学机制，其中以节理型、层理型、水理型和工程偏应力型占据主导地位。采用二维显式有限差分软件 FLAC 模拟了完整模型、水平节理模型、斜节理模型、竖直节理模型、渗流模型洞窟及密集开挖洞窟群模型的变形破坏过程，分析了其变形破坏机理。针对洞窟破坏以顶板破坏为主的特点，建立了不同的力学模型分别计算了各自的安全顶板厚度，提出了洞窟加固以顶板加固的初步思路。从洞窟围岩力学特性、围岩结构、水理作用、应力及人为作用等多方面探讨了遗址洞窟变形破坏的主要原因。在洞窟变形破坏影响因素定性分析的基础上，设计了洞窟完整性预测的 BP 网络模型，选择了 70 个训练样本和 4 个检验样本对网络进行了成功的训练和检验。最后利用训练良好的网络对洞窟变形破坏影响因素进行了计算分析。

4.1　洞窟变形破坏力学机制

通过对古格王国遗址工程地质条件的分析、室内物理力学特性试验和洞窟变形破坏模式的现场调查分析，可以确定古格王国遗址洞窟的变形破坏力学机制有以下几种：

（1）结构型变形破坏机制（Ⅰ型）；

（2）水理型变形破坏机制（Ⅱ型）；

（3）应力型变形破坏机制（Ⅲ型）；

（4）复合型变形破坏机制（Ⅰ型、Ⅱ型、Ⅲ型的不同组合）。

4.1.1　结构型变形破坏机制（Ⅰ型）

根据现场调查，古格王国遗址洞窟所处山体的结构面十分发育，由层面层理、节理和裂隙组成，层面为近水平产状展布，节理、裂隙多为近垂直的高倾角产状，这些结构面一起将古格王国遗址山体的岩石切割为块状或厚层结构（见图 4.1）。

根据古格王国遗址洞窟结构面的发育情况和产出状况，又可将结构型变形机制分为节理型（I_A型）、层理型（I_B型）和裂隙型（I_C型）。

4.1.1.1 节理型变形破坏机制（I_A型）

根据现场调查，古格山体发育近垂直的高倾角节理，节理面光滑、平整、闭合，具有剪节理的性状，为构造节理。节理发育对古格王国遗址洞窟的破坏作用主要体现在：

（1）节理发育破坏了洞窟岩体的完整性，降低了洞窟岩体的强度。

（2）节理发育特别是竖直节理的发育为雨水在洞窟顶板和洞窟侧壁渗流提供了通道，水的作用可使岩性较差的岩体软化、膨胀、崩解，变得更加软弱、松散、易碎，进一步加剧了洞窟的破坏，如图4.2所示。

图4.1 洞窟围岩结构面发育

(a) (b)

图4.2 洞窟竖直节理发育

（a）Ⅱ-2-1-25号洞窟发育的竖直节理；（b）Ⅱ-4-1-08号洞窟发育的竖直节理

（3）由于洞窟的开挖，在洞窟中产生了大量的次生节理，多以近水平向为主，易造成洞窟顶板的离层坍塌，如图4.3所示。

由于古格王国遗址洞窟中大部分节理较发育，因此节理型变形破坏机制在对洞窟的变形破坏起重要作用。在洞窟的破坏模式中，洞顶坍塌型、洞顶冒漏型、洞口破坏型、洞壁垮塌型等均与节理型变形破坏机制有关。

4.1.1.2 层理型变形破坏机制（I_B型）

层面是沉积岩的原生结构，是上、下地层在成分和结构上不连续的分界面，是相对的软弱面。由于未经受大的水平向构造运动，古格山体岩石层面基本水平

(a)

(b)

图 4.3　洞窟水平节理发育

（a）Ⅲ-2-1-13 号洞窟发育的水平节理；（b）Ⅱ-2-1-23 号洞窟发育的水平节理

展布，层的厚度分类多为厚层～巨厚层。古格山体层理同样以水平层理为主，但在局部地段砂岩中可见斜层理（见图 4.4）。古格王国遗址多数洞窟岩体中层理

(a)

(b)

(c)

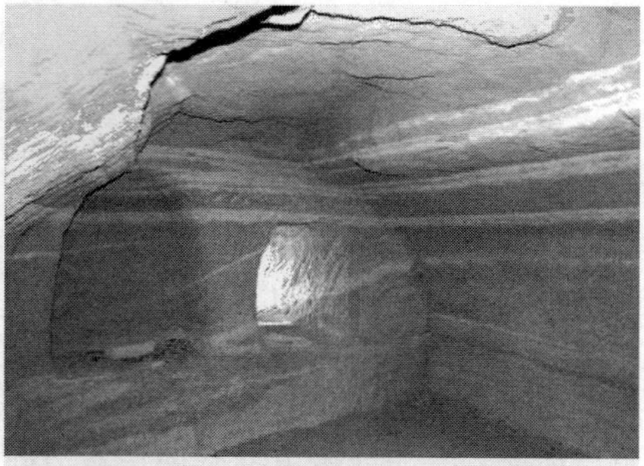

(d)

图 4.4　古格遗址山体及洞窟内层理发育

（a），（c）水平层理；（b）斜层理；（d）水平及斜层理

较发育，由于层理面是岩体中相对较弱的结构面，层理面之间的粘结力相对较小，特别是在水的作用下，顶板容易发生离层冒落，如图4.5和图4.6所示。

(a)

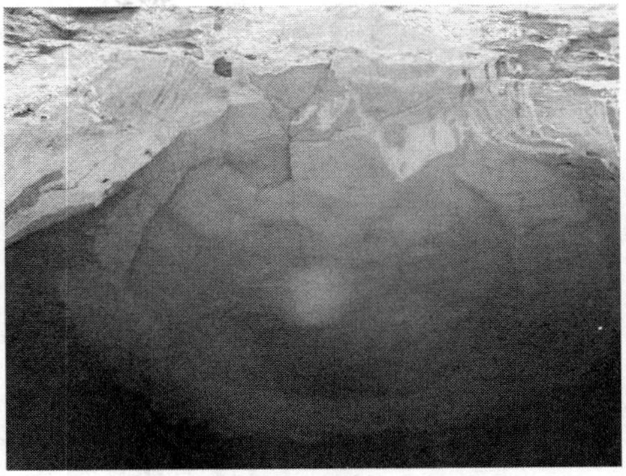

(b)

图4.5 洞窟层理发育和洞顶冒落（Ⅲ-2-1-15号洞窟）
（a）洞窟层理明显；（b）洞顶近似圆形倒漏斗状冒落

(a)

(b)

图4.6 洞窟层理发育和洞顶冒落（Ⅲ-2-1-16号洞窟）
（a）洞窟层理明显；（b）洞顶层状冒落

在洞窟的破坏模式中，洞顶冒落型、洞顶冒漏型均与层理型变形力学机制有关，洞顶坍塌型有时也往往是节理型变形力学机制和层理型变形力学机制共同作用的结果，如图4.6（a）所示。

4.1.1.3 裂隙型变形破坏机制（I_C型）

裂隙主要指沿古格山体峭壁陡坡，因水平卸荷产生的张裂隙，如图4.7所示。这种卸荷张裂隙属于拉张裂隙，裂隙面往往弯曲起伏、张开度大，最大可达20mm，一般无充填，结构面结合程度为一般~差。这种张裂隙往往平行于临空面普遍发育，且仅在垂直于边坡一定深度内发育。这种裂隙使得危岩体易于沿平行于边坡方向与山体脱离，产生崩塌和"片帮"。

图 4.7　沿陡壁发育的卸荷张裂隙

古格王国遗址所有洞窟中有少部分是在坡度较陡的峭壁中开挖建造的，多位于山体西北立面的Ⅱ-5 区。由于洞窟上方卸荷张裂隙的存在，洞窟的顶板或洞窟整体就成为危岩体的一部分，有的已经部分或完全坍塌；有的虽然目前暂时稳定，但在雨水或震动等外界作用下，危岩体将可能出现崩塌，进而危及到洞窟的稳定和安全，如图 4.8 ~ 图 4.13 所示。虽然该种变形破坏机制在所有洞窟破坏中不占多数，但其潜在的危险较大，必须对危岩体和洞窟进行统一加固处理。

图 4.8　洞窟顶板张裂隙（Ⅱ-5-1-39 号洞窟）

4.1.2　水理型变形破坏机制（Ⅱ型）

水理型变形破坏机制自然与水的作用密切相关。古格地区的年降雨量虽然不大（约为 160mm），但降雨较为集中，而洞窟历史年代久远，再加上古格王国遗址之前的排水系统不佳，洞窟受水的作用影响很大。现场调查发现，洞窟的变形

(a)　(b)　(c)

图 4.9　洞窟因张裂隙产生的破坏（Ⅱ-5-1-81 号洞窟）
（a）正立面；（b）侧立面；（c）部分垮塌

(a)　(b)

图 4.10　洞窟因张裂隙产生的破坏（Ⅱ-5-1-83 号洞窟）
（a）侧立面全景；（b）洞窟部分坍塌

(a)　(b)

图 4.11　洞窟因张裂隙产生的破坏（Ⅱ-5-1-59 号洞窟）
（a）侧立面；（b）正立面

(a)　　　　(b)

图 4.12　洞窟因张裂隙产生的破坏（Ⅱ-5-1-90 号洞窟）

（a）洞窟顶板和立墙部分坍塌；（b）洞顶产生离层

(a)　　　　(b)

图 4.13　洞窟因张裂隙产生的严重破坏

（a）Ⅱ-5-1-68 号洞窟；（b）Ⅱ-5-1-84 号洞窟

破坏跟水的作用方式和影响程度有很大的关系，根据水的作用方式和特点又可分为物理作用、化学作用和力学作用。其中前二者可统称为水理作用，水的力学作用的影响将在后面的章节中论述。

4.1.2.1　物理作用（$Ⅱ_A$型）

水对洞窟岩体的物理作用主要体现在以下两个方面：

（1）水的渗入降低洞窟围岩的强度（黏聚力和内摩擦角），使洞窟围岩的物理力学特性恶化，变得软弱、松散、破碎，破坏围岩的完整性，进而使洞窟发生不同形式的破坏。

根据岩石崩解性试验和岩块干燥饱和吸水率试验结果，可以看出岩石基本上都遇水极易崩解，砂岩相对更易崩解，泥岩和泥晶灰岩次之。从岩块干燥饱和吸水率看，岩块多具中等膨胀性，部分为强膨胀性。

（2）从全岩矿物 X 射线衍射试验结果可以看出，黏土矿物主要有伊利石/蒙脱石混层矿物、伊利石、高岭石、绿泥石，基本不含蒙脱石，但是伊利石/蒙脱石混层矿物含量比较高，而且混层比达到40%~50%左右，因而具有一定的膨胀性，遇水容易膨胀乃至崩解，从而变得松散破碎。

4.1.2.2　化学作用（II_B型）

根据易溶盐分析结果，古格王国遗址洞窟岩体中大多含有一定量的易溶盐，有的具有中等腐蚀性。当大气降雨或地下水溢出时，洞窟围岩与水接触后，其中的易溶盐成分溶解于水中，逐渐脱离母岩，形成孔洞或使微裂隙扩张，破坏洞窟岩体的完整性，进而对洞窟的稳定性造成一定程度的影响。

4.1.3　应力型变形破坏机制（Ⅲ型）

应力型变形破坏机制根据所作用应力的不同，又可分为自重应力机制（III_A型）、水力机制（III_B型）和工程偏应力机制（III_C型）等几种类型。

4.1.3.1　自重应力机制（III_A型）

古格洞窟一般均是在古格遗址山体中开挖的，洞窟的开挖位置不同，其应力分布特征也不同，表现出来的变形破坏方式和变形破坏程度也不同。

根据岩土力学基本理论，天然岩土体中应力分布是比较复杂的，除普遍存在的自重应力外，有时还有构造应力、地下水应力等。一般认为，当仅存在自重应力的情况下，未形成边坡前岩土体中的主应力（初始应力）是呈铅直与水平状态的，即铅直应力（自重应力）为最大主应力，由自重应力引起的水平应力为最小主应力，此时岩土体内的最大剪应力与最大、最小主应力多呈45°交角。在边坡形成过程中，由于侧向临空面的产生，坡面附近的岩土体发生卸荷回弹，引起应力重分布、应力分异和应力集中等多种效应。根据有限元法和光弹试验结果，边坡的应力状态有如下特点[203]：

（1）坡体中主应力迹线发生明显偏转，坡面附近最大主应力的方向与坡面近乎平行，最小主应力与坡面近于垂直。同时坡体中存在与坡面近于平行的剪应力，其总的趋势是由坡内向外增高，越近坡脚处越高，向坡内则逐渐恢复至初始应力状态（见图4.14）。

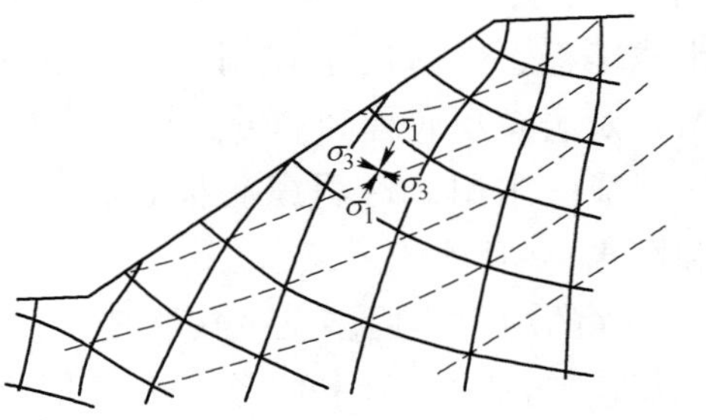

图4.14　边坡主应力迹线与最大剪应力迹线分布示意图
实线—主应力迹线；虚线—最大剪应力迹线

（2）由于应力分异结果，在坡面附近产生一个明显的应力集中带，特点是最大主应力与最小主应力之差达到最大值，出现最大的剪应力集中。坡度越陡，应力集中越明显。

(3) 坡面处的岩土体，由于侧向应力近于零，实际上变为两向应力状态，向坡内逐渐恢复为三向应力状态。

(4) 在坡顶和坡面的某些部位，由于水平压力显著降低，最小主应力可能成为拉应力，形成张力带，容易出现拉裂破坏。

根据上述分析，在以自重应力场主导的条件下，坡脚处的变形破坏要比坡顶处严重，并且坡面越陡变形破坏程度越高，这与开挖于古格遗址山体中的洞窟变形破坏情况基本上是一致的，如图 4. 15 所示。

(a)

(b)

图 4. 15　自重应力机制作用下边坡不同位置洞窟现场变形破坏情况

(a) 较缓边坡；(b) 较陡边坡

4. 1. 3. 2　水力机制 (Ⅲ$_B$型)

在前面的叙述中曾经提到，水的作用可分为物理化学作用和力学作用。而水的力学作用又可分为静水压力作用和动水压力作用。

水的静力作用是指因地下水溢出或因排水不畅、特殊的地形等原因，雨水或工程、生活用水在洞窟顶板长期汇聚或缓慢下渗，或者在洞窟底板汇水，对洞窟顶底板和洞壁造成一定程度的侵蚀作用。严重者将在洞窟顶板上方形成落水洞，对洞窟底板岩石严重侵蚀使其产生崩解、塌落，如图 4. 16 和图 4. 17 所示。

水的动力作用多发生在所处山体坡度较陡，或洞窟顶板、洞窟附近有较大规模冲沟的洞窟中。降雨往往形成较大的水动力，严重冲刷洞窟顶板和洞窟入口处立墙，或者雨水裹挟粒径较小的松散堆积层，在洞窟入口处形成严重的堆积，造成洞顶坍塌、洞壁及洞口破坏或淤积，如图 4. 18 ~ 图 4. 20 所示。

(a)

(b)

(c)

(d)

(e)

(f)

(g)　　(h)

图 4.16　因降雨在洞窟顶板形成的各种落水洞

（a）降雨形成的落水洞；（b）Ⅱ-1-3-03 号洞窟；（c）Ⅱ-4-1-06 号洞窟；（d）Ⅱ-4-1-11 号洞窟；（e）Ⅰ-2-1-35 号洞窟；（f）Ⅱ-1-1-05 号洞窟；（g）Ⅱ-1-2-05 号洞窟；（h）Ⅱ-1-3-03 号洞窟

(a)　　(b)

图 4.17　底板积水对洞窟底部岩体产生的侵蚀

（a）积水使得洞窟底部岩石崩解、塌落；（b）Ⅱ-2-3-29 号洞窟底板侵蚀

(a)　　(b)

(c) (d) (e)

图 4.18 严重冲刷造成洞口淤积

（a）Ⅱ-2-1-31 号洞窟；（b）Ⅱ-5-3-10 号洞窟；（c）Ⅱ-5-3-47 号洞窟；（d）Ⅱ-5-3-59 号洞窟；（e）Ⅱ-5-3-62 号洞窟

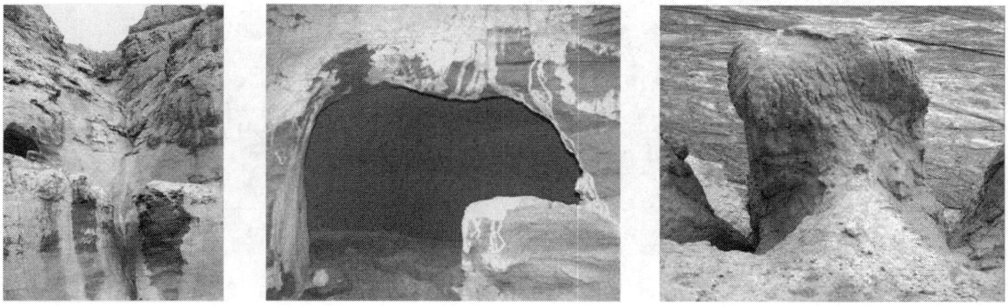

(a) (b) (c)

图 4.19 巨型冲沟对附近洞窟的影响（Ⅱ-5-3-60 号洞窟）

（a）洞窟外立面全景；（b）洞窟破坏及洞内堆积；（c）洞窟附近的巨型冲沟

(a) (b)

(c)　(d)

(e)　(f)

(g)　(h)

图 4.20　雨水长期冲刷对洞窟的破坏

（a）Ⅱ-2-1-21 号洞窟；（b）Ⅱ-5-3-26 号洞窟；（c）Ⅰ-3-1-14 号洞窟；
（d）Ⅱ-5-3-40 号洞窟；（e）Ⅱ-5-3-41 号洞窟；（f）Ⅱ-5-3-49 号洞窟；
（g）Ⅰ-3-1-18 号洞窟；（h）Ⅱ-5-3-50 号洞窟

4.1.3.3 工程偏应力机制（$Ⅲ_C$型）[204]

洞窟开挖后，围岩应力发生了较大改变，切向应力在岩壁附近出现局部集中现象，越远则越接近于原岩应力状态。同时，一个洞窟的开挖，对旁侧相邻洞窟围岩也有一定程度的影响。这种影响在巷道围岩中任一点的应力状态可用可分解为球形应力张量和偏应力张量两部分的二阶应力张量表示，其中球形应力张量不引起形变，它是一种三向均压状态。偏应力张量引起洞窟围岩的变形破坏，因此工程开挖引起的偏应力局部集中是洞窟变形破坏的重要原因之一。其特点与洞窟开挖的断面、洞窟密度和交叉方式有关。

一般而言，洞窟的断面尺寸越大、断面形状越不规则、洞窟密度越高、洞窟之间平面或立体交叉程度越复杂，洞窟越易发生变形破坏。图 4.21 为不同情况下工程偏应力对洞窟的变形破坏作用情况。

(a) (b)

(c) (d)

(e) (f)

(g)　　(h)

图 4.21　工程偏应力造成对洞窟的各类破坏

(a) 洞窟密度高、间距小；(b) 洞窟密度高、交叉影响；(c) 洞窟密度高且上下交叉；
(d) 洞窟上下交叉、顶底板厚度小；(e) ~ (g) 洞窟上下立体交叉、顶底板厚度小；
(h) 洞窟尺寸大、附洞多

4.1.4　复合型变形破坏机制

现场调查发现，洞窟的变形破坏往往不是单一的某种变形破坏力学机制在起作用，经常是多种变形破坏力学机制综合作用导致了洞窟不同程度的破坏，即复合型变形破坏机制。统计表明，在所有的破坏类型中，节理型变形破坏机制（I_A型）、水理型变形破坏机制（II_{AB}型）和水力型变形破坏机制（III_B型）多占主导地位。

4.2　洞窟变形破坏过程数值模拟分析

古格王国遗址洞窟星罗棋布开挖于遗址山体边坡之上，洞窟的变形破坏是开挖后的围岩工程地质系统与环境系统（风、水、震动、外荷载等）相互作用达到二次稳定的复杂力学问题。洞窟开挖后，原有的三向或两向应力平衡状态被打破，变为双向或单向应力状态，围岩应力进行重新调整和分布，完整性较差的围岩会逐渐进入塑性、黏塑性和流变大变形阶段，出现剥落、掉块、冒落、坍塌等现象。即便完整性较好的围岩，在外部环境因素长期作用下，其物理力学性质也可能逐步恶化，进而出现一定程度的变形破坏现象。由于洞窟变形破坏多数是二维应力作用状态下的作用结果，因此可采用 FLAC^{2D}软件来对古格王国遗址洞窟的变形破坏过程进行模拟分析。

FLAC (fast lagrangian analysis of continua)[205]是美国明尼苏达大学和 Itasca Consulting Group Inc. 公司于 20 世纪 80 年代推出的专门用于模拟地质材料和岩土工程非线性力学行为的大型标准化程序，是目前国际岩土工程界公认并得到广泛推广应用的数值模拟分析方法[206~215]。它采用拉格朗日差分算法不仅可以模拟材料的屈服、塑性流动、非线性大变形等力学行为，而且可以进行渗流分析、热力学分析、地震动力分析以及岩土体的蠕变行为分析等计算。另外，该程序还可以完成流-固耦合、力-热-水耦合及渗流-地震耦合分析等多种功能。它为岩土工程问题的求解开发了十种材料模型，能模拟岩土体及与其相互作用的结构单元，如衬砌、锚杆/锚索、桩/梁以及土工织物等的受力与变形等，同时具有良好的前、后处理功能，因此选用该计算软件来模拟分析古格王国遗址洞窟变形破坏过程是非常适宜的。

4.2.1 数值模拟方案

如前所述，古格王国遗址洞窟数量庞大，变形破坏方式和程度不一，若要对每种类型洞窟都进行模拟计算，不仅难度巨大，而且工作量繁琐。本项研究选择典型性洞窟进行模拟，提出如下两类（单体洞窟和洞窟群）六种模拟方案：

（1）方案一：以Ⅱ-2-1-17 号洞窟为模拟对象，不考虑节理和渗流影响，称为原始模型。

（2）方案二、三、四：以Ⅱ-2-1-17 号洞窟为模拟对象，分别考虑水平节理、60°斜节理和竖直节理的影响，下文依次称为水平节理模型、斜节理模型和竖直节理模型。

（3）方案五：以Ⅱ-2-1-17 号洞窟为模拟对象，考虑渗流影响，下文称为渗流模型。

（4）方案六：以Ⅰ-3-1-8、Ⅰ-3-1-9、Ⅰ-3-1-10、Ⅰ-3-1-11 号四个密集分布的洞窟群为模拟对象，研究洞窟群变形破坏规律。

4.2.2 单体洞窟变形破坏过程模拟

4.2.2.1 计算模型建立

Ⅱ-2-1-17 号洞窟形状平面为近似矩圆形，纵剖面为近似梯形，具体尺寸为410cm（跨度）×416cm（深）×230cm（高），洞口 93cm（宽）×68cm（厚）×130cm（高）。围岩以砂泥岩为主，洞口走向 115°，顶板厚度约 1.6m，距其他洞窟较远，如图 4.22（a）所示。洞窟内发育主控性节理有两组：①产状：315°∠88°，走向 225°，共 11 条；②产状：20°∠87°，走向 290°，共 4 条。该洞窟变形破坏现象主要有：洞顶在洞口处呈半圆形坍塌，向内受节理切割及水平层理控制有近半面积顶板出现掉块现象，洞口大量堆积，洞内底板曾积水，见图 4.22（b）、（c）、（d）。

根据上述洞窟的现场调查资料，建立如图 4.23 所示的计算模型。该模型侧面限制水平移动，底部固定，模型上表面为自由边界，材料破坏符合 Mohr-Coulomb 强度准则。工程岩体的物理力学计算参数根据第 2 章物理力学性质指标试验结果选取。

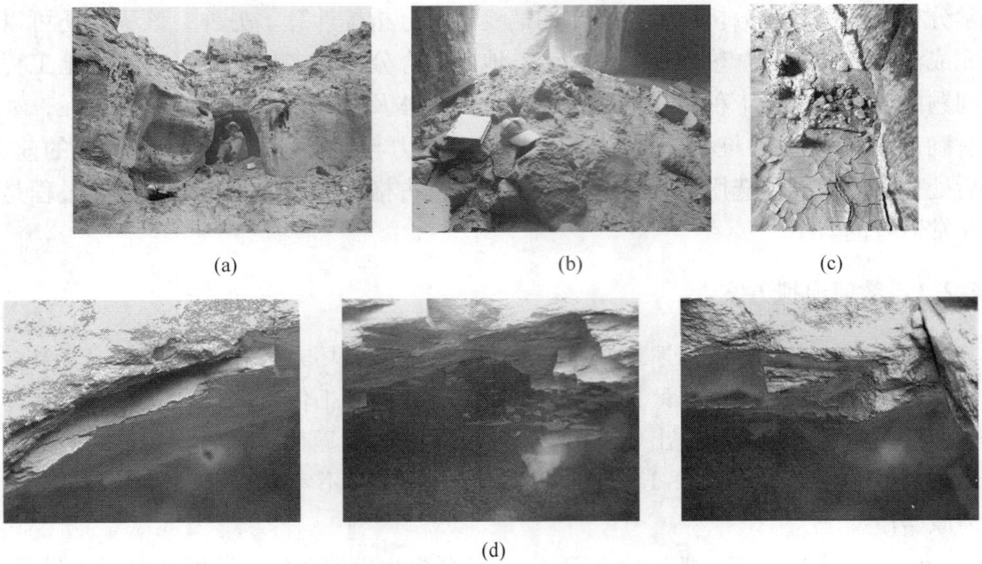

图 4.22　Ⅱ-2-1-17 号洞窟全景及破坏现状

（a）洞窟全景；（b）顶板坍塌冒落堆积物；（c）洞窟底板淤积；（d）洞窟顶板弧形坍塌（自左至右）

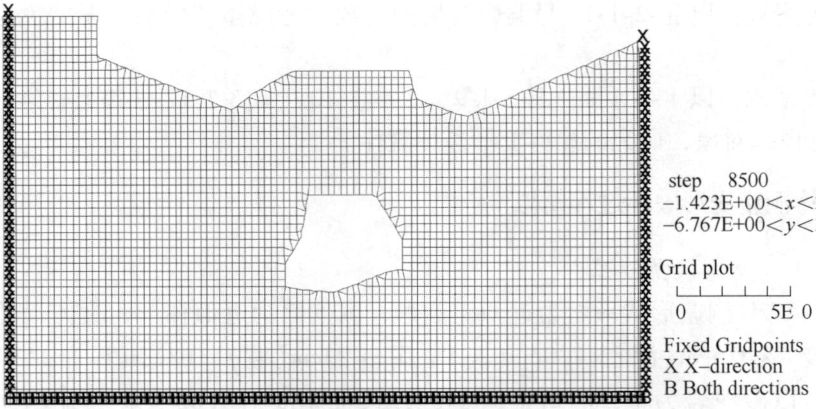

图 4.23　数值计算模型

4.2.2.2　计算结果对比分析

图 4.24 ~ 图 4.28 分别为单体洞窟原始模型、水平节理模型、斜节理模型、竖直节理模型和渗流模型的部分模拟计算结果，主要包括两向位移大小及分布规律、剪应力大小及分布规律、塑性区范围等。

从水平位移分布图可以看出：在无节理和水渗流作用下，原始模型的水平位移较小，最大位移多出现在洞窟左帮中上部，其他部位位移量明显较小。节理模型由于结构面的切割作用使岩体完整性降低、强度下降，位移量比原始模型加大，且其量值与最大位移出现的部位表现出与节理倾角密切相关的规律。水平节

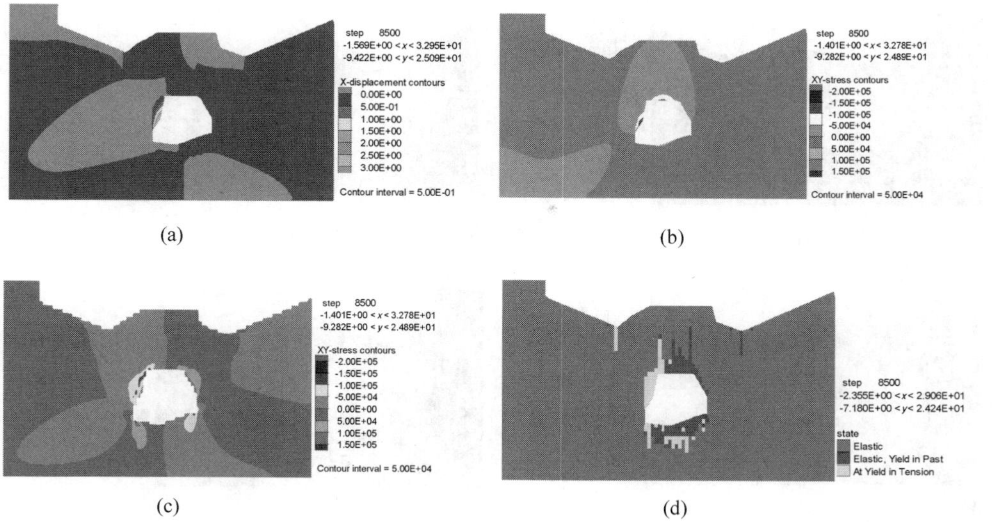

图 4.24　原始模型部分模拟结果

（a）水平位移分布图；（b）竖向位移分布图；（c）*XY* 向应力分布图；（d）塑性区分布图

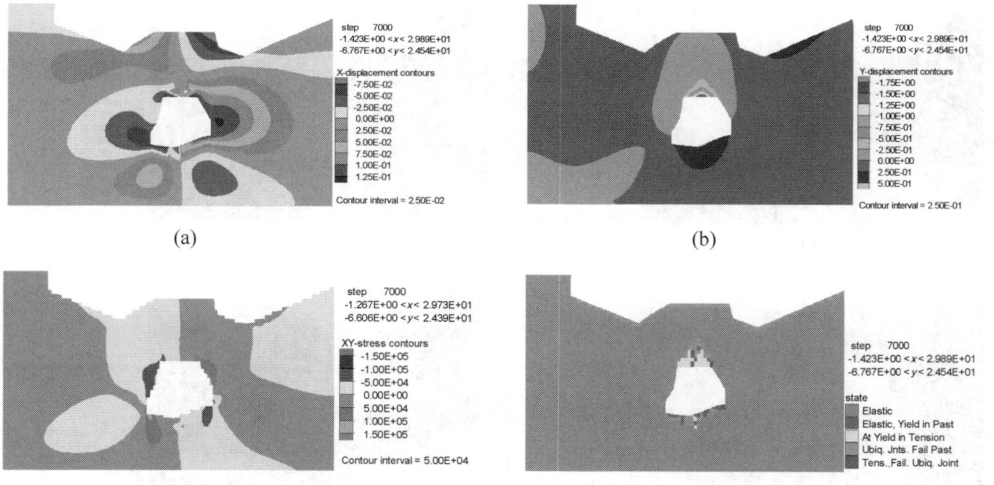

图 4.25　水平节理模型部分模拟结果

（a）水平位移分布图；（b）竖向位移分布图；（c）*XY* 向应力分布图；（d）塑性区分布图

理模型的最大水平位移出现在洞窟两帮下方和顶板与两帮交接部位，随着节理倾角的加大，最大水平位移出现部位有向洞窟两帮上方转移的趋势，且顶板水平位移逐渐减小。竖直节理模型中左帮中下方和右帮中上方水平位移较大，而顶底板水平位移量明显较小。渗流条件下，由于水的软化作用降低了岩体强度，水平位移量值最大，出现在洞窟左帮中上方突出部分和右帮与顶板交接的钝角部位。

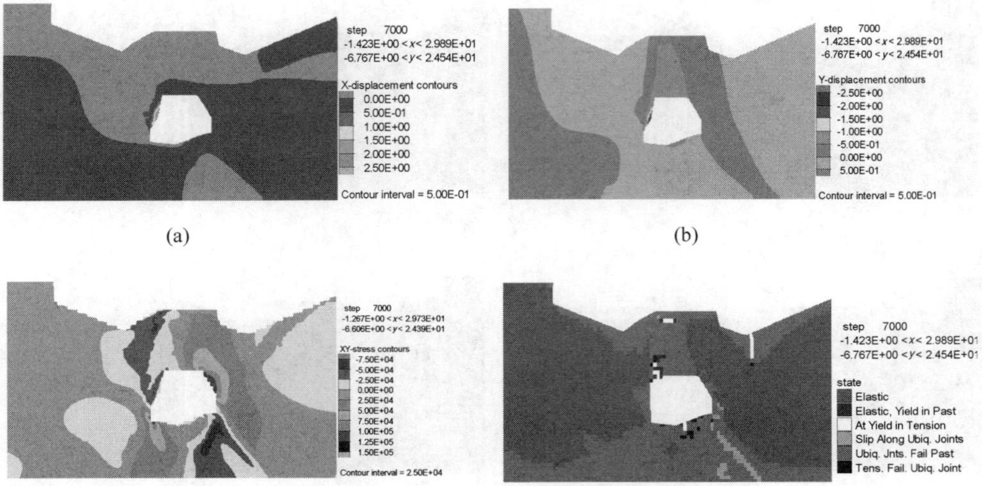

(a)　(b)　(c)　(d)

图 4.26　斜节理模型部分模拟结果

（a）水平位移分布图；（b）竖向位移分布图；（c）*XY* 向应力分布图；（d）塑性区分布图

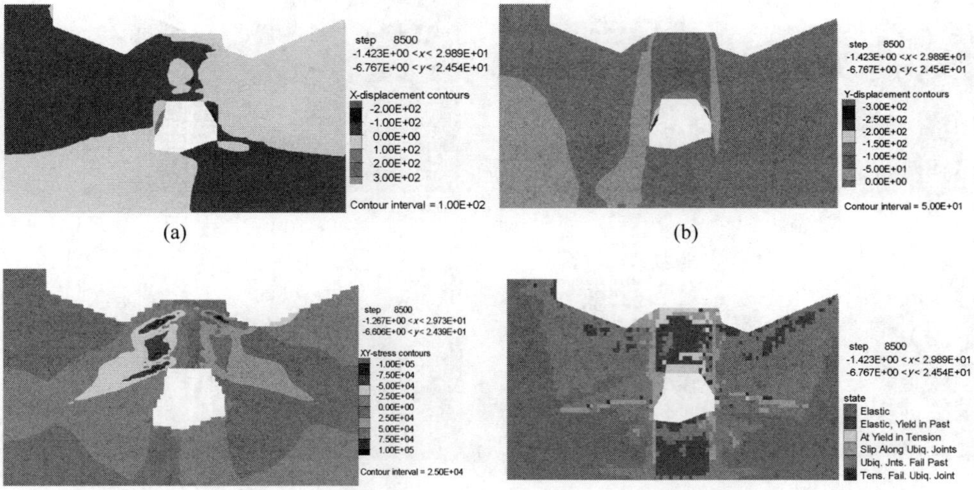

(a)　(b)　(c)　(d)

图 4.27　竖直节理模型部分模拟结果

（a）水平位移分布图；（b）竖向位移分布图；（c）*XY* 向应力分布图；（d）塑性区分布图

由竖向位移分布图可见：在无节理和水渗流作用下，原始模型的水平位移同样较小，最大位移也多出现在洞窟左帮中上部，其他部位位移量明显较小。节理模型中竖向位移量比原始模型加大，其量值与最大位移出现的部位与节理倾角关系较大。水平节理模型的最大竖向位移显然出现在洞窟顶板，且范围延及顶板内

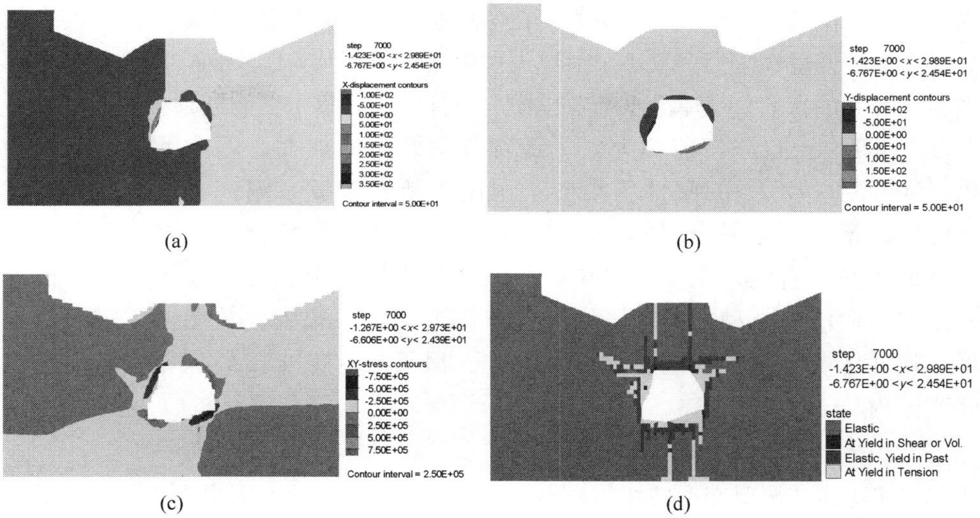

图 4.28 渗流模型部分模拟结果

(a) 水平位移分布图；(b) 竖向位移分布图；(c) *XY* 向应力分布图；(d) 塑性区分布图

部较深部位。随着节理倾角的加大，最大竖向位移出现部位存在由洞窟顶板逐渐向洞窟两帮下方转移的趋势，且顶板水平位移逐渐减小。当节理变为竖直方向时，最大竖向位移转移至洞窟左帮中上方突出部分和右帮中部突起部位。渗流条件下，由于水一般多是沿着洞窟顶板和两帮下渗，甚至在底板产生淤积。洞窟顶板和两帮突出部分竖向位移量较其他部位要大，底板由于水的侵蚀，使其松软、膨胀，产生向空区运动的趋势，因而底板较低处竖向位移也很大。

洞窟变形破坏的根本原因在于洞窟开挖后，围岩应力产生调整重新分布，当重新分布后的应力超过了岩体强度而导致的。洞窟的变形破坏首先产生于应力集中的关键部位，关键部位破坏后，围岩尚未达到新的稳定状态，应力进一步转移再次重新分布，致使产生新的应力集中的关键部位，如此反复洞窟围岩变形破坏的区域逐渐扩大，直至围岩达到平衡状态。从图 4.24 ~ 图 4.28 中不同模型的 *XY* 向应力分布规律中可以看到这一点。从 *XY* 向应力分布来看，原始模型中集中应力主要出现在洞窟两帮上方突出部分和两侧底脚部位，向洞窟深部应力量值逐渐减小且分布越来越均匀。节理模型随着节理倾角的加大也有明显不同的应力分布规律。水平节理模型中应力集中部位较原始模型有分别向洞窟顶板和底板深部转移的趋势，而角度越大转移程度也越高，应力集中部位也越大。当节理变为竖直时，应力集中部位转移至洞窟顶板和顶板与两帮交接的钝角部位。而这些应力集中区域也对应于位移分布图中的较大位移部位，也就是变形破坏最严重的区域。

从以上五种不同模型的塑性区分布图，不同情况下洞窟围岩具有不同的分布规律。原始模型中，塑性区主要集中在洞窟左帮上方突出部分和底板左方与左帮交接部位，且塑性区范围较小。节理模型中由于节理倾角的不同，塑性区也表现出不同的大小和分布规律。水平节理模型塑性区主要集中在洞窟顶板左方和左帮上方突出部分，以张拉破坏为主。随着节理倾角的加大，塑性区范围随之变化。60°斜节理模型的塑性区集中于洞窟左帮和底板右侧。当节理变为竖直方向时，塑性区范围模型加大，其集中区域主要在洞窟顶板大部分面积、右帮下部及底板右侧，主要为张拉破坏。这与该模型洞窟变形破坏集中部位是一致的。而渗流模型的塑性区则与水渗流通道关系很大，从图 4. 28（d）易见，塑性区主要集中在洞窟顶板及上方、顶板与两帮交接部位和底板一定深度范围内。

4. 2. 2. 3　变形破坏过程分析

如前所述，洞窟变形破坏的根本原因在于洞窟开挖后，围岩内重新分布后的应力超过了岩体强度，围岩产生向洞窟内部空区的位移，当变形量超过允许值时，洞窟便发生了破坏。洞窟的变形破坏首先产生于应力集中的关键部位，应力分布不断进行，关键部位渐次产生，变形破坏区域逐渐扩大，直至围岩应力达到最终平衡状态。关键部位的出现不仅与洞窟自身的尺寸、形状、所处边坡位置有关，也与洞窟围岩物理力学特性、结构面发育状况、水渗流作用、应力大小等关系很大。作为本次研究典型算例的Ⅱ-2-1-17 号洞窟，开挖于山体边坡坡腰之上，尺寸较大，形状也很不规则，同时洞窟围岩节理较为发育，由于排水条件不佳，降雨对洞窟稳定性也有很大影响。图 4. 29 给出了五种模型的洞窟围岩浅部岩体向洞内空区产生位移的大小和方向分布规律。从图中可见，原始模型洞窟位移以左帮上方和顶板为主，且左帮上方要较其他部位大得多；水平节理模型则以顶底板变形为主，且以顶板冒落或掉块居于主导地位；随着节理倾角的变化，洞窟表面围岩变形的部位和速率也有较大变化。当节理倾角为 60°时，变形最大部位转移至洞窟顶板和左帮上方；节理竖直则扩展至整个顶板及其与两帮交接的帮角部位，位移速率明显要大得多，而两帮和底板变形则较小，这主要是由于竖直节理切割岩块在自重应力作用下极易出现冒落或掉块的缘故。显然在渗流作用下，洞窟在渗水严重或底板容易淤积处变形最大，这在图 4. 29（e）中有很好的体现。

上述模拟计算结果均是针对单一情况、单一因素进行的。事实上，Ⅱ-2-1-17 号洞窟围岩为岩性较差、水平层理明显的砂泥岩，洞窟规模较大，顶板较薄，洞窟内竖直节理非常发育且间距较小，且由于洞窟顶板易渗水、洞周易积水，洞窟的变形破坏主要是受水平层理、竖直节理和渗流作用共同控制的。这在上述数值模拟结果中有很好的体现，无论是洞窟现场变形破坏的部位还是变形破坏的程度均与模拟结果有较高的吻合度。

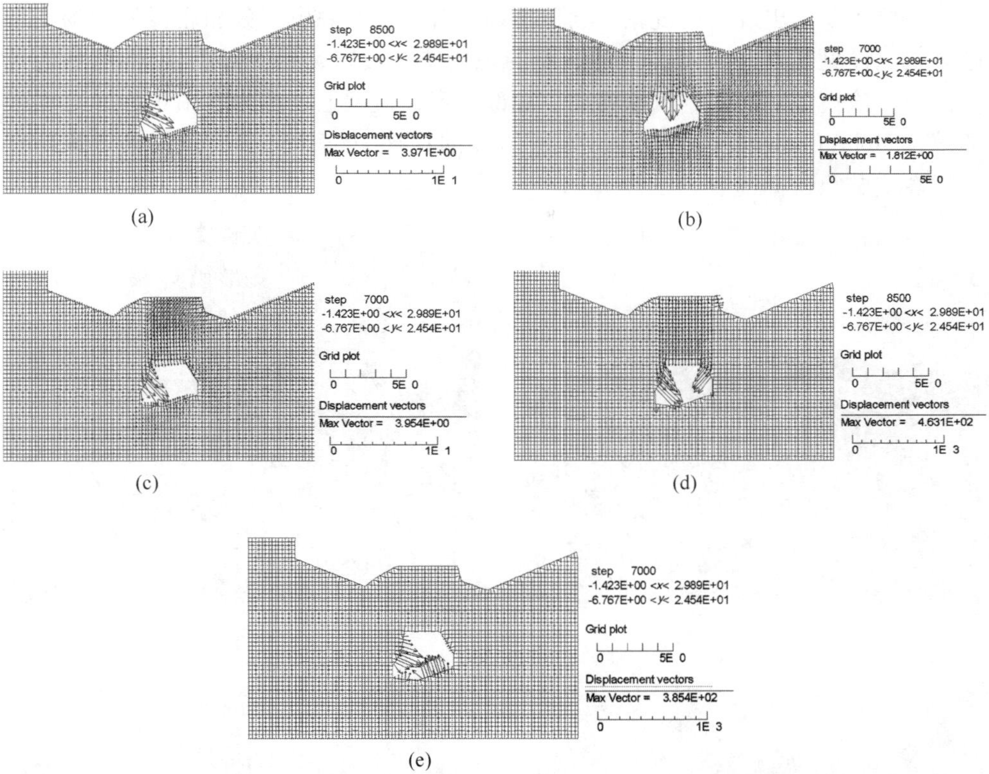

图 4.29　五种模型位移矢量（方向及速率）分布图

（a）原始模型；（b）水平节理模型；（c）斜节理模型；（b）竖直节理模型；（e）渗流模型

4.2.3　洞窟群变形破坏过程模拟

4.2.3.1　计算模型建立

本次研究选取四个密集开挖的Ⅰ-3-1-08～Ⅰ-3-1-11号洞窟组成的洞窟群作为模拟对象。根据现场调查可知：Ⅰ-3-1-08号洞窟围岩为砂砾岩，洞窟尺寸为300cm（宽）×267cm（深）×200cm（高），顶板厚度2.5m。存在问题主要有：洞顶雨水冲刷严重，前缘崩塌，南侧立墙溃塌，洞内风化严重，洞内有3～10mm宽裂缝。Ⅰ-3-1-09号洞窟围岩为砾岩夹泥岩，现存部分尺寸为310cm（宽）×200cm（深）×140cm（高），洞口走向352°，顶板厚度80～100cm。存在问题主要有：主洞洞口及洞顶坍塌，直接导致上部10号洞窟底板坍塌。Ⅰ-3-1-10号洞窟围岩为砂砾岩，洞窟尺寸为422cm（宽）×410cm（深）×230cm（高）。洞口走向341°，顶板厚度30～50cm。存在问题主要有：受雨水冲蚀及顶板厚度影响，主洞洞顶几乎全部坍塌。Ⅰ-3-1-11号洞窟围岩为砾岩夹砂岩，现存洞窟尺寸为240cm（宽）×280cm（深）×240cm（高），顶板厚度40cm左右。存在问题主要有：

洞口顶板较薄，出现坍塌现象，洞顶节理发育，存在隐患。该洞窟群的现场变形破坏状况详见图 4. 30。根据上述洞窟的现场调查资料，建立如图 4. 31 所示的计算模型。该模型侧面限制水平移动，底部固定，模型上表面为自由边界，材料破坏符合 Mohr-Coulomb 强度准则。工程岩体的物理力学计算参数根据第 2 章物理力学性质试验指标选取。

图 4. 30　Ⅰ-3-1-08 ~ Ⅰ-3-1-11 号洞窟群全景及破坏现状

（a）Ⅰ-3-1-08 ~ Ⅰ-3-1-11 号洞窟全景；（b）Ⅰ-3-1-08 号洞窟现状；

（c）Ⅰ-3-1-09 ~ Ⅰ-3-1-10 号洞窟破坏现状；（d）Ⅰ-3-1-11 号洞窟变形现状

4. 2. 3. 2　变形破坏过程分析

利用以上建立的模型，经过 7150 步计算，部分计算结果列于图 4. 32 ~ 图 4. 40。从现场实际破坏情况来看，Ⅰ-3-1-09 和Ⅰ-3-1-10 号洞窟破坏最为严重，主要表现为顶底板几乎完全坍塌，洞壁也有不同程度的坍塌或剥落；Ⅰ-3-1-8 号洞窟破坏稍轻，Ⅰ-3-1-11 号洞窟保存相对完好。数值计算结果与现场实际情况

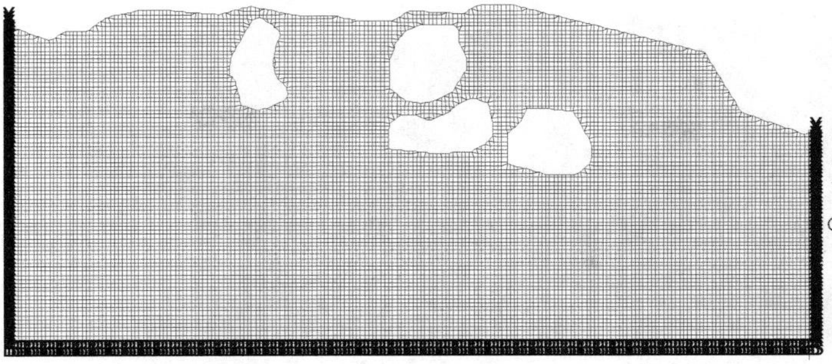

图 4.31 Ⅰ-3-1-08 ~ Ⅰ-3-1-11 号洞窟群数值计算模型

也有很大的一致性。从图 4.32、图 4.33 两向位移分布图来看，无论是水平位移还是竖向位移，其最大值均出现在Ⅰ-3-1-09 号洞窟顶板即Ⅰ-3-1-10 号洞窟底板处，其次是Ⅰ-3-1-08 和Ⅰ-3-1-09 号洞窟连接的较薄岩柱（牛鼻子）上，而其他部位位移则小很多。这主要是因为洞窟群各洞窟之间横向和纵向间距较小，Ⅰ-3-1-09 和Ⅰ-3-1-10 号洞窟之间水平岩板及Ⅰ-3-1-08 和Ⅰ-3-1-09 号洞窟之间竖向岩柱处于两向受力状态，容易在这两个部位形成应力集中，而岩板和岩柱均较薄，最易成为洞窟的薄弱环节，在外部环境因素如风化和水蚀作用长期影响下，强度不断降低，当强度小于集中应力值时，洞窟便首先在这些部位产生破坏，这便是洞窟的工程结构影响效应。而Ⅰ-3-1-11 号洞窟距其他洞窟较远，岩柱较厚，受其他洞窟的变形破坏影响较小，因而其稳定性相对较好。这在图 4.34 ~ 图 4.39 洞窟群的各向应力状态、最大、最小主应力、最大剪应力分布及塑性区分布图中也能得到很好的验证。从洞窟群位移矢量分布图（图 4.40）中也可以看到，Ⅰ-3-1-09 和Ⅰ-3-1-10 号洞窟间顶底板向下运动趋势明显，而位于坡顶的 10、11 号洞窟顶板岩体也有向下方开挖空区运移的趋势。从以上分析中可以看出，单体洞窟顶板厚度和洞窟间岩柱厚度是影响洞窟稳定性的关键因素之一，存在一个最小安全顶板厚度，当实际顶板厚度小于该值时洞窟便趋于不稳定状态，需要采取一定的工程措施。

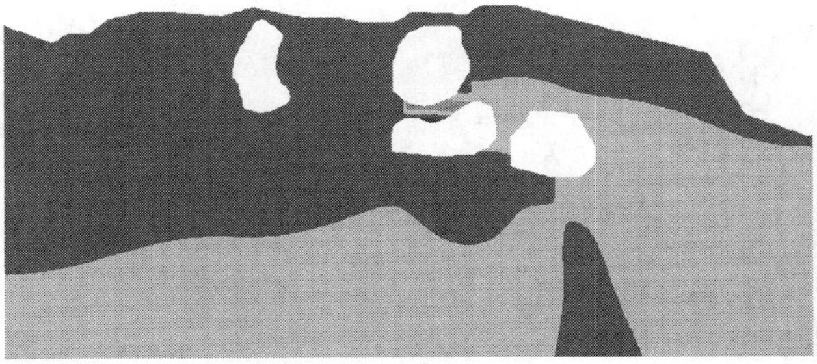

图 4.32 洞窟群水平位移分布图

图 4.33 洞窟群竖直位移分布图

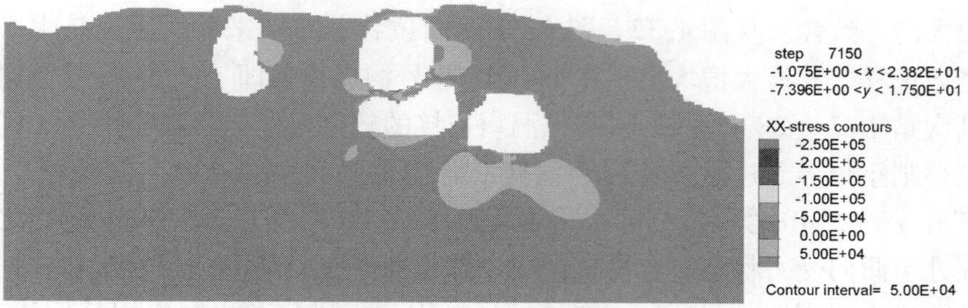

图 4.34 洞窟群 *XX* 方向应力分布图

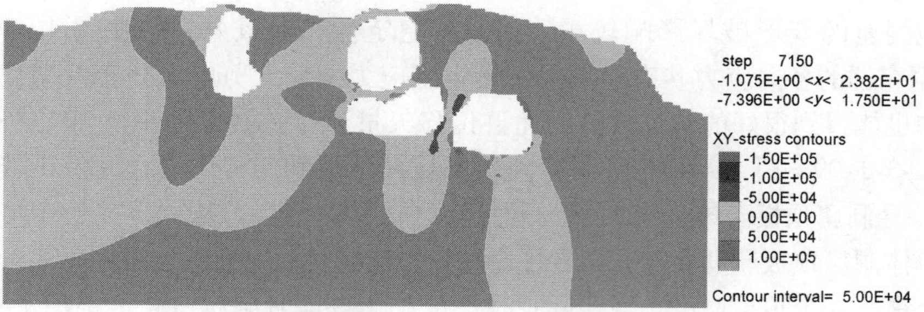

图 4.35 洞窟群 *XY* 方向应力分布图

图 4.36 洞窟群 *YY* 方向应力分布图

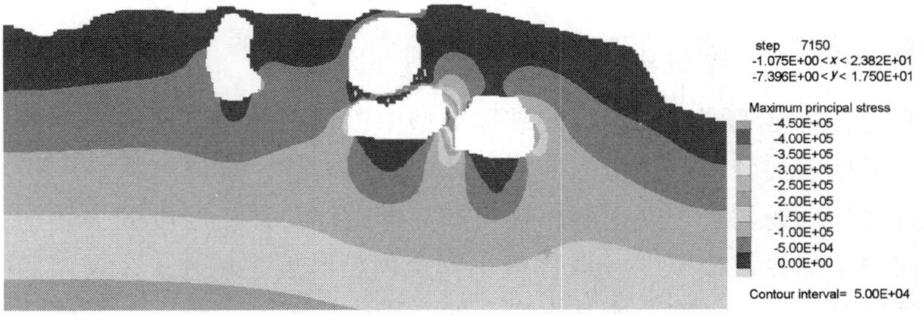

图 4.37 洞窟群最大主应力分布图

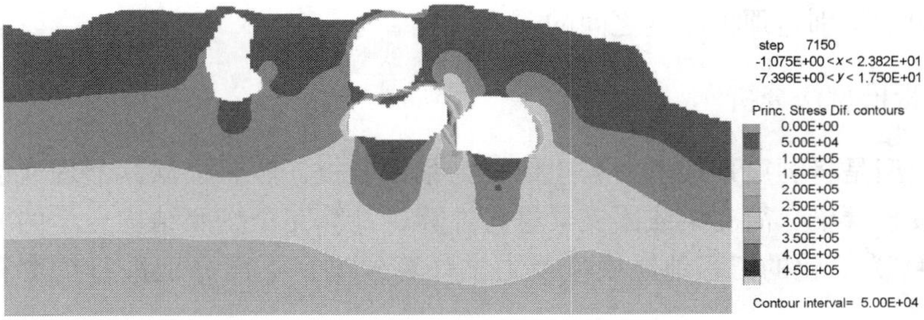

图 4.38 洞窟群最大剪应力分布图

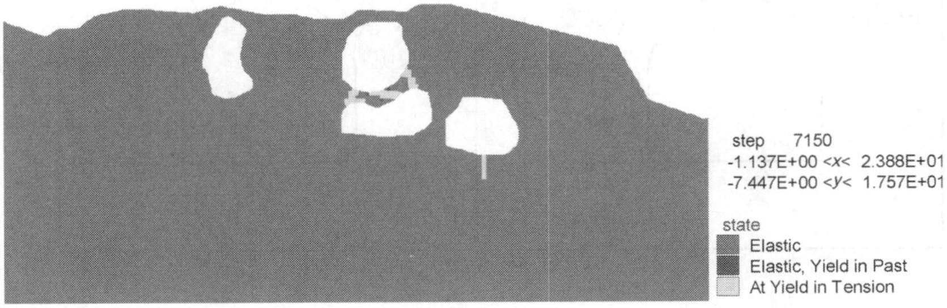

图 4.39 洞窟群塑性区分布图

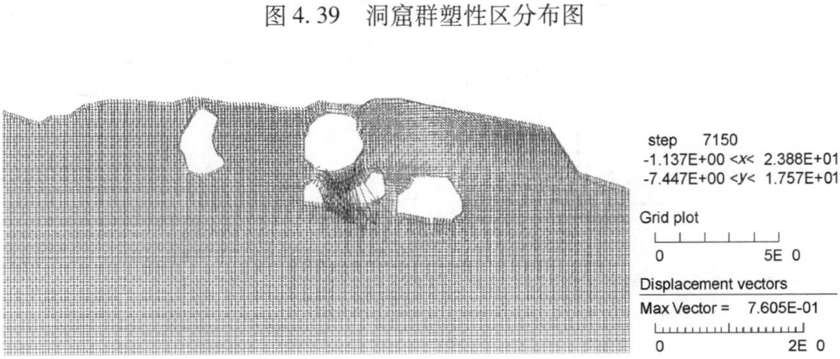

图 4.40 洞窟群位移矢量图

4.3　洞窟顶板变形破坏的力学分析

如前所述，古格王国遗址洞窟的破坏类型中以顶板的破坏居多，其破坏程度也最严重。根据前文分析，顶板的变形破坏与地层岩性、岩体结构、顶板厚度和水等因素有关。现场调查发现，洞窟顶板的变形破坏与顶板厚度的关系很大，因此可能存在一个临界顶板厚度（或称最小安全顶板厚度，H_{cr}），在洞窟实际顶板厚度大于该值时，顶板是安全或基本安全的，否则偏于不安全。本次研究采用梁板模型法、破裂拱模型、塌陷平衡法、合理拱模型法、承载拱模型法等结构力学方法[216~220]，根据不同的情况进行相应的假设计算，以期分析顶板的变形破坏与上述影响因素特别是顶板厚度之间的关系。

4.3.1　梁板模型法分析

梁板模型是将洞窟顶板上方岩土体视为梁或者板，然后根据其节理或裂隙发育状况，按悬臂梁、简支梁或固支梁进行计算，计算完全按照结构力学的方法进行。图 4.41 为简化的工程地质模型及力学计算模型，下面分别进行抗弯和抗剪验算。

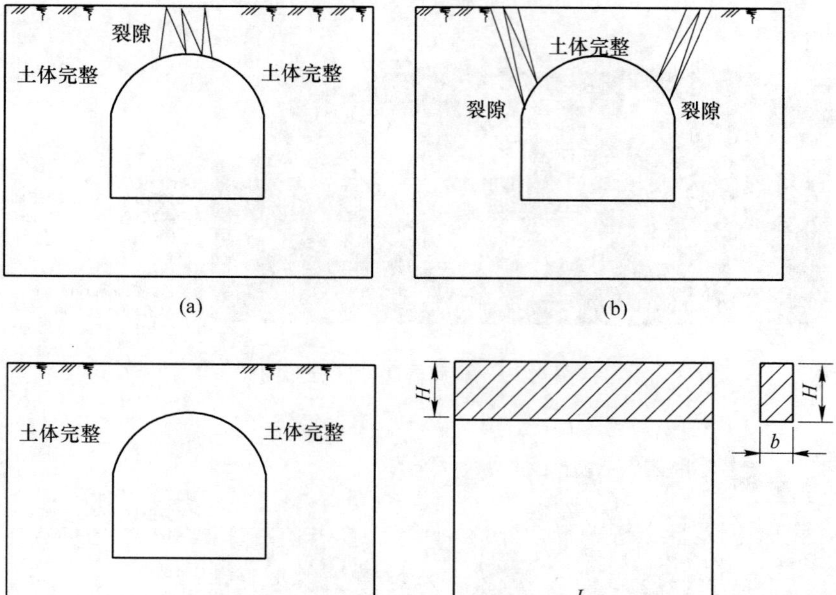

图 4.41　简化工程地质模型及计算力学模型
（a）悬臂梁；（b）简支梁；（c）固支梁；（d）计算模型

4.3.1.1 抗弯验算

由材料力学知，洞窟稳定需满足 $\frac{6M}{bH^2} \leqslant [\sigma]$，即

$$H \geqslant \sqrt{\frac{6M}{b[\sigma]}} \tag{4.1}$$

式中 $[\sigma]$——岩体的抗弯强度，一般为其抗压强度的1/8。而抗压强度可根据式 $\sigma_c = \frac{2c\cos\varphi}{1-\sin\varphi}$ 求得，c、φ 分别为岩体的内聚力和内摩擦角。

（1）对洞窟顶板跨中有节理，两支座处岩体坚固的情况，可按悬臂梁处理。于是有

$$M = \frac{1}{2}pl^2 \tag{4.2}$$

设洞窟宽度为 L，则 $l = L/2$，可得顶板临界厚度为

$$H_{cr} = \frac{3L^2\gamma + \sqrt{9\gamma^2L^4 + 48L^2p_0[\sigma]}}{8[\sigma]} \tag{4.3}$$

式中 H_{cr}——顶板临界厚度，m；

γ——岩体的重度，kN/m^3；

p_0——附加荷载，kPa。

（2）对洞窟顶板较完整，两支座处岩体有节理的情况，可按简支梁处理。于是有

$$M = \frac{1}{8}pl^2 \tag{4.4}$$

此时，$l = L$，故得顶板临界厚度为

$$H_{cr} = \frac{3L^2\gamma + \sqrt{9\gamma^2L^4 + 48L^2p_0[\sigma]}}{8[\sigma]} \tag{4.5}$$

（3）对洞窟顶板和洞壁岩体均较完整的情况，可按固支梁处理。于是有

$$M = \frac{1}{12}pl^2 = \frac{1}{12}pL^2 \tag{4.6}$$

故得顶板临界厚度为

$$H_{cr} = \frac{L^2\gamma + \sqrt{\gamma^2L^4 + 8L^2p_0[\sigma]}}{4[\sigma]} \tag{4.7}$$

4.3.1.2 抗剪验算

由材料力学易知，洞窟稳定需满足 $\frac{4Q}{H^2} \leqslant \tau$，即

$$H \geqslant \sqrt{\frac{6M}{b[\sigma]}} \tag{4.8}$$

式中，Q 为截面剪力；τ 为抗剪强度，一般可取抗压强度的1/12。

其中：$Q = \dfrac{pl}{2}$，$p = \dfrac{bH\gamma + bp_0}{2}$，取单位宽度即 $b = 1$，则可得顶板临界厚度为

$$H_{cr} = \frac{L\gamma + \sqrt{\gamma^2 L^2 + 4Lp_0\tau}}{2\tau} \tag{4.9}$$

比较分析式（4.3）、式（4.5）、式（4.7）和式（4.9），顶板临界厚度 H_{cr} 与洞窟跨度、岩体重度、内聚力、内摩擦角、抗压强度、附加荷载大小等有关。概括起来讲，洞窟跨度越大、岩体强度越低、洞窟节理越发育、上部附加荷载越大，顶板临界厚度即最小安全顶板厚度就越大。也就是说对特定顶板厚度的洞窟，洞窟跨度越大、岩体强度越低、洞窟节理越发育、上部附加荷载越大，洞窟就越容易产生破坏。

4.3.2　破裂拱模型法分析

该模型适用于顶板岩体不完整的情况。洞窟未坍塌时，相当于天然拱处于平衡状态，如果发生坍塌，则形成破裂拱，其计算模型如图4.42所示。

根据该模型，可计算得出破裂拱高度及顶板临界厚度为：

$$H_{cr} = \frac{b + h\cot\varphi}{f} \tag{4.10}$$

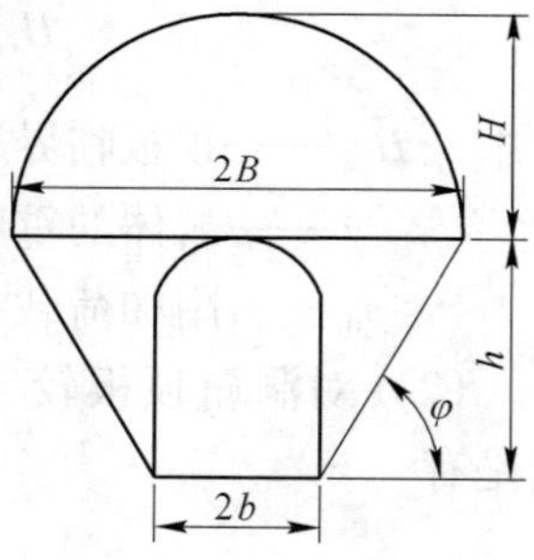

图4.42　破裂拱计算模型

式中　H——拱高，m；

b——洞窟宽度的一半，m；

h——洞窟的高度，m；

f——岩体的强度系数，$f = \dfrac{\sigma\tan\varphi + c}{\sigma}$；

σ——岩体所承受的正应力，kPa；

φ——岩体内摩擦角。

该模型考虑了洞窟高度和洞窟受力状态的影响，显然洞窟高度越大、顶板上部荷载越大，洞窟顶板临界厚度就越大，就越易破坏，这与现场调查实际情况是吻合的。

4.3.3　塌陷平衡法分析

现场调查表明，古格王国遗址洞窟塌陷体大多陡直，可采用塌陷平衡法，计算模型如图4.43。该方法对于洞窟形状是圆形或拱形均适用。根据坍塌体的平衡条件，当洞窟顶板岩体的抗剪切力（摩擦力）与上部岩土体自重及外部附加荷载相等时，认为此时洞窟的顶板厚度为临界厚度（最小极限厚度）。

根据图 4.43 计算模型，在松散岩土体中取厚度为 dz 的环状薄层单元，该单元的周边作用着摩擦力 dF，单元摩擦力 dF 可以根据库仑定律确定：

$$\begin{aligned} dF &= 2\pi a(c+\sigma_{H}\tan\varphi)dz \\ &= 2\pi a(c+\xi\gamma z\tan\varphi)dz \end{aligned} \tag{4.11}$$

式中　σ_H——岩土体周边的法向应力；

c，φ——岩体的内聚力、内摩擦角；

ξ——侧压力系数，$\xi = \tan^2\left(45° - \dfrac{\varphi}{2}\right)$。

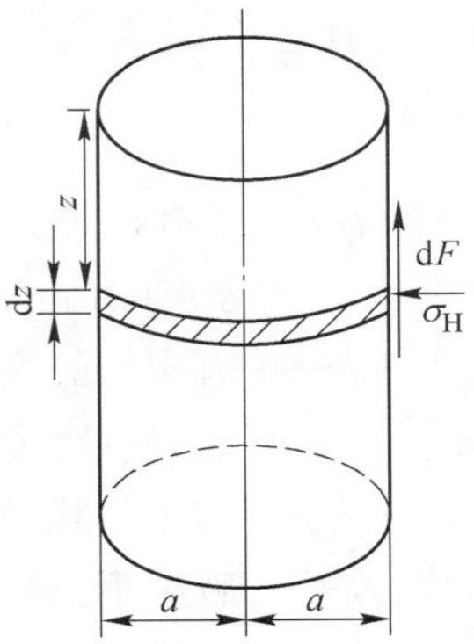

图 4.43　塌陷平衡法计算模型

对上式在区间 [0，H] 上积分，得

$$F = 2\pi acH + \pi a\xi H^2\tan\varphi \tag{4.12}$$

上覆岩体及附加荷载为 $G = \pi a^2(\gamma H + p_0)$，当岩体处于极限平衡状态时，有 $F = G$，从而可得此时的顶板临界厚度为：

$$H_{cr} = \frac{a\gamma - 2c + \sqrt{(a\gamma - 2c)^2 + 4ap_0\xi\gamma\tan\varphi}}{2\xi\gamma\tan\varphi} \tag{4.13}$$

式中　a——塌落体半径，m；

γ——岩体重度，kN/m³；

p_0——上部均布荷载，kPa。

该模型考虑的因素较多，不仅考虑了岩体自身力学特性的影响，还考虑了洞窟围岩受力状态特别是侧向应力的影响，显得更加符合实际一些。

4.3.4　合理拱模型法分析

合理拱模型假设洞窟顶部破裂拱以上的岩土层能形成一个内部无弯矩的合理拱来支撑其自重和上部均布荷载，可由图 4.44 的计算模型根据式（4.14）推出。

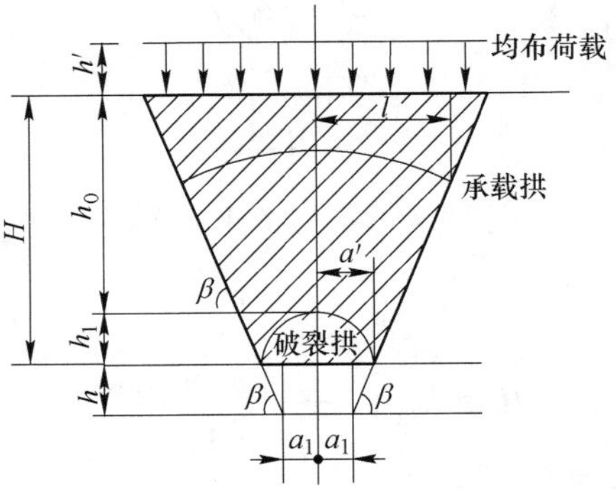

图 4.44　合理拱计算模型

$$H = \frac{h_1\{[\sigma]\tan(45° - \varphi/2) - 2\gamma/3[a_1 + h\tan(90° - \varphi)] + lh'\gamma\}}{[\sigma]\tan(45° - \varphi/2) - l\gamma} \tag{4.14}$$

式中　l——承载拱轴线跨度的一半，$l = a' + H\tan(90° - \beta)/2 = a_1 + h\tan(90° - \varphi) + H\tan(90° - \beta)/2$；

h_1——破裂拱矢高，$h_1 = a'/f_{kp}$，其中 f_{kp} 为岩体的强度系数；

a'——破裂拱跨度的一半，$a' = a_1 + h\tan(90° - \varphi)$；

h'——均布荷载换算高度，$h' = q/r$；

β——破裂角，$\beta = 45° + \varphi/2$；

γ——岩体的重度，kN/m^3；

$[\sigma]$——h 深度下岩体的容许承载力。

计算时采用试算法，先假设 H 值，求出 l 值，然后按已知数代入公式求出 H 值。若求出的 H 值与假设的 H 值接近（误差不高于5%），即为所求之值；否则应重新假设 H 值再行计算。

4.3.5　承载拱模型法分析

该模型及计算公式是由铁道部第一设计院提出的，假定作用在洞窟顶部破裂拱以上的地层，能形成一承载拱来支撑其自重和上部的均布荷载，进而推导出来的（见图4.45）。

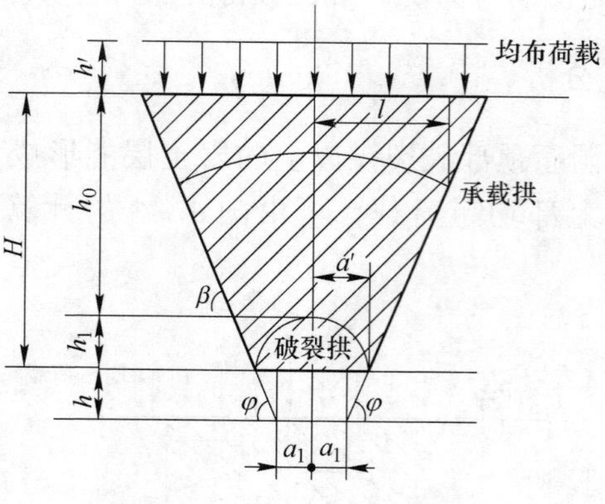

图4.45　承载拱计算模型

其计算公式如下：

$$H \geqslant h_1 + \frac{\nu \pm \sqrt{\nu^2 + 4\nu\omega}}{2\mu} \tag{4.15}$$

式中　h_1——破裂拱矢高，$h_1 = a'/f_{kp}$。

式（4.15）中 ν，μ，ω 的计算式分别为：$\nu = rl(l/7 + h'f_{kp})$，$\mu = [\sigma_h] - rlf_{kp}$，

$\omega = 3rl^3/70f_{kp}$。

其中，l 为承载拱轴线跨度的一半，$l = a' + H\tan(90° - \beta)/2 = a_1 + h\tan(90° - \varphi) + H\tan(90° - \beta)/2$；$a'$ 为破裂拱跨度的一半，$a' = a_1 + h\tan(90° - \varphi)$；$h'$为均布荷载换算高度，$h' = q/r$；$\beta$ 为影响角，$\beta = 45° + \varphi/2$；γ 为岩体的单位容重，kN/m^3；f_{kp} 为岩体的强度系数；$[\sigma_h]$ 为 h 深度下岩体的容许承载力。

计算时同合理拱模型一样，采用试算法。

4.3.6 典型计算及对比分析

上述几种模型各有适用条件，为对比分析各自的适用性及与现场实际情况的吻合度，选取古格王国遗址典型洞窟进行计算。需要说明的是，由于理论计算总有一定的假设及简化条件，再加上岩土体参数的变异性等因素的影响，计算结果难免与实际情况有一定的误差。但这并不影响利用上述方法分析结果的规律性探寻。

选取计算洞窟围岩为泥岩，根据室内试验结果，选取 $\gamma = 25.0kN/m^3$，$c = 154kPa$，$\varphi = 34.04°$，$\sigma_c = 541kPa$，$\sigma_t = 295.55kPa$。分别取洞窟宽度 1m、2m、3m、4m、5m，按无附加荷载（即 $p_0 = 0$），附加荷载分别取 $p_0 = 100kPa$、$p_0 = 200kPa$ 进行计算，计算结果如表 4.1 所示。

表 4.1 洞窟顶板临界厚度计算结果表

临界厚度/m \ 计算方法		梁板模型				破裂拱模型法	塌陷平衡法	合理拱模型法	承载拱模型法
		抗弯验算			抗剪验算				
洞窟宽度/m		悬臂梁	简支梁	固支梁					
1	$p_0 = 0$	0.277	0.277	0.185	0.555	2.93	2.62	2.26	2.40
	$p_0 = 100kPa$	1.20	1.20	0.957	1.79	—	4.81	6.20	—
	$p_0 = 200kPa$	1.63	1.63	1.32	2.4	—	6.08	—	—
2	$p_0 = 0$	1.11	1.11	0.74	1.11	5.86	5.24	5.90	—
	$p_0 = 100kPa$	2.73	2.73	2.13	2.73	—	7.90	—	—
	$p_0 = 200kPa$	3.58	3.58	2.83	3.58	—	9.61	—	—
3	$p_0 = 0$	2.50	2.50	1.66	1.66	6.60	7.87	—	—
	$p_0 = 100kPa$	4.64	4.64	3.54	3.54	—	9.58	—	—
	$p_0 = 200kPa$	5.89	5.89	4.57	4.57	—	12.79	—	—
4	$p_0 = 0$	4.44	4.44	2.96	2.22	7.34	10.49	—	—
	$p_0 = 100kPa$	6.98	6.98	5.22	4.29	—	13.58	—	—
	$p_0 = 200kPa$	8.57	8.57	6.56	5.47	—	15.80	—	—
5	$p_0 = 0$	6.93	6.93	4.62	2.77	8.08	13.11	—	—
	$p_0 = 100kPa$	9.77	9.77	7.19	5.00	—	16.33	—	—
	$p_0 = 200kPa$	11.68	11.68	8.81	6.30	—	18.72	—	—

从上面的各模型对比计算分析中可以看出，按梁板模型计算所得的值总体上偏小。当洞窟较小时，按抗剪验算所得值较抗弯验算所得值大；当洞窟较大时，按抗剪验算所得值较抗弯验算所得值小。考虑附加荷载影响时所得值显然比不考虑附加荷载时所得值要大。

当不考虑附加荷载时，破裂拱模型法和塌陷平衡法的结果比较接近，较为合理并与实际接近。当考虑附加荷载影响时，承载拱法对洞窟的宽度和高宽比有限制，当宽度增大到某一值，或者高宽比增大到某一值后将出现无解的情况，即无论洞窟多深都无法稳定；塌陷平衡法的计算结果与高宽比为 1:1 的承载拱法的计算结果比较接近；合理拱法和承载拱法一样存在宽度和高宽比的限制问题，且相同情况下，合理拱法计算结果均较承载拱法的计算结果要小。

综上所述，对于洞窟顶板临界厚度计算的解析方法，一般情况下，塌陷平衡法具有更强的普适性。

4.4　洞窟变形破坏原因分析

分析古格王国遗址工程地质条件、洞窟开挖特点、破坏现状以及外界环境影响等因素，造成古格王国遗址洞窟变形破坏的主要原因有以下几个方面：岩性特征、岩层结构、水的影响、风的影响、高应力破坏和人为毁坏等。

4.4.1　岩性特征

根据现场调查、室内试验和理论分析，古格王国遗址洞窟围岩对其变形破坏作用主要体现在以下几个方面：

（1）岩石类型。现场调查发现，一般围岩为砾岩的洞窟完整性相对较好，少数破坏的洞窟以洞顶冒落、洞顶剥落、洞壁剥落等为主；围岩为砂岩或泥岩的洞窟往往节理、层理发育，多种变形破坏方式均可见到；围岩以砂泥岩互层为主的洞窟，破坏方式多以顶板冒落、顶板冒漏、洞壁垮塌、洞壁剥落为主。

（2）岩石强度。根据第 2 章室内物理力学性质试验结果，古格王国遗址洞窟围岩的强度普遍偏低。由试验结果可以看出，岩块强度表现出半成岩的软岩性质，而砂岩的密度、强度都相对较低，这与砂岩 $CaCO_3$ 含量少、胶结程度较差有直接的联系，泥岩和泥晶灰岩则强度相对较高。

（3）岩石膨胀性。由全岩 X 衍射分析结果可以看出，古格王国遗址洞窟围岩中黏土矿物主要有伊利石/蒙脱石混层矿物、伊利石、高岭石、绿泥石，基本不含蒙脱石，但是伊利石/蒙脱石混层矿物含量比较高，而且混层比达到 50% 左右，因而具有一定的膨胀性。岩石遇水后发生扩容，产生较大的膨胀应力，对洞窟的变形破坏有一定的不利影响。

（4）岩石崩解性。通过对古格王国遗址洞窟围岩所做的崩解性试验和岩块干燥饱和吸水率试验，表明岩石基本上都遇水极易崩解，砂岩相对更易崩解，泥岩和泥晶灰岩次之。并且从岩块干燥饱和吸水率看，岩块多具中等膨胀性，部分为强膨胀性。

（5）岩石易溶盐含量。根据易溶盐含量测试，部分岩石中含有一定的氯盐和石膏。一方面易溶于水，产生淋滤现象，在岩体中形成孔洞；另一方面易溶盐成分具有一定的腐蚀性，所以在选择洞窟加固方案的时候，应考虑这个问题。

4.4.2 岩体结构

4.4.2.1 微观结构

微观上，通过岩矿薄片鉴定和扫描电镜分析可知，泥岩颗粒结合紧密，孔隙较发育，无胶结物；（基质）颗粒主要由片状高岭石、伊利石、蒙脱石、石英构成，粗颗粒为长石、石英晶体。透气、透水性一般、抗压性一般、吸水后易膨胀松散。

砂岩主要成分为长石、石英，孔隙发育，颗粒、孔隙间胶结物主要为片状蒙脱石、伊利石。孔隙发育，孔隙间无胶结物，长石颗粒表面有片状伊利石、蒙脱石及纤维管状的埃落石。有些长石表面有鲕粒状的黄铁矿。该样品结构松散、透气、透水性强、抗压性差。部分样品颗粒表面及接触边部有明显的蒙脱石石化现象，格架状蒙脱石呈蜂窝状。

泥晶灰岩粗颗粒为长石、石英、细颗粒为高岭石、伊利石、蒙脱石、伊利石、埃落石。孔隙发育，胶结物少或未见胶结物。粗粉-细砂质泥晶灰岩，粗颗粒与填充物之间接触不紧密，有空隙；透气、透水性强、抗压性一般、吸水差、颗粒之间易滑动，岩石易变形。

4.4.2.2 宏观结构

古格王国遗址山体独特的地形地貌和岩层的空间产状形态，决定了其对洞窟稳定性的三个不利影响因素：垂直节理、水平层理和洞内节理。垂直节理不仅切割山体岩层使之更加破碎，降低其强度，还为水的渗流提供了通道，造成对洞窟的冲刷和侵蚀，加剧洞窟的破坏。发育的水平层理间的层理面是较为薄弱的结构面，层理面之间的粘结力一般较小，在水和工程因素影响下，容易产生离层冒落和剥落。洞内发育的节理（无论原生节理还是次生节理），都进一步破坏了洞窟围岩的完整性，降低其强度，是洞窟冒顶、掉块的主要因素之一。

4.4.3 水的影响

古格地区为高原温带干旱半干旱季风气候地区，年降雨量虽然不大，但降雨比较集中，一般降水集中在 6 ~ 8 月，且一日最大降水量可以占全年降水量的五分之一至三分之一。

水流作为一种地质营力，对古格遗址的影响是广泛而深刻的。水对于古格山体土林地貌的形成、对地形的控制、建筑物的冲刷、破坏、山体的冲刷、掏蚀，以及因此衍生的对洞窟、建筑、山体稳定性（包括危岩体的崩塌）的影响处处可见。对于开凿于古格山体之中的洞窟而言，水的影响主要体现在水的物理化学作用、静力作用和动力作用三个方面。

水对洞窟岩体的物理化学作用主要体现在：水的渗入降低洞窟围岩的强度（黏聚力和内摩擦角），使洞窟围岩的物理力学特性恶化，膨胀性矿物伊利石/蒙脱石混层矿物含量比较高的围岩遇水容易膨胀崩解变得软弱、松散、破碎，破坏围岩的完整性，进而使洞窟发生不同形式的破坏。此外，当大气降雨或地下水溢出时，含易溶盐的洞窟围岩与水接触后，其中的易溶盐成分溶解于水中，逐渐脱离母岩，形成孔洞或使微裂隙扩张，破坏洞窟岩体的完整性，进而对洞窟的稳定性造成一定程度的影响。

水的静力作用是指因地下水溢出或因排水不畅、特殊的地形等原因，雨水或工程、生活用水在洞窟顶板长期汇聚或缓慢下渗，或者在洞窟底板汇聚，对洞窟顶底板和洞壁造成一定程度的侵蚀作用。严重者将在洞窟顶板上方形成落水洞，对洞窟底板岩石严重侵蚀使其产生崩解、塌落。水的动力作用多发生在所处山体坡度较陡，或洞窟顶板、洞窟附近有较大规模冲沟的洞窟中。降雨往往形成较大的水动力，严重冲刷洞窟顶板和洞窟入口处立墙，或者雨水裹挟粒径较小的松散堆积层，在洞窟入口处形成严重的堆积，造成洞顶坍塌、洞壁及洞口破坏或淤积。

4.4.4 风的影响

札达气候受西风环流和西南季风的交替影响很大。现场调查发现，古格王国遗址区西侧遗迹受风的破坏严重，北、东侧则破坏较轻，因此风蚀也是古格王国遗迹破坏的原因之一。

4.4.5 高应力破坏

古格王国遗址洞窟依山而建，洞窟埋藏深度、形状、尺寸及空间形态不尽相同甚至差异很大。在保存现状上，有的洞窟相对比较完好，而有的局部破坏，甚至有的完全破坏。现场调查发现，古格王国遗址现场 747 座洞窟产生不同程度破坏的原因除了上述岩性、结构及水的作用外，还与洞窟的开挖条件（埋深、形状、尺寸及空间形态等）及由此产生的应力集中密切相关。现场调查和理论分析发现，与应力有关的洞窟破坏存在以下规律：

（1）洞窟的几何尺寸（可用洞宽/跨度、进深、高度描述）越大，洞窟变形越大，越容易产生破坏；

（2）洞窟的几何形状越复杂，洞窟变形越大，越容易产生破坏。特别是在洞窟内拐角地带、尖角部位容易产生应力集中，当集中应力值超过岩体的强度时即发生破坏；

（3）洞窟的密度越大即洞窟与洞窟之间的间距越小，洞窟之间的叠加应力越大，彼此之间相互影响就越大，导致洞窟变形越大，越容易产生破坏；

（4）洞窟的埋藏深度越浅即顶板厚度越小，洞窟越容易产生破坏；

（5）洞窟的空间形态越复杂，如平面交叉或立体交叉的洞窟，相互之间的叠加影响越严重，洞窟越容易产生破坏，这在前面分析应力型变形力学机制时已经进行过相关阐述。

4.4.6 人为原因

古格王国建成时间距今已逾千年，期间多次发生战乱，最终毁于17世纪初一次大规模的入侵，沦为废墟也已有400多年。如此之长的历史岁月中，战乱和人为原因对洞窟的破坏作用是可想而知的，原开凿的近千座洞窟现今可统计的仅有747座。沦为废墟后几无人类活动，但自1961年被列为全国重点文物保护单位后，游客的践踏和刻划等行为对洞窟的破坏也造成了一定的影响。因此战争及其他人类活动对洞窟的破坏性影响也不容忽视。

以上分析了古格王国遗址洞窟的变形破坏力学机制，并从多个方面分析了其变形破坏原因。事实上洞窟的变形破坏往往不是单一原因引起的，而是具有复合型的变形破坏力学机制。在引起洞窟变形破坏的原因中，古格遗址山体独特的土林地貌、洞窟自身的岩性、岩层结构、矿物成分及其含量、洞窟的工程条件、洞窟之间的交叉影响等是变形破坏的内因，而水的影响、风化作用、震动作用及人为破坏等因素则可以说是洞窟变形破坏的外因，或称为诱发因素。在各种内外因素的综合作用下，古格王国遗址洞窟产生了不同的变形破坏类型，各自有着不同的变形力学机制，综合分析汇总如表4.2所示。

表4.2 各种变形破坏模式产生机理

序号	产生部位	变形破坏模式	变形力学机制	产生原因
1	洞窟顶板	洞顶坍塌型	结构型、水理型、应力型	岩性较差、结构面较发育、雨水冲刷渗流作用、工程因素影响等
		洞顶下卧型	水理型、应力型	雨水冲刷、岩性较差
		洞顶冒落型	层理型、水理型	层理发育、岩性较差、雨水渗流
		洞顶冒漏型	水理型、层理型	层理发育、顶板较薄、顶板岩性较差、雨水渗流冲刷
		洞顶剥蚀型	层理型、水理型	层理发育、雨水渗流

续表 4.2

序号	产生部位	变形破坏模式	变形力学机制	产生原因
2	洞窟入口	洞口淤积型	水力型、节理型	雨水冲刷、洞顶节理发育
		洞口破坏型	节理型、水理型、水力型	岩性较差、结构面较发育、雨水冲刷渗流
3	洞窟内外壁	洞壁垮塌型	节理型、水理型、水力型	岩性较差、结构面较发育、雨水冲刷渗流
		洞壁剥蚀型	层理型、水理型	层理发育、雨水渗流
4	洞窟底板	洞底破坏型	应力型、层理型	应力集中、底板较薄、层理发育
5	不确定部位	人为破坏型	应力型	外力破坏

4.5 基于 BP 网络的洞窟完整性预测及影响因素分析

前面分析了古格王国遗址洞窟的变形破坏力学机制，通过数值模拟、力学计算和理论分析等方法对洞窟变形破坏机理及其影响因素进行了研究。如前所述，洞窟的变形破坏机理复杂多样，影响因素众多且各自影响程度不同，具有很强的不确定性和非线性。从诸多影响因素中找出敏感性较强的几类影响因素，进而有针对性地提出控制对策，显得尤为重要。神经网络是一种功能模拟方法，可以通过大量样本的学习来抽取出隐含在样本中的因果关系。由于神经网络具有自适应性、非线性和容错性强等特点，因而具有解决复杂的、不确定性的、非线性问题的能力，特别适合于处理各种非线性问题[221]，在洞窟完整性预测及影响因素分析方面比常规方法有明显的优势。本节在定性分析洞窟变形破坏影响因素的基础上，通过建立 BP 神经网络并实现对大量样本的学习，建立洞窟变形破坏影响因素（输入信息）和洞窟完整性（输出信息）之间的非线性函数关系，进而达到洞窟完整性预测和影响因素分析的目的，主要内容和步骤包括问题的定性分析、BP 网络结构的设计、训练及检验样本的选择及归一化、训练主程序的编制、网络训练及检验、稳定性预测及影响因素分析等。

4.5.1 BP 神经网络基本原理方法

4.5.1.1 生物神经元简介

医学研究表明，人类大脑包括数以百万计的神经元，神经元之间通过相互连接形成错综复杂而又灵活多变的神经网络系统。其中神经元是这个系统中最基本的单元，它由细胞体、树突和轴突组成，如图 4.46 所示。

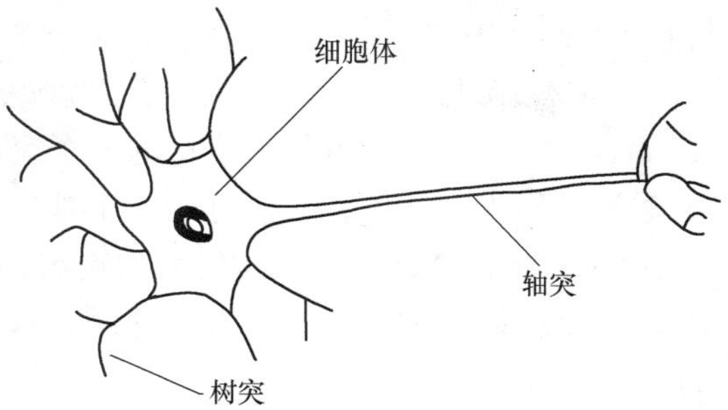

图4.46 生物神经元示意简图

细胞体由细胞核、细胞质和细胞膜组成，细胞膜具有选择通透性，它会使细胞膜内、外液的成分保持差异，导致细胞膜内、外之间有一定的电位差（称为膜电位），其大小随细胞体输入信号的强弱而变化。树突是细胞体向外伸出的许多较短的树枝状突起，用于接受周围其他神经细胞的神经冲动。轴突是由细胞体向外伸出的最长的一条神经纤维，远离细胞体一侧的轴突端部有许多分支，称轴突末梢，轴突通过轴突末梢向其他神经元传出神经冲动。此外，一个神经元的轴突末梢和另一个神经元的树突或细胞体之间通过微小间隙连接，这样的连接称为突触。一个神经元的树突在突触处从其他神经元接受信号，这些信号可能是激励的也可能是抑制的。树突在从突触接受信号后，把信号引导到神经元的细胞体内，信号在那里累积，激起神经元兴奋或抑制，从而决定神经元的状态。当细胞体内累积超过阈值时，神经元被激活，沿着轴突发送信号到其他神经元。两种神经元结合部的突触，决定了神经元之间相互作用的强弱。

4.5.1.2 人工神经元网络

人工神经元网络的结构和工作机理基本上是以人脑的组织结构（即大脑神经元网络）和活动规律为背景的。它反映了人脑的某些基本特征，可以说是对人脑的某种抽象、简化或模拟。这里所谓的抽象是从数学角度而言，所谓模拟是以神经元的结构和功能而言的。图4.47是一种典型的人工神经元模型，它是模拟生物神经元的细胞体、树突、轴突和突触等主要部分而构成的。

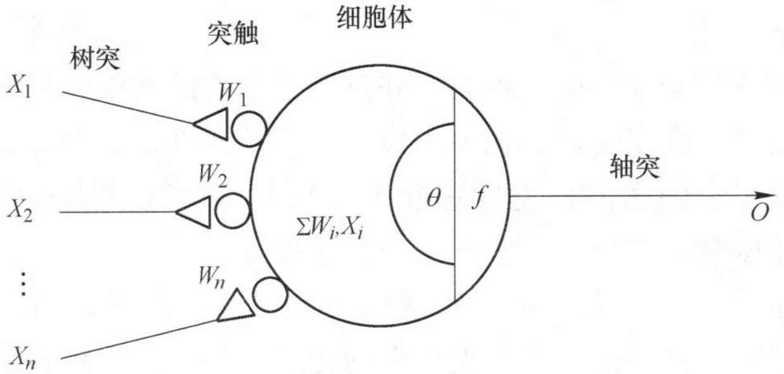

图4.47 人工神经元模型

人工神经元是人工神经网络中的基本处理单元，它是一个多输入、单输出的非线性阈值元件，一个近似模拟生物神经元的数学模型。这里的 X_1，X_2，…，X_n表示它的 n 个输入；W_1，W_2，…W_n表示与它连接的 n 个突触的连接强度，其值称为权值（权重）；$\sum W_iX_i$称为激活值，表示这个人工神经元的输入总和，对应于生物神经细胞的膜电位；O 表示这个人工神经元的输出；θ 表示这个人工神经元的阈值。如果输入信号的加权和超过θ，则人工神经元被激活。这样人工神经元的输出可描述为：

$$O = f(\sum W_iX_i - \theta) \tag{4.16}$$

式中，$f(x)$ 是表示神经元输入-输出关系的函数，称为激活函数或传递函数（activation function）。激活函数有许多种类型，其中比较常用的激活函数如图 4.48 所示。

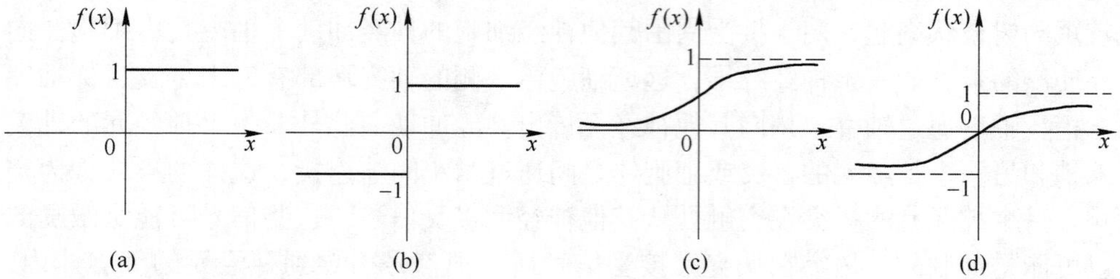

图 4.48　常见的激活函数

（a）阶跃函数；（b）分段线性函数；（c）Sigmoid 函数；（d）双曲正切函数

图 4.48 中，（a）、（b）分别为阶跃函数和分段线性函数。（c）为 Sigmoid 函数，表达式为 $f(x) = 1/(1 + e^{-x})$。（d）为双曲正切函数，表达式为 $f(x) = \tanh(x)$。其中由于 Sigmoid 函数（S 型函数）的导数易于计算并且单调递增，因而更为常用。

人工神经元能完成生物神经元最基本的三种处理过程：（1）评价输入信号，决定每个输入信号的强度；（2）计算所有输入信号的权重之和并与处理单元的阈值进行比较；（3）若权值之和大于阈值，则人工神经元被激发产生输出信号，否则没有输出。

人工神经元本身按计算或表示而言并没有很强大的功能，但是如果将人工神经元通过一定的结构组织起来，就可构成人工神经元网络，可以在变量之间建立不同联系，给出多种强大的信息处理能力。与其他计算方法及信息处理方法相比，人工神经元网络具有以下一些不可替代的优点：

（1）学习能力。学习能力是神经网络具有智能的重要表现，即通过训练可抽象出训练样本的主要特征，表现出强大的自适应能力。系统可在学习过程中不断完善自己，具有创新特点，这不同于人工智能中的专家系统，后者只是专家经验的知识库，系统自身并不能创新和发展。

(2) 分布式。在传统的串行运行体系计算机中，信息分布在独立的存储单元中，任何部分内存的损坏都将导致整个信息的无效。而在神经网络中，信息则分散分布在神经元的连接上，单个的连接权值和神经元都没有多大的用途，但它们组合起来，就能从宏观上反映出一定的信息特征。对个别神经元和连接权值的损坏，并不会对信息特征造成太大的影响，表现出了神经网络强大的鲁棒性（受干扰时自动稳定的特性）和容错能力。在输入信号受到一定干扰时，输出也不会有较大的畸变。神经网络的信息分布特性，还使经过训练的神经网络具有强大的联想能力。

(3) 并行性。神经网络是对人脑结构和功能的模拟，但更偏重对结构的模拟。各种神经元在处理信息时是各自独立的，它们分别接受输入，作用后产生输出。这种并行计算的处理，使得其有可能用于适时快速处理信息，成为下一代智能计算机的基础。

(4) 非线性。神经网络可有效地实现输入空间到输出空间的非线性映射。寻求输入到输出间的非线性关系模型，是工程界普遍面临的问题。对大部分无模型的非线性系统，神经网络都能很好地模拟。因此，神经网络是非线性系统研究的重要工具。

正由于神经网络具有如此之多的优点，神经网络的研究得到高度重视和广泛应用也就顺理成章了。神经网络发展几十年来，已经形成了数十种网络模型，包括多层感知器、BP网络、Kohomen自组织特征映射、Hopfield网络、自适应共振理论、ART网络、RBF网络，以及近年来出现的小波神经网络、概率神经网络等。在目前的实际应用中，绝大部分的神经网络模型是采用BP网络或其变化形式，它也是前向网络的核心部分，并体现了人工神经网络最精华的部分。本节所要做的工作也正是利用BP网络来研究现在古格王国遗址洞窟完整性预测及影响因素分析问题。

4.5.1.3 经典BP网络的学习过程

BP网络以其良好的非线性映射能力而成为应用最为广泛的一种神经网络模型。标准的BP网络模型如图4.49所示，由三层神经元组成：接受输入信号的单元层称为输入层，输出信号的单元层称为输出层，不直接与输入、输出发生联系的单元层称为中间层（又称隐含层）。各层次之间的神经元通过权重形成全互连接，各层次内的神经元之间则没有连接。

BP网络采用误差反馈学习算法，实质是利用梯度最大下降法，使权值沿误差函数的负梯度方向改变。BP网络的算法包括两大步骤：其一是输入的正向传播过程，即输入数据从输入层逐层向输出层传播，得到输出响应；其二是输出误差的反向传播过程，即输出的误差由输出层开始反向传播到输入层，而网络各层

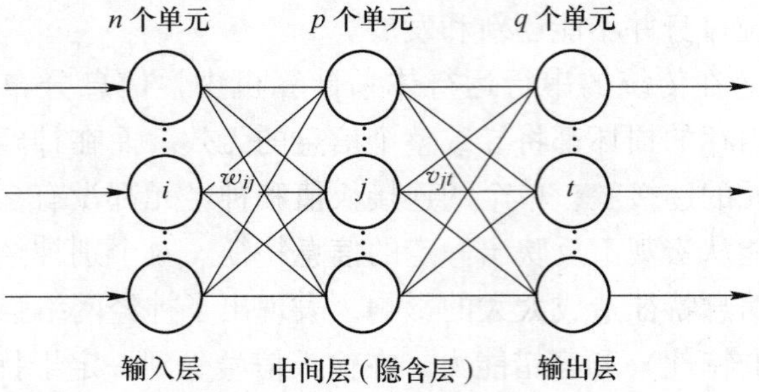

图 4.49　标准的 BP 网络模型

的权值改变量则根据传播到该层的误差大小来决定。如图 4.49 所示，设输入层、中间层、输出层的单元数分别为 n、p、q，用于训练网络的模式对数为 m，W_{ij}、V_{jt}分别为输入层第 i 个单元到中间层第 j 个单元、中间层第 j 个单元到输出层第 t 个单元的连接权，θ_j、γ_t 分别为中间层第 j 个单元、输出层第 t 个单元的阈值。*BP* 网络算法的步骤如下：

（1）初始化。给 W_{ij}、V_{jt}、θ_j、γ_t 赋予（-1，1）之间的随机值，然后随机选取一种输入、输出模式对 $A_k=(a_1^k,a_2^k,...,a_n^k)$，$Y_k=(y_1^k,y_2^k,\cdots,y_q^k)(k=1,2,\cdots,m)$ 提供网络；

（2）计算中间层各单元的输入 s_j^k 和输出 b_j^k

$$s_j^k = \sum_{i=1}^{n} w_{ij}a_i^k - \theta_j \quad (j=1,2,\cdots,p) \tag{4.17}$$

$$b_j^k = f(s_j^k) \tag{4.18}$$

式（4.18）中，f 为传递函数（也称为激活函数），取为 S 型函数，其表达式为

$$f(x) = 1/(1+\mathrm{e}^{-x}) \tag{4.19}$$

（3）计算输出层各单元的输入 l_t^k 和输出 c_t^k

$$l_t^k = \sum_{j=1}^{p} V_{jt}b_j^k - \gamma_t \quad (t=1,2,\cdots,q) \tag{4.20}$$

$$c_t^k = f(l_t^k) \tag{4.21}$$

（4）用期望输出 $Y_k=(y_1^k, y_2^k, \cdots, y_q^k)$ 和网络实际输出 c_t^k 计算输出层的校正误差 d_t^k 及中间层各单元的校正误差 e_j^k

$$d_t^k = (y_t^k - c_t^k)c_t^k(1-c_t^k) \tag{4.22}$$

$$e_j^k = \left(\sum_{t=1}^{q} d_t^k \cdot V_{jt}\right) b_j^k(1-b_j^k) \tag{4.23}$$

（5）计算 V_{jt}、γ_t、W_{ij}、θ_j 的修正值

$$\Delta V_{jt} = \alpha d_t^k b_j^k \tag{4.24}$$

$$\Delta \gamma_t = -\alpha d_t^k \tag{4.25}$$

$$\Delta W_{ij} = \beta e_j^k a_i^k \tag{4.26}$$

$$\Delta \theta_j = -\beta e_j^k \tag{4.27}$$

式中　α, β——学习系数，在（0，1）中取值。

（6）选取下一个输入输出模式对提供给网络，返回步骤（2），直到全部 m 个模式对训练完毕；

（7）计算网络的全局误差 E

$$E = \sum_{k=1}^{m} \sum_{t=1}^{q} (y_t^k - c_t^k)^2/2 \tag{4.28}$$

当 E 小于预先设定的期望误差值时，网络训练结束，否则返回步骤（2）。

通过网络学习训练后，BP 网络的输入、输出关系形成了一个高度的非线性关系，可以实现 n 维欧式空间到 q 维欧式空间的映射。通过调整网络的规模、网络中的连接权值，可实现非线性的分类、预测等问题，可以任意精度逼近任何非线性函数，进而可表达复杂的物理现象，使得许多实际的问题包括洞窟完整性预测问题都可以用神经网络模型来加以解决。

4.5.2 BP 网络结构设计

BP 网络结构的设计主要包括输入层、隐含层、输出层的层数和各层节点数的确定等。一般来讲，BP 网络是一种具有三层或三层以上的多层神经元网络，它的左、右各层之间神经元实现全连接，即左层的每一个神经元与右层的每一个神经元都有连接，而上、下层各神经元之间全无连接。理论已经证明，对于在闭区间内的任何一个连续函数都可以用一个隐含层的 BP 网络来逼近，因而一个三层的 BP 网络可以完成任意的 n 维到 q 维的映射[222]。大量实践也证明，采用两层以上的隐含层几乎没有任何益处[223]。这是因为：首先隐含层越多，误差逆向传播的过程计算就会越复杂，从而使训练时间急剧增加；其次隐含层层数增加后，局部最小误差也会增加，网络在训练过程中往往容易陷入局部误差而无法摆脱，网络的权重难以调整到最小误差处。

输入层和输出层节点数的确定相对而言比较容易，可直接根据问题分析后所得到的输入和输出以及训练数据来确定。本次研究要用 BP 网络来预测洞窟的完整性，由 4.4 节分析确定了由洞窟围岩类型、洞窟跨度、高度、进深、顶板厚度、节理发育程度、水影响程度、工程影响程度（洞窟结构复杂程度）和洞窟位置等 9 个指标组成洞窟完整性评价的指标体系，因而输入层的节点数可选为 9 个。根据洞窟完整性的预测要求，输出结果用一个指标来表示，即采用输出层节

点数为1（完整输出1；较完整输出0.6667；不完整输出0.3333；极不完整输出0)。连接输入和输出单元的隐含层像一个“黑箱”，真正的网络模型是由这个“黑箱”来决定的，它起到了输入信号中间转换的作用。因此采用适当的隐含层节点数是非常重要的，它也决定了网络质量的好坏。隐含层节点数的确定是一个比较复杂的问题，目前还没有完善的理论方法来解决。一般是通过多次试算确定的。若隐含层节点数选用太少，网络可能训练不出来，或网络不够强壮，不能识别以前未“见”过的样本，容错性差，难以处理较复杂的问题；但节点数过多，将使网络训练时间急剧增加，而且过多的中间处理单元容易使网络训练过度，误差也不一定最佳。因此隐含层节点数的选取原则是：在能正确反映输入、输出关系的基础上，尽量选取较少的神经元，从而使网络尽量简单而强大。具体的隐含层节点数要从较小的数试起，反复试算以拟合误差和训练误差都很小为原则来确定一个最优的隐含层节点数。本次研究经反复试验确定了最优的隐含层节点数为7。

综上分析，本次研究采用的BP网络结构确定为9-7-1。

4.5.3　训练样本选择和归一化

训练样本应具有广泛的代表性，保证训练好的网络可以预测各种情况，使其具有普遍性。从实际样本中随机选取一定数量具有代表性的样本作为训练样本，以提高拟合的精度。选择训练样本和检验样本时，训练样本原则上是选择同一类型有代表性的数据样本。检验样本只用于网络训练后检验其是否可行，故需选取不同于训练样本的其他数据样本。

本次研究从古格王国遗址现存747座洞窟中选择70个作为训练样本，4个作为检验样本，训练样本如表4.3所示。

表4.3中所列样本的选择遵循了如下原则，避免了样本的单一化和趋同化：

（1）不同围岩类型洞窟都有一定数量，根据实际情况泥岩和砂泥岩互层洞窟偏多；

（2）不同规模尺寸的洞窟均有样本选取，根据实际情况规模居中的为多，超大规模和极小规模洞窟也有选择；

（3）不同的节理发育程度、水影响程度、结构复杂程度的洞窟各有代表样本入选；

（4）开挖于不同边坡位置的洞窟均有样本选取，根据实际情况坡脚和坡腰处洞窟居多，坡顶处偏少；

（5）不同完整性的洞窟均有样本选取，其中70个训练样本中极不完整洞窟14个，不完整及较完整洞窟各20个，完整洞窟16个；4个检验样本中四者各一。

表 4.3 洞窟完整性预测的部分 BP 网络训练样本

序号	洞窟编号	岩性	跨度/cm	高度/cm	进深/cm	顶厚/cm	节理发育程度	水的影响程度	工程影响程度	位置	完整性
1	I-1-1-03	泥岩	200	130	237	25	较发育	很大	一般	坡脚	极不完整
2	I-1-1-14	泥岩	210	160	250	250	一般	较小	较小	坡腰	完整
3	I-1-2-03	砂泥岩	270	170	230	60	较发育	很大	较小	坡腰	不完整
4	I-1-3-01	砂岩	230	132	270	30	一般	很大	较小	坡脚	不完整
5	I-1-3-05	砂岩	240	125	270	320	一般	较小	较小	坡腰	完整
6	I-1-3-12	泥岩	468	174	425	400	较发育	较小	较小	坡顶	完整
7	I-2-1-01	砾岩	270	210	358	280	一般	较小	较小	坡腰	完整
8	I-2-1-02	泥岩	450	115	340	60	较发育	很大	较小	坡顶	极不完整
9	I-2-1-07	泥岩	280	177	440	290	一般	较小	较大	坡顶	较完整
10	I-2-1-09	泥岩	540	177	300	120	较发育	较小	较大	坡腰	不完整
11	I-2-1-10	泥岩	300	186	220	100	较发育	很大	较小	坡腰	不完整
12	I-2-1-12	泥岩	360	191	400	50	较发育	很大	较大	坡腰	极不完整
13	I-2-1-24	砂岩	325	153	268	480	一般	较大	较小	坡腰	完整
14	I-2-1-34	砂泥岩	310	180	380	55	较发育	很大	较小	坡腰	不完整
15	I-2-2-08	泥岩	280	150	280	60	较发育	较大	较小	坡腰	不完整
16	I-2-2-11	泥岩	270	150	270	460	较发育	较大	较小	坡腰	完整
17	I-3-1-04	砂泥岩	445	253	735	250	较发育	很大	较小	坡脚	不完整
18	I-3-1-05	砂泥岩	420	150	280	30	较发育	很大	较大	坡脚	极不完整
19	I-3-1-10	砾岩	425	230	410	40	较发育	很大	较大	坡脚	极不完整
20	I-3-1-16	砂泥岩	420	250	390	45	较发育	很大	较大	坡脚	极不完整
21	I-3-2-01	砂岩	463	378	150	90	较发育	很大	较小	坡脚	极不完整
22	I-4-1-01	砂岩	320	130	370	80	较发育	很大	较小	坡脚	不完整
23	I-4-1-12	砾岩	400	170	380	280	较发育	较小	较小	坡腰	较完整

续表 4.3

序号	洞窟编号	岩性	跨度/cm	高度/cm	进深/cm	顶厚/cm	节理发育程度	水的影响程度	工程影响程度	位置	完整性
24	Ⅰ-4-1-17	砾岩	380	180	350	40	较发育	很大	较小	坡腰	极不完整
25	Ⅰ-4-1-23	砾岩	400	150	300	70	较发育	很大	中等	坡腰	极不完整
26	Ⅰ-4-1-29	砾岩	300	160	280	100	较发育	很大	较小	坡腰	不完整
27	Ⅱ-1-3-04	砂泥岩	290	230	490	390	一般	较大	较小	坡腰	较完整
28	Ⅱ-2-1-02	砾岩	467	205	578	180	较发育	很大	较大	坡脚	不完整
29	Ⅱ-2-1-09	泥岩	450	200	300	260	较发育	较大	中等	坡脚	较完整
30	Ⅱ-2-1-16	砂泥岩	320	187	380	140	一般	较大	较小	坡腰	较完整
31	Ⅱ-2-1-19	泥岩	410	195	488	240	一般	较大	较小	坡腰	较完整
32	Ⅱ-2-1-23	砂泥岩	450	154	362	120	发育	较大	中等	坡腰	不完整
33	Ⅱ-2-1-30	砂岩	380	175	600	240	较发育	较大	较小	坡腰	不完整
34	Ⅱ-2-2-04	砂泥岩	360	200	418	580	一般	较大	较小	坡腰	完整
35	Ⅱ-2-2-20	泥岩	300	180	400	280	较发育	一般	较小	坡腰	完整
36	Ⅱ-2-2-24	砾岩	416	162	376	300	一般	较大	较小	坡腰	较完整
37	Ⅱ-2-3-03	砂泥岩	440	210	465	300	一般	较小	较小	坡腰	较完整
38	Ⅱ-2-3-21	砂岩	388	228	600	140	较发育	较小	中等	坡腰	不完整
39	Ⅱ-2-3-22	砂岩	260	100	350	120	一般	较小	较小	坡腰	较完整
40	Ⅱ-2-3-24	砂岩	400	150	300	60	发育	很大	较大	坡腰	极不完整
41	Ⅱ-3-1-01	砂泥岩	370	145	415	65	发育	较大	较小	坡腰	不完整
42	Ⅱ-3-1-23	泥岩	365	170	380	70	较发育	很大	较小	坡腰	不完整
43	Ⅱ-3-2-03	砂泥岩	350	200	400	100	较发育	很大	较小	坡腰	不完整
44	Ⅱ-3-2-13	泥岩	332	224	477	180	一般	较小	较小	坡腰	较完整
45	Ⅱ-3-2-17	砂泥岩	440	192	470	430	一般	较大	较小	坡腰	较完整
46	Ⅱ-3-3-06	泥岩	320	120	490	60	一般	很大	较小	坡腰	不完整

续表 4.3

序号	洞窟编号	岩性	跨度/cm	高度/cm	进深/cm	顶厚/cm	节理发育程度	水的影响程度	工程影响程度	位置	完整性
47	Ⅱ-3-3-19	泥岩	388	112	434	150	一般	较大	较小	坡腰	较完整
48	Ⅱ-3-3-35	砂岩	347	167	424	260	一般	较大	较小	坡腰	较完整
49	Ⅱ-3-3-48	泥岩	300	189	380	240	一般	较大	较小	坡腰	较完整
50	Ⅱ-3-3-80	砂岩	220	150	200	180	一般	较小	较小	坡顶	完整
51	Ⅱ-3-3-84	砂泥岩	253	170	411	450	一般	较小	较小	坡顶	完整
52	Ⅱ-4-1-03	泥岩	490	177	400	110	较发育	较大	较小	坡腰	极不完整
53	Ⅱ-4-1-10	泥岩	325	173	380	80	发育	较大	较小	坡腰	不完整
54	Ⅱ-4-1-16	砂岩	360	213	460	200	一般	较大	较小	坡腰	较完整
55	Ⅱ-4-2-10	泥岩	500	160	420	80	一般	较大	较小	坡腰	极不完整
56	Ⅱ-5-1-11	砂泥岩	350	140	363	150	较发育	较大	较小	坡底	较完整
57	Ⅱ-5-1-16	砂泥岩	320	210	300	290	一般	较小	较小	坡底	完整
58	Ⅱ-5-1-36	砂岩	100	150	200	25	较发育	很大	较小	坡底	极不完整
59	Ⅱ-5-1-43	砂岩	420	207	360	210	较发育	较大	较小	坡底	较完整
60	Ⅱ-5-1-55	泥岩	265	160	225	250	一般	较小	较小	坡底	完整
61	Ⅱ-5-1-68	砂岩	930	170	205	120	发育	很大	较小	坡底	极不完整
62	Ⅱ-5-1-73	砂岩	310	90	222	150	较发育	一般	较小	坡腰	较完整
63	Ⅱ-5-1-78	砂岩	437	233	387	500	一般	较小	较小	坡腰	完整
64	Ⅱ-5-2-43	砂泥岩	382	210	452	500	一般	较小	较小	坡腰	完整
65	Ⅱ-5-3-31	砂泥岩	480	212	469	180	较发育	较大	较小	坡腰	较完整
66	Ⅱ-5-3-39	砂岩	360	244	362	200	发育	较大	较小	坡腰	较完整
67	Ⅱ-5-3-40	砂岩	520	190	118	100	较发育	较大	较小	坡腰	不完整
68	Ⅱ-5-3-82	砂岩	277	125	195	60	发育	很大	较小	坡腰	不完整
69	Ⅲ-2-1-15	砂岩	370	154	254	400	一般	较小	较小	坡腰	完整
70	Ⅲ-DG-6	砂泥岩	453	175	241	600	较发育	较小	较小	坡顶	完整

由于 BP 网络对其输入数据有一定的限制范围，因此对于训练样本和检验样本，首先要进行归一化。归一化的方法很多，本次研究采用如下的方法[224]：

设变量的最大值和最小值分别为 V_{max} 和 V_{min}，BP 网络的限制范围为 A_{max} 和 A_{min}，则对于变量 V 可用下式进行变换

$$A = \frac{V - V_{min}}{V_{max} - V_{min}}(A_{max} - A_{min}) + A_{min} \tag{4.29}$$

对于 BP 网络的输出值 A 可用下式转换为变量 V

$$V = \frac{A - A_{min}}{A_{max} - A_{min}}(V_{max} - V_{min}) + V_{min} \tag{4.30}$$

洞窟的跨度、高度、进深及顶板厚度采用上述方法进行归一化，其他类输入、输出数据按以下规则取值：

$V_{围岩}$ = ｛砾岩，砂岩，砂泥岩，泥岩｝ = ｛0，0.3333，0.6667，1｝；

$V_{节理}$ = ｛不发育或一般发育，较发育，发育｝ = ｛0，0.5，1｝；

$V_{水影响}$ = ｛较小，较大，很大｝ = ｛0，0.5，1｝；

$V_{工程影响}$ = ｛较小，中等，较大｝ = ｛0，0.5，1｝；

$V_{位置}$ = ｛坡顶，坡腰，坡脚｝ = ｛0，0.5，1｝。

输入数据归一化后，就可以选择适当的网络进行训练和检验了。归一化后训练样本列于表 4.4。

4.5.4　网络训练及检验

网络的训练和检验是 BP 网络建模的最后一步。所谓训练是指利用 BP 网络对所有训练样本数据正向进行并反向传播修改连接权值的过程。训练网络的目的在于找出蕴涵在样本数据中输入和输出之间的本质联系，从而对未经训练的输入也能给出合适的输出，即具备泛化功能。所谓检验即将检验样本输给训练后的网络，并根据一定的误差判断准则评价网络的适应性。利用上述自编的程序，将归一化后的训练样本提供给网络，就可以对网络进行训练了。网络训练成功后，将检验样本输入网络，其输出值经反归一化后就是所要的预测结果了。

BP 网络的训练可通过 Matlab 语言编程加以实现。本次研究编制了基于 Matlab7.6.0 的程序对 70 个样本进行了训练，网络训练误差曲线如图 4.50 所示。从图中可见，网络训练收敛很快，训练后的网络误差很小（最大正向误差仅为 0.47%，最大负向误差仅为 -0.15%，总体误差仅有 0.018%），训练过程和结果非常理想，完全可以接受。

四个检验样本及训练结果如表 4.5 所示，预测结果与现场实际情况吻合程度很好，说明采用 BP 网络来预测洞窟完整性完全可行，结果完全可信。

表 4.4 归一化后洞窟完整性预测的 BP 网络训练样本

序号	洞窟编号	岩性	跨度	高度	进深	顶厚	节理发育程度	水的影响程度	工程影响程度	位置	完整性
1	Ⅰ-1-1-03	1	0.1205	0.1389	0.1929	0.0000	0.5	1	0.5	1	0
2	Ⅰ-1-1-14	1	0.1325	0.2431	0.2139	0.3913	0	0	0	0.5	1
3	Ⅰ-1-2-03	0.6667	0.2048	0.2778	0.1815	0.0609	0.5	1	0	0.5	0.3333
4	Ⅰ-1-3-01	0.3333	0.1566	0.1458	0.2464	0.0087	0	1	0	1	0.3333
5	Ⅰ-1-3-05	0.3333	0.1687	0.1215	0.2464	0.5130	0	0	0	0.5	1
6	Ⅰ-1-3-12	1	0.4434	0.2917	0.4976	0.6522	0.5	0	0	0	1
7	Ⅰ-2-1-01	0	0.2048	0.4167	0.3890	0.4435	0	0	0	0.5	1
8	Ⅰ-2-1-02	1	0.4217	0.0868	0.3598	0.0609	0.5	1	0	0	0
9	Ⅰ-2-1-07	1	0.2169	0.3021	0.5219	0.4609	0	0	1	0	0.6667
10	Ⅰ-2-1-09	1	0.5301	0.3021	0.2950	0.1652	0.5	0	1	0.5	0.3333
11	Ⅰ-2-1-10	1	0.2410	0.3333	0.1653	0.1304	0.5	1	0	0.5	0.3333
12	Ⅰ-2-1-12	1	0.3133	0.3507	0.4571	0.0435	0.5	1	1	0.5	0
13	Ⅰ-2-1-24	0.3333	0.2711	0.2188	0.2431	0.7913	0	0.5	0	0.5	1
14	Ⅰ-2-1-34	0.6667	0.2530	0.3125	0.4246	0.0522	0.5	1	0	0.5	0.3333
15	Ⅰ-2-2-08	1	0.2169	0.2083	0.2626	0.0609	0.5	0.5	0	0.5	0.3333
16	Ⅰ-2-2-11	1	0.2048	0.2083	0.2464	0.7565	0.5	0.5	0	0.5	1
17	Ⅰ-3-1-04	0.6667	0.4157	0.5660	1.0000	0.3913	0.5	1	0	1	0.3333
18	Ⅰ-3-1-05	0.6667	0.3855	0.2083	0.2626	0.0087	0.5	1	1	1	0
19	Ⅰ-3-1-10	0	0.3916	0.4861	0.4733	0.0261	0.5	1	1	1	0
20	Ⅰ-3-1-16	0.6667	0.3855	0.5556	0.4408	0.0348	0.5	1	1	1	0
21	Ⅰ-3-2-01	0.3333	0.4373	1.0000	0.0519	0.1130	0.5	1	0	1	0
22	Ⅰ-4-1-01	0.3333	0.2651	0.1389	0.4084	0.0957	0.5	1	0	1	0.3333
23	Ⅰ-4-1-12	0	0.3614	0.2778	0.4246	0.4435	0.5	0	0	0.5	0.6667

续表 4.4

序号	洞窟编号	岩性	跨度	高度	进深	顶厚	节理发育程度	水的影响程度	工程影响程度	位置	完整性
24	Ⅰ-4-1-17	0	0. 3373	0. 3125	0. 3760	0. 0261	0. 5	1	0	0. 5	0
25	Ⅰ-4-1-23	0	0. 3614	0. 2083	0. 2950	0. 0783	0. 5	1	0. 5	0. 5	0
26	Ⅰ-4-1-29	0	0. 2410	0. 2431	0. 2626	0. 1304	0. 5	1	0	0. 5	0. 3333
27	Ⅱ-1-3-04	0. 6667	0. 2289	0. 4861	0. 6029	0. 6348	0	0. 5	0	0. 5	0. 6667
28	Ⅱ-2-1-02	0	0. 4422	0. 3993	0. 7455	0. 2696	0. 5	1	1	1	0. 3333
29	Ⅱ-2-1-09	1	0. 4217	0. 3819	0. 2950	0. 4087	0. 5	0. 5	0. 5	1	0. 6667
30	Ⅱ-2-1-16	0. 6667	0. 2651	0. 3368	0. 4246	0. 2000	0	0. 5	0	0. 5	0. 6667
31	Ⅱ-2-1-19	1	0. 3735	0. 3646	0. 5997	0. 3739	0	0. 5	0	0. 5	0. 6667
32	Ⅱ-2-1-23	0. 6667	0. 4217	0. 2222	0. 3955	0. 1652	1	0. 5	0. 5	0. 5	0. 3333
33	Ⅱ-2-1-30	0. 3333	0. 3373	0. 2951	0. 7812	0. 3739	0. 5	0. 5	0	0. 5	0. 3333
34	Ⅱ-2-2-04	0. 6667	0. 3133	0. 3819	0. 4862	0. 9652	0	0. 5	0	0. 5	1
35	Ⅱ-2-2-20	1	0. 2410	0. 3125	0. 4571	0. 4435	0. 5	0	0	0. 5	1
36	Ⅱ-2-2-24	0	0. 3807	0. 2500	0. 4182	0. 4783	0	0. 5	0	0. 5	0. 6667
37	Ⅱ-2-3-03	0. 6667	0. 4096	0. 4167	0. 5624	0. 4783	0	0	0	0. 5	0. 6667
38	Ⅱ-2-3-21	0. 3333	0. 3470	0. 4792	0. 7812	0. 2000	0. 5	0	0. 5	0. 5	0. 3333
39	Ⅱ-2-3-22	0. 3333	0. 1928	0. 0347	0. 3760	0. 1652	0	0	0	0. 5	0. 6667
40	Ⅱ-2-3-24	0. 3333	0. 3614	0. 2083	0. 2950	0. 0609	1	1	1	0. 5	0
41	Ⅱ-3-1-01	0. 6667	0. 3253	0. 1910	0. 4814	0. 0696	1	0. 5	0	0. 5	0. 3333
42	Ⅱ-3-1-23	1	0. 3193	0. 2778	0. 4246	0. 0783	0. 5	1	0	0. 5	0. 3333
43	Ⅱ-3-2-03	0. 6667	0. 3012	0. 3819	0. 4571	0. 1304	0. 5	1	0	0. 5	0. 3333
44	Ⅱ-3-2-13	1	0. 2795	0. 4653	0. 5818	0. 2696	0	0	0	0. 5	0. 6667
45	Ⅱ-3-2-17	0. 6667	0. 4096	0. 3542	0. 5705	0. 7043	0	0. 5	0	0. 5	0. 6667
46	Ⅱ-3-3-06	1	0. 2651	0. 1042	0. 6029	0. 0609	0	1	0	0. 5	0. 3333

续表 4.4

序号	洞窟编号	岩性	跨度	高度	进深	顶厚	节理发育程度	水的影响程度	工程影响程度	位置	完整性
47	Ⅱ-3-3-19	1	0.3470	0.0764	0.5122	0.2174	0	0.5	0	0.5	0.6667
48	Ⅱ-3-3-35	0.3333	0.2976	0.2674	0.4959	0.4087	0	0.5	0	0.5	0.6667
49	Ⅱ-3-3-48	1	0.2410	0.3438	0.4246	0.3739	0	0.5	0	0.5	0.6667
50	Ⅱ-3-3-80	0.3333	0.1446	0.2083	0.1329	0.2696	0	0	0	0	1
51	Ⅱ-3-3-84	0.6667	0.1843	0.2778	0.4749	0.7391	0	0	0	0	1
52	Ⅱ-4-1-03	1	0.4699	0.3021	0.4571	0.1478	0.5	0.5	0	0.5	0
53	Ⅱ-4-1-10	1	0.2711	0.2882	0.4246	0.0957	1	0.5	0	0.5	0.3333
54	Ⅱ-4-1-16	0.3333	0.3133	0.4271	0.5543	0.3043	0	0.5	0	0.5	0.6667
55	Ⅱ-4-2-10	1	0.4819	0.2431	0.4895	0.0957	0	0.5	0	0.5	0
56	Ⅱ-5-1-11	0.6667	0.3012	0.1736	0.3971	0.2174	0.5	0.5	0	1	0.6667
57	Ⅱ-5-1-16	0.6667	0.2651	0.4167	0.2950	0.4609	0	0	0	1	1
58	Ⅱ-5-1-36	0.3333	0.0000	0.2083	0.1329	0.0000	0.5	1	0	1	0
59	Ⅱ-5-1-43	0.3333	0.3855	0.4063	0.3922	0.3217	0.5	0.5	0	1	0.6667
60	Ⅱ-5-1-55	1	0.1988	0.2431	0.1734	0.3913	0	0	0	1	1
61	Ⅱ-5-1-68	0.3333	1.0000	0.2778	0.1410	0.1652	1	1	0	1	0
62	Ⅱ-5-1-73	0.3333	0.2530	0.0000	0.1686	0.2174	0.5	0	0	0.5	0.6667
63	Ⅱ-5-1-78	0.3333	0.4060	0.4965	0.4360	0.8261	0	0	0	0.5	1
64	Ⅱ-5-2-43	0.6667	0.3398	0.4167	0.5413	0.8261	0	0	0	0.5	1
65	Ⅱ-5-3-31	0.6667	0.4578	0.4236	0.5689	0.2696	0.5	0.5	0	0.5	0.6667
66	Ⅱ-5-3-39	0.3333	0.3133	0.5347	0.3955	0.3043	1	0.5	0	0.5	0.6667
67	Ⅱ-5-3-40	0.3333	0.5060	0.3472	0.0000	0.1304	0.5	0.5	0	0.5	0.3333
68	Ⅱ-5-3-82	0.3333	0.2133	0.1215	0.1248	0.0609	1	1	0	0.5	0.3333
69	Ⅲ-2-1-15	0.3333	0.3253	0.2222	0.2204	0.6522	0	0	0	0.5	1
70	Ⅲ-DG-6	0.6667	0.4253	0.2951	0.1994	1.0000	0.5	0	0	0	1

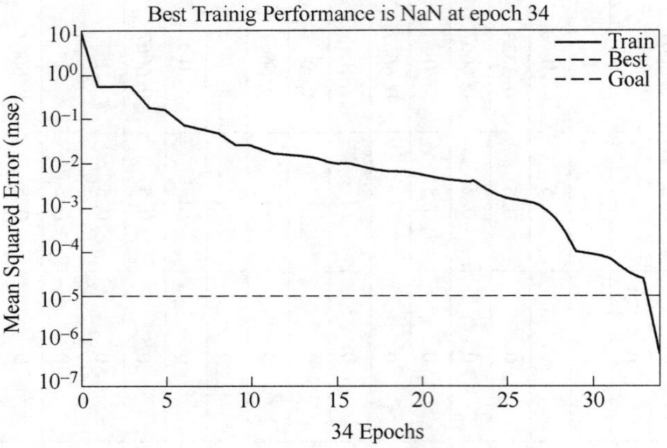

图 4.50　网络训练误差曲线图

表 4.5　洞窟完整性预测的部分 BP 网络训练样本

序号	洞窟编号	岩性	跨度/cm	高度/cm	进深/cm	顶厚/cm	节理发育程度	水的影响程度	工程影响程度	位置	完整性	预测结果
1	Ⅰ-3-1-12	砾岩	405	180	430	50	较发育	很大	较大	坡脚	极不完整	0.0413
2	Ⅱ-2-3-07	砂泥岩	400	216	420	160	较发育	较大	较大	坡腰	不完整	0.3003
3	Ⅱ-5-3-18	砂泥岩	345	170	411	250	较发育	较大	较小	坡腰	较完整	0.6661
4	Ⅰ-2-1-29	砂岩	265	170	309	360	一般	较小	较小	坡腰	完整	0.9992

4.5.5　基于 BP 网络的影响因素分析

前面定性分析了古格王国遗址洞窟变形破坏的 9 大类影响因素，并据以构建了 BP 神经网络进行了训练和检验，效果显著。下面利用训练好的网络进行影响因素的定量分析，具体思路和做法如下：选取典型洞窟，将其影响因素定量化表达，然后适当改变其中某一影响因素的量值（其他因素不变），“生成”一系列新的样本输入训练好的网络，根据输出结果（即完整性类型）来判断各影响因素对洞窟完整性（稳定性）的影响方式和影响程度。

本次研究选取Ⅱ-5-3-18 号砂泥岩洞窟，令其他输入变量不变，分别进行以下操作：（1）围岩类型依次变为砾岩、砂岩和泥岩；（2）洞窟跨度依次改变 50cm，分别设为 245、295、395、445 和 495cm；（3）洞窟高度依次改变 30cm，分别设为 110、140、200、230 和 260cm；（4）洞窟进深依次改变 50cm，分别设为 261、311、361、461 和 511cm；（5）洞窟顶板厚度依次改变 50cm，分别设为 100、150、200、300 和 350cm；（6）节理发育程度分别改为不发育和发育；（7）水的影响程度分别改为较小和很大；（8）工程影响程度分别改为中等和较大；（9）洞窟位置分别改为坡顶和坡脚。这样可以得到 31 个新的样本，将它们提供给训练好的网络，进行仿真，得到的结果如表 4.6 所示。

表 4.6 Ⅱ-5-3-18 号洞窟完整性影响因素分析的 BP 网络训练样本及预测结果

序号	岩性	岩性归一化值	跨度/cm	跨度归一化值	高度/cm	高度归一化值	进深/cm	进深归一化值	顶厚/cm	顶厚归一化值	节理发育程度	节理发育程度归一化值	水的影响程度	水的影响程度归一化值	工程影响程度	工程影响程度归一化值	位置	位置归一化值	训练结果
1	砾岩	0	345	0.2952	170	0.2778	411	0.4749	250	0.3913	较发育	0.5	较大	0.5	较小	0	坡腰	0.5	0.3340
2	砂岩	0.3333	345	0.2952	170	0.2778	411	0.4749	250	0.3913	较发育	0.5	较大	0.5	较小	0	坡腰	0.5	0.6558
3	泥岩	1	345	0.2952	170	0.2778	411	0.4749	250	0.3913	较发育	0.5	较大	0.5	较小	0	坡腰	0.5	0.6767
4	砂泥岩	0.6667	245	0.1747	170	0.2778	411	0.4749	250	0.3913	较发育	0.5	较大	0.5	较小	0	坡腰	0.5	0.7187
5	砂泥岩	0.6667	295	0.2349	170	0.2778	411	0.4749	250	0.3913	较发育	0.5	较大	0.5	较小	0	坡腰	0.5	0.7029
6	砂泥岩	0.6667	395	0.3554	170	0.2778	411	0.4749	250	0.3913	较发育	0.5	较大	0.5	较小	0	坡腰	0.5	0.6542
7	砂泥岩	0.6667	445	0.4157	170	0.2778	411	0.4749	250	0.3913	较发育	0.5	较大	0.5	较小	0	坡腰	0.5	0.5876
8	砂泥岩	0.6667	495	0.4759	170	0.2778	411	0.4749	250	0.3913	较发育	0.5	较大	0.5	较小	0	坡腰	0.5	0.4965
9	砂泥岩	0.6667	345	0.2952	110	0.0694	411	0.4749	250	0.3913	较发育	0.5	较大	0.5	较小	0	坡腰	0.5	0.6954
10	砂泥岩	0.6667	345	0.2952	140	0.1736	411	0.4749	250	0.3913	较发育	0.5	较大	0.5	较小	0	坡腰	0.5	0.6867
11	砂泥岩	0.6667	345	0.2952	200	0.3819	411	0.4749	250	0.3913	较发育	0.5	较大	0.5	较小	0	坡腰	0.5	0.6589
12	砂泥岩	0.6667	345	0.2952	230	0.4861	411	0.4749	250	0.3913	较发育	0.5	较大	0.5	较小	0	坡腰	0.5	0.6403
13	砂泥岩	0.6667	345	0.2952	260	0.5903	411	0.4749	250	0.3913	较发育	0.5	较大	0.5	较小	0	坡腰	0.5	0.6128
14	砂泥岩	0.6667	345	0.2952	170	0.2778	261	0.2318	250	0.3913	较发育	0.5	较大	0.5	较小	0	坡腰	0.5	0.8179
15	砂泥岩	0.6667	345	0.2952	170	0.2778	311	0.3128	250	0.3913	较发育	0.5	较大	0.5	较小	0	坡腰	0.5	0.7776
16	砂泥岩	0.6667	345	0.2952	170	0.2778	361	0.3938	250	0.3913	较发育	0.5	较大	0.5	较小	0	坡腰	0.5	0.7268
17	砂泥岩	0.6667	345	0.2952	170	0.2778	461	0.5559	250	0.3913	较发育	0.5	较大	0.5	较小	0	坡腰	0.5	0.6667
18	砂泥岩	0.6667	345	0.2952	170	0.2778	511	0.6370	250	0.3913	较发育	0.5	较大	0.5	较小	0	坡腰	0.5	0.5928
19	砂泥岩	0.6667	345	0.2952	170	0.2778	411	0.4749	100	0.1304	较发育	0.5	较大	0.5	较小	0	坡腰	0.5	0.3343
20	砂泥岩	0.6667	345	0.2952	170	0.2778	411	0.4749	150	0.2174	较发育	0.5	较大	0.5	较小	0	坡腰	0.5	0.5724
21	砂泥岩	0.6667	345	0.2952	170	0.2778	411	0.4749	200	0.3043	较发育	0.5	较大	0.5	较小	0	坡腰	0.5	0.6569
22	砂泥岩	0.6667	345	0.2952	170	0.2778	411	0.4749	300	0.4783	较发育	0.5	较大	0.5	较小	0	坡腰	0.5	0.6758
23	砂泥岩	0.6667	345	0.2952	170	0.2778	411	0.4749	350	0.5652	较发育	0.5	较大	0.5	较小	0	坡腰	0.5	0.6826
24	砂泥岩	0.6667	345	0.2952	170	0.2778	411	0.4749	250	0.3913	一般	0	较大	0.5	较小	0	坡腰	0.5	0.6967
25	砂泥岩	0.6667	345	0.2952	170	0.2778	411	0.4749	250	0.3913	发育	1	较大	0.5	较小	0	坡腰	0.5	0.6269
26	砂泥岩	0.6667	345	0.2952	170	0.2778	411	0.4749	250	0.3913	较发育	0.5	较小	0	较小	0	坡腰	0.5	0.9871
27	砂泥岩	0.6667	345	0.2952	170	0.2778	411	0.4749	250	0.3913	较发育	0.5	很大	1	较小	0	坡腰	0.5	0.3334
28	砂泥岩	0.6667	345	0.2952	170	0.2778	411	0.4749	250	0.3913	较发育	0.5	较大	0.5	中等	0.5	坡腰	0.5	0.5981
29	砂泥岩	0.6667	345	0.2952	170	0.2778	411	0.4749	250	0.3913	较发育	0.5	较大	0.5	较大	1	坡腰	0.5	0.4743
30	砂泥岩	0.6667	345	0.2952	170	0.2778	411	0.4749	250	0.3913	较发育	0.5	较大	0.5	较小	0	坡顶	0	0.6956
31	砂泥岩	0.6667	345	0.2952	170	0.2778	411	0.4749	250	0.3913	较发育	0.5	较大	0.5	较小	0	坡脚	1	0.6389

根据表4.6的计算结果，将其与该洞窟实际完整性（归一化值为0.6667）相比较，可以得出如下结论：

（1）洞窟围岩类型对洞窟稳定性有较大影响。本例为砂泥岩洞窟，改为砾岩后变为不完整（量化结果为0.3340），而砂岩和泥岩变化不大。

（2）洞窟的规模对其完整性影响较大。一般来说，洞窟跨度、高度和进深越小，其完整性就越好；反之越差；以洞窟跨度为例，洞窟完整性随跨度加大而越差，但当跨度减小时，完整性增幅逐渐减小；跨度加大时，完整性增幅逐渐加大，直到变为极不完整状态。高度和进深亦有类似规律，差别仅在于影响幅度稍有不同。

（3）洞窟顶板厚度对其完整性影响极大，顶板越薄洞窟越不完整。根据表4.6，顶板厚度为100cm时，完整性计算结果为0.3343，非常接近于0.3333，因而可以大体确定该洞窟的安全顶板厚度为略小于100cm。反之，顶板越厚，洞窟就越完整，但从表中计算结果可以看出变化幅度有减缓的趋势。

（4）节理发育程度对洞窟完整性也有一定的影响。但从表中结果来看，就Ⅱ-5-3-18号砂泥岩洞窟而言，节理发育程度的影响不甚显著。这主要是由于其他因素对洞窟完整性较为有利，节理发育程度仅对顶板掉块或冒落有较大影响，但对整体洞窟完整性影响有限。

（5）水对洞窟完整性的影响很大。如本例中水的影响较小时，洞窟趋于完整（量化值为0.9871），水的影响很大时，洞窟变得不完整（量化值为0.3334）。

（6）工程因素（洞窟空间结构）对其完整性也有较大影响。洞窟空间越复杂，洞窟各洞室间交叉影响越强，其完整性越差。

（7）洞窟所处边坡位置虽对其完整性有一定影响，但不是很大，这主要是边坡中应力较小的缘故。

综上所述，洞窟规模特别是跨度、洞窟顶板厚度和水对洞窟完整性影响最为显著，因而可以采取相应的加固整治对策和工程技术措施，如减小洞窟跨度、增加洞窟“有效顶板厚度”、改善洞窟排水条件来提高洞窟的完整性和稳定性。

5　古格王国遗址边坡及洞窟稳定性评价与加固对策设计

古格王国遗址747座现存洞窟依山势而建，错落有致地分布于边坡山体上，因此边坡的稳定性直接决定了遗址洞窟的稳定性状态。作为洞窟文物载体的山体边坡如果整体不稳定，洞窟的稳定就没有保证；反之，若密集开挖于山体边坡的洞窟出现大面积过度变形破坏，对边坡的整体稳定也将造成安全隐患。因此，山体边坡稳定性是洞窟稳定的前提和先决条件，是确定遗址洞窟加固对策前必须优先考虑的问题。本章首先在对古格山体边坡稳定性影响因素定性分析的基础上，利用MSARMA分析方法及设计系统，对古格王国遗址区边坡整体稳定性进行了计算，并对影响边坡稳定的主控因素进行了敏感性分析。采用工程软岩大变形力学分析设计系统——LDEAS软件系统对三个典型边坡（含洞窟）稳定性进行了重点计算，并对结构型变形破坏洞窟、重力型变形破坏洞窟和工程偏应力型变形破坏洞窟的稳定性进行了模拟分析，对边坡、危岩体和洞窟群进行了稳定性评价。确定了古格王国遗址边坡及洞窟加固治理原则、分类方法和重点，从洞窟加固、危岩体加固、边坡防护和环境整治等多方面提出了有针对性的综合加固治理措施和设计方案，最后制定了洞窟及边坡稳定性远程监测设计实施方案。

5.1　古格山体边坡稳定性影响因素分析

陡壁林立的古格山体，其边坡稳定性对于古格山体和遗址洞窟的安全稳定具有重要的意义，古格山体边坡的稳定性包括整体滑动稳定性（滑坡）和危岩体崩塌，其影响因素主要包括地层岩性、边坡坡度、结构面、洞窟开挖、雨水及地震作用等。

5.1.1　地层岩性对边坡稳定性的影响分析

边坡常常是由多种岩性的岩石组成，边坡变形总是首先沿着最软弱的面发生。相间成层的岩层，其厚度、产状及在边坡内所处的部位不同，稳定性亦不一样。当软弱夹层位于坡脚且倾向破坏时，则不利于岩体稳定，在此情况下易沿软弱层滑动，软弱层在风化剥落后形成坡脚掏空，亦能引起边坡变形。反之，若软弱层倾向与边坡倾向相反，或位于边坡顶部，则对边坡稳定性影响较小。另一方面，在岩体岩性为软硬互层时，软弱岩层更易受风化而剥落，导致上部较硬岩体处于悬坠状态，而容易崩塌滑落。

古格王国遗址区山体典型岩性是泥岩和砂岩互层，产状基本水平。由前述试验结果可以看出，泥岩和砂岩的强度由于胶结强度的不同而使得泥岩的强度远大于砂岩，因此砂岩更容易遭受风化或卸荷张裂的破坏，形成陡壁上的内凹（见图5.1）。

图5.1　砂岩沿卸荷张裂片帮形成的内凹（其上为泥岩）

5.1.2　边坡坡度对边坡稳定性的影响分析

边坡坡度对边坡稳定性的影响是最明显的，通常边坡发生破坏都跟坡度大有关系，古格王国山体陡峭，大部分地区山体近似直立，这是导致古格王国岩体崩塌的一个主要因素。

5.1.3　结构面对边坡稳定性的影响分析

岩体变形常常不是沿受力最大的预定剪切平面发生，而是在这个平面以下沿各类结构面组成的折曲面发生，这一现象表明，沿结构面的抗剪强度要比完整岩石的抗剪断强度小得多。边坡岩体变形亦是如此，总是沿强度较低的层面、片理面、节理面及断层面发生。因此，岩质边坡变形主要是受地质构造作用所控制，实质上，其他各类因素往往也是通过构造面起作用。

常规理论上的岩质边坡结构面对边坡的稳定性影响取决于以下几个因素：

（1）结构面产状与边坡产状。从其走向关系上看，有垂直、斜交、平行等三种情况。垂直于边坡走向的结构面，无论其倾向何方、倾角陡缓，都只能起分割面作用；只有同那些产状较缓，与之斜交、向外倾的结构面相配合，才有充当一部分滑动面的可能。所以垂直于边坡走向的结构面，单就产状而言，比其他方向的结构面对边坡的稳定性影响要小，并且越是直立者影响越小。平行于边坡走向的结构面，由于其倾向、倾角不同，对边坡稳定性的影响差异较大。

做一横向断面，将平行于边坡走向的、倾向倾角各不相同的各结构面，平行移动至坡面上任意一点 O 进行分析，所有结构面可分成三个区（见图 5.2）。水平线 OM 以上所有倾向与边坡倾向一致且倾角小于坡角的结构面划分为第Ⅰ区；水平线 OM 以下与垂线 ON 内侧之间的所有与边坡倾向相反（倾角可从 0°变化到 90°）的结构面划分为第Ⅱ区；垂线 ON 外侧所有与边坡倾向一致、倾角大于坡角的结构面划分为第Ⅲ区。

在Ⅰ区内，所有结构面均可充当滑动面，边坡岩体有产生滑动的可能性。在其岩体结构面的力学指标（主要是内摩擦角和黏聚力）相同的条件下，其结构面倾角越陡则其稳定性越差。在Ⅱ、Ⅲ区，各结构面对边坡稳定的影响，表现在对岩体都起分割作用。假设被分割的岩块皆为刚性整体，重心垂直投影皆落在下伏滑动面上，那么从自重下滑作用来看，其不同倾向及倾角的分割面，对边坡稳定性影响相同。但是自然界的岩体很少是完整无损的刚性整体，由于裂隙切割或岩性软弱，被切割分开的较大岩体，其自重常分散在其下方的各种倾斜的结构面上，如图 5.3 所示，设 OAC 为在 AB 滑动面上被 OC 面切割之岩体，其全部自重将以铅直线 DC 为界分成两部分，即 ACD 和 OCD，分别位于 AC 面和 OC 面。ACD 部分的稳定性取决于 ACD 块体作用于 AC 面上的下滑力和 AC 面之抗滑力之比；OCD 部分的稳定性取决于 OCD 块体作用于 OC 面上的下滑力和 OC 面抗滑力之比；设其比值分别为 K_1 与 K_2，则整个 OAC 岩块的稳定性取决于 K_1 和 K_2 的综合结果。显然此时在相同力学指标的情况下 $K_2 < K_1$，所以综合稳定性系数要降低。因而综合以上因素可以得出结论：第Ⅰ区内的结构面对边坡稳定性影响最大，第Ⅲ区次之，第Ⅱ区最小，在各区内部相比，都是结构面与坡角夹角愈小愈不利。

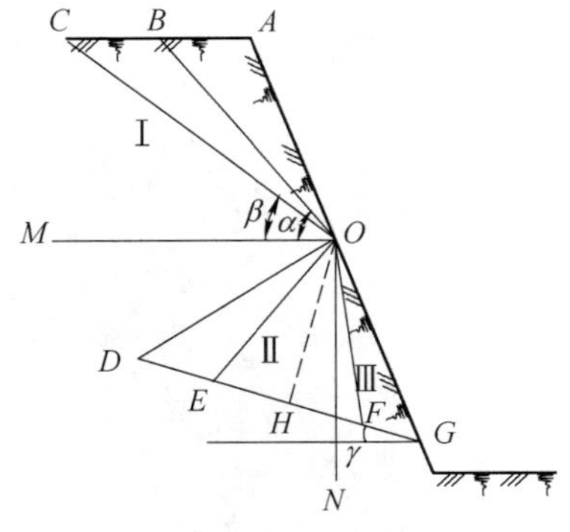

图 5.2　结构面产状与斜坡几何关系图

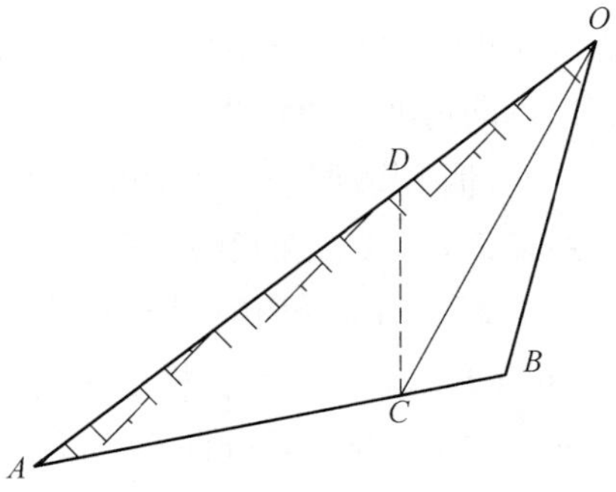

图 5.3　结构面对斜坡稳定性的影响

（2）结构面的性质。边坡岩体的稳定性，在很大程度上取决于结构面的抗剪强度。而滑动面的抗剪强度，则又取决于结构面的成因类型和力学特性。一般情况下，沉积成因的结构面（如层理）抗剪强度比构造成因的要高。而构造成因的结构面的抗剪强度又视力学特性不同而有差异。张性断裂面粗糙，延伸性差，但张开程度好，有利于黏土充填及地表水下渗；压性断裂面，尽管常是闭合的，但沿断裂两侧常形成节理密集带，使岩体力学强度大为降低；扭性断裂面平直且延伸性好，切割能力强，相应地较上述断裂面的抗剪强度小。张性断裂最不利于边坡稳定，因其裂面光滑，延伸性好，且张开程度好，有利于地下水活动，裂面内常有泥质充填，岩体最易沿此类结构面坍滑变形。另外，各种结构面受内、外营力作用产生的次生变异现象及其充填情况（特别是含泥、含水）和胶结程度的不同，也对结构面的抗剪强度有一定影响。具有软塑性充填物的结构面，其抗剪强度主要取决于充填物的强度，所以夹泥含水的层面、断裂面，最不利于边坡的稳定。

（3）结构面的发育程度。结构面对边坡稳定性的影响程度，除了决定于其产状与性质外，还决定于其发育程度。同一位置、同样性质的结构面，其延展性越强，切割范围越大；其密度越大，被切割机会越多，岩体整体性越差，越不利于稳定。

（4）结构面的组合关系。不同方向结构面之间的不同组合关系，决定着变形体的形状、大小、稳定程度和位移方向。例如，上述分析的走向与边坡大致平行的结构面中，第Ⅰ区的各滑动面与第Ⅱ、Ⅲ区的各分割面之间的组合在一起形成的变形体，其稳定情况就视两者的具体角度而有很大不同：在图 5.2 中，*OB* 与 *OF* 组合就是最坏的条件，*OC* 与 *OE* 组合就较好些。

古格王国遗址区边坡岩体内层理、节理、裂隙等普遍存在，并表现出其特有的组合规律，这些规律控制着古格山体边坡的稳定性。按照上述理论，古格岩体结构面的特征分析如下：

（1）结构面产状与边坡产状。古格岩体层面、层理基本水平，构造节理倾角近乎垂直，以不同角度与边坡走向平行、斜交或者垂直，而卸荷节理则以高倾角与坡面平行，由上述理论可知，层面和垂直节理只起到切割面的作用，而高倾角张裂面则相当于图 5.2 中的 *OB* 滑动面，是古格山体边坡的不利结构面，这从古格崩塌断面上可以反映出。

（2）结构面的性质。在古格岩体结构面中，沉积成因的层面、层理抗剪性能好于构造成因剪切节理，而卸荷产生的张裂隙张开度大，抗剪性最差，最不利于边坡稳定（见图 5.4）。

图 5.4　卸荷张裂隙为最不利的结构面

（3）结构面的发育程度。卸荷张裂隙相对垂直节理延伸长度更大，切割不同岩层；垂直节理在砂岩中延伸较长，但密度小于泥岩。

（4）结构面的组合关系。垂直节理和层面将岩块切割，高倾角卸荷张裂隙不仅切割岩体，还形成最易滑动、崩塌的界面。

综上所述，在古格岩体的结构面中，高倾角卸荷张裂隙对岩体的稳定性影响最大。

5.1.4 雨水对边坡稳定性的影响分析

图 5.5 所示为考虑水力学因素的边坡受力分析示意图，图中 W、U、V 分别为单位宽度滑体的重量、滑面承受的扬水压力和滑体承受的静水压力。从图 5.5 可以看出由于后缘拉裂缝充水而对边坡施加一个侧向静水压力 V 增加了下滑力，滑面承受的扬水压力 U 降低了抗滑力，同时增加了下滑力，从而使得岩体稳定性急剧降低。

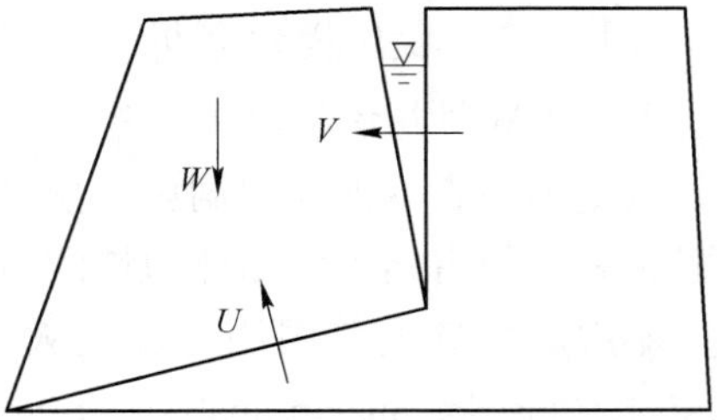

图 5.5 静水压力对边坡的影响

因此，雨水对边坡稳定性的影响主要体现在以下两个方面：

（1）静水压力增加危岩体下滑力，减小危岩体抗滑力。

（2）潜在滑面因吸水引起强度衰减。其中，最主要是滑带土的强度分量黏聚力随含水量的增加而降低，而摩擦角变化不大。

由于古格王国遗址区气候干燥，雨水较少，不易形成静水压力，因而雨水对岩体稳定性的影响主要体现在对结构面岩体强度参数的影响。

5.1.5 洞窟开挖对边坡稳定性的影响分析

5.1.5.1 理论定性分析

边坡工程岩体开挖后，原有应力平衡体系遭到破坏，原始地应力场受扰动影响大，岩体应力产生重分布，即在临空面（或自由面）附近地应力场包括主应力的大小、方向以及主应力差发生较大变化，形成卸荷应力场，尤其是深切高陡边坡更是如此。由于边坡无侧向约束或约束作用较小，这种卸荷作用由边坡自身岩体来承担，从而形成量级和范围较大的二次应力场，使得开挖面出现新的裂纹及原有裂纹的扩展现象，在宏观上表现为工程岩体向自由面的扩容现象，且变形特性参数和强度特性参数降低。

在开挖作用下，边坡工程岩体内将形成卸荷松弛带和塑性屈服区，这对边坡的稳定与变形发展不利。开挖后岩体变形可分为开挖瞬间的弹性变形、分布开挖累积的时效变形以及开挖完成后的后期流变。岩体流变包括蠕变、应力松弛及其长期强度衰减，岩体开挖卸荷后的时间效应、温度场的改变以及渗流损伤、地震损伤的积累等，使工程岩体中的结构面和岩石具有复杂的流变特性。

洞窟大范围密集开挖分布是古格王国遗址区最显著的特征之一，在遗址区洞洞相连、洞中有洞，洞窟对边坡的稳定性影响较大，主要体现在坡脚被掏空，增加临空面，诱发临空节理发育，导致岩体的抗滑力降低等。尤其当岩体结构面切割洞窟时，更容易使洞顶岩体由于受张拉作用而崩塌，岩体的崩塌又导致新的临空面，通过这样的恶性循环而使洞窟变形破坏乃至不同程度地坍塌。

5.1.5.2　数值模拟分析

A　FLAC^{3D}基本原理及计算流程

为更形象直观地反映洞窟开挖对边坡变形破坏的影响，选取典型边坡进行数值模拟来分析古格王国山体边坡的整体稳定性及局部危岩体的稳定性。

本次研究选用美国明尼苏达大学和美国 Itasca Consulting Group Inc. 开发的 FLAC^{3D}（fast lagrangian analysis of continua）有限差分程序，进行古格王国遗址区边坡的数值模拟计算分析。它是 20 世纪 80 年代推出的专门用于模拟地质材料和岩土工程非线性力学行为的大型标准化程序，是目前国际岩土工程界、地质工程界和采矿工程界公认并得到广泛应用的数值方法。FLAC^{3D}采用拉格朗日差分算法，不仅可以模拟材料的屈服、塑性流动、非线性大变形等力学行为，而且可以进行渗流分析、热力学分析、地震动力分析以及岩土体的蠕变行为分析等计算。另外，该程序还可以完成流-固耦合、力-热-水耦合及渗流-地震耦合分析等多种功能。

FLAC 程序建立在拉格朗日算法基础上，采用了显式有限差分格式来求解场的控制微分方程，并应用了混合单元离散模型，从而可以追踪材料的渐进破坏过程，使得它在分析岩土工程结构的弹塑性力学行为、模拟施工过程等方面有其独到的优点。目前，三维 FLAC 程序已升级到 3.0（即 FLAC^{3D}3.0），其功能已经非常强大，不但可以用于分析计算一般岩土体的应力和变形情况，还可以进行水-热-力三者的耦合分析、地震动力分析以及岩土体蠕变行为分析等。其计算原理及过程简述如下。

固体介质中任意给定点的应力状态可以用对称应力张量 σ_{ij} 描述。作用在表面上具有单位法矢量［n］的外力可由 Cauchy 公式给出

$$t_i = \sigma_{ij} n_j \tag{5.1}$$

令介质点的运动速度为［v］。在无限小的时间 dt 内，该介质经历了一个无限小的应变 v_idt，应变速率张量所对应的各个分量可以写成

$$\varepsilon_{ij} = \frac{1}{2}(v_{i,j} + v_{j,i}) \tag{5.2}$$

式中，偏导数就当前位置向量［x］进行。除此之外，单元体还经历瞬时刚体位

移，可以通过平移速度［v］确定，具有角速度的转动为

$$\Omega_i = -\frac{1}{2}e_{ijk}\omega_k \tag{5.3}$$

式中 e_{ijk}——循环记号；

［ω］——旋张量速率，其分量由下式确定

$$\omega_{ij} = \frac{1}{2}(v_{i,j} - v_{j,i}) \tag{5.4}$$

根据动量法则的连续形式，可获得 Cauchy 运动方程

$$\sigma_{ij,j} + \rho b_i = \rho\frac{\mathrm{d}v_i}{\mathrm{d}t} \tag{5.5}$$

式中 ρ——介质单位体积的质量；

［b］——单位质量的体积力；

$\mathrm{d}v_i/\mathrm{d}t$——速度的材料导数。在数学模型中，这些定律控制着介质单元体受力后的运动。

固体介质的本构方程可用下式表述

$$[\hat{\sigma}]_{ij} = H_{ij}(\sigma_{ij},\xi_{ij},k) \tag{5.6}$$

式中 $[\hat{\sigma}]_{ij}$——协应力速率旋张量；

［H］——给定的控制函数；

k——取决于载荷历史的参量。

其中，协应力速率旋张量$[\hat{\sigma}]_{ij}$由下式定义

$$\hat{\sigma}_{ij} = \frac{\mathrm{d}\sigma_{ij}}{\mathrm{d}t} - \omega_{ik}\sigma_{kj} + \sigma_{ik}\omega_{kj} \tag{5.7}$$

式中 $\mathrm{d}[\sigma]/\mathrm{d}t$——应力张量［$\sigma$］的材料时间导数；

［ω］——旋张量速率。

图5.6是显式有限差分计算流程图。计算过程首先调用运动方程，由初始应力和边界力计算出新的速度和位移。然后，由速度计算出应变率，进而获得新的

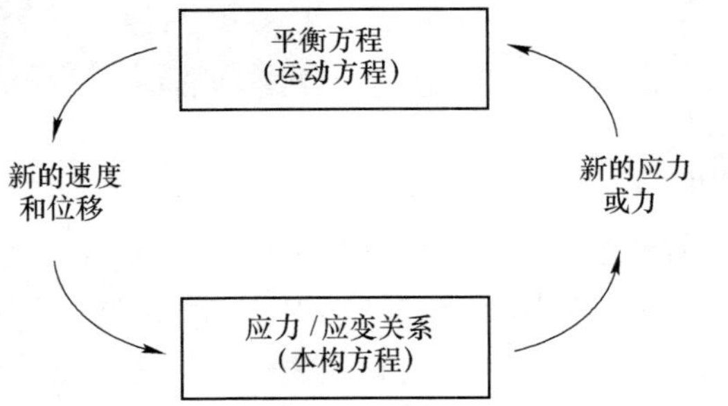

图5.6 有限差分计算流程图

应力或力。每个循环为一个时步，图中每个图框是通过那些固定的已知值，对所有单元和结点变量进行计算更新。

$FLAC^{3D}$为岩土工程问题的求解开发了十种材料模型：

（1）一种开挖模型；

（2）三种弹性模型（各向同性、横观各向同性和正交各向异性弹性模型）；

（3）六种塑性模型（Mohr-Coulomb 模型、Drucker-Prager 模型、应变硬化/软化模型、遍布节理模型、双线性应变硬化/软化模型和修正的 Cam 黏土模型）。

$FLAC^{3D}$能够模拟与岩土体相互作用的结构单元，如隧道衬砌、锚杆/锚索、桩/梁以及土工织物等的受力与变形等。$FLAC^{3D}$具有良好的前、后处理功能，程序内嵌的 FISH 语言能够让用户定义新的变量与函数，以用于满足不同的岩土工程问题。因此选用 $FLAC^{3D}$软件来模拟分析洞窟开挖对古格王国遗址边坡变形破坏的影响是非常合适的。

B　计算概化模型及参数选取

古格王国最主要的建筑风格就是在山体陡壁开凿洞窟，在平台上修建房屋如图 5.7 所示。可以看出，古格王国山体主要成台阶状，整个布局严密、紧凑，充分合理地利用了土林地貌的空间，因而在古格王朝鼎盛时期，这里居住着近十万人，人口密度相当大。图 5.8 为计算边坡的现场照片，山体三维地形图如图 5.9 所示。从三维地形图可以看出，古格王国遗址区山体主要受“土林”地貌所控制。

图 5.7　古格王国建筑布局

图 5.8　稳定性评价边坡现场照片

古格王国遗址最高处也就是王宫所在山体为遗址区山体边坡中，边坡高度最高、坡度最陡的边坡（见图 5.8、图 5.9），因此选取该处边坡作为分析对象，来评价边坡的整体稳定性是最具有代表性的。根据该处地形地貌，建立边坡的概化三维模型如图 5.10 所示。工程岩体及拟开挖洞窟的计算参数如表 5.1 所示。

图 5.9 古格王国遗址山体三维地形图

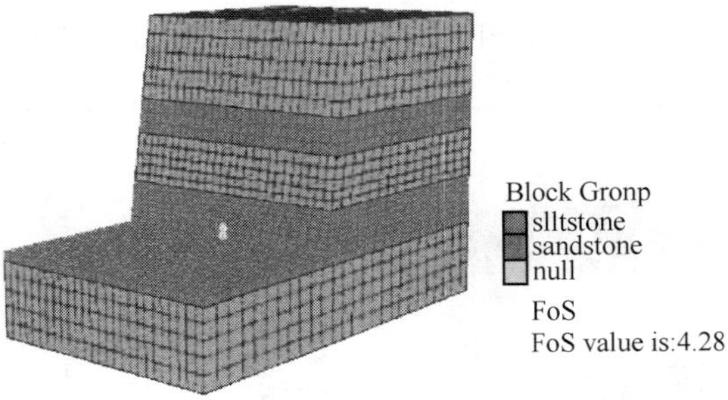

图 5.10 边坡计算概化模型图

表 5.1 工程岩体及拟开挖洞窟计算参数

序号	代表颜色	岩土名称	体积密度 /kg · m⁻³	体积模量/Pa	剪切模量/Pa	黏聚力/kPa	内摩擦角 /(°)
1	■	泥岩	1810	$5e^8$	$3e^8$	1550	31
2	■	砂岩	1620	$2.5e^7$	$1.5e^7$	364	32
3	□	砂岩（洞窟）	1620	$2.5e^7$	$1.5e^7$	364	32

C 初始状态模拟分析

先施加重力，模拟边坡在重力作用下的初始应力场分布，初始应力场分布如图 5.11 所示，图 5.12 为边坡中线剖面的应力云图，可以看出此时边坡的竖向应力呈水平分布，并且由于临空面的原因而有向边坡坡面逐渐递减的趋势；同时可以看出在边坡的最底部竖向应力最大；初始剪应力（SXZ）分布如图 5.13 所示，跟竖向应力分布不一样的是在边坡的坡脚剪应力达到最大，出现应力集中现象，图 5.14 为边坡中线剖面的剪应力（SXZ）云图，图 5.15 显示了边坡在重力作用下的初始竖向位移图，可以看出竖向位移分布也有向坡面逐渐递减的趋势，跟竖向应力分布趋势一致，体现了应力和应变的相互关系，图 5.16 为中线剖面的位移云图。图 5.17 和图 5.18 分别为水平方向的位移和中线剖面的水平方向位移云图，此时水平位移由坡面向坡内逐渐递减。从边坡应力位移云图和中线剖面的应

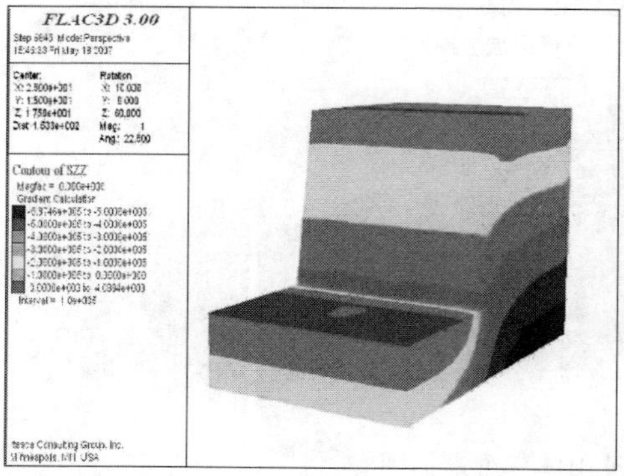

图 5.11　初始应力（SZZ）云图

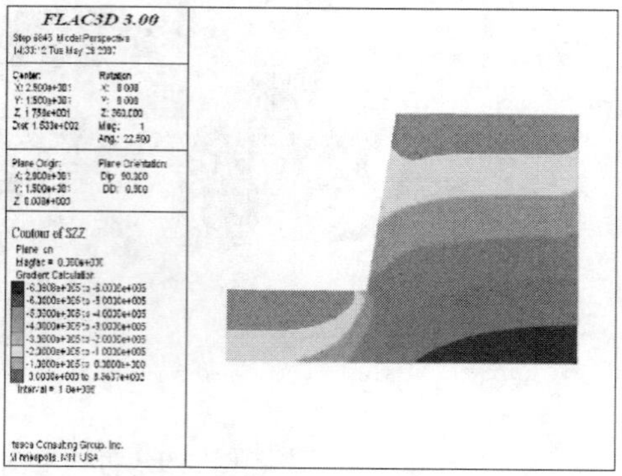

图 5.12　中心剖面应力（SZZ）云图

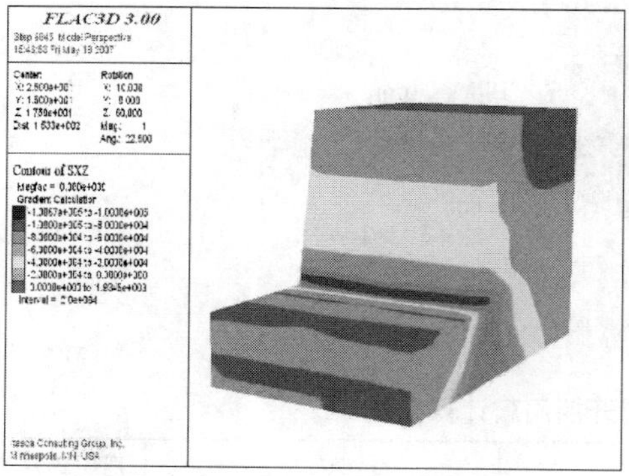

图 5.13　初始应力（SXZ）云图

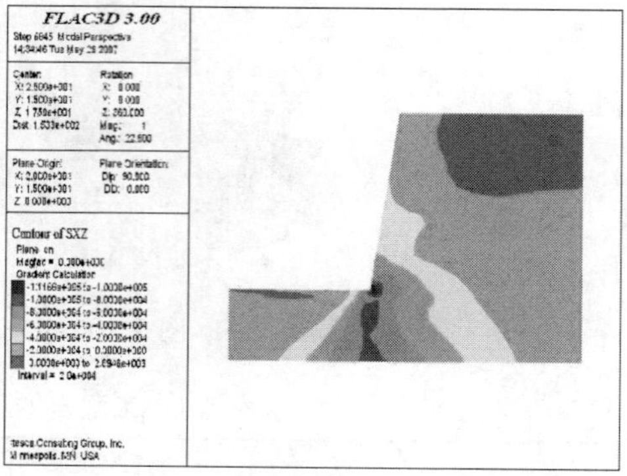

图 5.14　中心剖面应力（SXZ）云图

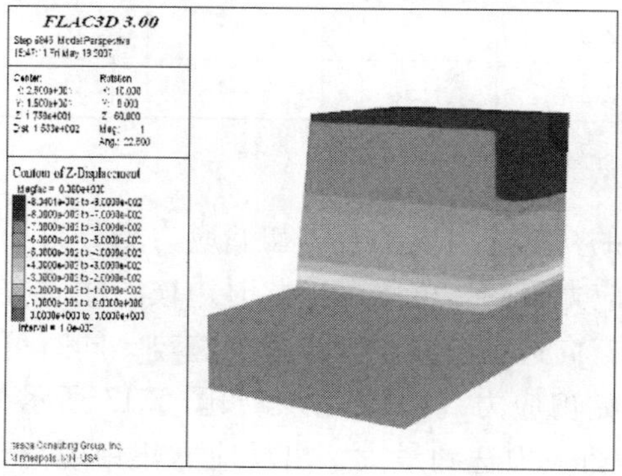

图 5.15　初始竖直方向位移（Z-Dis）云图

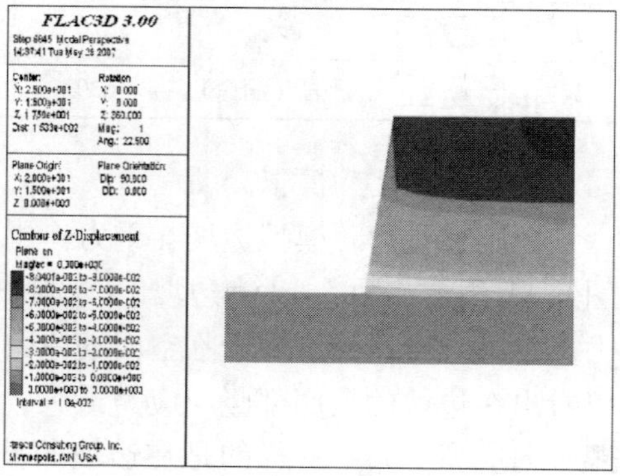

图 5.16　中心剖面位移（Z-Dis）云图

力位移云图来看，基本没什么变化，主要是几何模型对称，加上边界条件也是对称的原因。此时通过强度折减法算出的边坡的安全系数为4.28，可见边坡在没有开挖洞窟前自身稳定性非常好。

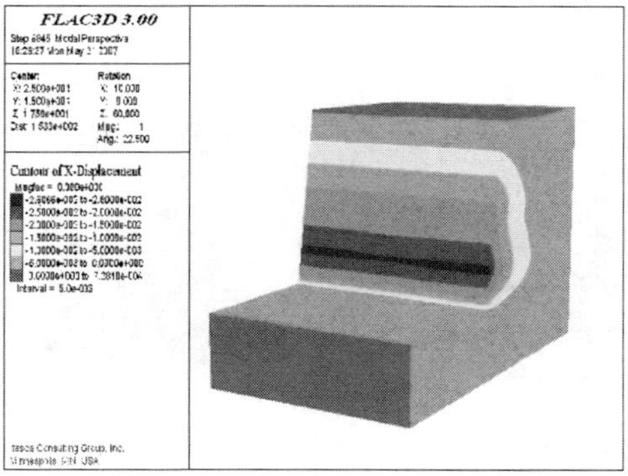

图 5.17 初始水平方向位移（X-Dis）云图

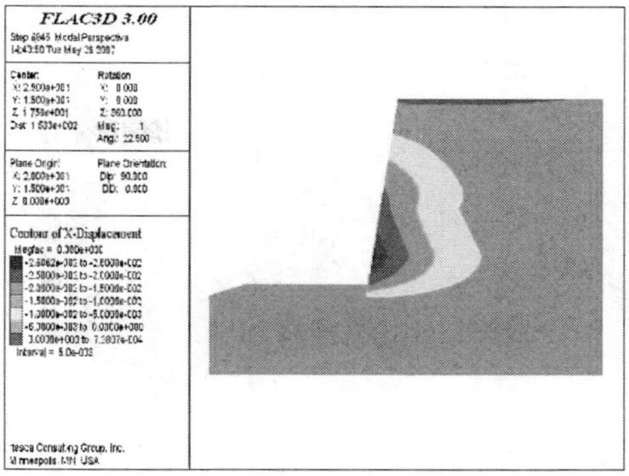

图 5.18 中心剖面位移（X-Dis）云图

通过以上分析可以得出如下结论：

（1）边坡竖向应力由于临空面的存在而使得竖向应力及竖向位移基本呈水平分布，有向坡面递减的趋势；（2）边坡剪应力在坡脚出现应力集中现象；（3）在初始状态下，边坡安全系数达到4.28，边坡安全稳定。

D 洞窟开挖影响分析

在边坡的坡脚开挖洞窟后，边坡的应力状态将会重新分布而达到新的平衡，为了研究洞窟开挖对边坡整体稳定的影响，在边坡底部开挖洞窟，洞窟形状如图5.19所示，开挖后模型图如图5.20所示。由于在洞窟开挖时边坡位移已经稳定，因此，在研究洞窟开挖对边坡的影响时应该把边坡的位移和速度归零后再重新计算。从开挖后竖向应力分布图可以看出，由于洞窟的开挖而使得洞窟顶部的岩体产生新的底部临空面而导致竖向应力降低，同时在洞窟出口处，由于应力重新分布而出现应力集中现象，如图5.21所示。从图5.22的剖面图上的应力云图可以看出这一现象尤为明显，应力分布也由远离洞窟的近似水平分布变为在洞窟出现陡降的云图；从洞窟开挖后的剪应力（SXZ）分布图（见图5.23）可以看出，洞窟开挖对边坡的剪应力（SXZ）整体分布的影响不大，剪应力分布总体没

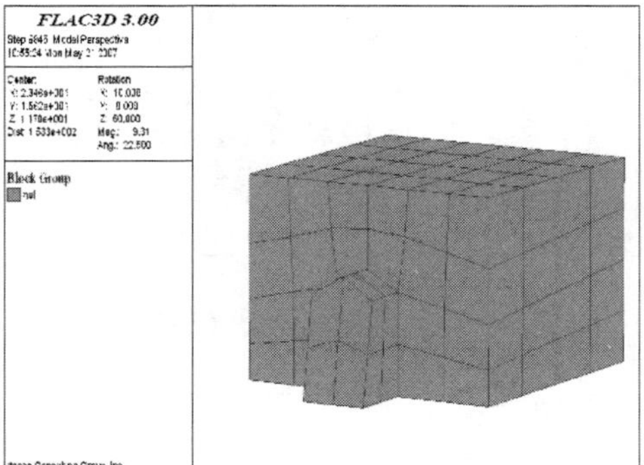

图 5.19 洞窟模型示意图

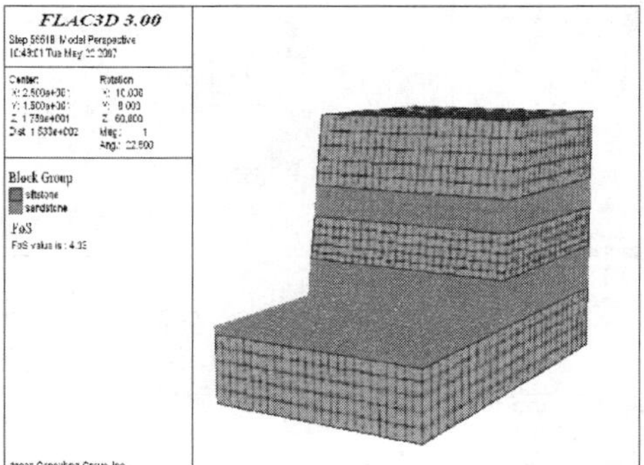

图 5.20 开挖后模型示意图

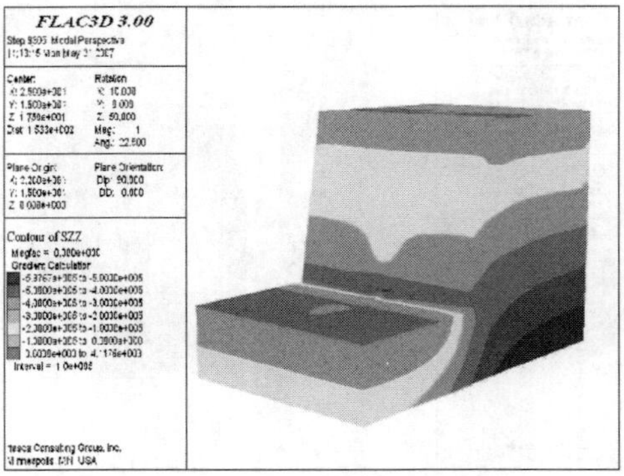

图 5.21　开挖后竖向应力（SZZ）云图

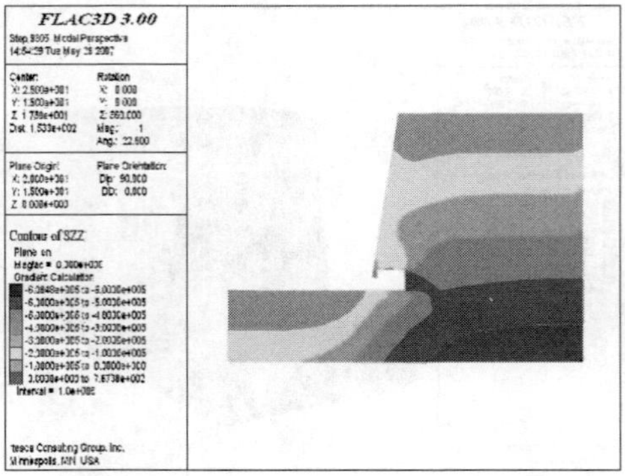

图 5.22　中心剖面应力（SZZ）云图

发生什么变化，但是从图 5.24 可以看出，在洞窟附近，特别是洞窟顶部影响比较大，出现了剪应力集中的现象，说明此时洞窟的开挖对边坡的整体稳定性没多大影响；洞窟开挖后边坡的竖向位移和水平位移如图 5.25 ~ 图 5.28 所示，可以

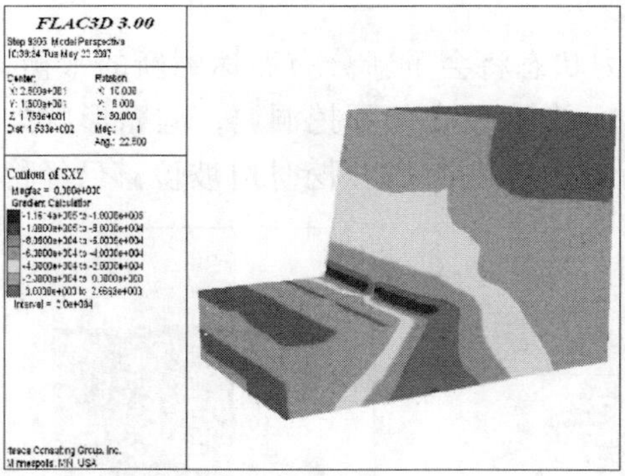

图 5.23　剪应力（SXZ）分布云图

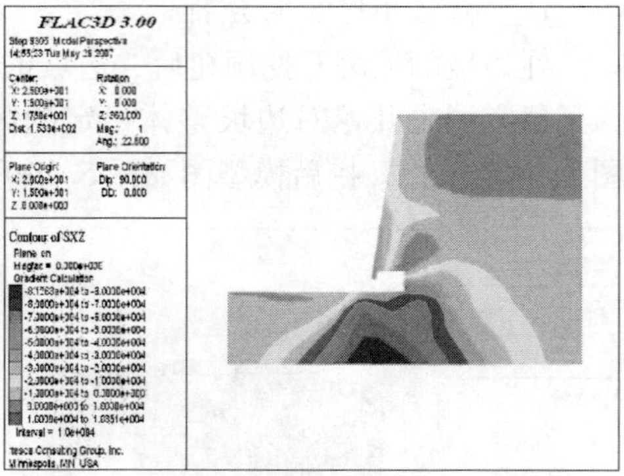

图 5.24　中心剖面剪应力（SXZ）云图

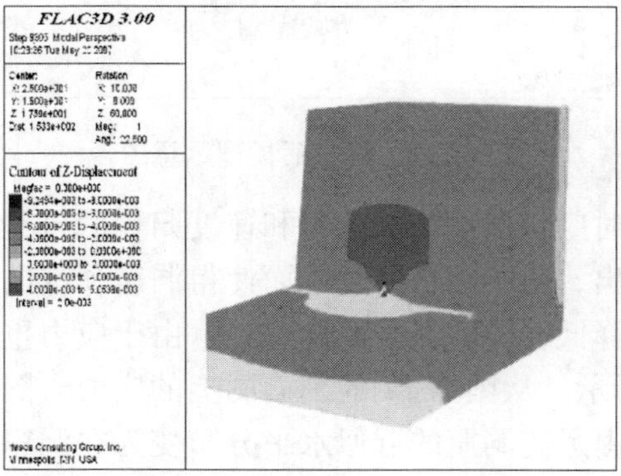

图 5.25　开挖后竖向位移（Z-Dis）云图

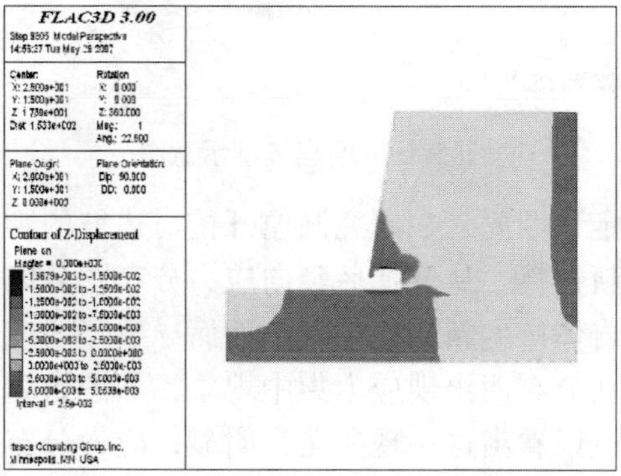

图 5.26　中心剖面竖向位移（Z-Dis）云图

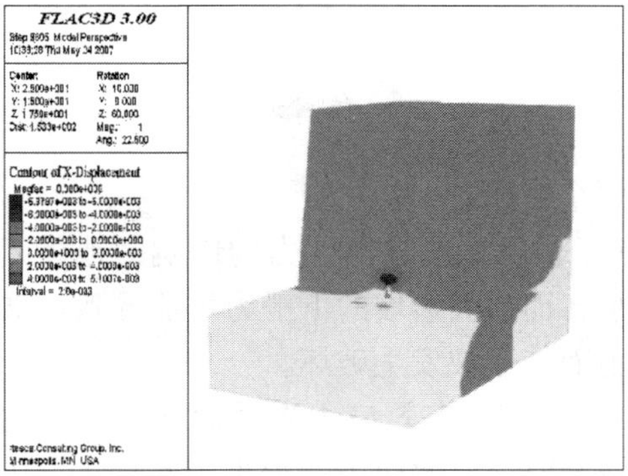

图 5.27 开挖后水平位移（X-Dis）云图

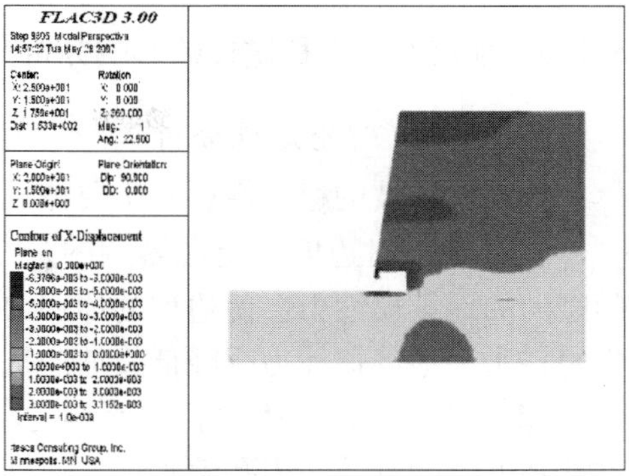

图 5.28 中心剖面位移（X-Dis）云图

看出由于洞窟的开挖，产生临空面而使得洞窟顶部产生向下的位移比较大，而远离洞窟的区域位移则很小，从图中还可以看出，位移变化主要体现在洞窟顶部向下的位移和洞窟底部因岩体开挖卸荷而产生的向上的隆起。图 5.29、图 5.30 显示洞窟顶面由于岩体开挖产生拉力作用而导致破坏。通过强度折减法得出边坡此时的安全系数为 4.03，比开挖前降低 0.25。

图 5.29 洞顶脱落

图 5.30 防止洞顶坍塌的支护

通过上面分析，可以得出以下结论：

（1）洞窟开挖后，在洞窟的顶部岩体由于产生新的底部临空面而产生向下的竖向位移和洞窟底部由于岩体开挖卸荷而产生向上的隆起，并因此造成洞窟顶部的拉裂破坏。

（2）洞窟开挖后对边坡的整体应力分布影响不大，只在靠近洞窟处出现应力重分布，出现应力集中现象，其中正应力集中于洞口两侧，剪应力集中于洞窟脚部，这跟现场观察到的遗存破坏现状相吻合。

（3）洞窟开挖对边坡的整体稳定性有一定的影响，但此时边坡安全系数为 4.03，安全性仍然较高。

5.1.6　地震对边坡稳定性的影响分析

5.1.6.1　理论定性分析

地震对边坡的稳定性影响主要体现在两个方面：

（1）地震对边坡稳定性影响的一个方面表现在地震惯性力的影响，地震期间竖向的地震惯性力会使边坡的体积力增加，而增大边坡的下滑力可能导致边坡失稳；水平地震惯性力会降低边坡的抗滑力而使边坡发生破坏。

（2）地震使得岩体内孔隙水压力增加从而使得有效应力降低而导致岩体的抗剪强度急剧衰减。当孔隙水压力达到总应力时，有效应力变为零，此时将发生塑性流动。

古格王国遗址区主要以第三系半胶结的泥岩及砂岩为主，且该地区属于高寒气候，气候干燥，雨水较少，因而地震对边坡的影响主要体现在地震惯性力对边坡的影响。同时，由于古格王国多数建筑都是建在山体之上，因而地震加速度沿山体向上不同高程，加速度要放大，到山顶达到最大值。因此地震对边坡的影响随边坡所处位置的高度增高而变大。

5.1.6.2　数值模拟分析

札达地区属于高寒气候，干燥少雨，因此地震时，边坡内不会产生超孔隙水压力，地震对古格王国遗址区边坡的影响主要体现在地震惯性力对边坡稳定性的影响。根据《建筑抗震设计规范》，札达地区的抗震设防烈度为 7 度，设计基本地震加速度为 0.15g。所选取的模拟计算对象仍为图 5.10 所示边坡，依然沿用 5.1.5.2 节模拟边坡三维概化模型和计算参数，对古格王国遗址区山体边坡进行地震影响条件下稳定性的数值模拟分析。

在考虑地震情况下，开挖洞窟后的边坡的竖向应力分布如图 5.31、图 5.32 所示，此时竖向应力分布发生了变化，有向坡面逐渐增大的趋势，这主要是由于

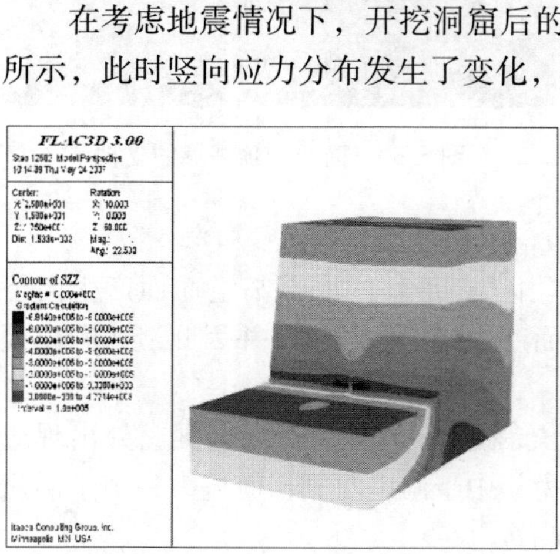

图 5.31　竖向应力（SZZ）分布云图

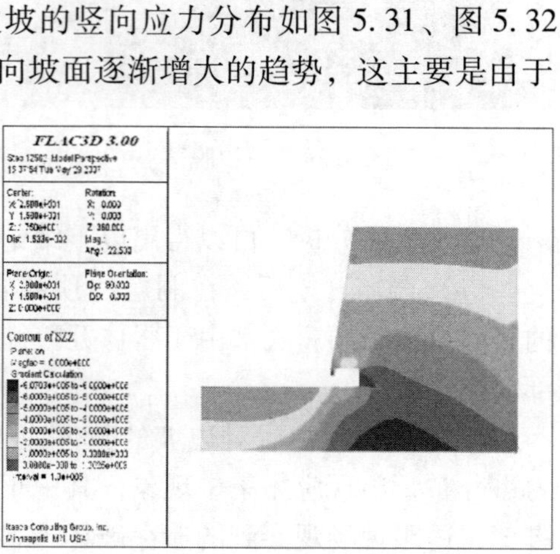

图 5.32　中心剖面应力（SZZ）云图

水平向的地震惯性力的作用。剪应力（SXZ）分布图如图 5. 33 和图 5. 34 所示，此时，剪应力分布向坡内发展，对边坡的稳定影响较大；水平方向位移由于地震的作用以及随边坡高度增加的放大作用，而使得边坡顶部的位移最大，最大位移为 9. 7cm 左右，如图 5. 35 和图 5. 36 所示，此时计算得到的安全系数为 2. 52，可见地震对边坡的整体稳定性影响比较大，但边坡仍处于安全状态。

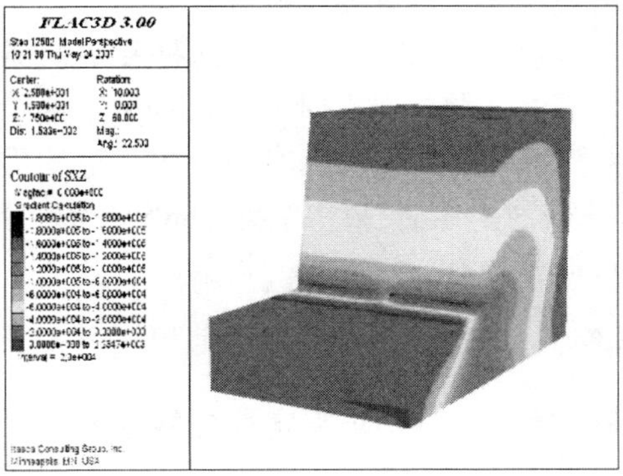

图 5. 33 剪应力（SXZ）分布云图

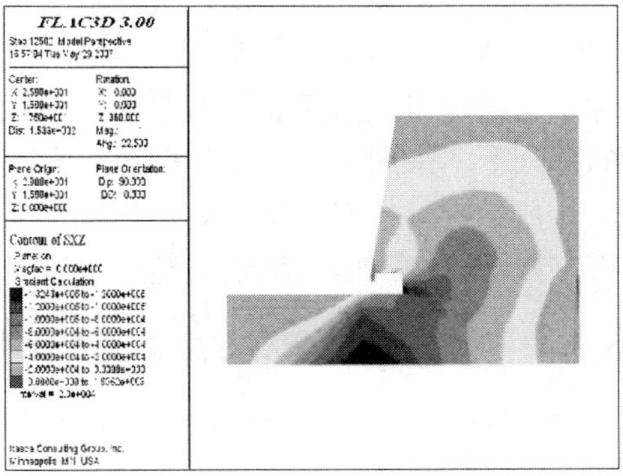

图 5. 34 中心剖面剪应力（SXZ）分布云图

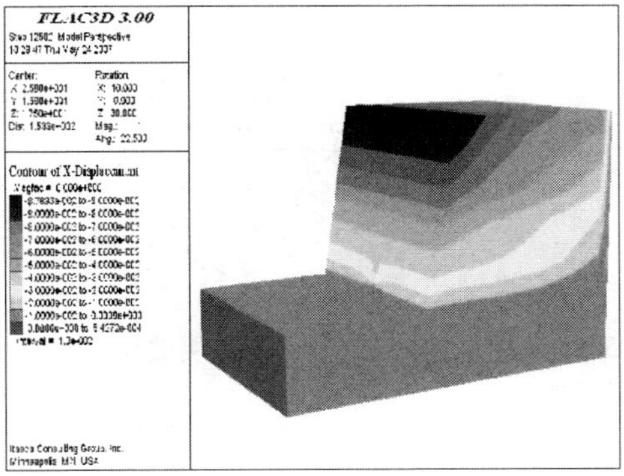

图 5. 35 水平位移（X-Dis）分布云图

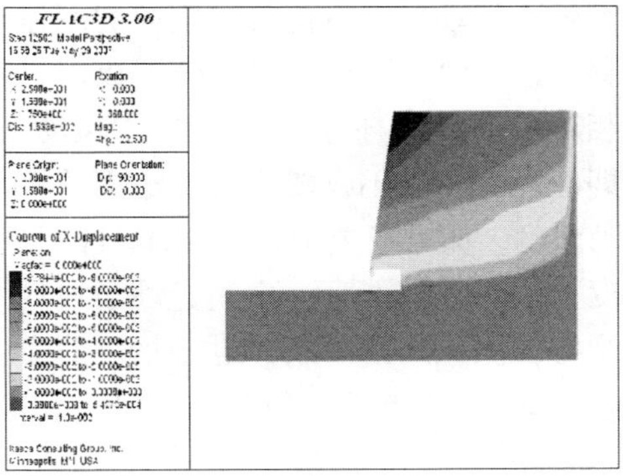

图 5. 36 中心剖面水平位移（X-Dis）分布云图

通过以上分析可以得出如下结论：

（1）水平方向的地震惯性力对边坡的竖向正应力和剪应力分布都有很大影响；

（2）由于边坡的放大作用，地震作用时坡顶位移最大；

（3）地震对边坡的安全系数影响较大；

（4）考虑 7 度地震作用时，边坡的安全系数为 2. 52，边坡处于安全状态。

由以上两节几种状态下的边坡整体稳定性分析可以得出以下结论：

（1）在初始状态下，边坡的整体稳定性很好，边坡安全稳定；

（2）局部洞窟开挖对边坡的整体稳定性有一定影响但影响较小，主要表现为在洞窟附近局部区域发生应力集中现象；

（3）地震惯性力对边坡的稳定性影响较大，使边坡的安全性降低很多，但此时边坡的整体稳定性仍然较好。

5.2　古格王国遗址边坡整体稳定性评价

古格王国遗址洞窟位于札不让山上，山体边坡的稳定性直接决定了洞窟的稳定性状态。作为洞窟文物载体的山体边坡若整体不稳定，洞窟的稳定性就没有保证；反之，密集开挖于山体边坡的洞窟若出现大面积过度变形破坏，对边坡的整体稳定性也将造成安全隐患。因此，山体边坡稳定是洞窟稳定的前提和先决条件，是确定遗址洞窟加固对策前必须优先考虑的问题。本次研究在现场勘察测绘的基础上，采用基于岩土体摩尔-库仑强度破坏准则，具有基本假设少、适用面广、数学推导严密、精度高、可同时考虑各种因素组合作用特点的 MSARMA 分析方法对古格王国遗址边坡整体稳定性进行计算分析。

5.2.1　MSARMA 分析方法原理及设计系统[225～232]

SARMA 于 1979 年提出了一种基于极限平衡理论的边坡稳定性分析方法，称为 SARMA 方法。其基本原理为：滑坡或边坡只有沿着一个理想的平面或圆弧面滑动时才可能发生完整的刚体移动，否则，滑动体必须破裂成可以相对滑动的块体才能发生整体移动，即滑体滑动时不仅要克服主滑面的抗剪强度，而且还要克服滑体本身的强度，如图 5.37 所示。分析边坡条块的受力条件和几何关系，建立相应的力学模型和几何模型分别如图 5.38（a）、（b）所示。

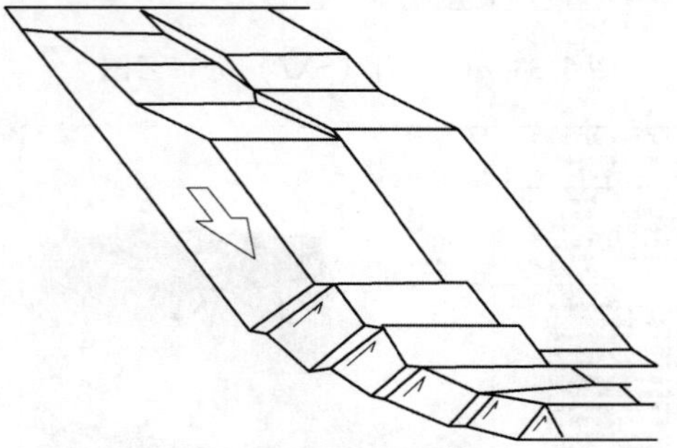

图 5.37　边坡滑动过程岩土体条块破坏示意图

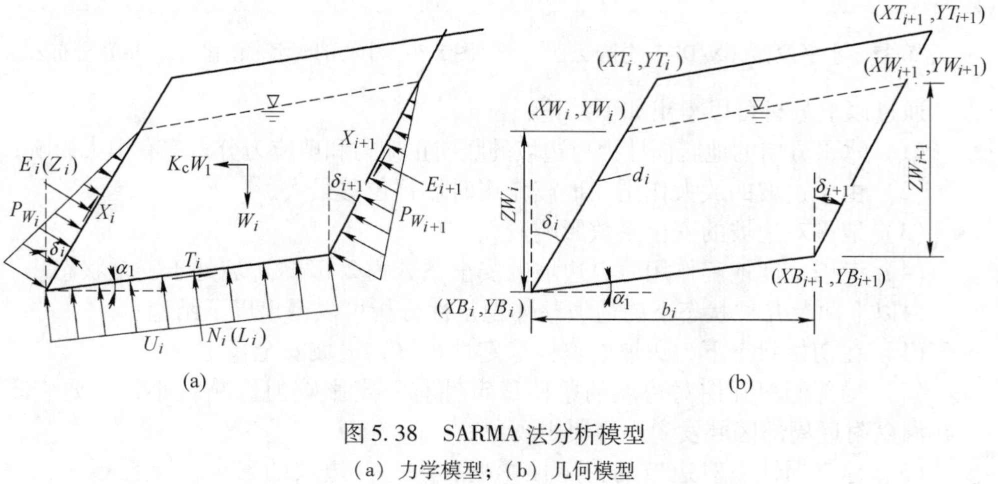

图 5.38　SARMA 法分析模型
（a）力学模型；（b）几何模型

5.2.1.1 力学模型中各参量的物理力学含义

力学模型中各参量的物理力学含义：

W_i——第 i 条块的自重，kN；

K_c——临界地震水平加速度系数；

E_i、E_{i+1}——作用在第 i 条块两侧面的法向压力，kN；

X_i、X_{i+1}——作用在第 i 条块两侧面的剪切力，kN；

N_i——作用在第 i 条块底滑面的法向压力，kN；

T_i——作用在第 i 条块底滑面的剪切力，kN；

U_i——作用在第 i 条块底滑面上的静水压力，kN；

P_{W_i}、$P_{W_{i+1}}$——作用在第 i 条块两侧面的静水压力，kN；

α_i——第 i 条块底滑面与水平面的夹角，(°)；

δ_i、δ_{i+1}——第 i 条块两侧面与铅直面的夹角，(°)；

Z_i、L_i——第 i 条块 E_i、N_i 的作用点位置，m。

5.2.1.2 几何模型中各参量的含义

几何模型中各参量的含义：

XT_i、YT_i、XT_{i+1}、YT_{i+1}——边坡第 i 条块顶面与前后侧面交点坐标，m；

XW_i、YW_i、XW_{i+1}、YW_{i+1}——边坡第 i 条块水位线与前后侧面交点坐标，m；

XB_i、YB_i、XB_{i+1}、YB_{i+1}——边坡第 i 条块底滑面与前后侧面交点坐标，m；

ZW_i、ZW_{i+1}——边坡第 i 条块前后侧面水位线与底滑面的垂直高度，m；

d_i、d_{i+1}——边坡第 i 条块前后侧面的长度，m；

b_i——边坡第 i 条块底滑面在水平面上的投影长度，m。

5.2.1.3 力学模型计算分析

由力学模型分析知，当边坡在地震作用下 K_c 达到极限平衡状态时，每一条块均满足下列平衡方程以及摩尔-库仑破坏准则，即：

(1) X 方向合力（n 个条块，n 个方程） $\sum F_x = 0$

(2) Y 方向合力（n 个条块，n 个方程） $\sum F_y = 0$

(3) 针对某点的合力矩（n 个条块，n 个方程） $\sum M = 0$

(4) 底滑面满足摩尔-库仑准则（n 个条块，n 个方程）$T_i = f(N_i, CB_i, \varphi B_i)$

SARMA 法假设当底滑面处于极限平衡状态时，边坡条块的各侧面或次级滑面也同时达到极限平衡状态，它们均满足摩尔-库仑准则。

(5) 侧滑面满足摩尔-库仑准则（n 个条块，$n-1$ 个方程）$X_i = f(E_i, CS_i, \varphi S_i)$

同时假设边坡条块侧滑面 E_i 的作用点 Z 值已知，则整个边坡平衡方程可得全解。

求解边坡的稳定系数 F_s 和临界水平地震系数 K_c 的关系表达式，可借助（1）、（2）、（3）、（4）、（5）方程组求得。

根据上述平衡方程，经一系列推导和简化，得如下递推关系式，即：

$$E_{i+1} = a_i - P_i \cdot K_c + e_i \cdot E_i \tag{5.8}$$

式（5.8）反映了相邻条块侧滑面正压力的递推关系，由此依次递推可得如下关系式，即：

$$\begin{aligned} E_{n+1} &= a_n - P_n \cdot K_c + e_n \cdot E_n \\ &= a_n + e_n \cdot a_{n-1} + e_n \cdot e_{n-1} \cdot a_{n-2} + \cdots + e_n \cdot e_{n-1} \cdot e_{n-2} \cdots e_2 \cdot a_1 - \\ &\quad K_c \cdot (P_n + e_n \cdot P_{n-1} + e_n \cdot e_{n-1} \cdot P_{n-2} + \cdots + e_n \cdot e_{n-1} \cdot e_{n-2} \cdots e_2 \cdot P_1) + \\ &\quad e_n \cdot e_{n-1} \cdot e_{n-2} \cdots e_2 \cdot e_1 \cdot E_1 \end{aligned} \tag{5.9}$$

推得 SARMA 法的边坡稳定性系数求解公式，即

$$K_c = \frac{e_n \cdot e_{n-1} \cdot e_{n-2} \cdots e_2 \cdot e_1 \cdot E_1 + a_n + e_n \cdot a_{n-1} + \cdots + e_n \cdot e_{n-1} \cdot e_{n-2} \cdots e_2 \cdot a_1 - E_{n+1}}{P_n + e_n \cdot P_{n-1} + e_n \cdot e_{n-1} \cdot P_{n-2} + \cdots + e_n \cdot e_{n-1} \cdot e_{n-2} \cdots e_2 \cdot P_1} \tag{5.10}$$

式中，a_i、P_i、e_i 为常量系数，取值如下

$$a_i = \frac{W_i \cdot \sin(\varphi B_i - \alpha_i) + R_i \cdot \cos\varphi B_i + S_{i+1} \cdot \sin(\varphi B_i - \alpha_i - \delta_{i+1}) - S_i \cdot \sin(\varphi B_i - \alpha_i - \delta_i)}{\cos(\varphi S_{i+1} - \alpha_i - \delta_{i+1} + \varphi B_i) \cdot \sec\varphi S_{i+1}} \tag{5.11}$$

$$P_i = \frac{W_i \cdot \cos(\varphi B_i - \alpha_i)}{\cos(\varphi S_{i+1} - \alpha_i - \delta_{i+1} + \varphi B_i) \cdot \sec\varphi S_{i+1}} \tag{5.12}$$

$$e_i = \frac{\cos(\varphi S_i - \alpha_i - \delta_i + \varphi B_i) \cdot \sec\varphi S_i}{\cos(\varphi S_{i+1} - \alpha_i - \delta_{i+1} + \varphi B_i) \cdot \sec\varphi S_{i+1}} \tag{5.13}$$

$$R_i = CB_i \cdot b_i \cdot \sec\alpha_i - U_i \cdot \tan\varphi B_i \tag{5.14}$$

$$S_i = CS_i \cdot d_i - PW_i \tan\varphi S_i \tag{5.15}$$

该方法存在的主要问题有：

（1）只适用于齐次边界条件下的边坡稳定性计算；

（2）没有考虑边坡工程的各种排水条件；

（3）不考虑坡面存在荷载的情况及有工程加固力的工况；

（4）不能进行多种工程状态组合情况下的边坡稳定性计算与分析。

何满潮院士在最初的 SARMA 法仅考虑边坡齐次边界条件的基础上，不仅考虑了边坡的非齐次边界条件，而且考虑了边坡坡面存在荷载和加固力的情况下边坡的稳定性问题，推导了有坡面面力作用的求解稳定系数的迭代关系式，称为 MSARMA 方法。

边坡的水力边界条件十分复杂，大部分边坡为非齐次边界条件。根据边坡前后缘水位和张开裂隙充水情况，得到如下四类边界条件，图 5.39 为实际边坡的六种边界水力学状态。

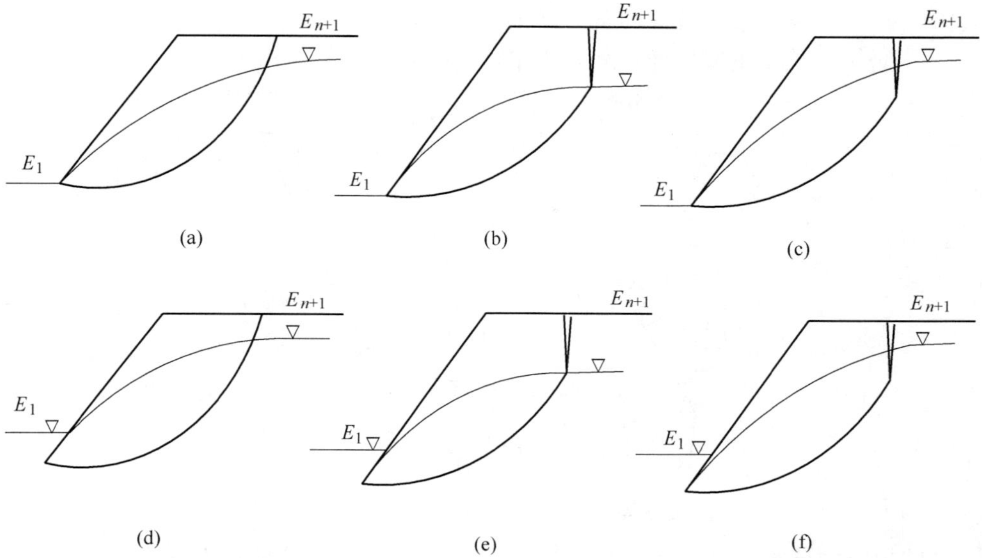

图 5.39　边坡的各类边界条件和水文地质意义图

(1) 第一类边界条件（齐次边界条件，见图 5.39（a）和（b））。

即
$$E_1 = 0, E_{n+1} = 0$$

(2) 第二类边界条件（非齐次边界条件，见图 5.39（c））。

即
$$E_1 = 0, E_{n+1} = \frac{1}{2}\gamma_w Z W_{n+1}^2$$

(3) 第三类边界条件（非齐次边界条件，见图 5.39（d）、（e））。

即
$$E_1 = \frac{1}{2}\gamma_w Z W_1^2 \csc\alpha, E_{n+1} = 0$$

(4) 第四类边界条件（非齐次边界条件，见图 5.39（f））。

即
$$E_1 = \frac{1}{2}\gamma_w Z W_1^2 \csc\alpha\ , E_{n+1} = \frac{1}{2}\gamma_w Z W_{n+1}^2$$

将上述各类边界条件分别代入式（5.10），则分别得到相应的边坡稳定性系数求解公式。

当坡面存在荷载或在坡面施加加固力时，边坡相应的力学模型如图 5.40 所示。

由此建立边坡的平衡方程为

$$N_i\cos\alpha_i + T_i\sin\alpha_i = W_i + X_{i+1}\cos\delta_{i+1} - X_i\cos\delta_i - E_{i+1}\sin\delta_{i+1} + E_i\sin\delta_i + F_i\sin\gamma_i \tag{5.16}$$

$$T_i\cos\alpha_i - N_i\sin\alpha_i = K_c W_i + X_{i+1}\sin\delta_{i+1} - X_i\sin\delta_i + E_{i+1}\cos\delta_{i+1} - E_i\cos\delta_i - F_i\cos\gamma_i \tag{5.17}$$

$$T_i = (N_i - U_i)\tan\varphi B_i + CB_i \cdot b_i \cdot \sec\alpha_i \tag{5.18}$$

式中　F_i ——第 i 条块坡面荷载，kN；

　　　γ_i ——第 i 条块坡面荷载与水平面的夹角，(°)。

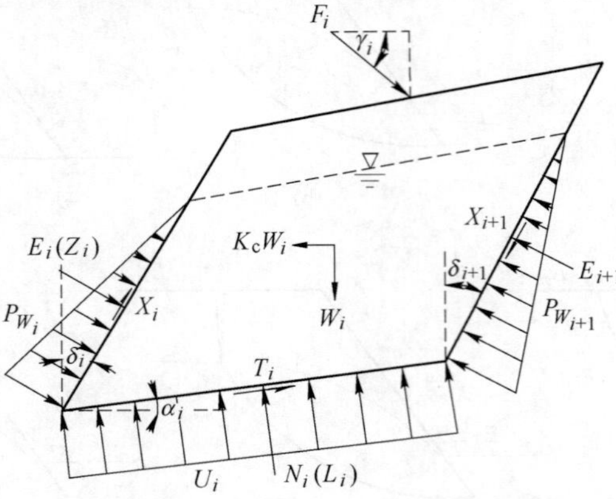

图 5.40　改进的 SARMA 法力学模型

其相应的计算模型仍然为式（5.10），但公式中的系数 a_i 推导为式（5.11）形式，即

$$a_i = \frac{W_i \cdot \sin(\varphi B_i - \alpha_i) + R_i \cdot \cos\varphi B_i + S_{i+1} \cdot \sin(\varphi B_i - \alpha_i - \delta_{i+1}) - S_i \cdot \sin(\varphi B_i - \alpha_i - \delta_i) + F_i\cos(\varphi B_i - \gamma_i - \alpha_i)}{\cos(\varphi S_{i+1} - \alpha_i - \delta_{i+1} + \varphi B_i) \cdot \sec\varphi S_{i+1}} \tag{5.19}$$

中国矿业大学（北京）岩土工程研究中心将边坡稳定系数计算、影响边坡稳态的各类因子的敏感性分析、边坡最佳加固角的确定以及边坡加固力计算等几方面有机地结合起来，编制了功能齐全的“边坡工程稳定性 MSARMA 分析设计系统”。边坡工程稳定性 MSARMA 分析设计系统适用于各类边坡（如矿山工程边坡、水利工程边坡、道路工程边坡、城市建筑工程边坡等）的稳定性评价和工程设计。在本课题研究中，考虑古格遗址山体的地形地貌、建筑形制、洞窟分布等情况，选取本书第 2 章图 2.3 和图 2.4 所示可反映山体主体走向的 A—B 剖面对山体边坡整体稳定性进行计算分析，并据此对其在各种情况下的整体稳定性及对地震和排水率等的敏感性进行分析。

5.2.2　古格王国遗址区边坡稳定性计算

（1）参数确定。本次岩土体的计算参数主要根据现场勘察资料，并结合力学试验结果以及建筑物所处的实际状态进行选取，如表 5.2 所示。

表 5.2　边坡稳定性计算岩土体参数表

计算参数	φ/(°)	C/MPa	γ/kN · m^{-3}
泥　岩	32.4	2.122	27.3
砂　岩	23.8	1.568	26.5
砂泥岩	29.2	1.663	26.9

建筑物的恒荷载取 3kPa，坡面活荷载按 $q=2\text{kPa}$ 选取。

（2）计算模型。根据现场实测地形及简化工程地质剖面（见图 5.41，完整工程地质剖面图见第 2 章图 2.4）及边坡的实际状况，计算范围下起遗址管理所平台，上至王宫遗址即边坡坡顶。在此基础上进行了适当的概化，建立了古格王国遗址山体稳定性计算模型（见图 5.42）。图中水平实线为岩层分界面，虚线为边坡坡度突变点。

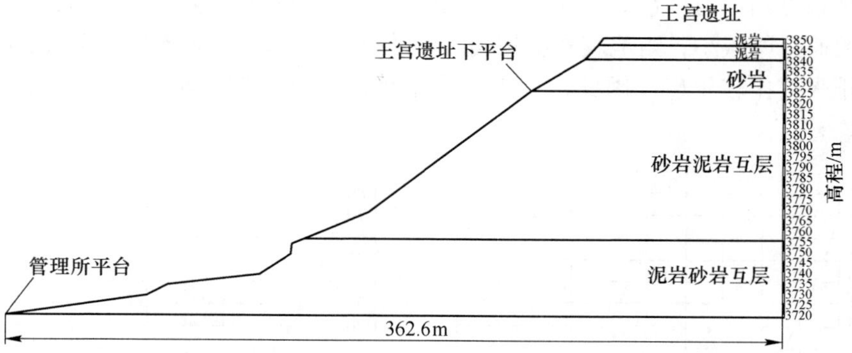

图 5.41　古格王国遗址山体稳定性计算剖面图

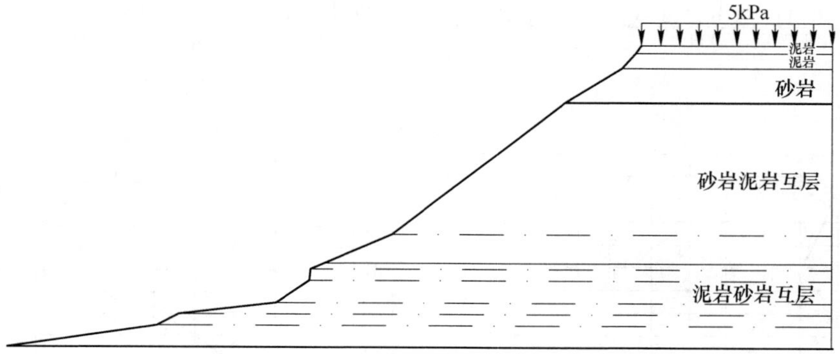

图 5.42　古格王国遗址山体稳定性计算概化模型

（3）计算结果分析。

1）整体稳定性计算结果分析。根据图 5.42 所示计算概化模型，分别计算不同状态下古格王国遗址山体的稳定性，其整体稳定系数如表 5.3 所示。

表 5.3　古格王国遗址山体边坡稳定系数计算结果

条件	饱水状态（排水率 0%）		一般状态（排水率 50%）		干燥状态（排水率 100%）	
	无地震	Ⅶ度地震	无地震	Ⅶ度地震	无地震	Ⅶ度地震
稳定系数	1.4328	1.2718	1.7122	1.5120	2.0568	1.8150

根据古格王国遗址山体边坡稳定性计算结果可知：当不考虑地震因素时，在

饱水状态（排水率0%）、一般状态（排水率50%）及干燥状态（排水率100%）下，边坡体均处于稳定状态。当考虑Ⅶ度抗震设计标准时，在饱水状态下，边坡较接近于临界状态（稳定系数为1.2718）；而在一般及干燥状态下，则处于稳定状态。

2）敏感性分析。在古格王国遗址山体边坡稳态分析中，分别进行了其整体稳定性对地震烈度和排水率敏感性分析，分析结果如图5.43所示。根据敏感性计算结果可知：当排水率相同时古格王国遗址山体边坡整体稳定系数随地震烈度的增大而急剧减小，当地震烈度相同时则随排水率的增大而增大，其稳定性对地震及排水均比较敏感。因此，排水对古格王国遗址山体边坡整体稳定作用非常明显。

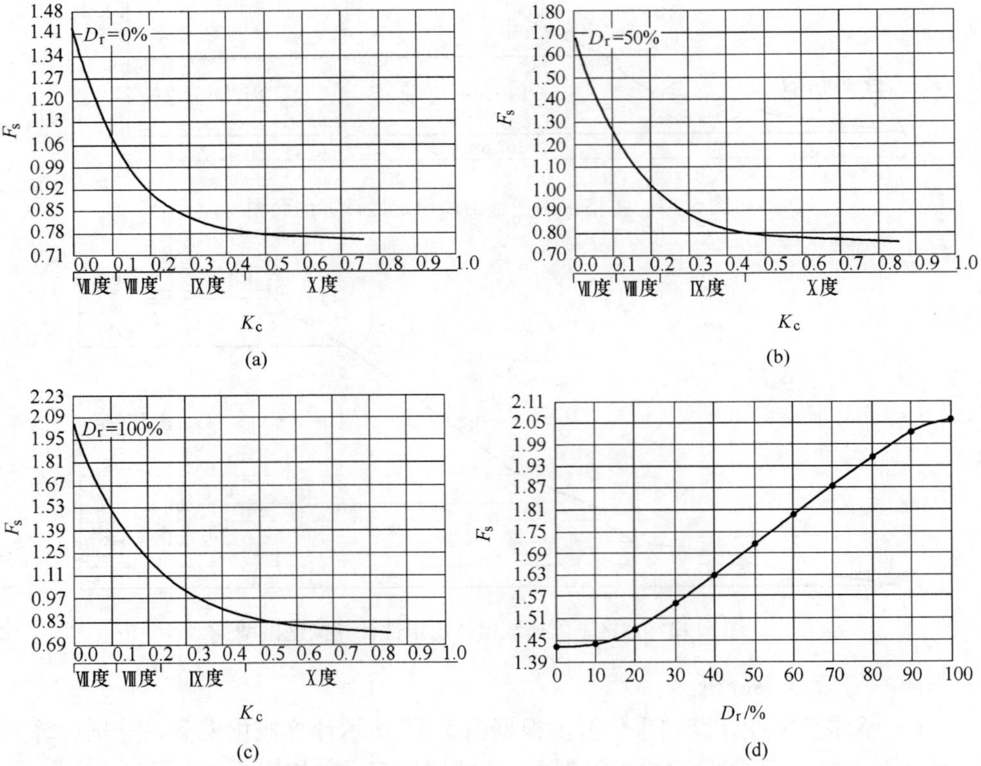

图5.43　古格王国遗址山体边坡稳态敏感性分析

（a）对地震烈度敏感性（排水率为0%）；（b）对地震烈度敏感性（排水率为50%）；（c）对地震烈度敏感性（排水率为100%）；（d）对排水率敏感性

5.3　古格王国遗址洞窟与边坡稳定性评价

古格王国遗址位于阿里地区札达县城西南方的象泉河旁的山坡上，山体陡壁林立，其边坡稳定性对于山体和洞窟的安全稳定具有重要的意义。如前所述，古格山体的稳定性问题包括整体滑动稳定性（滑坡）、危岩体和洞窟崩塌，古格山体边坡的稳定性深受山体岩性、边坡坡度、结构面等因素影响，从前面的分析可知目前状态下边坡整体是稳定的。但一些濒临崩塌的危岩体和洞窟如不及时发现并加以保护，其破坏将引起边坡的不稳定，特别是部分洞窟上部仍有建筑群存在，边坡的不稳定可能进一步引起文物的破坏。

古格王国遗址边坡稳定性是此地文物保护对策实施的决定性因素，因此，本次研究在现场勘察的基础上，选取典型陡坡断面（含洞窟）和危岩体进行稳定性数值计算，确定这些因素对边坡稳定性影响的敏感程度，以期发现与边坡稳定性相关的关键性变形破坏部位和规律性现象。采用基于岩土体摩尔-库仑强度破坏准则，具有成熟理论、适用于岩土大变形模拟的“深部工程软岩大变形力学分析设计系统”——LDEAS 1.0 对遗址边坡与洞窟稳定进行计算分析。

5.3.1 有限元软件 LDEAS 简介及基本原理

5.3.1.1 LDEAS 程序简介

随着非线性几何场论的研究不断取得进展，目前形成了两大有限变形理论：

（1）采用固定坐标系描述方法，以 Green 非线性应变作为应变度量和 Finger 极分解定理得到的转动张量为转动度量的经典有限变形理论；

（2）采用拖带坐标系描述方法，基于应变和转动的和分解定理（additive decomposition theorem，简称 S-R 分解定理）的有限变形理论。

和分解有限变形理论采用拖带系描述，应变与转动分解具有唯一性、相互匹配，克服了经典有限变形理论的不足，对有限变形力学的发展有重要的意义。虽然基于和分解定理和拖带系描述的大变形有限元方法研究取得了一些成果，但是到目前为止还没有推出相应的非线性有限元分析软件，极大地制约了和分解有限变形理论的进一步发展和工程应用。为此，中国矿业大学（北京）岩土工程研究中心何满潮院士基于非线性大变形理论及其设计方法，构思和主持开发了集和分解、极分解为一体、具有自主知识产权的“深部工程软岩大变形力学分析设计系统”——LDEAS 软件系统（large deformation engineering analysis and design system for soft rock），为和分解有限变形理论用于大变形分析研究提供了数值分析工具。

在现阶段，该分析软件称为“深部工程软岩大变形力学分析设计系统 LDEAS 1.0 版”。LDEAS 1.0 分 4 个功能独立的子系统：前处理子系统、参数设置子系统、计算子系统、后处理子系统。通过界面将这些子系统组合起来。软件系统的主流程图如图 5.44 所示。

前处理子系统主要包括几何建模、边界条件设置、材料设置和单元剖分等内容的设置。

参数设置子系统主要包括荷载、材料参数、单元材料等内容的设置。

计算参数子系统中包括计算模型的选择、地应力计算和工程计算三项内容的设置。

后处理子系统处理计算结果的显示和输出。

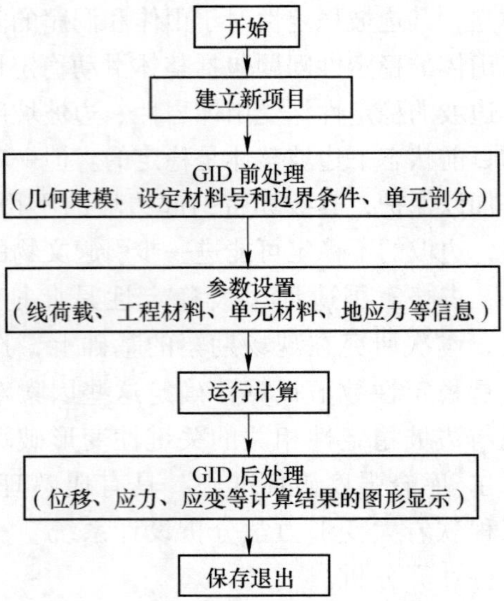

图 5.44 LDEAS 软件系统主流程图

5.3.1.2 系统的基本原理

（1）位形变换的和分解定理。和分解有限变形力学采用嵌含在可变形体中的拖带系描述方法。与极分解将位形梯度分解为转动与变形的乘积不同，和分解将其分解为转动与应变的直和：

$$\boldsymbol{F} = \boldsymbol{R} + \boldsymbol{S}; F^i_j = S^i_j + R^i_j \tag{5.20a}$$

$$S^i_j = \frac{1}{2}(u^i|_j + u^i|^T_j) - (1 - \cos\Theta) L^{\cdot i}_{k\cdot} L^{\cdot k}_{j\cdot} \tag{5.20b}$$

$$R^i_j = \delta^i_j + L^{\cdot i}_{j\cdot}\sin\Theta + (1 - \cos\Theta) L^{\cdot i}_{k\cdot} L^{\cdot k}_{j\cdot} \tag{5.20c}$$

其中，$\boldsymbol{R}$ 为正交变换，表现为点集的转动；$\boldsymbol{S}$ 为对称变换，表现为点集的形变；Θ为平均整旋角；$L^{\cdot i}_{j\cdot}$ 为转轴方位张量。

和分解有限变形理论将 Euler 运动学公式推广到了变形体的运动，得到了变形体运动的速度梯度和分解式如下

$$V^j\|_i = \dot{S}^j_i + \dot{R}^j_i \tag{5.21a}$$

$$\dot{S}^j_i = \frac{1}{2}(V^i\|_j + V^i\|^T_j), \dot{R}^j_i = L^j_i\dot{\Theta} = \frac{1}{2}(V^i\|_j - V^i\|^T_j) \tag{5.21b}$$

式中，$\dot{S}^j_i$ 和 $\dot{R}^j_i$ 分别为该点的应变速率和局部转动速度。

（2）客观应力速率、平衡方程：客观应力速率 $\overset{\Delta}{\sigma}{}^i_{\cdot j}$ 为

$$\overset{\Delta}{\sigma}{}^i_{\cdot j} = \dot{\sigma}^i_{\cdot j} - \sigma^i_{\cdot k}\dot{S}^k_{\cdot j} - \sigma^i_{\cdot j}\dot{S}^k_{\cdot k} \tag{5.22}$$

平衡方程是建立在变形后的位形上的：

$$\sigma^i_{\cdot j}\|_i + f_j = 0 \tag{5.23}$$

式中，$\sigma^i_{\cdot j}\|_i = \sigma^i_{\cdot j,i} + \Gamma^i_{ik}\sigma^k_{\cdot j} - \Gamma^k_{ij}\sigma^i_{\cdot k}$ 是应力在瞬时拖带系中的协变导数；f_j 为体积力。

（3）本构关系：

全量形式的弹性应力应变关系为

$$\widehat{\sigma}^{i}_{.j} = E^{i..l}_{.jk.}\widehat{S}^{k}_{.l} \tag{5.24}$$

式中，$E^{i..l}_{.jk.}$ 为刚度矩阵；$\widehat{\sigma}^{i}_{.j}$、$\widehat{S}^{k}_{.l}$ 分别为应力和应变的物理分量。

率形式的本构关系为

$$\overset{\Delta}{\sigma}^{i}_{.j} = E^{i..l}_{.jk.}\dot{S}^{k}_{.l} \tag{5.25}$$

（4）变分原理。在瞬时拖带系中，势能率原理为

$$\delta\dot{J} = \int_{\Omega}\sigma^{i}_{.j}\delta\dot{S}^{j}_{..i}\mathrm{d}\Omega - \int_{\Omega}f_{i}\delta V^{j}\mathrm{d}\Omega - \int_{S_{\sigma}}T_{i}\delta V^{j}\mathrm{d}a = 0 \tag{5.26}$$

式中，T_i、f_i 分别为表面力和体积力；Ω 为积分空间。

5.3.1.3　系统特色及功能

深部软岩工程大变形力学分析设计系统 LDEAS 以软岩大变形理论和非线性力学设计方法为理论基础，通过有限元程序自动生成平台 FEPG5.2，建立深部三相（气、液、固）三场（应力场、渗流场、温度场）耦合作用的数值模拟系统。系统有四个特色：

（1）以和分解有限变形力学分析模型为主体，包括极分解力学分析模型供用户进行对比分析；

（2）强调非线性大变形力学设计的特色：力学对策设计、过程设计和参数设计；

（3）包括多种岩土材料本构模型和工程材料单元，可以进行边坡工程、地基工程、地下洞室工程等岩土工程的大变形力学分析；

（4）具有我国自主知识产权。

软件系统包括前处理子系统、参数设置子系统、计算子系统、后处理子系统，主界面如图 5.45 所示。

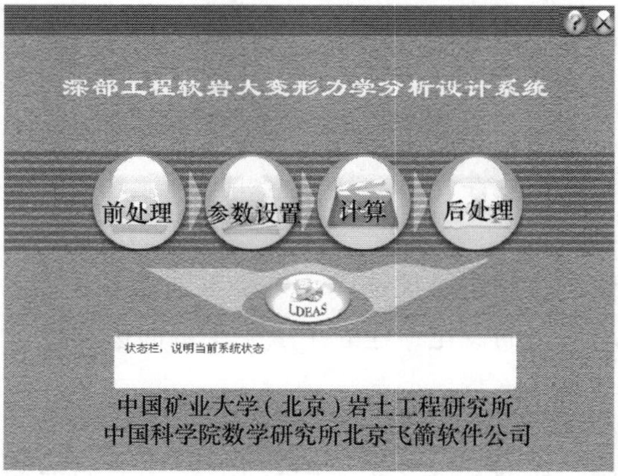

图 5.45　软件系统主界面

LDEAS 1.0 具有二维固体应力场的非线性力学数值模拟分析功能，其有限变形力学分析模型包括极分解、和分解两个模块，计算模型包括弹性全量、弹性增量、弹塑性增量的平面应力、平面应变问题共计 16 个分析计算程序，单元模型有实体单元、Goodman 节理单元、殷有泉弹塑性节理单元和刚架、锚杆、桁架等结构单元，可以考虑桁架、锚杆、锚索支护和开挖、建造施工过程。

5.3.2 古格王国遗址边坡稳定性计算

考虑山体的范围大小、基岩剖面的复杂性以及整体的稳定性现状，本次模拟只选择不同分区具有代表性的三个剖面Ⅰ—Ⅰ、Ⅱ—Ⅱ、Ⅲ—Ⅲ进行整体边坡计算分析，典型剖面包含具有代表性的洞窟，并据此对其在自然状态、淋水状态下的稳定性进行评价（5.2 节已分析了边坡在地震工况下整体稳定性较高，因此此处不再考虑地震工况）。

5.3.2.1 Ⅰ—Ⅰ剖面边坡稳定性计算

A 参数确定

本次岩土体的计算参数主要根据现场勘察资料，并结合水理实验、力学试验结果以及建（构）筑物所处的实际状态进行选取，如表 5.4 所示。

表 5.4 边坡岩体参数

计算参数	弹性模量 E/MPa	泊松比	内摩擦角 φ/(°)	黏聚力 C/MPa	重度 γ/kN · m^{-3}
岩体 1	300	0.30	33.14	0.5	17.1
岩体 2	0.01	0.30	33.14	0.5	17.1
节理 1	3	0.30	33.14	0.5	17.1
节理 2	0.01	0.30	33.14	0.5	17.1

考虑目前游客较少，且日接待量不超过 200 人，所以边坡地面荷载忽略不计，只考虑山体在自重作用下的边坡稳定性计算，重度参数见表 5.4。计算条件采用平面应变增量和分解分析方法，分 2 步计算，第一步为岩体在干燥状态下的参数计算，第二步为淋雨状态下边坡表层岩体遇水急剧膨胀软化。此计算为模拟自重应力作用下的边坡稳定性计算。

B 计算模型

根据现场实测地形、洞窟形状及尺寸，绘出剖面（见图 5.46）的基本形状，并在此基础上进行了适当的概化，建立了Ⅰ—Ⅰ剖面边坡稳定性计算模型（见图 5.47）。

C 计算结果分析

根据概化计算模型简图 5.47，在不同状态下计算边坡的稳定性，边坡上各点位移变化较小，边坡整体稳定性较好。最大位移出现在最右侧洞窟Ⅰ-2-1-11 顶

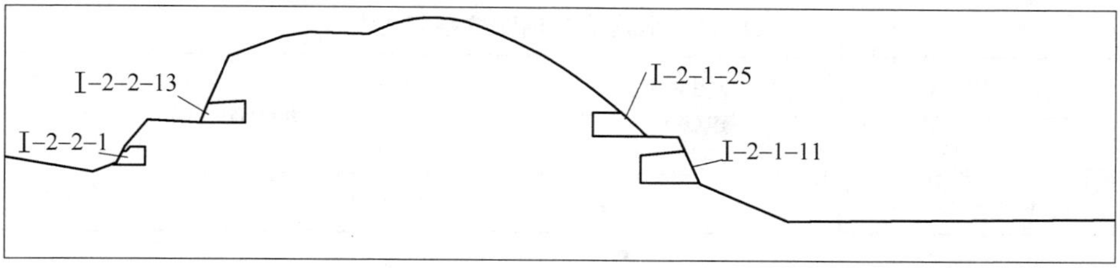

图 5.46 Ⅰ—Ⅰ剖面示意图

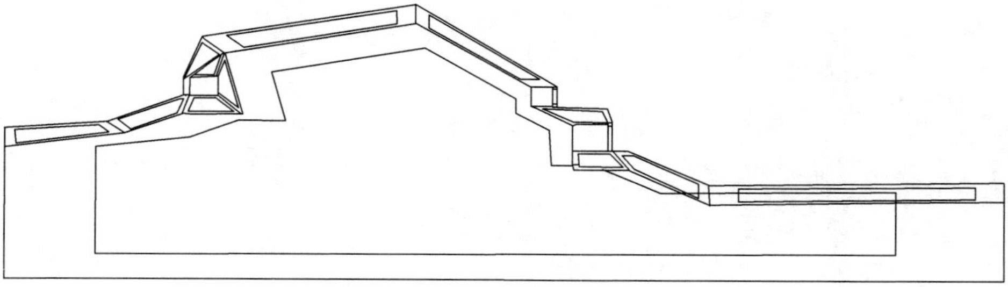

图 5.47 Ⅰ—Ⅰ剖面计算模型概化图

板处，其次在上方的洞窟Ⅰ-2-1-25 处，见图 5.48。其原因是由于洞窟的开挖，洞窟周围应力场重分布，且洞壁及顶板形成临空面，尤其是顶板出现如二维模型中所示的洞窟Ⅰ-2-1-11 简支梁结构，由结构力学模型可知，洞窟顶板的关键部位出现在顶板根部，该处应力集中明显；顶板中部由于挠度较大顶板底部也产生张拉作用，特别是顶板包含结构面较多时，顶板极易破坏。洞窟Ⅰ-2-1-25 由于顶板较薄，若顶板遇水强度弱化在自重作用下即可产生较大位移。以上分析说明洞窟进深大小以及顶板厚度对洞窟稳定性具有一定的影响，所以应当尽量减小关键部位的应力集中现象，建议对于进深较大的洞窟进行洞内支挡，并优化排水设计，防止顶板强度弱化。

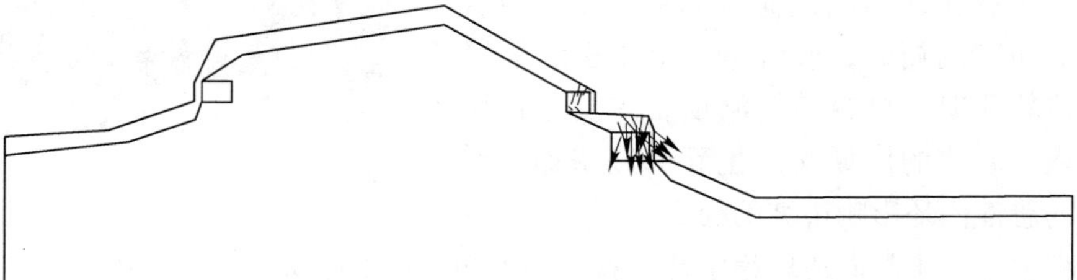

图 5.48 Ⅰ—Ⅰ剖面边坡位移矢量图

取上述两个位移变化最大的洞窟顶板，分析顶板在淋雨状态下随岩体强度的降低所产生的位移变化量对边坡稳定性的影响，如表 5.5 所示。分析得知，洞窟顶板的下沉会使周围边坡产生新的张剪破坏。

表 5.5 洞窟顶板相对位移变化表

洞窟编号	第一步相对位移/m	第二步相对位移/m	第三步相对位移/m
Ⅰ-2-1-11	0	0.3081	0.3231
Ⅰ-2-1-25	0	0.0942	0.0959

从边坡竖向应力等值线图 5.49 可以看出，在自重应力作用下，边坡岩体沿

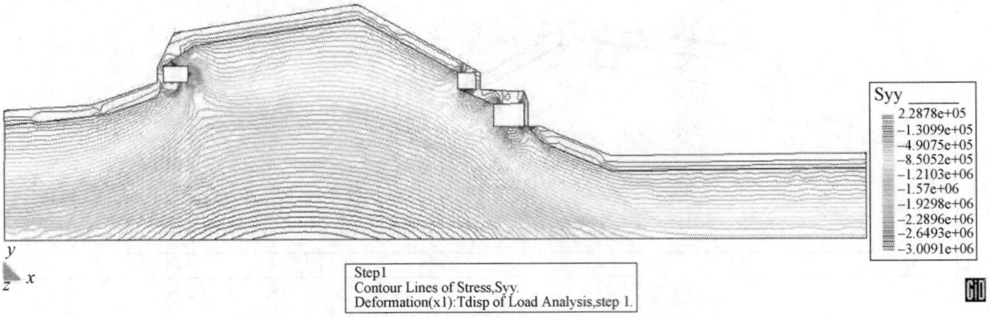

图 5.49 Ⅰ—Ⅰ剖面边坡竖向应力等值线图

剖面轮廓线受力较均匀，且应力随坡体高度增加而减小，边坡整体处于稳定状态。在边坡剖面形状突变处，即洞窟内壁及顶底板脚点（见图 5.50）处有应力集中现象存在。原因是洞窟开挖形成的边坡工程岩体，原有平衡体系遭到破坏，原始地应力场受扰动影响大，岩体应力产生重分布，即在临空面（或自由面）附近地应力场包括主应力的大小、方向以及主应力差发生较大变化，形成卸荷应力场。尤其当岩体结构面切割洞窟时，或者由于降雨引起洞窟顶板岩体软化时，更容易使洞顶岩体受张拉作用而崩塌，岩体的崩塌又产生新的临空面，通过这样的恶性循环影响边坡的稳定性。

图 5.50 Ⅰ-2-1-11 号洞窟立面图

根据Ⅰ—Ⅰ剖面边坡稳定性计算结果可知：在干燥状态下，山体处于整体稳定状态；当考虑雨水侵蚀时，坡面岩体随水量增加而强度降低，且在自重作用下即可产生较大位移，甚至破坏。

5.3.2.2 Ⅱ—Ⅱ剖面边坡稳定性计算

A 计算模型

根据现场实测地形、洞窟形状及尺寸，绘出剖面Ⅱ—Ⅱ（见图 5.51）的基

本形状，并在此基础上进行了适当的概化，建立了Ⅱ—Ⅱ剖面边坡稳定性计算模型（见图5.52）。

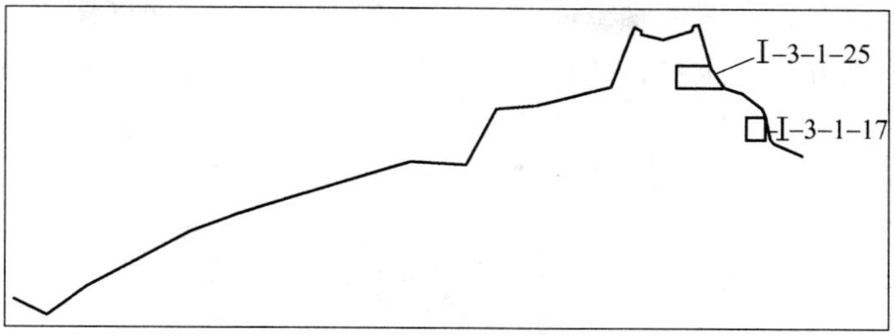

图5.51 Ⅱ—Ⅱ剖面示意图

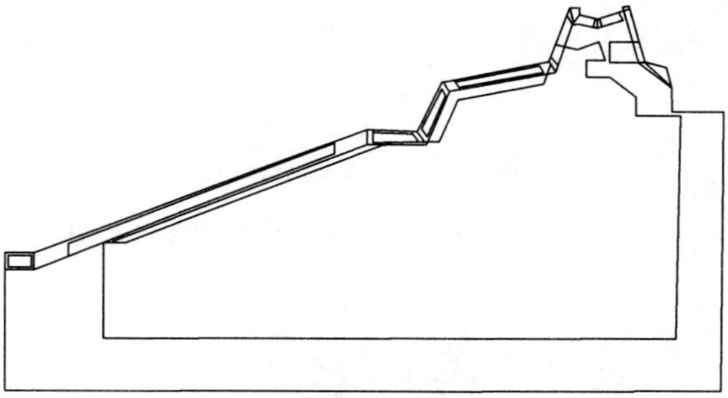

图5.52 Ⅱ—Ⅱ剖面计算模型概化图

B 计算结果分析

根据概化计算模型简图5.52，在不同状态下计算边坡的稳定性，边坡上各点位移整体变化较小，边坡整体稳定性较好。最大位移出现在最右侧洞窟Ⅰ-3-1-25上方的建筑物上，即洞窟顶板，如图5.53所示。由于洞窟进深较大，且顶板厚度不大，上方建筑物加大了顶板荷载，使得顶板易变形破坏。根据现场资料，洞口两侧的洞壁厚度较小，遇水强度弱化，在顶板挤压下易发生张裂破坏，对上方建筑物保护不利。

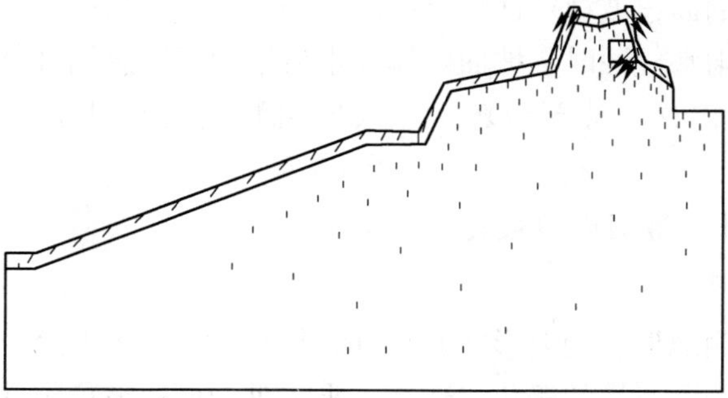

图5.53 Ⅱ—Ⅱ剖面边坡位移矢量图

从Ⅱ—Ⅱ剖面边坡竖向应力等值线图 5.54 中可以看出，由于边坡坡度较平缓，且洞窟较少，受力较均匀，边坡整体处于稳定状态。在洞窟Ⅰ-3-1-25 的内壁及顶底板脚点处，即边坡临空面（见图 5.55），产生应力集中现象。由于顶板厚度较小，且上方为建筑物，使得顶板在自重和建筑物压力双重作用下，易产生压剪破坏。

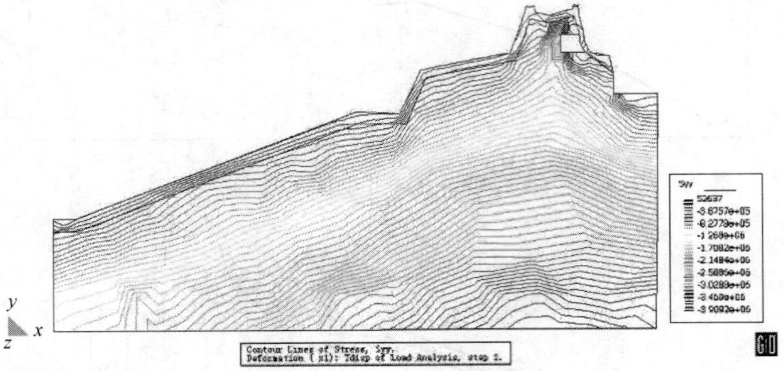

图 5.54　Ⅱ—Ⅱ剖面边坡竖向应力等值线图

图 5.55　Ⅰ-3-1-25 号洞窟立面图

根据Ⅱ—Ⅱ剖面边坡稳定性计算结果可知：在干燥状态下，山体整体处于稳定状态；当考虑雨水侵蚀时，坡面岩体随水量增加强度急剧降低，且在自重作用下即可产生较大位移，甚至破坏。建议加固洞壁及洞口排水，或者进行洞内支顶。

5.3.2.3　Ⅲ—Ⅲ剖面边坡稳定性计算

A　计算模型

根据现场实测地形、洞窟形状及尺寸，绘出剖面（见图 5.56）的基本形状，并在此基础上进行了适当的概化，建立了Ⅲ—Ⅲ剖面边坡稳定性计算模型（见图 5.57）。

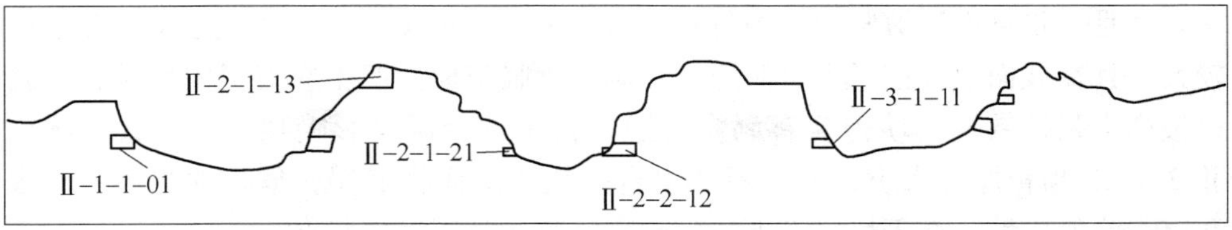

图 5.56　Ⅲ—Ⅲ剖面图

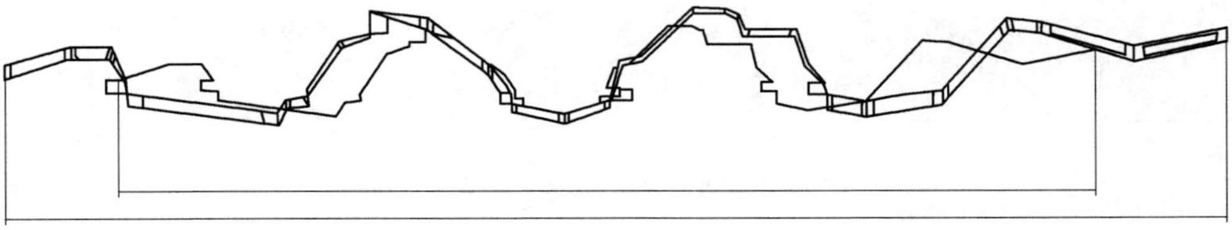

图 5.57　Ⅲ—Ⅲ剖面计算模型概化图

B　计算结果分析

根据计算模型概化图（见图 5.57），在不同状态下计算边坡的稳定性，边坡上各点位移整体变化较小，边坡整体稳定性较好。最大位移出现在洞窟Ⅱ-2-1-13 的顶板上，如图 5.58 和图 5.59 所示。由于洞窟进深较大，且顶板厚度仅为 30～100cm，使得顶板极易变形破坏。其他部位位移量较小，基本处于稳定状态。

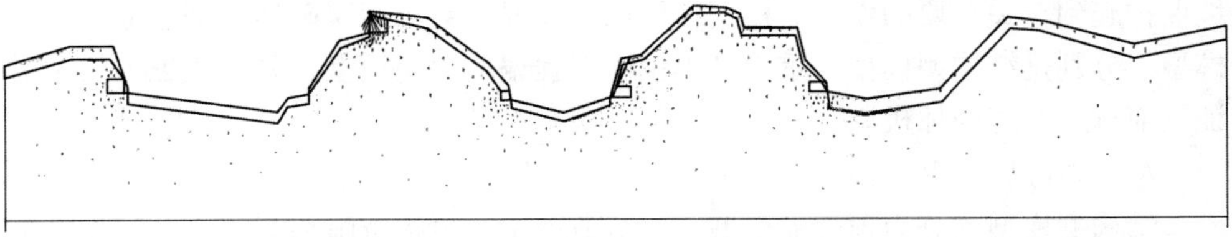

图 5.58　剖面Ⅲ—Ⅲ边坡位移矢量图

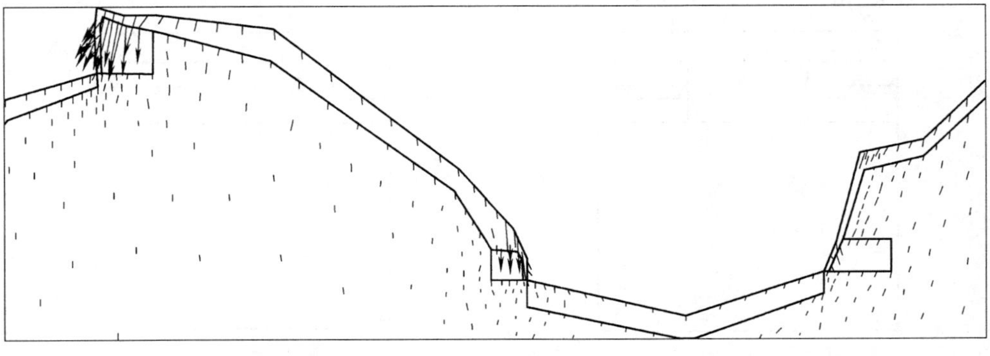

图 5.59　洞窟Ⅱ-2-1-13 位移矢量局部放大图

从Ⅲ—Ⅲ剖面边坡竖向应力等值线图 5.60 中可以看出，由于边坡轮廓起伏较大，且在坡面上开挖了大量洞窟，在洞壁等临空面上产生应力集中现象，洞窟顶板产生张拉效应，使得含有洞窟的边坡稳定性受洞窟影响很大。尤其是洞窟Ⅱ-2-1-13 顶板厚度太小，如顶板遇水岩体软化即面临崩塌，危险性很大。除去洞窟影响的边坡，在干燥状态下强度较高，整体处于稳定状态。

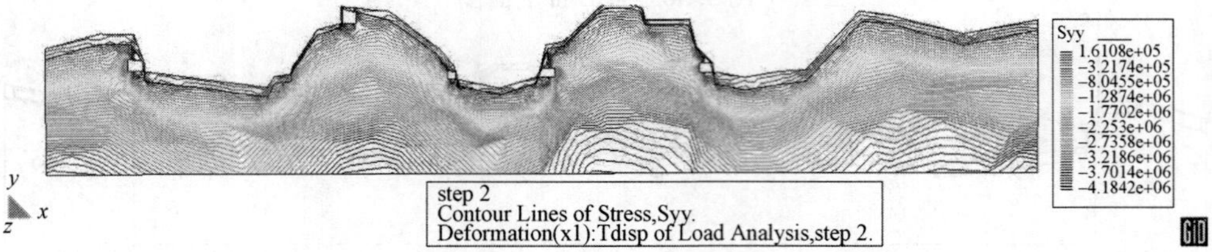

图 5.60　剖面Ⅲ—Ⅲ边坡竖向应力等值线图

根据Ⅲ—Ⅲ剖面边坡稳定性计算结果可知：在干燥状态下，山体整体处于稳定状态；当考虑雨水侵蚀的情况时，坡面岩体随水量增加强度急剧降低，洞窟临空面易产生张剪破坏，尤其是洞窟Ⅱ-2-1-21 顶板较薄，一旦顶板岩体遇水软化，就可能出现崩塌现象。

5.3.2.4　古格王国遗址典型洞窟稳定性计算

针对古格山体边坡上镶嵌的洞窟对其稳定性产生的影响，对典型洞窟进行深入模拟分析，研究其受力现状及其破坏关键部位，进而控制洞窟变形破坏将对边坡保护起到至关重要的作用。根据现场调查情况，对应洞窟破坏类型建立了三个模型，分别是结构型模型、重力型模型和工程偏应力型模型，并通过数值模拟验证以前章节所述破坏机制。

A　结构型模型

结构型模型又分为顶板完整型、顶板节理型、顶板裂隙型三种，其模型图如图 5.61 ~ 图 5.64 所示，依据统计洞窟尺寸数据，取最发育的洞窟尺寸，模型边界尺寸为 10m × 10m，洞窟尺寸 2m × 4m，顶板厚 1m。理想型为顶板为完整的岩

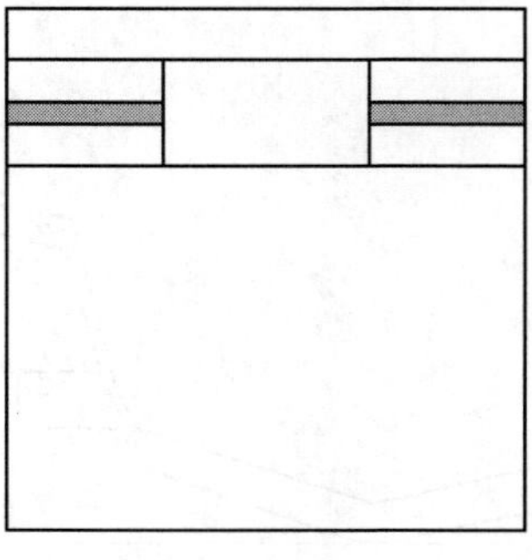

图 5.61　洞窟理想型模型图

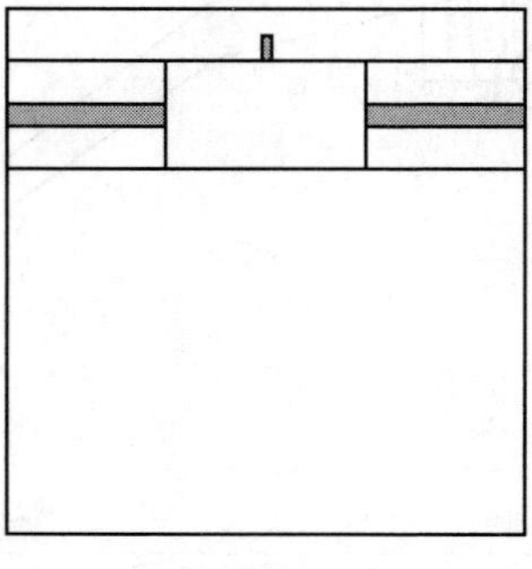

图 5.62　顶板节理型模型

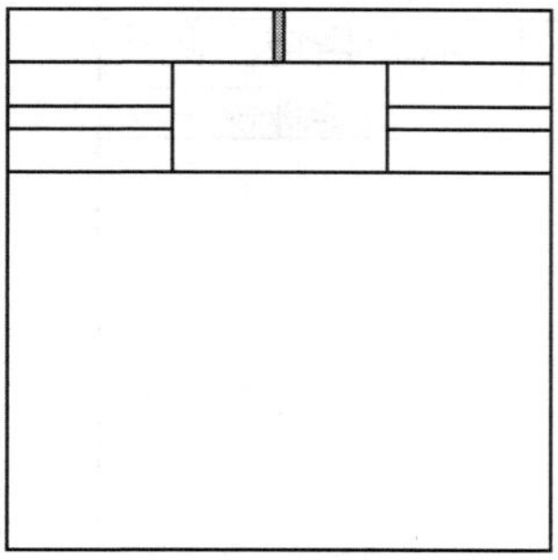

图 5.63　顶板裂隙型模型图

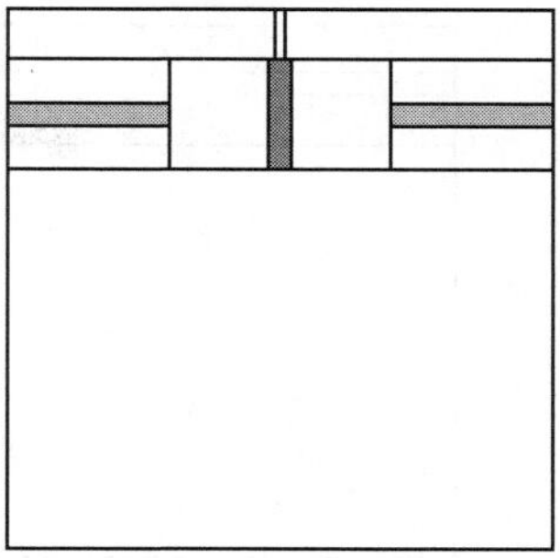

图 5.64　洞内支挡模型

体，不含节理裂隙等结构面；顶板节理型为顶板含有垂直节理；顶板裂隙型是顶板含有贯通的裂隙。同时考察洞内支挡工况。

根据前章所述，节理发育破坏了洞窟岩体的完整性，降低了洞窟岩体的强度，而且由于洞窟的开挖，在洞窟应力重分布过程中局部应力集中，在洞窟中产生了大量的次生节理，更影响了洞窟整体强度。节理发育特别是竖直节理的发育为雨水在洞窟顶板和洞窟侧壁渗流提供了通道，水的作用可使岩性较差的岩体软化、膨胀、崩解变得更加软弱、松散、易碎，进一步地加剧了洞窟的破坏。

根据表 5.6，在自然干燥状态下，模型变形量都较小，如图 5.65 ~ 图 5.68 中（a）所示，整体处于稳定状态。而淋雨状态下变形量明显加大，如图 5.65 ~ 图 5.68 中（b）所示，可见水是洞窟破坏的主要原因。理想型模型在自重作用下，顶板遇水软化，产生向下的位移，位移增量为 0.1767m。顶板节理型模型由于顶板夹有节理，顶板刚度进一步被削弱，向下位移增量为 0.216m。顶板裂隙型模型，裂隙降低了顶板刚度，且可能成为渗水通道，使得顶板变成两个悬臂梁结构，在重力作用下向下位移增量达到 0.42335m。可见节理和裂隙等结构面进一步降低了洞窟整体稳定性，成为洞窟破坏的一个重要原因。对裂隙型模型进行支挡模拟，支护后效果良好，最大位移量仅为 0.07887m，应力集中区应力峰值减小。可见洞内支挡对洞窟保护非常有力，建议对结构面较发育的洞窟进行洞内支挡。

表 5.6　结构型模型顶板遇水前后位移对照表　（m）

模　型	理想型	顶板节理型	顶板裂隙型	支护后
干燥	0.35496	0.42106	0.56276	0
遇水	0.53163	0.63702	0.98611	0.07887

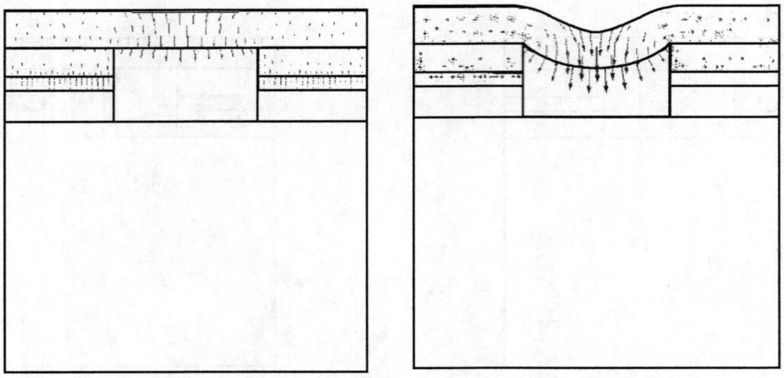

(a)　(b)

图 5.65　理想型模型在软化前后位移矢量对照图

（a）理想型模型干燥状态位移矢量图；（b）理想型模型淋雨状态位移矢量图

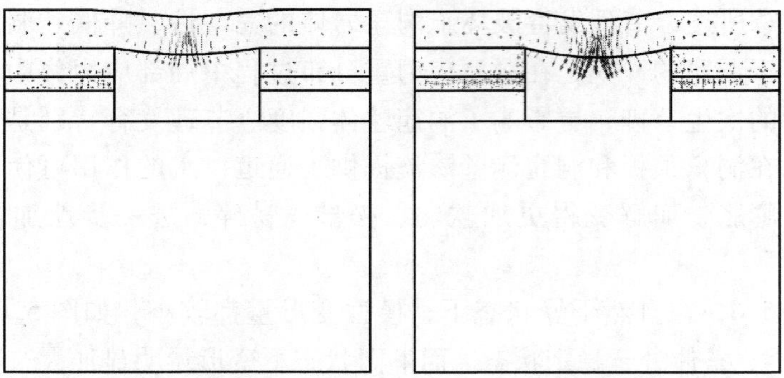

(a)　(b)

图 5.66　顶板节理型模型在软化前后位移矢量对照图

（a）顶板节理型模型干燥状态位移矢量图；（b）顶板节理型模型淋雨状态位移矢量图

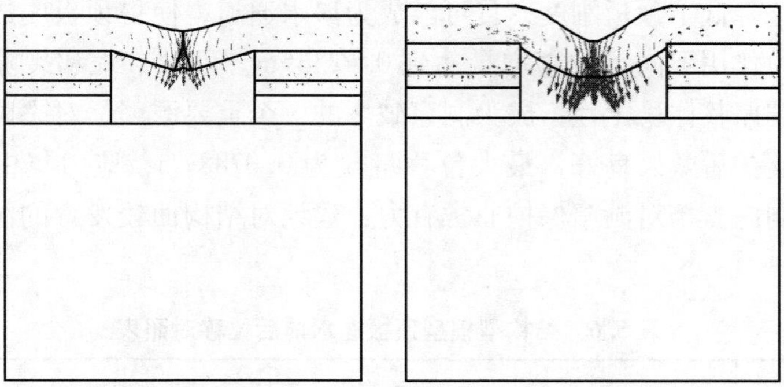

(a)　(b)

图 5.67　顶板裂隙型模型在软化前后位移矢量对照图

（a）顶板裂隙型模型干燥状态位移矢量图；（b）顶板裂隙型模型淋雨状态位移矢量图

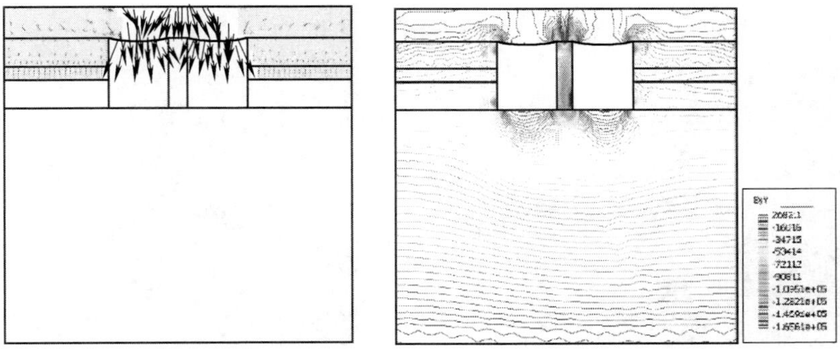

(a) (b)

图 5.68 顶板裂隙型模型支护后位移矢量图及应力等值线图

（a）顶板裂隙型模型支护后位移矢量图；（b）顶板裂隙型模型支护后竖向应力等值线图

B 重力型模型

重力型洞窟模型如图 5.69 所示，由上覆围岩自重引起的自重应力为垂直应力，并引起相应的水平应力。洞窟的破坏表现出明显的与深度有关而与方向无关的特点，如图 5.70 所示。即在浅部开挖洞窟时，其变形破坏不很明显。随深度增加，开挖到深部洞窟时，变形破坏变得严重起来，而破坏的方向性不甚明显。这些特征往往表现为重力机制起作用的扩容膨胀。

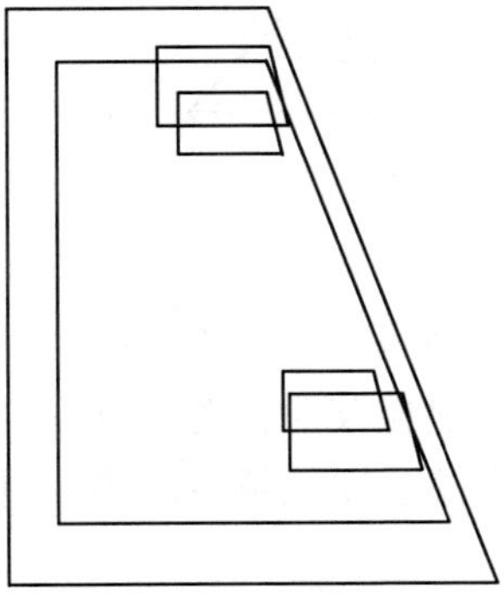

图 5.69 重力型模型

图 5.70 典型重力型洞窟

如图 5.71 所示，由重力型模型应力云图可以看出，上部洞窟与下部洞窟尺寸相同的情况下，下部洞窟所受应力明显较大，且在洞口外壁处的第一与第二主应力之差达到了 0.7MPa，使得厚度较小、强度降低的洞口外壁很容易遭到破坏。

C 工程偏应力型模型

工程偏应力型模型如图 5.72 所示，在模型中五个洞窟水平相邻又上下交叉，形成洞室群，由于洞窟密度较大、交叉复杂，受工程偏应力影响较大。

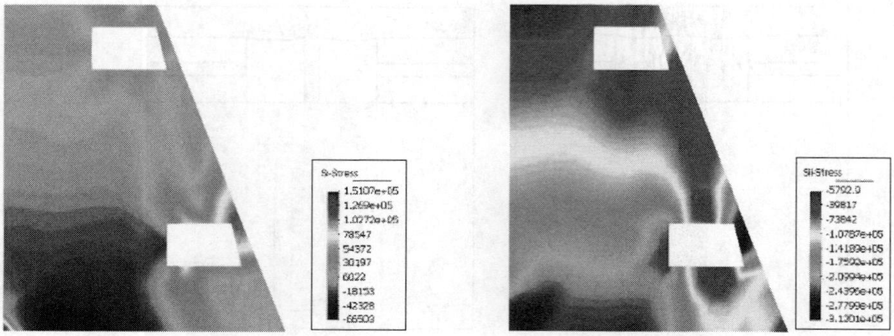

图 5.71　重力型模型应力云图

（a）第一主应力云图；（b）第二主应力云图

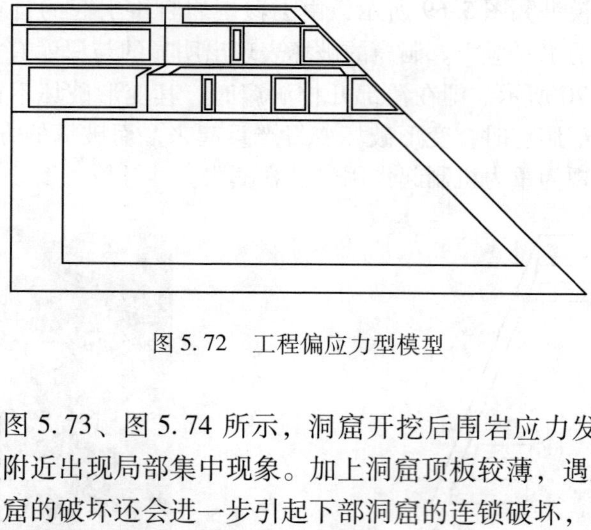

图 5.72　工程偏应力型模型

应力云图如图 5.73、图 5.74 所示，洞窟开挖后围岩应力发生了较大改变，切向应力在岩壁附近出现局部集中现象。加上洞窟顶板较薄，遇水软化后极易变形破坏。上层洞窟的破坏还会进一步引起下部洞窟的连锁破坏，因为下部洞室所受应力较大，遇水更容易破坏，如图 5.75 所示。

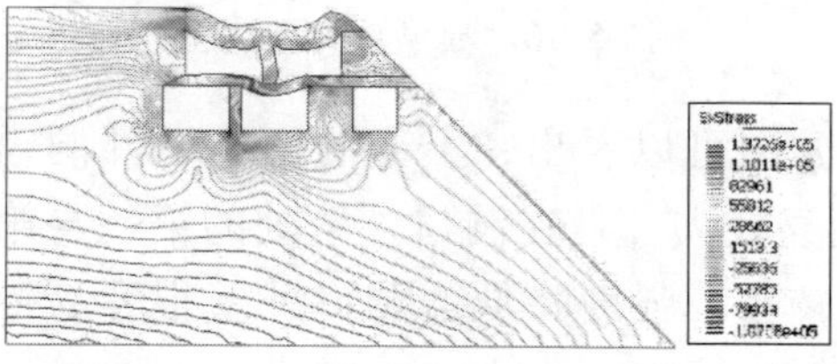

图 5.73　工程偏应力模型第一主应力云图

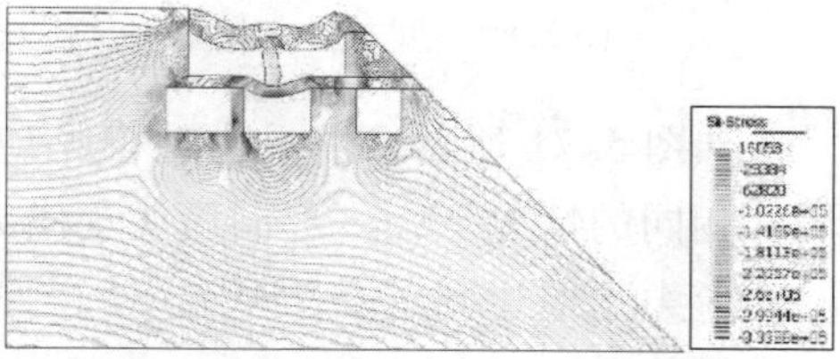

图 5.74　工程偏应力模型第二主应力云图

5.3.2.5　模拟计算小结

根据对古格山体典型剖面Ⅰ—Ⅰ、Ⅱ—Ⅱ、Ⅲ—Ⅲ的二维边坡稳定性计算，

图5.75 典型工程偏应力破坏洞窟

以及对典型洞窟模拟计算，主要得出以下结论与建议：

（1）剖面Ⅰ—Ⅰ、Ⅱ—Ⅱ、Ⅲ—Ⅲ处的边坡在干燥状态下，山体整体处于稳定状态；当考虑雨水侵蚀的情况时，山体表面岩体遇水软化，且随水量增加强度急剧降低，对于洞壁和顶板较薄的洞窟，夏季淋雨可能出现崩塌现象。建议在排水设计时充分考虑洞壁和顶板的尺寸，做好洞窟淋水面的坡降，加速雨水排泄；如在洞窟附近有汇水冲沟，则需要根据周围地势使汇水槽改道。

（2）对于如洞窟Ⅰ-2-1-11和洞窟Ⅰ-2-1-25立体交叉结构，且进深或跨度较大，下部洞窟顶板受集中应力作用明显。建议加固洞壁，或进行洞内支顶以减小洞窟跨度和进深，控制关键部位的应力集中现象。

（3）水是洞窟破坏的主要原因，垂直节理和水平层理的结构型变形破坏也是控制洞窟稳定的重要因素。建议在洞窟周围优化排水设计，并对节理发育的洞室进行支挡和洞壁加固；对于重力型和工程偏应力型进行排查，重点加固。

5.3.3 洞窟与危岩体稳定性评价

从前面的数值计算结果可以看出，由于岩体的抗剪强度参数较高，古格王国遗址区山体边坡的整体稳定性较好，遗址区的破坏主要体现在洞窟和边坡危岩体的局部破坏上。

5.3.3.1 洞窟稳定性评价

根据古格王国遗址区洞窟的现场调查，洞窟的稳定性主要由洞顶、洞口、洞壁以及洞底的稳定性决定，因此遗址区洞窟的稳定性以洞顶、洞口、洞壁以及洞底等局部的稳定性分析为基础来评价，其中洞顶的稳定性为洞窟稳定性的控制性因素。

洞顶、洞口、洞壁及洞底等洞窟局部的稳定性包括自稳性和水稳性，自稳性是洞窟洞顶、洞口、洞壁及洞底由洞窟岩性、节理、裂隙、结构以及尺寸等自身因素控制的稳定性；水稳性是洞窟受水的作用后的稳定性，由于古格遗址区岩体易崩解、易膨胀，洞窟出现漏水、渗水或者雨水回灌都会降低洞窟的水稳性，使得洞窟破坏。因此可以以洞窟的防水性能来评价洞窟的水稳性，关于洞窟及边坡的遇水破坏机理及排水整治对策将在第 6 章中重点论述。以下主要分析洞窟的自稳性。

洞窟顶板的自稳性受顶板岩性、顶板厚度、洞窟平面尺寸、洞顶岩体的节理、裂隙发育程度等因素控制，其中岩性、顶板厚度及洞窟平面尺寸控制顶板的整体稳定性，而洞顶岩体的节理、裂隙主要控制洞顶岩体的局部稳定性。通过现场调查结合理论分析，小型洞窟（L 与 B 均不大于 2.5m）顶板厚度超过 0.5m 时，洞窟顶板的整体自稳性比较好；中型洞窟（L 与 B 均在 2.5 ~ 4m 之间）顶板厚度超过 1m 时，洞窟顶板的整体自稳性较好；而大型洞窟（L 与 B 均在 4 ~ 6m 之间，包括 4m）顶板厚度超过 1.5m 时，洞窟顶板的整体自稳性较好。因此洞窟顶板的整体自稳性可初步根据顶板的厚跨比来确定。令厚跨比 $\lambda = H/B$，可以初步判断，当 λ 大于 0.25 时洞窟顶板的整体稳定性较好。洞顶岩体的局部稳定性主要受洞顶岩体的岩性、节理、裂隙控制，节理裂隙发育，则洞窟顶板容易发生冒落、冒漏等破坏，因此局部自稳性差，洞窟顶板岩体完整，则洞窟顶板的局部自稳性好，不容易发生冒落、冒漏等破坏现象。古格遗址区现存洞窟顶板的破坏主要以局部破坏为主。

洞窟洞口的自稳性主要受洞口岩性、洞口结构及洞口岩体节理、裂隙等控制，主要表现在洞口的局部破坏。洞口岩体节理、裂隙发育，则洞窟洞口容易发生局部破坏。局部破坏不断发展会导致整个洞口破坏，而影响洞窟的整体稳定性。

古格王国遗址区洞窟洞壁的整体自稳性一般较好，很少发生整体破坏。主要表现在水平连体洞隔墙的局部坍塌，洞壁表面剥落等局部破坏上，对洞窟的整体稳定性影响也比较小。

古格王国遗址区洞窟洞底的整体稳定性一般很好。极少数上下连体洞窟，由于上部洞窟的底板又是下部洞窟的顶板，因此洞底的破坏也可以归结为下部洞窟顶板的破坏。

5.3.3.2　危岩体稳定性评价

危岩体主要受边坡临空面、洞窟开挖面、岩体节理面、层理面、卸荷裂隙等相互组合，共同切割而产生。遗址区危岩体主要结合洞窟的保护来进行评价。危岩体根据破坏后造成的后果分为两类：一类危岩体为崩塌后对洞窟及边坡的稳定性有影响的危岩体，此类危岩体主要分布在山体平台的下部；第二类危岩体为崩塌后对洞窟及边坡的稳定性影响不大，但是会损毁现有建筑，或者伤及游人的危岩体，此类危岩体主要分布在山体平台的上部。在古格王国遗址区分布的第一类危岩体主要以滑移型及拉裂型危岩体为主。

本次研究采用块体“极限平衡法”，既可以分析危岩体的稳定性，同时也可以分析坡角和坡高以及结构面倾角对危岩体稳定性的影响。

选取 W9 危岩体分布区的危岩体（见图 5.76）进行稳定性计算：结构面倾角

取 50°，黏聚力取 20kPa，摩擦角取 12°，岩体重度为 18kN/m³。简化计算模型如图 5.77 所示。计算得到：在仅考虑静力作用时危岩体的安全系数为 1.248，在考虑 7 度地震作用时安全系数为 1.202，均低于规范规定的 1.25，属于不稳定岩体。

图 5.76 W9 危岩体

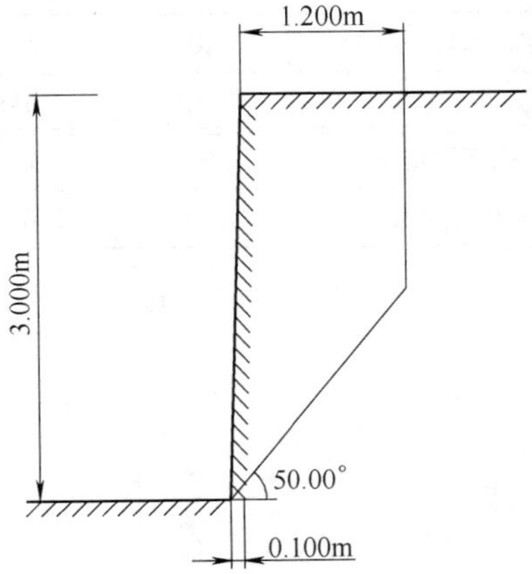

图 5.77 W9 危岩体稳定性计算简图

为分析坡角、坡高以及结构面倾角对危岩体稳定性影响的规律，并根据不同危岩体这三个要素的不同组合规律对其进行初步的稳定性评价，计算分析过程如下：先假定坡高一定，计算绘制坡角和危岩体安全系数的关系曲线；再假设坡角一定，计算绘制坡高和危岩体安全系数的曲线；最后假设坡角和坡高都一定，计算绘制结构面倾角和危岩体安全系数的关系曲线，计算所得的坡角-安全系数曲线如图 5.78 所示，坡高-安全系数曲线如图 5.79 所示。

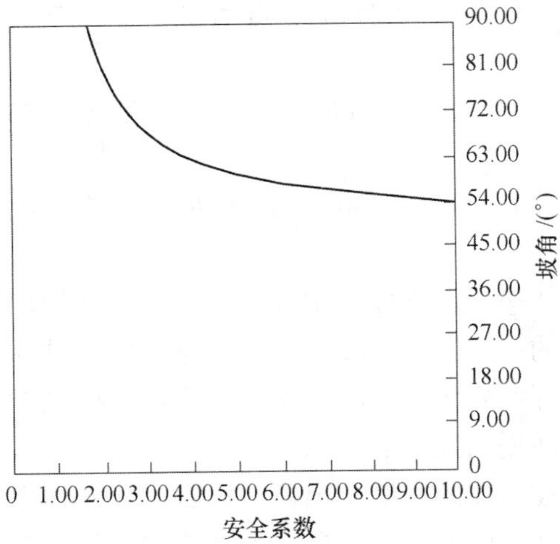

图 5.78 坡角-安全系数曲线

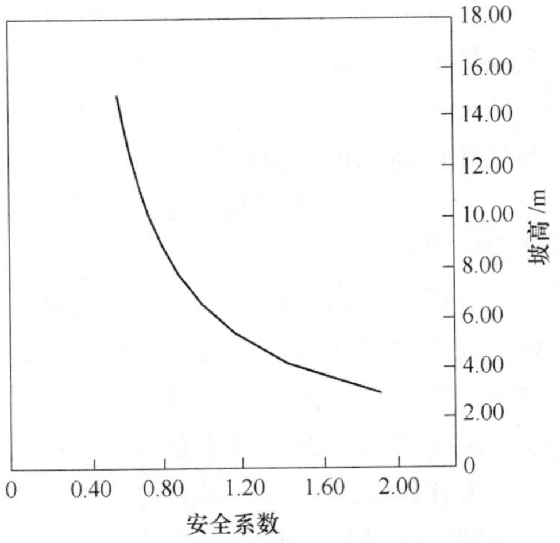

图 5.79 坡高-安全系数曲线

在相同坡高和坡角的情况下，考虑不同结构面倾角，计算所得的安全系数如表5.7所示，结构面倾角和安全系数曲线如图5.80所示，可以看出当结构面倾角在30°~60°之间时，安全系数是偏低的。

表5.7 不同结构面倾角下危岩体稳定性

结构面倾角/(°)	10	20	30	35	40	45
安全系数	5.929	3.128	2.28	2.078	1.961	1.914
结构面倾角/(°)	50	55	60	65	70	80
安全系数	1.933	2.027	2.224	2.587	3.275	10.054

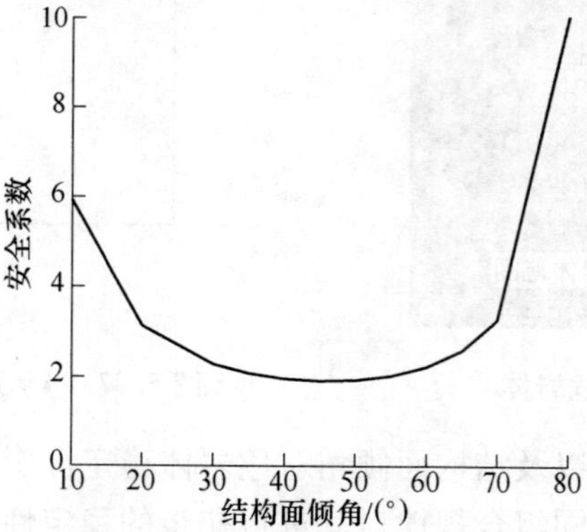

图5.80 结构面倾角-安全系数关系曲线

从以上分析，在结构面条件相同下可以得出如下结论：

(1) 随着危岩体边坡高度和边坡坡度的增加危岩体的安全系数都在降低，而且坡高对危岩体的稳定性影响要比坡角对危岩体稳定性的影响大；

(2) 由坡角-安全系数曲线可以看出，坡角小于75°时，随着坡度的降低安全系数显著增加；

(3) 由坡高-安全系数曲线可以看出，坡高大于5m时，安全系数低于1.25并且随坡高的增加而降低。

(4) 在坡角和坡高一定的条件下，结构面倾角在30°~60°之间，危岩体的稳定性最差。

根据前面的分析，古格王国遗址区山体边坡的整体稳定性较好，洞窟开挖后对边坡的稳定性影响也较小，地震对边坡的稳定性影响较大，但整体性剪切破坏的可能性小；局部危岩体较发育，而且局部危岩体的不断崩塌会对边坡整体稳定性产生潜在的威胁，因此必须控制危岩体崩塌的发展。

为评价遗址区危岩体的稳定性，控制危岩体的发展，须建立危岩体稳定性评价标准，通过现场调查、统计，结合力学计算的方法，根据工程地质类比法，提出建立危岩体的稳定性评价及分类的简单原则如表5.8所示。

表 5.8　危岩体稳定性分类表

影响因素 / 稳定性	结构面			危岩体高度/m	坡度/(°)	临空面数量/个
	结构面发育情况	结构面结合程度	结构面倾角 α/(°)			
A	不发育	结合好	$\alpha<30$	<3	<65	1
B	一般	结合一般	$\alpha>60$	3~5	65~75	1~3
C	发育	结合差	$30<\alpha<60$	>5	>75	>3

注：1. 结构面发育情况根据危岩体所包含的控制结构面的数目 n 来评价：$n\leqslant 1$，不发育；$1<n<3$，一般；$n>3$，发育；

2. A 为稳定有利；C 为稳定不利；B 介于 A 和 C 之间。

根据该危岩体稳定性评价标准，在天然形成的山体陡壁上的危岩体，由于陡壁近直立，所形成的卸荷裂隙倾角多大于 60°，且少见底部凌空的情况，因此多可以归纳为稳定~次稳定的危岩体；而古格洞窟较多的东侧山体，由于洞窟开挖形成的次一级的低倾角卸荷裂隙，加之洞窟崩塌形成的底部凌空，则基本为不稳定的危岩体。本次工作对不稳定的危岩体进行了详细的调查，其平面分布位置标于第 2 章图 2.3。

5.4　古格王国遗址洞窟与边坡加固治理设计

本次研究基于洞窟与边坡的现状调查、变形破坏特征分类、变形破坏原因分析、稳定性数值计算和稳定性评价等成果，对古格王国遗址区边坡、洞窟和危岩体从是否影响文物本体和载体稳定的角度出发，逐个进行了调查研究，确认了需解决的问题，为下一步制定加固治理原则和加固治理设计方案奠定了基础。

《中国文物古迹保护准则》（2000 年及 2015 年修订版）规定了文物保护工作的七条指导原则，即：

（1）不改变原状。不改变原状是文物古迹保护的要义。它意味着真实、完整地保护文物古迹在历史过程中形成的价值及其体现这种价值的状态，有效地保护文物古迹的历史、文化环境，并通过保护延续相关的文化传统。

（2）真实性。真实性是指文物古迹本身的材料、工艺、设计及其环境和它所反映的历史、文化、社会等相关信息的真实性。对文物古迹的保护就是保护这些信息及其来源的真实性。与文物古迹相关的文化传统的延续同样也是对真实性的保护。

（3）完整性。文物古迹的保护是对其价值、价值载体及其环境等体现文物古迹价值的各个要素的完整保护。文物古迹在历史演化过程中形成的包括各个时代特征、具有价值的物质遗存都应得到尊重。

（4）最低限度干预。应当把干预限制在保证文物古迹安全的程度上。为减少对文物古迹的干预，应对文物古迹采取预防性保护。

（5）保护文化传统。当文物古迹与某种文化传统相关联，文物古迹的价值又取决于这种文化传统的延续时，保护文物古迹的同时应考虑对这种文化传统的保护。

（6）使用恰当的保护技术。应当使用经检验有利于文物古迹长期保存的成熟技术，文物古迹原有的技术和材料应当保护。对原有科学的、利于文物古迹长期保护的传统工艺应当传承。所有新材料和工艺都必须经过前期试验，证明切实有效，对文物古迹长期保存无害、无碍，方可使用。所有保护措施不得妨碍再次对文物古迹进行保护，在可能的情况下应当是可逆的。

（7）防灾减灾。及时认识并消除可能引发灾害的危险因素，预防灾害的发生。要充分评估各类灾害对文物古迹和人员可能造成的危害，制定应对突发灾害的应急预案，把灾害发生后可能出现的损失减少到最小程度。对相关人员进行应急预案培训。

与此同时，该准则还对文物古迹保护措施进行了如下规定：

保护措施是通过技术手段对文物古迹及环境进行保护、加固和修复，包括保养维护与监测、加固、修缮、保护性设施建设、迁移以及环境整治。所有技术措施在实施之前都应履行立项程序，进行专项设计。所有技术和管理措施都应记入档案。相关的勘查、研究、监测及工程报告应由文物古迹管理部门公布、出版。

（1）保养维护及监测。保养维护及监测是文物古迹保护的基础。保养维护能及时消除影响文物古迹安全的隐患，并保证文物古迹的整洁。应制定并落实文物古迹保养制度。监测是认识文物古迹褪变过程、及时发现文物古迹安全隐患的基本方法。对于无法通过保养维护消除的隐患，应实行连续监测，记录、整理、分析监测数据，作为采取进一步保护措施的依据。

（2）加固。加固是直接作用于文物古迹本体，消除褪变或损坏的措施。加固是针对防护无法解决的问题而采取的措施，如灌浆、勾缝或增强结构强度以避免文物古迹的结构或构成部分褪变损坏。加固措施应根据评估，消除文物古迹结构存在的隐患，并确保不损害文物古迹本体。

（3）修缮。修缮包括现状整修和重点修复。现状整修主要是规整歪闪、坍塌、错乱和修补残损部分，清除经评估为不当的添加物等。修整中被清除和补配部分应有详细的档案记录，补配部分应当可识别。重点修复包括恢复文物古迹结构的稳定状态，修补损坏部分，添补主要的缺失部分等。对传统木结构文物古迹应慎重使用全部解体的修复方法。经解体后修复的文物古迹应全面消除隐患。修复工程应尽量保存各个时期有价值的结构、构件和痕迹。修复要有充分依据。附属文物只有在不拆卸则无法保证文物古迹本体及附属文物安全的情况下才被允许拆卸，并在修复后按照原状恢复。由于灾害而遭受破坏的文物古迹，须在有充分依据的情况下进行修复，这些也属于修缮的范畴。

（4）保护性设施建设。通过附加防护设施保障文物古迹和人员安全，保护性设施建设是消除造成文物古迹损害的自然或人为因素的预防性措施，有助于避免或减少对文物古迹的直接干预，包括设置保护设施，在遗址上搭建保护棚罩等。监控用房、文物库房及必要的设备用房等也属于保护性设施。它们的建设、改造须依据文物保护规划和专项设计实施，把对文物古迹及环境的影响控制在最小程度。

（5）环境整治。环境整治是保证文物古迹安全，展示文物古迹环境原状，保障合理利用的综合措施。整治措施包括：对保护区划中有损景观的建筑进行调整、拆除或置换，清除可能引起灾害的杂物堆积，制止可能影响文物古迹安全的生产及社会活动，防止环境污染对文物造成的损伤。绿化应尊重文物古迹及周围环境的历史风貌，如采用乡土物种，避免因绿化而损害文物古迹和景观环境。

（6）石刻保护。应以物理防护为主，首先保证石刻安全。任何直接接触石刻表面的防护和保护措施都必须经过研究、分析和试验，证明对石刻文物无害方可使用。

（7）考古遗址保护。考古发掘应优先考虑面临发展规划、土地用途改变、自然退化威胁的遗址和墓葬。有计划或抢救性考古发掘、包括因国家重大工程建设进行的考古发掘，都应制定发掘中和发掘后的保护预案，在发掘现场对遗址和文物提取做初步的保护，避免或减轻由于环境变化对遗址和文物造成的损害。经发掘的遗址和墓葬不具备展示条件的，应尽量实施原地回填保护，并防止人为破坏。经过评估，无条件在原址保存的遗址和墓葬，方可迁移保护。规模宏大、价值重大、影响深远的大型考古遗址（大遗址）应整体保护。在确保遗址安全的前提下，可采取多种展示方式进行合理利用。具有一定资源条件、社会条件和可视性的大型考古遗址可建设为考古遗址公园。

在遵照《中国文物古迹保护准则》（2000 年及 2015 年修订版）关于文物保护工作的七条指导原则和关于保护措施的若干条规定的基础上，根据古格王国遗址的特殊性和具体工程地质问题，研究提出了如下加固治理原则、对策、治理措施、加固对策设计方案和远程监测设计方案，以期实现古格王国遗址加固治理效果和文物保护展示效益的最大化。

5.4.1　加固治理原则

根据前面所分析的洞窟与边坡的破坏模式及主要原因，对洞窟的加固治理应着重从洞窟围岩结构优化和山体排水系统整治两个方面入手，结合山体排水系统的整治，对洞窟和危岩体进行统一加固防护。因此本次研究对洞窟的加固治理设计遵循以下原则：

（1）安全第一原则。通过采取科学合理的工程措施，既确保洞窟自身及危岩体的稳定安全，又要保证游客及管理人员的人身安全。

（2）重点加固原则。古格王国遗址洞窟数量众多、规模庞大，变形破坏状况不尽相同，不必要也不可能全部进行加固，应对洞窟从文物重要性和工程重要性方面对其进行分类，确定重要性等级，再分门别类进行重点加固。

（3）防治并重原则。即洞窟、危岩体加固防护与山体排水整治相结合并重的原则，从内外两方面综合治理。

（4）文物保护原则。古格王国遗址洞窟保护工程不同于一般的岩土加固工程，加固设计及施工必须遵循文物保护原则。加固工程措施应考虑加固后的展示效果，在选材上尽量利用原文物本体所使用的材料，以土、木、石为主要原材料，附加构筑物尽量做到隐蔽并与周围环境协调，以达到修旧如旧的效果。同时，洞窟的加固设计尽量考虑不改变洞窟建筑形制的加固方法，如工程需要改变了洞窟形制，则在设计中明示施工后于加固构筑物上进行标识。

5.4.2　加固治理分类与加固治理重点

为了对古格王国遗址区洞窟进行有针对性、有重点地加固维修，将古格王国遗址区洞窟按其重要性（包括文物重要性和工程重要性）进行分类，并依据以下因素分为一、二、三类洞窟，分别对应着重要洞窟、次重要洞窟和一般洞窟。

洞窟的文物重要性主要从洞窟的文物价值来考虑。洞窟的文物价值包括洞窟形制、洞窟用途和洞窟的规模等。洞窟的形制主要指洞窟的一些内部结构，包括壁龛、佛龛、排烟道、隔墙以及炉灶等，形制完整的洞窟，其文物价值较高。洞窟形制从洞窟的室数多少来考虑，包括单体洞、连体洞，单体洞又包括含有附洞的单体洞及含有耳洞的单体洞，而连体洞包括水平连体洞和上下连体洞，连体洞的文物价值相对要高些。洞窟用途主要包括：王宫、民居、仓库、作坊、议事厅、供佛洞、地牢等。民居型洞窟规模一般较小，洞窟结构简单，洞内有油烟熏的痕迹；供佛型的洞窟精致，洞壁砂石抹面，地面因铺设一层类似阿嘎土的砂砾石材料而显得光滑、平整，极少数洞壁还残留少量壁画，主要分布在古格王国遗址的山腰上；王宫型洞窟规模大，洞体规则，主要分布在冬宫区。代表不同用途的典型洞窟，其文物价值越高。有些洞窟形制完整、用途分明且围岩稳定，具备展示的条件，如在旅游线路及上山道附近，可作为洞窟展示的重点。

洞窟的工程重要性主要从洞窟的危险程度以及洞窟破坏后的后果严重程度进行考虑。处于破坏临界状态，随时都可能破坏的洞窟，属于最危险的洞窟，因此工程重要性高，属于文物抢险的范围之内；位于边坡底部的洞窟和洞顶有建筑的洞窟，由于洞窟的破坏会导致边坡及上部建筑的破坏，因此破坏后果严重，所以从工程上考虑也应定为重要洞窟。

综合考虑文物重要性和工程重要性，对洞窟按其重要性分类，洞窟分类明细表见表 5.9，其中带深色底纹的洞窟号表示一类洞窟，带浅色底纹的洞窟号表示二类洞窟，不带底纹的洞窟号表示三类洞窟。一类洞窟个数为 201 个，占全部洞窟总数的 26.9%，二类洞窟个数为 376 个，占全部洞窟总数的 50.3%，三类洞窟个数为 170 个，占全部洞窟总数的 22.8%。其中一类洞窟在 3 个分区所占比例分别为 12.4%、31.2%、24.5%，在Ⅱ区的一类洞窟占所有一类洞窟的 84%，因此一类洞窟主要集中在Ⅱ区。各类洞窟在各分区的数量及一类洞窟所占各分区的比例如表 5.10 所示。根据洞窟的重要性分类，古格王国遗址区中一类洞窟为工程加固的重点。从变形破坏特点看，在遗址区 747 个洞窟中，洞窟顶板破坏的洞窟有 362 个，其中由于雨水而导致洞窟顶板破坏的有 277 个；洞口破坏的洞窟有 290 个，其中由于雨水而导致洞口破坏的有 262 个；洞壁破坏的洞窟 152 个，其中由于雨水而导致洞壁破坏的 134 个。雨水导致的变形破坏洞窟分别占各种典型破坏类型洞窟的 76%、90%、88%。由此可以断定，水是导致遗址区洞窟破坏的最重要的因素，因此做好洞窟的防水，是洞窟加固保护的重点。考虑到洞窟顶板的破坏对洞窟与边坡的稳定性影响最大，因此洞窟顶板是洞窟加固保护的重点部位。

表 5.9 洞窟重要性分类

分区																																		
Ⅰ									Ⅱ																					Ⅲ				DG
1			2			3		4	1			2			3					4		5								1	2	3		
1	2	3	1	2	3	1	2	1	1	2	3	1	2	3	1	2	3			1	2	1			2		3			1	1	1	2	
1	1	1	1	1	1	1	1	1	1	1	1	1	1	1	1	1	1	36	71	1	1	1	36	71	1	40	1	31	61	1	1	1	1	1
2	2	2	2	2		2	2	2	2	2	2	2	2	2	2	2	2	37	72	2	2	2	37	72	2	41	2	32	62	2	2	2	2	2
3	3	3	3	3		3	3	3	3	3	3	3	3	3	3	3	3	38	73	3	3	3	38	73	3	42	3	33	63	3	3	3		3
4	4	4	4	4		4	4	4	4	4	4	4	4	4	4	4	4	39	74	4	4	4	39	74	4	43	4	34	64	4	4	4		4
5		5	5	5		5	5	5	5	5		5	5	5	5	5	5	40	75	5	5	5	40	75	5	44	5	35	65	5	5	5		5
6		6	6	6		6		6	6	6		6	6	6	6	6	6	41	76	6	6	6	41	76	6	45	6	36	66	6	6	6		6
7		7	7	7		7		7				7	7	7	7	7a	7	42	77	7	7	7	42	77	7	46	7	37	67	7	7	7		7
8		8	8	8		8		8				8	8	8	8	7b	8	43	78	8	8	8	43	78	8	47	8	38	68	8	8			
9		9	9	9		9		9				9	9	9	9	8	9	44	79	9	9	9	44	79	9	48	9	39	69	9	9			
10		10	10	10		10		10				10	10	10	10	9	10	45	80	10	10	10	45	80	10	49	10	40	70	10	10			
11		11	11	11		11		11				11	11	11	11	10	11	46	81	11		11	46	81	11	50	11	41	71	11	11			
12		12	12	12		12		12				12	12	12	12	11	12	47	82	12		12	47	82	12	51	12	42	72	12	12			
13			13	13		13		13				13	13	13	13	12	13	48	83	13		13	48	83	13	52	13	43	73		13			
14			14	14		14		14				14	14	14	14	13	14	49	84	14		14	49	84	14	53	14	44	74		14			
15			15	15		15		15				15	15	15	15	14	15	50	85	15		15	50	85	15	54	15	45	75		15			
16			16			16		16				16	16	16	16	15	16	51	86	16		16	51	86	16	55	16	46	76		16			
17			17			17		17				17	17	17	17	16	17	52	87			17	52	87	17	56	17	47	77		17			

续表 5.9

分区																																		
Ⅰ									Ⅱ																					Ⅲ				
1			2			3		4	1			2			3					4		5								1	2	3		DG
1	2	3	1	2	3	1	2	1	1	2	3	1	2	3	1	2	3			1	2	1			2		3			1	1	1	2	
18			18			18		18				18	18	18	18	17	18	53	88			18	53	88	18	57	18	48	78		18			
19			19			19		19				19	19	19	19		19	54	89			19	54	89	19	58	19	49	79		19			
20			20			20		20				20	20	20	20		20	55	90			20	55	90	20	59	20	50	80		20			
21			21			21		21				21	21	21	21		21	56	91			21	56	91	21	60	21	51	81		21			
22			22			22		22				22	22	22	22		22	57	92			22	57	92	22	61	22	52	82		22			
23			23			23		23				23	23	23	23		23	58	93			23	58	93	23	62	23	53	83		23			
24			24			24		24				24	24	24	24		24	59	94			24	59	94	24	63	24	54	84		24			
25			25			25		25				25	25	25	25		25	60	95			25	60	95	25	64	25	55	85		25			
26			26					26				26	26	26	26		26	61	96			26	61	96	26	65	26	56						
27			27					27				27	27	27	27		27	62	97			27	62	97	27	66	27	57						
			28					28				28	28	28			28	63	98			28	63		28	67	28	58						
			29					29				29		29			29	64	99			29	64		29	68	29	59						
			30									30		30			30	65	100			30	65		30	69	30	60						
			31									31					31	66	101			31	66		31	70								
			32									32					32	67	102			32	67		32	71								
			33														33	68	103			33	68		33	72								
			34														34	69	104			34	69		34	73								
			35														35	70				35	70		35	74								
																									36	75								
																									37	76								
																									38	77								
																									39	78								

表 5.10　洞窟分类汇总表

分区＼分类	一	二	三	一类洞窟比例/%
Ⅰ	19	95	39	12.4
Ⅱ	169	261	111	31.2
Ⅲ	13	20	20	24.5

5.4.3　加固治理对策

通过对遗址区洞窟与边坡的调查分析，在认识洞窟与边坡变形破坏类型、变形破坏原因的基础上，总结历次针对洞窟与边坡加固保护的成功经验，结合遗址区洞窟与边坡的现状，依据上述加固治理原则、加固治理分类结果和加固治理重点部位，对洞窟与边坡进行加固治理。主要包括洞窟的加固治理、危岩体的加固治理、边坡防护以及环境整治等方面的内容。

5.4.3.1 洞窟加固治理措施

本次研究工作的主要对象是数量庞大的洞窟，洞窟的加固治理是本次工作的重中之重，主要包括支顶工程、封堵工程及防水工程三大类。

支顶工程包括洞口支顶和洞内支顶。洞内支顶包括洞内整体支顶和洞内局部支顶，根据现场调查资料结合理论分析表明，洞窟顶板的稳定性与其顶板厚度和平面尺寸密切相关，洞窟平面尺寸一定时，洞窟顶板越厚，顶板稳定性越好；反之，顶板稳定性就越差。若洞窟跨度或洞窟进深较大，洞窟顶板的弯矩就较大，当超过岩体的抗弯强度时，洞窟顶板就会破坏。洞窟顶板整体支顶的力学思想就是变悬臂结构为简支结构，变单跨结构为多跨结构，从而减小洞窟顶板的弯矩，提高洞窟顶板的整体稳定性；洞窟顶板的局部支顶，主要是对洞内危岩体进行支顶。洞口支顶也包括洞口整体支顶和洞口局部支顶，洞口整体支顶是指洞口完全坍塌，已经影响到整个洞窟的稳定性，因此必须整体支顶，以保证整个洞窟的整体稳定；洞口局部支顶主要针对洞口局部危岩体进行支顶。对于洞内支顶及洞口支顶主要采用泥砌块石支顶（或者采用木结构支顶）。

封堵工程包括洞口封堵和洞壁坍塌处封堵。对于破坏严重、洞体极不完整，且有排水路径穿过的洞窟，应该结合排水整治进行洞口封堵；洞壁坍塌处封堵是对由于回灌而受到破坏的洞壁进行支顶、封堵。对于洞壁封堵、洞口封堵及坍塌处封堵主要采用土坯墙进行封堵。

防水工程主要包括洞口防水工程和洞顶防水工程。现场调查表明，导致洞窟破坏的最主要外部因素就是雨水的冲刷、淋滤和渗透破坏，因此防水工程对于洞窟的保护治理尤为关键。

洞口防水包括洞口顶部防水和洞口底部防水，由于雨水沿洞口顶部灌入洞内，弱化了洞窟顶板岩体物理力学性质指标使得洞窟顶板容易破坏，做好洞口顶部防水可以有效防止洞顶的雨水从洞口顶部灌入洞内；而洞口底部防水主要是为了防止洞口底部的雨水沿洞口底部回灌入洞内而侵蚀洞壁以及淤积洞体。对于洞口底部防水采用土坯墙在洞口底部砌防水门槛，门槛高于洞外地坪 20cm 左右，以防止雨水灌入洞内，洞口顶部防水主要在洞口顶部修筑砂卵石拦水坎，截住洞口顶部雨水，防止雨水沿洞口顶部灌入洞内。

洞顶防水包括洞顶防渗和洞顶防漏。洞顶防渗是防止雨水沿洞窟顶板入渗到洞内，采用在洞顶铺一层防水土工布来达到防渗的要求；而洞顶防漏是防止雨水沿洞窟顶部的落水洞灌入洞内，通过在洞顶落水洞处铺木椽及细树条，在树条上铺上土工布，达到保持上部土体效果，然后在土工布上回填密实土，在顶部铺设防水土工布以达到防渗的效果。

5.4.3.2 危岩体加固措施

危岩体治理工程主要包括危岩体加固、危岩体清理两方面。

对于前文所述的一类危岩体必须进行加固处理，遗址区危岩体主要为小型危岩体，因此本次加固主要在危岩体的下部修筑支柱、支墙进行加固设计，支柱及支墙主要采用浆砌块石砌筑；而对于二类危岩体可采取直接清除的方法处理。

5.4.3.3 边坡防护措施

古格王国遗址区山体边坡整体稳定性比较好，但是对于建于边坡上的建筑，由于其边坡局部破坏，会导致上部建筑基础处于悬坠状态，因此应采用浆砌片石护墙对上部建筑支挡，同时对边坡表面进行防护，防止边坡表面继续破坏，进而增强上部建筑的稳定性。

5.4.3.4 环境整治措施

环境整治主要是清理工程，主要包括洞口清理、洞内清理。古格王国遗址由于经久失修，多数洞窟洞口都被淤积物及冲积物掩埋，因此为了便于文物的展示以及利于整个山体的排水整治，必须对洞窟洞口进行清理整治；同时由于雨水沿洞口及洞顶落水洞回灌入洞内，而导致洞内淤积，以及由于旅游开发，许多洞窟有大量的生活垃圾堆积，因此洞内清理也是清理工程的一个重要组成部分。

5.4.3.5 其他措施

在上述各大类工程中，如果选用泥砌块石和土坯墙作为工程材料，应在泥砌块石和土坯墙外表抹一层泥皮，既能起到抗风化的作用，又可达到与周围环境协调一致的效果。

此外，本次研究外业工作对遗址区每个洞窟进行了编号统计，在每个洞窟内均做了简易标记，这些简易标记随着时间的推移及人为原因易受到毁坏，因此应对每个洞窟采用结实、牢固的洞窟编号标记，同时考虑到文物展示的需要，可以在主要洞窟设置标志牌，向游客展示洞窟的历史沿革及用途。

5.4.4 古格王国遗址区洞窟与危岩体的加固对策设计

依据遗址区洞窟与危岩体的稳定性评价成果，结合现场洞窟的调查资料，在加固治理原则的指导下，对洞窟和边坡危岩体进行加固初步设计。在总计 747 个洞窟中，有 521 个洞窟需要进行加固处理，其中一类洞窟有 185 个，具体设计内容见表 5.11，典型洞窟加固设计图示例如图 5.81 ~ 图 5.92 所示。

表 5.11 加固对策设计内容汇总表

设计内容	分区																														
	Ⅰ									Ⅱ																	Ⅲ				DG
	1			2			3		4	1			2			3				4		5					1	2	3		
	1	2	3	1	2	3	1	2	1	1	2	3	1	2	3	1	2	3		1	2	1		2	3		1	1	1	2	
洞口顶部防水	1	1	4	7	4		3		2				1	5	3	21	2	2	39	1	1	3	54	2	2	73	9	1		1	
	2	4		8	6		4		4				2	11	4	22	4	4	40	3	3	8	56	4	3	74	12	4			
	7			10	8		5		5				3	18	5	24	5	5	41	4	5	10	62	32	8	75		6			
	8			11	10		6		6				4	19	7		6	6	42	8	6	11	63	35	9	76		7			
	9			12	11		7		7				8		8		8	7	43	9	7	12	64	38	10	77		11			
	12			13			8		10				9		9		11	10	46	10	8	14	68	42	12	78		12			
	13			14			10		11				10		11		16	18	50	11		15	69	48	14	79		13			
				15			12		12				15		12		17	19	51	12		21	72	49	16	81		18			
				16			19		13				16		13			23	52			23	75	50	18						
				17					14				17		14			27	54			25	77	59	22						
									15				19		16			28	55			27	80	68	27						
													20		19			29	59			28	81	75	31						
													22		20			30	65			29	82	76	32						
													24		21			31	67			30	85	77	35						
													25		22			32	75			31	86		37						
															23			33	76			47	87		38						
															26			34	87			48	88		47						
															27			35	98			50	92		48						
															28			36				51			49						
															29			38				52			50						
洞口底部防水	4	1	2	1	1	1	2		6	1	1	1	3	2	1	4	2	2	53	2	1	3	85	9	10		2	1		1	
	11		3	24	2		3		13	2	2		4	3	2	5	3	3	54	3	2	12	86	10	12		4	4			
	16		5	25	11		4		15	3	3		5	4	5	6	7b	4	56	4	3	15	87	13	17		5	6			
	18		6	29	13		7		27	4	6		8	8	6	7	9	5	58	5	5	16	92	14	19		8	9			
	19		7	33	14		12			5			9	10	7	8	10	9	59	7	6	17		15	21			12			
	20		8		15					6			10	14	8	15	11	14	60	10	7	21		18	23			13			
	21		9										11	15	9	20	12	15	61	11	9	24		19	24						
	22		10										12	16	10	21	13	17	62	12	10	25		20	26						
	23		11										13	20	11	22	14	22	63	13		27		28	41						
	24		12										14	23	13	25	15	23	66	14		28		31	45						
	25												15	24	14	26		24	68	16		30		40	59						
	26												18	26	15			26	82			31		41	62						
	27												23	28	19			29	83			34		43	70						
													24		22			31	84			42		45	71						

续表 5.11

设计内容	分区																														
	Ⅰ									Ⅱ																	Ⅲ				
	1			2			3		4	1			2			3				4		5					1	2	3		DG
	1	2	3	1	2	3	1	2	1	1	2	3	1	2	3	1	2	3		1	2	1		2	3		1	1	1	2	
洞口底部防水													25		26			32	85			43		50	81						
													26		28			33	91			50		58	83						
													28		29			34	95			54		60	84						
													29					37	96			55		62	85						
													30					40	97			56		63							
													31					41	98			57		66							
																		44	100			59		67							
																		45	102			64		68							
																		47	104			67		72							
																		48				75		73							
																								74							
																								76							
																								77							
洞口清理	11		3	24	1	1	2		27	1	1		4	2	1	15	2	2	62	2	1	27		13	10		2	1		1	
	18		4	29	2		3			2	2		5	4	2	20	3	4	63	5	2	31		14	12		4	4			
	19		7		11		4			4			8	10	3	22	7b	5	66	6	3	50		15	17		5	12			
	20		8		14					5			9	14	6	26	9	23	68	12	5	64		18	21		8	13			
	21		9		15					6			10	15	7		10	26	82	13	6			19	24						
	22		10										12	19	8		11	29	83	14	7			20	26						
	23		11										13	23	9		13	31	84	16				28	45						
	24		12										14	26	19			32						31	62						
	25												15	28	11			33						40	70						
	26												18		13			34						43	71						
	27												23		14			41						45	81						
													24		15			52						50	83						
													25		19			54						67	84						
													26		22			56						68	85						
													28		26			58						72							
													29		28			59						73							
													30		29			60						74							
													31					61						76							
																								77							

续表 5.11

设计内容	分区																														
	Ⅰ									Ⅱ																	Ⅲ				DG
	1			2			3		4	1			2			3				4		5					1	2	3		
	1	2	3	1	2	3	1	2	1	1	2	3	1	2	3	1	2	3		1	2	1		2	3		1	1	1	2	
洞内清理				11	10		5		26		4	3	1		20	1	1	6		4	1	73		10	36		7				
				14			7		28		5	4	9				3	14		8	5	77		11	37						
				15			14						17				4				8	82		12	47						
				16			15						23				5					88		16	66						
				17			19										6					90		25							
				22													7b														
				30													17														
洞口局部支顶		3					3		3	3	6	1	10	5	8	3	8	10		4	2	9	46	2	8		8	8	5		
							24		7			2	16	8	10	4	13	11		8	3	10	54	6	31			9	7		
							25		8				17		12	6	15	25		9	4	12	83	41	39			10			
									9				22		16			29			7	14	93		69			18			
													23		20			63			9	20									
													24					68			10	39									
													25					92				40									
洞口整体支顶		1					14																								
洞内局部支顶			12	9			5		11		5		2		2	11	3	3		10		3									
													4		5	18	4	20		12		8									
													5		7	27	5	21				11									
													8		21		16	57				15									
													9		27			99				20									
																						60									
																						69									
																						89									
																						90									
洞内整体支顶							17		24																						
洞顶防渗																	10														
洞顶防漏		3		35							5		5			15		61		5		24									
		4																99		6											

续表 5.11

设计内容	分区																											
	Ⅰ									Ⅱ														Ⅲ				
	1			2			3		4	1			2			3			4		5			1	2	3		DG
	1	2	3	1	2	3	1	2	1	1	2	3	1	2	3	1	2	3	1	2	1	2	3	1	1	1	2	
洞口封堵																					9				2	4	2	
																					18				17			
																					23				19			
																					53				20			
																					71				22			
																									23			
																									24			
																									25			
坍塌处封堵														24		20		6			24				13			3
																		8			30							
																					31							
																					42							
																					43							
危岩体支顶													28	17	20		7a	43			34	16		12	4	1		
																		74			59	26				7		
																		77			68	46						
																		100			84	64						
																					92							
浆砌片石护墙											2				12						9							
															13						10							
															14													
															17													

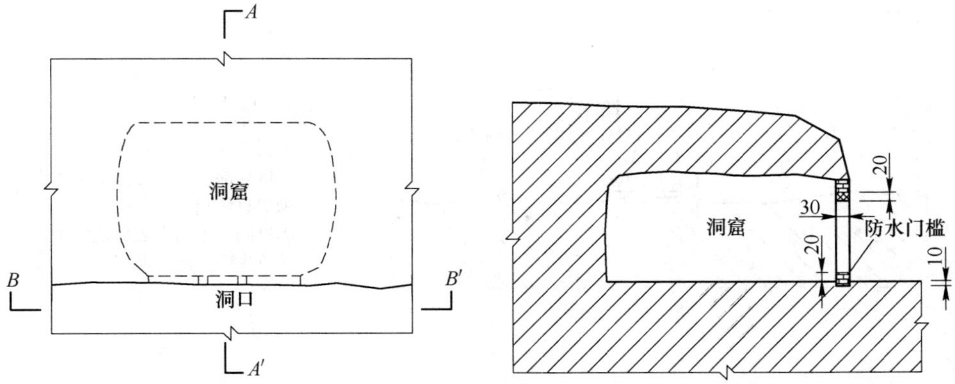

(a) (b)

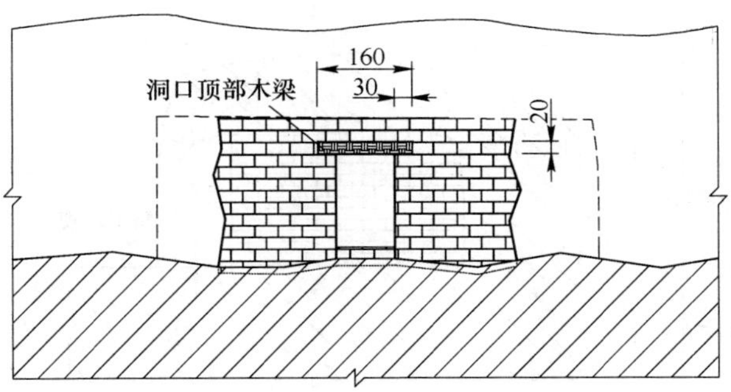

设计说明：

1. 本图尺寸单位均以厘米计；
2. 洞口顶部过梁采用断面为30cm×20cm的木结构，洞口支顶采用土坯砌筑，土坯墙表面采用黏土抹面；
3. 洞口底部采用土坯砌筑防水门槛，以防止雨水灌入洞内，防水门槛高于洞外地坪20cm。

(c)

图 5.81 典型洞窟洞口整体支顶设计及说明

（a）平面设计示意图；（b）*A*—*A*′剖面图；（c）*B*—*B*′剖面图

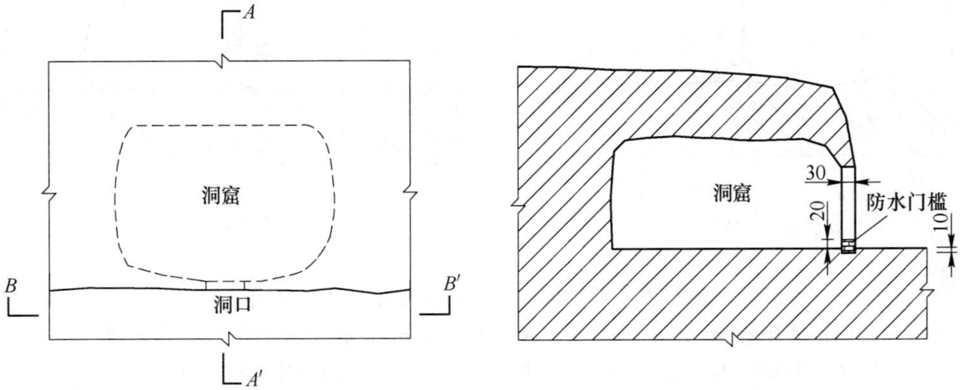

(a) (b)

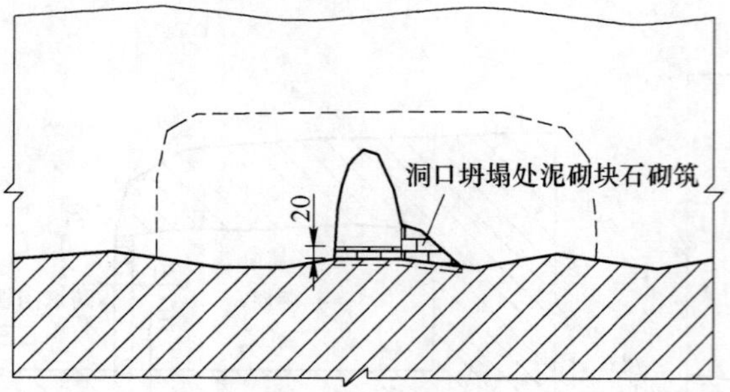

(c)

设计说明：
1. 本图尺寸单位均以厘米计；
2. 洞口局部支顶的支撑墙采用泥砌块石砌筑；
3. 洞口底部采用土坯砌筑防水门槛，以防止雨水灌入洞内。

图 5.82　典型洞窟洞口局部支顶设计及说明

（a）平面设计示意图；（b）*A*—*A′*剖面图；（c）*B*—*B′*剖面图

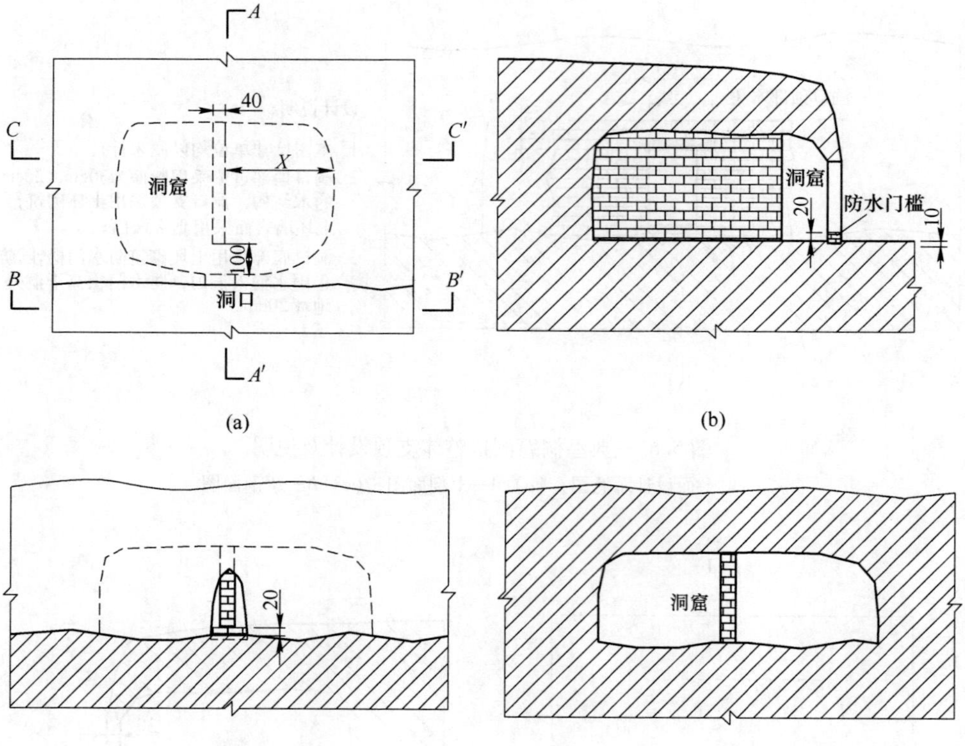

图 5.83　典型洞窟洞内整体支顶设计及说明

（a）平面设计示意图；（b）*A*—*A′*剖面图；（c）*B*—*B′*剖面图；（d）*C*—*C′*剖面图

（设计说明：1. 本图尺寸单位均以厘米计；2. 洞内支顶的支撑墙采用土坯砌筑，支撑墙的位置根据洞窟的顶板裂隙节理走向及分布而确定；3. 洞口底部采用土坯砌筑防水门槛，以防止雨水灌入洞内。）

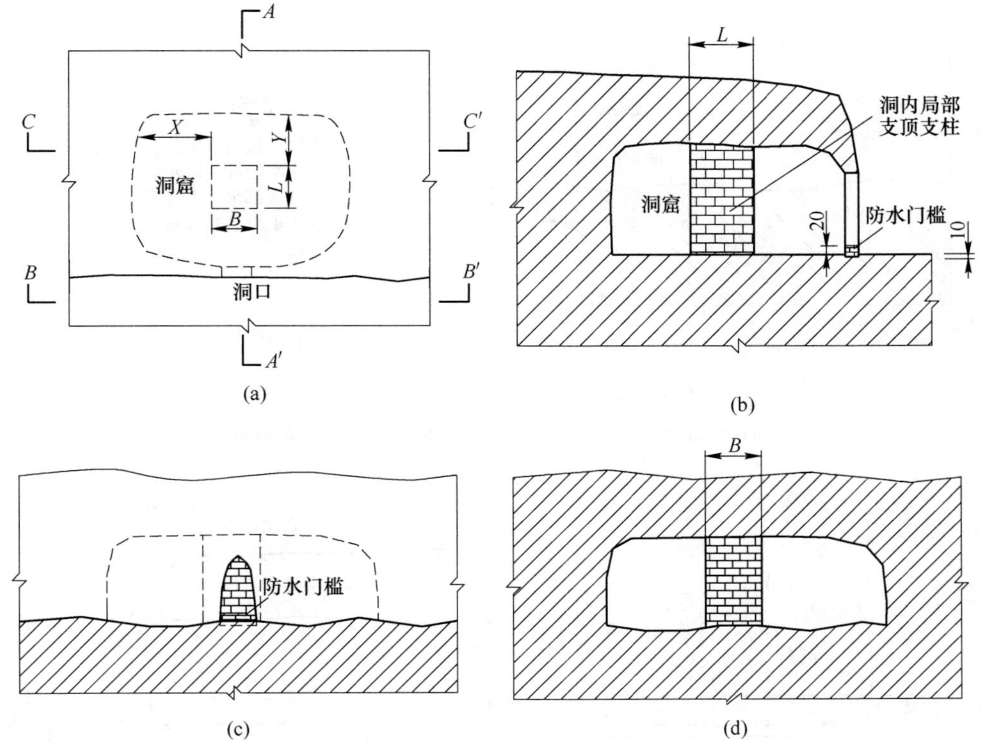

图 5.84 典型洞窟洞内局部支顶设计及说明

（a）平面设计示意图；（b）A—A'剖面图；（c）B—B'剖面图；（d）C—C'剖面图

（设计说明：1. 本图尺寸单位均以厘米计；2. 洞内局部支顶的支柱采用土坯砌筑，支柱的断面尺寸 L 及 B，支柱距洞壁距离 X、Y 根据洞窟顶板的节理分布及位置确定；3. 洞口底部采用土坯砌筑防水门槛，以防止雨水灌入洞内。）

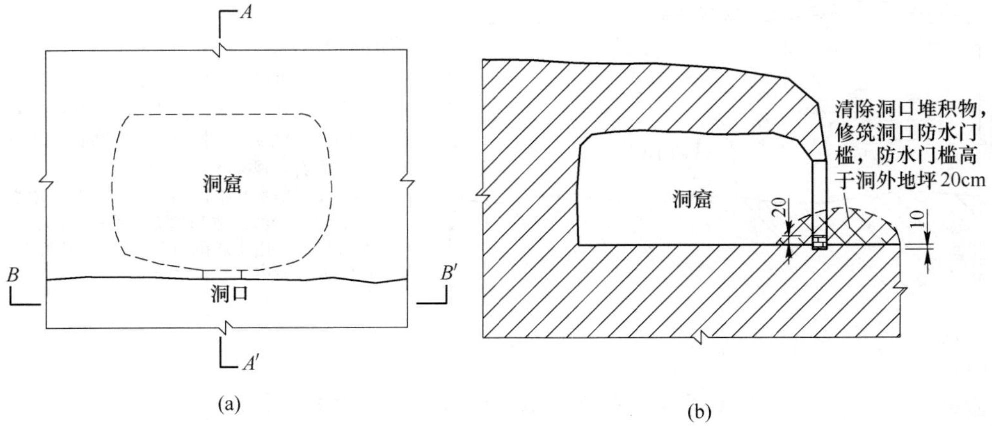

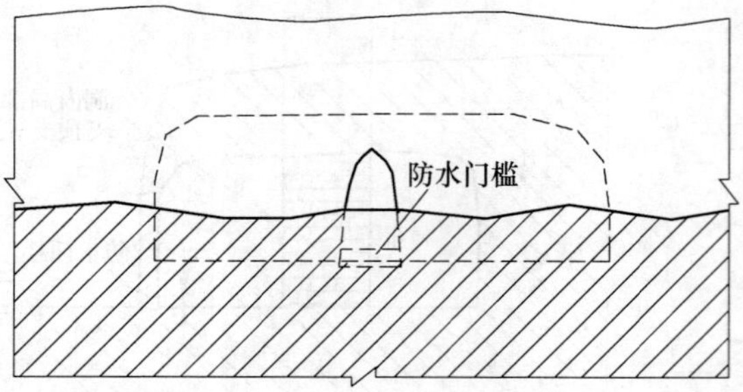

(c)

设计说明：

1. 本图尺寸单位均以厘米计；
2. 洞口底部防水需结合洞窟底部平台防水设计，清除洞口堆积物；
3. 洞口底部采用土坯砌筑防水门槛，以防止雨水灌入洞内。

图 5.85　典型洞窟洞口底部防水设计及说明

（a）平面设计示意图；（b）A—A′剖面图；（c）B—B′剖面图

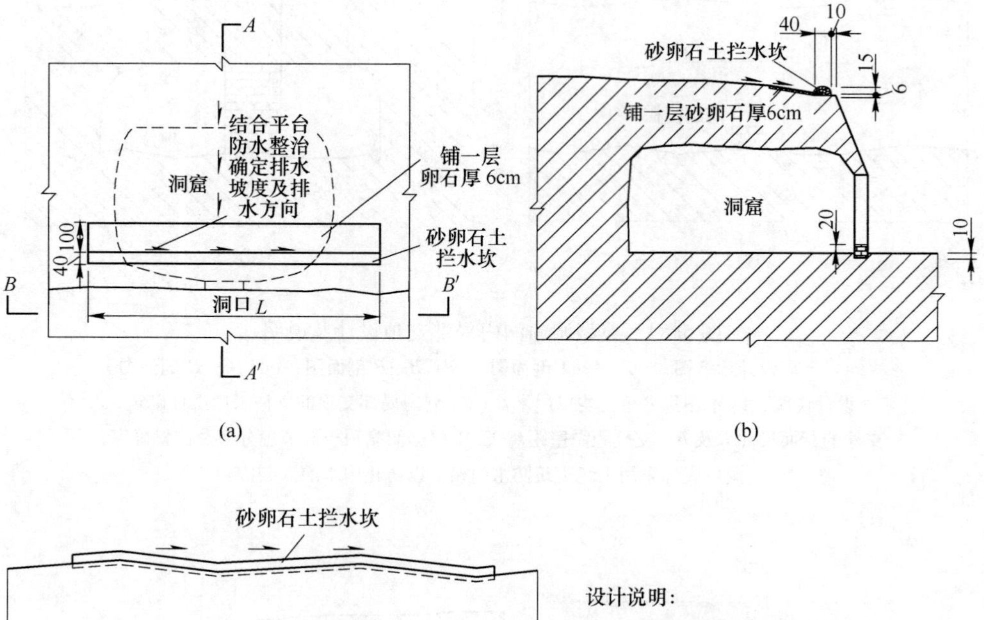

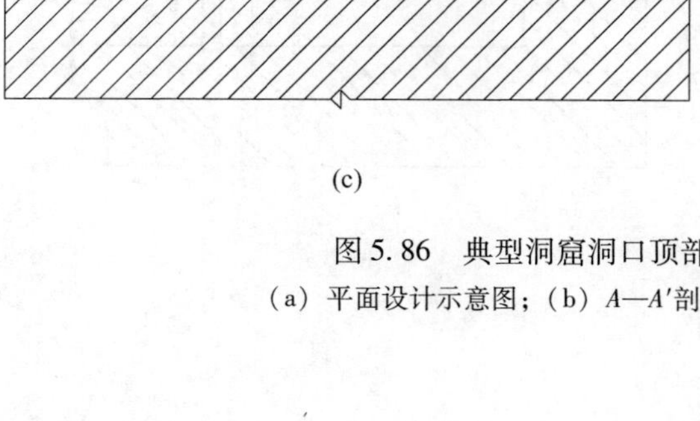

(c)

设计说明：

1. 本图尺寸单位均以厘米计；
2. 洞窟顶部外侧设置一拦水坎，采用砂卵石土砌筑，拦水坎内侧 100cm 范围内铺设一层砂卵石，厚6cm；
3. 洞窟顶部雨水从洞窟两侧排出，减少雨水对洞窟口顶部岩体和烟道的冲刷破坏；
4. 洞口底部采用土坯砌筑防水门槛，以防止雨水灌入洞内。

图 5.86　典型洞窟洞口顶部防水设计及说明

（a）平面设计示意图；（b）A—A′剖面图；（c）B—B′剖面图

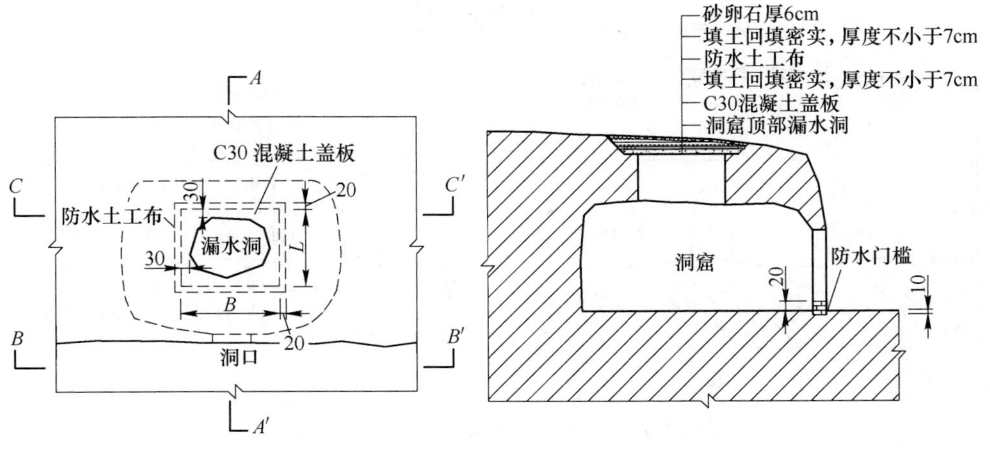

(a) (b)

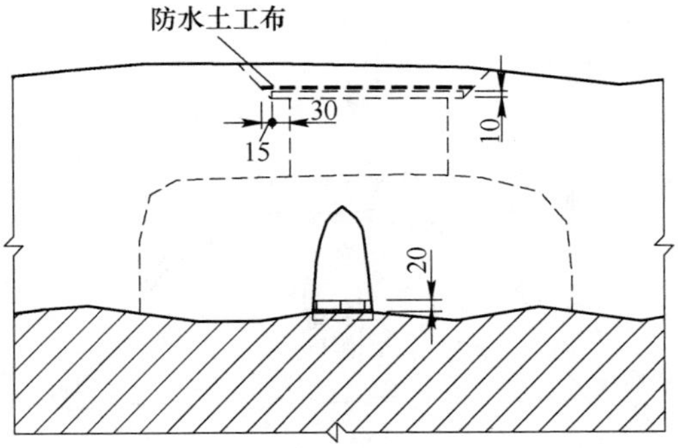

(c)

设计说明：

1. 本图尺寸单位均以厘米计；
2. 洞窟顶部外侧设置一拦水坎，采用砂卵石土砌筑，拦水坎内侧100cm范围内铺设一层砂卵石，厚6cm；
3. 混凝土面板长度或宽度超过1m、小于3m时，在面板厚度中间处配一层$\phi 8$钢筋网，间距10cm，钢筋网边距板边5cm；
4. 板底距洞窟顶距离H不小于50cm，洞窟顶部雨水从两侧排走，保证洞窟顶部排水通畅。

图 5.87 典型洞窟洞顶防漏设计及说明

(a) 平面设计示意图；(b) A—A'剖面图；(c) B—B'剖面图

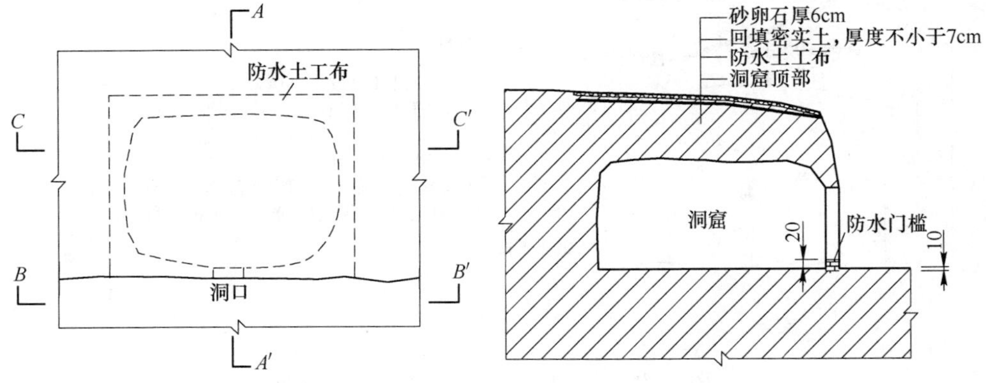

(a) (b)

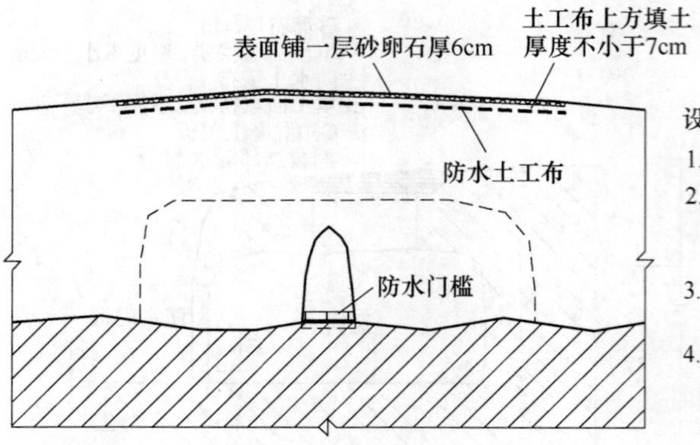

设计说明：

1. 本图尺寸单位均以厘米计；
2. 洞顶渗水的洞窟做防水处理，采用两布一膜防水土工布，整个洞窟顶部铺设一层防水土工布；
3. 土工布上方铺一层覆土，覆土层厚不得小于7cm，表面铺一层砂卵石厚6cm；
4. 土工布距洞窟顶距离H不小于50cm，洞窟顶部雨水从两侧排走，保证洞窟顶部排水通畅。

(c)

图 5.88　典型洞窟洞顶防渗设计及说明

(a) 平面设计示意图；(b) $A—A'$剖面图；(c) $B—B'$剖面图

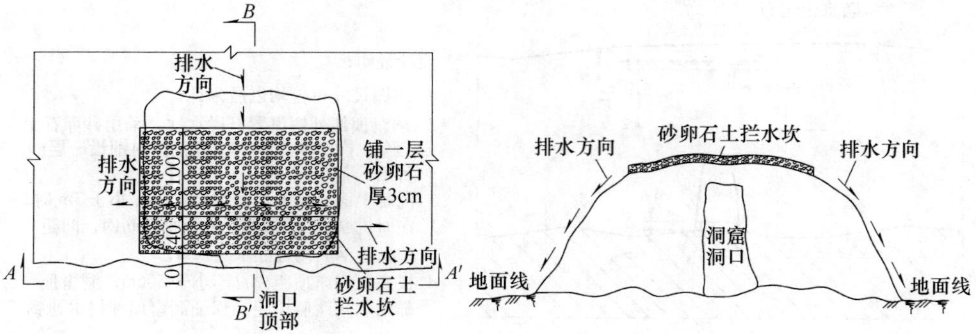

(a)　　(b)

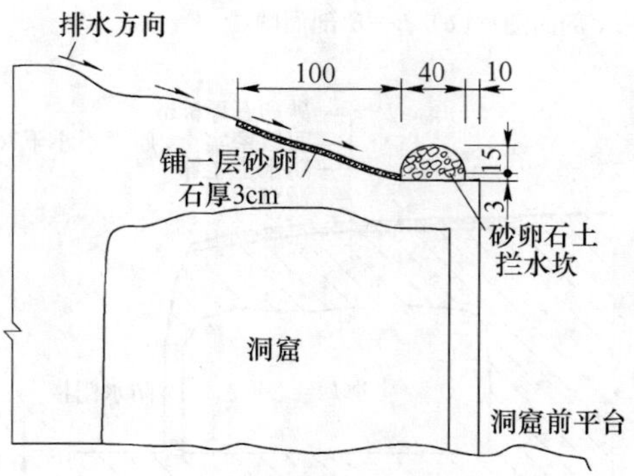

设计说明：

1. 本图尺寸单位均以厘米计；
2. 洞窟顶部外侧设置一拦水坎，采用砂卵石土砌筑，拦水坎内侧100cm范围内铺设一层砂卵石，厚3cm；
3. 洞窟顶部雨水从洞窟两侧排出，减少雨水对洞窟口顶部岩体和烟道的冲刷破坏。

(c)

图 5.89　典型洞窟顶板拦水坎设计及说明

(a) 平面设计示意图；(b) $A—A'$剖面图；(c) $B—B'$剖面图

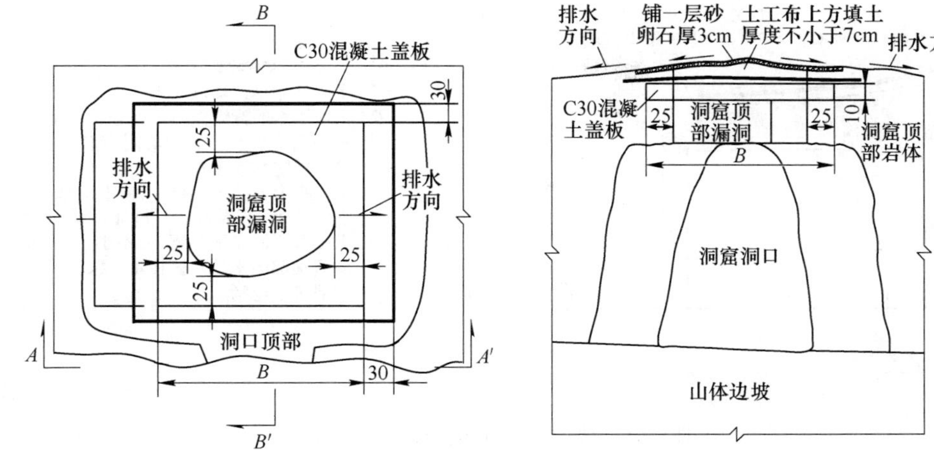

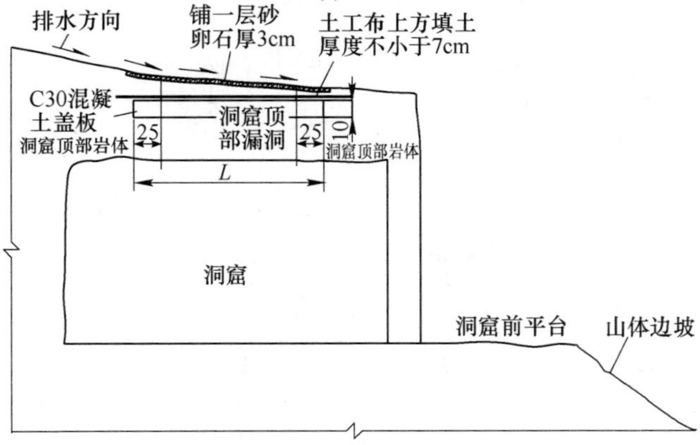

设计说明:

1. 本图尺寸单位均以厘米计;
2. 洞窟顶部漏水洞盖板采用C30 混凝土盖板厚 10cm，盖板长宽根据漏水洞大小而定，盖板上方填覆土，覆土层厚不得小于 7cm，表面铺一层砂卵石厚3cm;
3. 混凝土面板长度或宽度超过1m，小于3m时，在面板厚度中间处配一层 $\phi 8$ 钢筋网，间距10cm，钢筋网边距板边5cm;
4. 板底距洞窟顶距离 H 不小于 50cm，洞窟顶部雨水从两侧排走，保证洞窟顶部排水通畅。

图 5.90 典型洞窟顶部漏水洞防护设计及说明

(a) 平面设计示意图；(b) $A—A'$剖面图；(c) $B—B'$剖面图

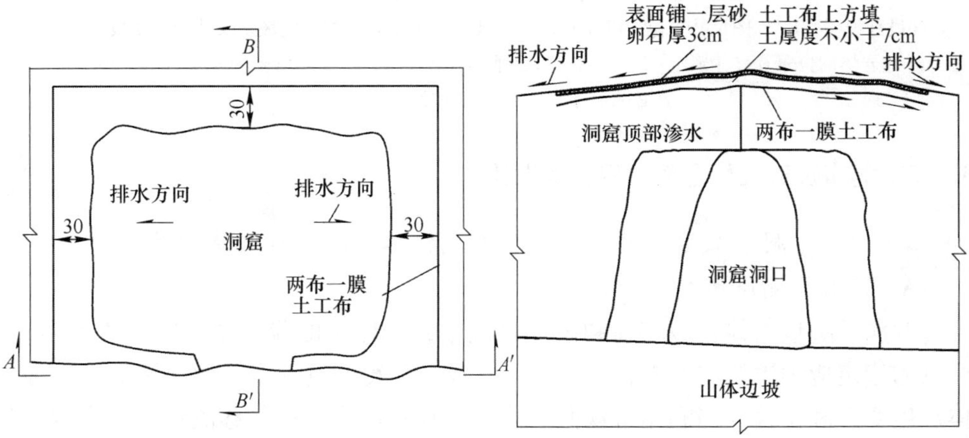

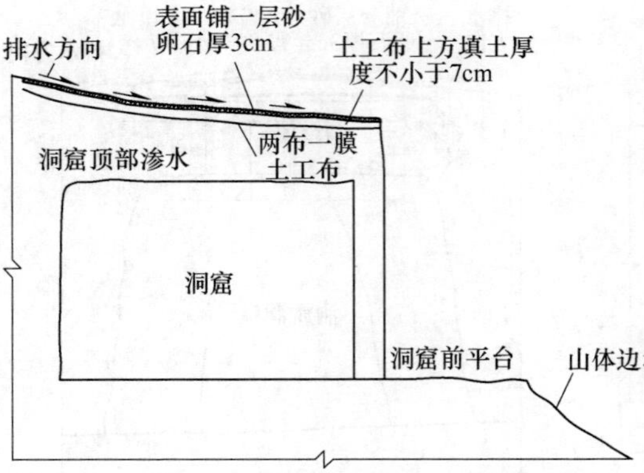

设计说明：

1. 本图尺寸单位均以厘米计；
2. 洞顶渗水的洞窟做防水处理，采用两布一膜防水土工布，整个洞窟顶部铺设一层防水土工布；
3. 土工布上方铺一层覆土，覆土层厚不得小于 7cm，表面铺一层砂卵石厚3cm；
4. 土工布距洞窟顶距离 H 不小于 50cm，洞窟顶部雨水从两侧排走，保证洞窟顶部排水通畅。

(c)

图 5.91　典型洞窟顶板防渗设计及说明

（a）平面设计示意图；（b）$A—A'$剖面图；（c）$B—B'$剖面图

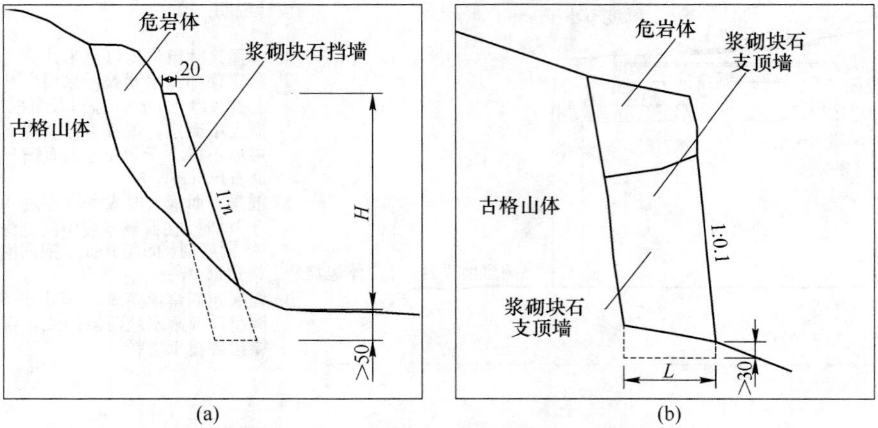

图 5.92　危岩体支顶设计及说明

（a）滑移型危岩体支挡设计示意图；（b）拉裂型危岩体支挡设计示意图

（设计说明：1. 本图尺寸单位均以厘米计；2. 支挡墙及支顶墙的面坡坡率及挡墙高度根据实际危岩体的位置及尺寸确定；3. 支挡墙基础埋深不小于 50cm，支顶墙基础埋深不小于 30cm，且必须清除坡积土，基础置于基岩之上。）

5.4.5　洞窟及边坡稳定性远程监测设计

5.4.5.1　洞窟及边坡稳定性远程监测技术原理、目的及意义

A　远程监测原理[233,234]

洞窟及边坡岩体在破坏前和破坏过程中，岩体中的应力状态首先发生变化，原有的稳定应力平衡状态被打破，不断形成新平衡的过程中，洞窟围岩及边坡岩体产生变形和位移。当利用常规监测技术（如：围岩表面位移测量、围岩内部位移测量、边坡位移监测等）监测到岩体有明显宏观变形时，围岩已经发生了一定

程度的微观变形破坏，可称之为微破裂，捕捉围岩应力的变化可以超前于变形（位移）特征来判断岩体的稳定性趋势，但岩体内应力变化的测试较为困难，并且不能直接反映岩体“稳定性状态”。

洞窟及边坡稳定性远程监测系统由中国矿业大学（北京）何满潮院士构思，引入天体力学中“摄动力”的概念，采用“穿刺摄动”技术，把监测锚索或锚杆穿过滑面，固定在相对稳定的滑床或围岩之上，施加一个小的预应力扰动 P，力学上称之为“摄动力”。这时摄动力已参与到边坡力学系统和洞窟围岩力学系统中，这样就可以根据力学平衡原理，推导扰动力 P 和滑体力学系统或围岩力学系统之间的函数关系，从而将“人为力学系统”和“天然力学系统”有机结合，测量洞窟及边坡内部岩体应力变化趋势，判断其稳定状态。

根据“人为力学系统”和“天然力学系统”之间的函数关系，就可以利用“洞窟及边坡远程监测预报系统”通过对摄动力的监测、分析处理，把洞窟围岩力学系统和边坡力学系统中的应力变化动态反映出来，从而清楚地揭示坍塌和滑坡的整个“稳定—平衡—失稳—破坏”的全过程。这样就把洞窟及边坡稳定性监测从“现象监测”转变为对“下滑力—抗滑力”的本质监测，从对“点监测”转变为对“滑坡力学平衡系统”的监测。

在监测方法上，运用了现代通讯技术，在摄动力监测系统中增加无线发射装置，把滑坡力学系统中的变化动态实时发射出来，使其具有远程性、实时性和智能性。可以实现监测数据自动采集、边坡应力状态远程无线监测，不受距离限制，现场监测数据的实时自动接收等。

B　远程监测目的

借助“摄动力远程监测预报系统”获取洞窟围岩岩体和边坡岩体内部应力状态的动态信息，并及时反馈到设计和施工中，为设计方案的优化、围岩与边坡加固措施的完善和洞窟及边坡稳定性动态监测提供科学指导和依据，同时可以对加固效果进行长期监测。

C　远程监测意义

对于长期不稳定或间隙性活动的滑坡或洞窟群，特别在新构造运动剧烈的地区，必须进行动态监测，其监测结果对洞窟及边坡的保护有着重要的意义：

（1）捕捉洞窟围岩和边坡岩体内部应力状态，优于对岩体宏观位移监测，实现超前预报洞窟围岩或边坡岩体失稳破坏灾害。

（2）治理工程完成后，通过一定时期的延续观测，了解边坡和洞窟围岩发展趋势，判断其是否逐渐稳定，并检验完成工程的整治效果，必要时可以采用追加工程，以弥补先期工程的不足。

（3）降低人工监测强度，提高监测精度；常规位移监测需要技术人员定期到现场进行手工测量，工作强度高，测量误差大，并且在危险洞窟或边坡处进行常规测量时危险系数高，特别是古格地区地理位置偏僻、交通不便、人力成本很高。而该系统则克服了常规位移监测手段的弊端，实现了监测数据的自动采集、发射、储存、分析等功能，并且可以人为设置数据采集频率，大大降低技术人员工作量，保证监测数据的连续性，提高监测精度。

（4）在长期动态监测过程中，监测洞窟围岩及边坡的发展变化情况，预测发展动向，做出危险预报，以防止事故的发生。

（5）实现了洞窟围岩或边坡岩体稳定性监测的远程性、实时性、科学性和智能性。

（6）监测结果可以指导设计方案的优化，促进围岩和边坡加固措施的完善。

5.4.5.2　洞窟稳定性远程监测力学模型

在坚硬和半坚硬地层中（特别是砂岩、泥岩等半坚硬地层）洞窟顶板围岩岩体被垂直节理、软弱结构面、层理等结构面切割成各种类型的空间镶嵌块体。在自然状态下，这些空间块体处于静力平衡状态。如图 5.93 所示，当外界影响因素发生变化时，暴露在临空面上的某些关键块体如①号块体，失去原始的静力平衡状态，造成这些关键块体首先沿着结构面 L_6（①与⑥接触面）和 L_2（①与②接触面）滑移、失稳，进而产生连锁反应，促使相邻块体相继失稳，最终造成整个岩体工程的破坏。

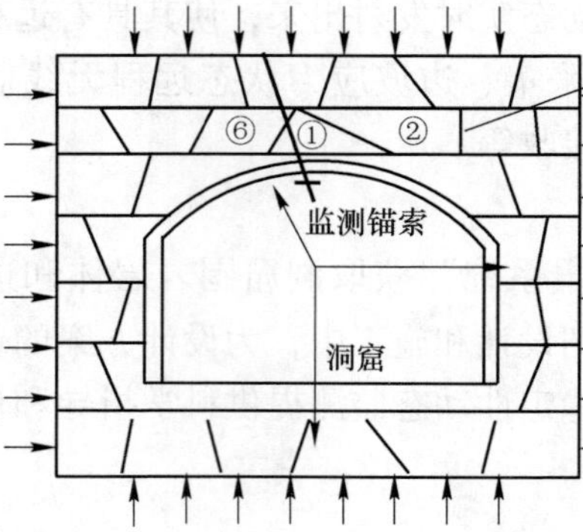

图 5.93　洞窟力学模型

以关键块体①为研究对象，对其进行受力分析。为了计算简便，根据弹塑性力学应变问题原理将关键块体①在 z 轴方向的尺寸取为一个单位长度，如图 5.94 所示。这时，除了滑动面 L_{AB} 和 L_{AC} 以外，各结构面皆与岩体脱离。设 $|L_{AB}| = a$，$|L_{AC}| = c$，$|L_{BC}| = b$。

当洞窟顶板关键岩体处于稳定状态时，块体①主要受以下几种力：

（1）主动力合力 $\boldsymbol{F}$

$$\boldsymbol{F} = \boldsymbol{G} + \boldsymbol{P} \tag{5.27}$$

式中　$\boldsymbol{G}$——关键块体的自重，kN；

P——监测锚索摄动力，即远程监测值，kN。

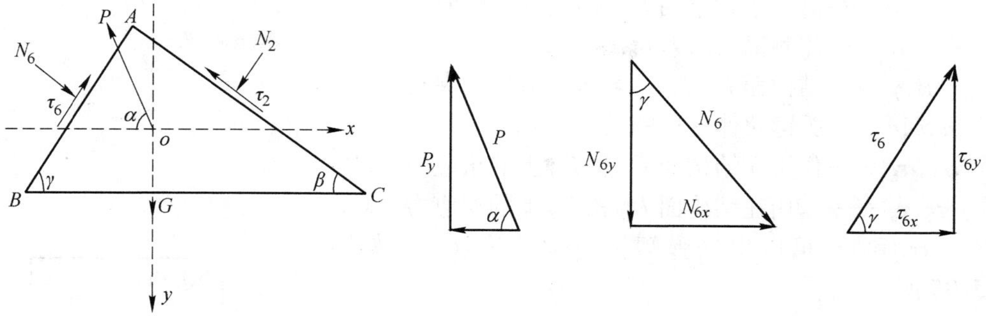

图 5.94　洞窟围岩稳定性力学模型

（2）滑动面上的法向反作用力 **N**

$$\boldsymbol{N} = \sum_{l} \boldsymbol{\sigma}_l \cdot | L_l | = \boldsymbol{\sigma}_2 | L_{AC} | + \boldsymbol{\sigma}_6 | L_{AB} | = c\boldsymbol{\sigma}_2 + a\boldsymbol{\sigma}_6 \qquad (5.28)$$

式中　$\boldsymbol{\sigma}_l$——作用于滑动面 L 上的法向应力，Pa；

c——滑动面 L_{AC} 的长度，m；

a——滑动面 L_{AB} 的长度，m。

（3）滑动面上的切向摩阻力（剪应力合力）**T**

$$\boldsymbol{T} = \sum_{l} \boldsymbol{\tau}_l \cdot | L_l | = c\boldsymbol{\tau}_2 + a\boldsymbol{\tau}_6 \qquad (5.29)$$

式中　$\boldsymbol{\tau}_2$——作用于滑动面 L_{AC} 上的切向应力，即摩阻力；

$\boldsymbol{\tau}_6$——作用于滑动面 L_{AB} 上的切向应力，即摩阻力。

这样就可以建立起作用于可动块体①上的力的平衡方程

$$\boldsymbol{F} + \boldsymbol{N} + \boldsymbol{T} = 0 \qquad (5.30)$$

建立直角坐标系 xoy，则根据极限平衡方程得

$$\sum x = 0$$

即

$$\boldsymbol{P}\cos\alpha + | L_{AC} | \boldsymbol{\sigma}_2\sin\beta + | L_{AC} | \boldsymbol{\tau}_2\cos\beta - | L_{AB} | \boldsymbol{\sigma}_6\sin\gamma - | L_{AB} | \boldsymbol{\tau}_6\cos\gamma = 0 \qquad (5.31)$$

$$\sum y = 0$$

即

$$\boldsymbol{G} - \boldsymbol{P}\sin\alpha + | L_{AB} | \boldsymbol{\sigma}_6\cos\gamma + | L_{AC} | \boldsymbol{\sigma}_2\cos\beta - | L_{AB} | \boldsymbol{\tau}_6\sin\gamma - | L_{AC} | \boldsymbol{\tau}_2\sin\beta = 0 \qquad (5.32)$$

联立求解，得

$$\begin{cases} \boldsymbol{\tau}_2 = \dfrac{\boldsymbol{G}\cos\gamma - \boldsymbol{P}\sin(\alpha + \gamma) + c\boldsymbol{\sigma}_2\cos(\beta + \gamma) + a\boldsymbol{\sigma}_6}{c\sin(\beta + \gamma)} \\ \boldsymbol{\tau}_6 = \dfrac{-\boldsymbol{P}\sin(\alpha - \beta) + \boldsymbol{G}\cos\beta + c\boldsymbol{\sigma}_2 + a\boldsymbol{\sigma}_6\cos(\beta + \gamma)}{a\sin(\beta + \gamma)} \end{cases} \qquad (5.33)$$

式中　G——关键块体的自重，kN；

P——监测锚索摄动力，即远程监测值，kN；

α——监测锚索入射角，(°)；

β,γ——结构面 L_{AC} 和 L_{AB} 与水平方向的夹角，(°)；

a,b,c——关键块体三边的长度，m；

σ_2,σ_6——作用在结构面 L_{AB} 和 L_{AC} 上的正应力，kPa；

τ_2,τ_6——作用在结构面 L_{AB} 和 L_{AC} 上的切应力，kPa。

σ_2 和 σ_6 可以根据弹塑性力学结论求得，如图 5.95 所示。

$$\sigma_n\Big|_{n=2,n=6} = \frac{1}{2}(\sigma_V + \sigma_H) + \frac{1}{2}(\sigma_V - \sigma_H)\cos 2\gamma \tag{5.34}$$

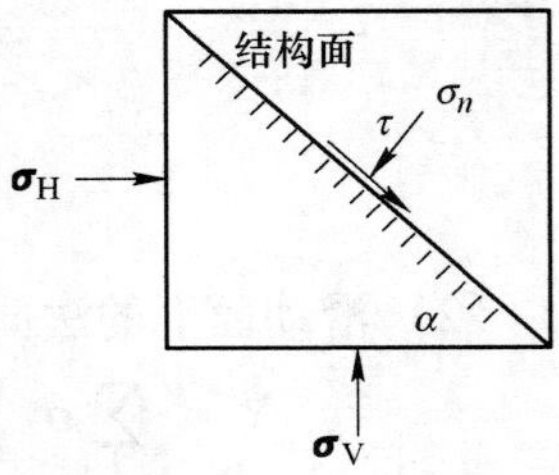

图 5.95　结构面正应力解析示意图

不考虑构造应力和地下水应力的情况下，当仅考虑自重应力时，坡面附近的岩土体发生卸荷回弹，引起应力重分布和应力分异、应力集中等效应，根据弹性力学有限元分析和光测弹性试验，坡面附近主应力迹线均明显偏转，表现为越接近坡面，最大主应力越与之平行，而最小主应力与之近乎正交，向坡体内逐渐恢复初始状态，具体迹线如图 5.96 所示。在力学分析时，σ_V 和 σ_H 的计算不能单纯利用金尼克假说进行计算，要充分考虑主应力的偏转。

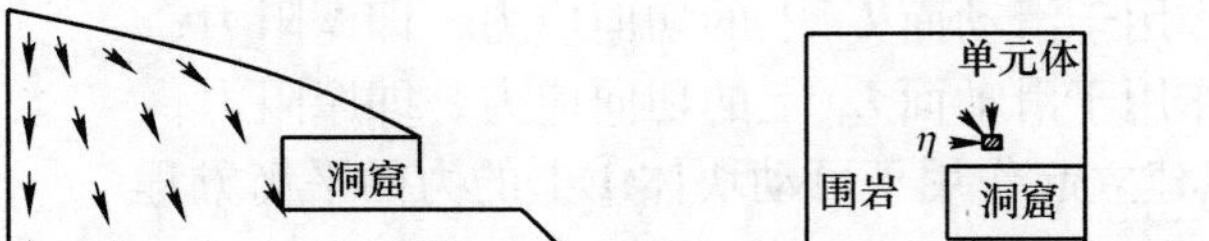

图 5.96　边坡岩体内主应力迹线图

根据弹塑性力学公式，可以得出下式

$$\begin{cases} \sigma_2 = \dfrac{1}{2}FH\left[(3-5\lambda)\dfrac{R^2}{\rho^2} - 3(1-\lambda)\dfrac{R^4}{\rho^4} - \lambda + 1\right] + \dfrac{1}{2}FH\left[(1-\lambda)\dfrac{R^2}{\rho^2} - 3(1-\lambda)\dfrac{R^4}{\rho^4} + \lambda + 1\right]\cos 2\gamma \\ \sigma_6 = \dfrac{1}{2}FH\left[(3-5\lambda)\dfrac{R^2}{\rho^2} - 3(1-\lambda)\dfrac{R^4}{\rho^4} - \lambda + 1\right] + \dfrac{1}{2}FH\left[(1-\lambda)\dfrac{R^2}{\rho^2} - 3(1-\lambda)\dfrac{R^4}{\rho^4} + \lambda + 1\right]\cos 2\beta \end{cases} \tag{5.35}$$

式中，$\lambda = \sigma_V / \sigma_H$。

综上分析，通过式（5.33）可以得出处于极限平衡状态洞窟围岩结构面或软弱结构面上的切向摩阻力与监测锚索摄动力之间的函数关系，对于洞窟顶板围岩中某一关键块体的自重力是体积和重度的常函数，$\boldsymbol{G} = \frac{1}{2}ba\lambda_0\sin\gamma = \frac{1}{2}bc\lambda_0\sin\beta$，随着洞窟顶板围岩岩体间结构面的贯通、错动位移的产生和宏观裂隙的出现，围岩结构面上的摩阻力和内聚力引起的抗滑力 $\boldsymbol{T}$ 逐渐减小，摄动力 $\boldsymbol{P}$ 便逐渐增大，摄动力的变化反映出洞窟围岩岩体内部结构面上关键块体和相邻块体间剪应力的变化，从而反映出洞窟顶板围岩稳定性的改变。

在二向应力状态下结构面或软弱结构面上的抗剪强度为

$$|\boldsymbol{\tau}_f| = \frac{1}{2}(\boldsymbol{\sigma}_1 - \boldsymbol{\sigma}_3)\sin 2\theta \tag{5.36}$$

式中 $\boldsymbol{\tau}_f$ ——结构面或软弱结构面的抗剪强度，kPa；

$\boldsymbol{\sigma}_1, \boldsymbol{\sigma}_3$ ——作用在结构面上的主应力，kPa；

θ ——结构面外法线与最大主应力 σ_1 之间的夹角，(°)。

因此，当通过监测锚索摄动应力值换算出结构面或软弱结构面上的剪切滑应力 $|\boldsymbol{\tau}_l| < |\boldsymbol{\tau}_f|$ 时，关键块体在无震动扰动的情况下处于稳定状态；当通过监测锚索摄动应力值换算出结构面或软弱结构面上的剪切滑应力 $|\boldsymbol{\tau}_l| = |\boldsymbol{\tau}_f|$ 时，关键块体处于剪切滑移的临界状态，即洞窟顶板围岩处于极限平衡状态，在外界因素的影响下，洞窟顶板围岩极可能产生破坏，当通过监测锚索摄动应力值换算出结构面或软弱结构面上的剪切滑应力 $|\boldsymbol{\tau}_l| > |\boldsymbol{\tau}_f|$ 时，关键块体①失稳，在自重条件和外界条件的影响下，块体开始从母岩上剥离下落，紧接着顶部紧邻块体相继产生位移，洞窟顶板围岩发生坍塌破坏。

5.4.5.3 设计内容

洞窟围岩及边坡稳定性远程监测预报工程设计包括两方面内容：边坡及危岩体稳定性远程监测预报工程设计和洞窟围岩稳定性远程监测预报工程设计。主要包括以下设计内容：

（1）根据地层、岩性、结构特征等因素合理选择锚杆锚固类型；

（2）确定锚杆埋设深度、自由段长度，长度要求穿过结构面进入稳定性强的岩体；

（3）确定监测线和监测点数量，设置监测锚杆的布设位置和布设角度；

（4）确定锚杆（索）的锚固力，按照相应的设计准则确定；

（5）确定锚索束体材料及截面面积；

（6）计算锚杆注浆体与锚杆（索）束体之间的粘结长度，并且根据所选用的张拉设备及锚具，确定锚杆的张拉段长度。

5.4.5.4　洞窟围岩稳定性远程监测预报设计

A　监测洞窟的选取原则

西藏古格王国遗址共有700多个洞窟，规模大、数量多、保存完整程度差异性强，如果全部进行稳定性监测，在经济上和技术上是不合理的。根据洞窟破坏类型、破坏程度和空间几何形态（长、宽、高、进深）、顶板围岩厚度等因素，监测洞窟的选取主要依照如下原则：

（1）洞窟横断面跨度大于4.5m，进深大于4m；

（2）洞窟顶板裂隙发育，有坍塌现象，需要顶板支挡加固；

（3）洞窟周边有民房或其他正在使用的建筑物，则该洞窟为重点监测对象。

B　监测点位置的设计原则

洞口断面为直墙拱顶型，洞窟内部断面形状近矩形，由于跨度大，进深长，主要破坏类型为洞顶围岩坍塌。鉴于此，监测点主要布设在洞顶顶板支挡加固工程附近，起到监测洞顶围岩稳定性和检验加固方案是否完善的作用。

C　设计参数

根据该洞窟群工程地质和水文地质具体情况，遵照国家重点文物保护规范，采用科学、经济的布设方法，共布设监测点4个，摄动锚杆（索）相关设计参数说明如下：

（1）每个监测点布置1根摄动锚杆和1台应力传感器，每个监测点安装1套智能传感、采集、发射系统，对围岩稳定性进行实时智能监测；

（2）每个洞窟围岩稳定性远程监测设备通过CAN总线通讯方式连接，信号载体为线缆，将信号引到山顶，便于信号传输；

（3）每根锚杆的预应力设计值为80t，张拉力值为100t，锁定值为10t；

（4）现场锚杆的施工参数严格按照表5.12和表5.13中设计参数执行，现场如有变更应及时与设计单位取得联系，经同意后由设计单位增补相应补充设计，不得随意更改设计参数。

表5.12　古格王国遗址稳定性监测点统计表

监测部位	编号	类型	空间尺寸（跨度×进深×洞高）/cm×cm×cm	岩性	描　述	监测点数量/个
洞窟监测	Ⅰ-1-3-12	单体洞	468×425×174	泥岩	节理宽度137cm	1
	Ⅱ-3-3-76	耳洞型单体洞	750×545×168	砂岩	隔墙底部掏空	2
	Ⅲ-DG-3	单体洞	532×481×211	泥岩	冒落现象	1
危岩体及边坡监测	Ⅲ-2-1-05	边坡	洞口边坡监测	砂岩	洞口局部剥离	2
	Ⅱ-5-3-31	危岩体	危岩体监测	砂岩	—	1
	Ⅱ-3-1-11	危岩体	危岩体监测	砂岩	洞口顶部雨水冲刷	1
	Ⅱ-1-1-01	边坡	洞口边坡监测	砂岩	边坡	1
	Ⅱ-5-1-68	危岩体	危岩体监测	砂岩	—	1

表 5.13 洞窟围岩稳定性监测摄动锚杆参数表

测点编号	洞窟编号	空间尺寸（跨度×进深×洞高）/cm×cm×cm	锚杆总长/m	锚固段长/m	自由段长/m
DD-01	Ⅰ-1-3-12	468×425×174	2	1	1
DD-02	Ⅱ-3-3-76	750×545×168	3	1.5	1.5
DD-03	Ⅱ-3-3-76	750×545×168	3	1.5	1.5
DD-04	Ⅲ-DG-3	532×481×211	2	1	1

注：DD 表示洞窟围岩监测点。

5.4.5.5 边坡岩体稳定性远程监测预报设计

监测点设计根据国土资源部 2004 年制定的《三峡库区滑坡地质灾害防治工程设计技术要求》，详见表 5.14。考虑到古格王国遗址属于国家级重点文物保护单位，其保护对于深入研究象雄文化有着重要的科研价值，故将该工程的重要性确定为Ⅰ级工程。

表 5.14 地质灾害防治工程分级（国土资源部，2004）

工程重要性	危及人数	经济损失/亿元	安全系数	
			常态	特殊态
Ⅰ级	≥2000	>1.0	≥1.25	≥1.1
Ⅱ级	300~2000	0.2~1.0	≥1.20	≥1.05
Ⅲ级	<300	<0.2	≥1.15	≥1.00

A 监测线和监测点的选取原则

据以上设计原则和实际断面工程地质概况，在保证古格王国遗址部分洞窟外边坡稳定性的前提下，采用经济的参数进行摄动锚索加固监测设计。共设置测线 5 条，其中每条监测线上分别布置 1 个远程智能监测点（洞窟Ⅲ-2-1-05 测线上布设 2 个监测点），共计 6 个监测点。

B 设计参数

根据该山体边坡实际工程地质和水文地质状况，遵照国家重点文物保护规范，采用科学、经济的布设方法，共布设监测点 6 个，摄动锚杆相关设计参数见表 5.15，说明如下：

（1）每个监测点布置 1 根摄动锚杆和 1 台应力传感器，每个监测点安装 1 套智能传感、采集、发射系统，对围岩稳定性进行实时智能监测；

（2）每个监测设备通过 CAN 总线通讯方式连接，信号载体为线缆，将信号引到山顶；

（3）每根锚杆的预应力设计值为 100t，张拉力值为 120t，锁定值为 20t。

表 5.15　边坡及危岩体稳定性监测摄动锚杆参数表

监测线编号	监测点编号	洞窟编号	锚索总长/m	锚固段长/m	自由段长/m
CX-01	BWD-01	Ⅲ-2-1-05	8	5	3
CX-01	BWD-02	Ⅲ-2-1-05	10	5	5
CX-02	BWD-03	Ⅱ-5-3-31	12	7	5
CX-03	BWD-04	Ⅱ-3-1-11	10	5	5
CX-04	BWD-05	Ⅱ-1-1-01	9	5	4
CX-05	BWD-06	Ⅱ-5-1-68	10	5	5

注：CX 表示监测线，BWD 表示边坡及危岩体监测点。

监测点具体安装位置如图 5.97 ~ 图 5.107 所示，监测点分布情况如图 5.108 所示。

图 5.97　Ⅰ-1-3-12 号洞窟内安装示意图

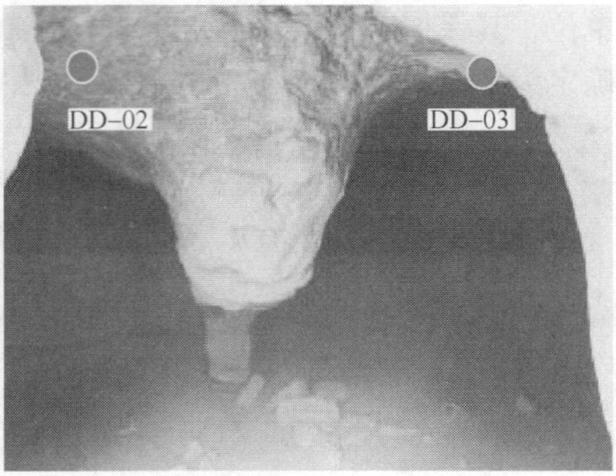

图 5.98　Ⅱ-3-3-76 号洞窟内安装示意图

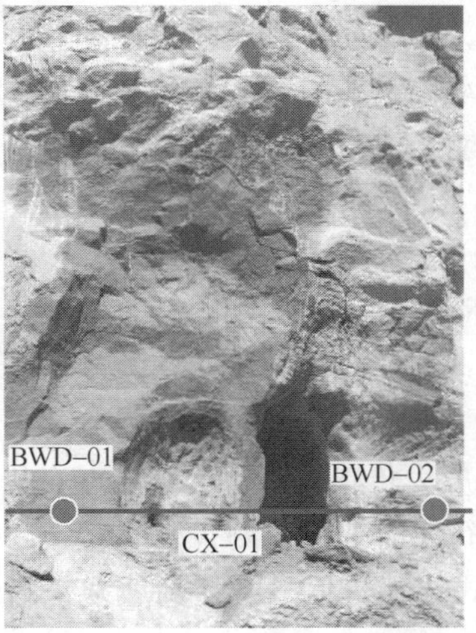

图 5.99　Ⅲ-2-1-05 号洞窟内安装示意图

图 5.100　Ⅱ-5-3-31 号洞窟内安装示意图

图 5.101　Ⅲ-DG-3 号洞窟内安装示意图

图 5.102　Ⅱ-3-1-11 号洞窟内安装示意图

图 5.103　Ⅱ-1-1-01 号洞窟内安装示意图

图 5.104　Ⅱ-5-1-68 号洞窟内安装示意图

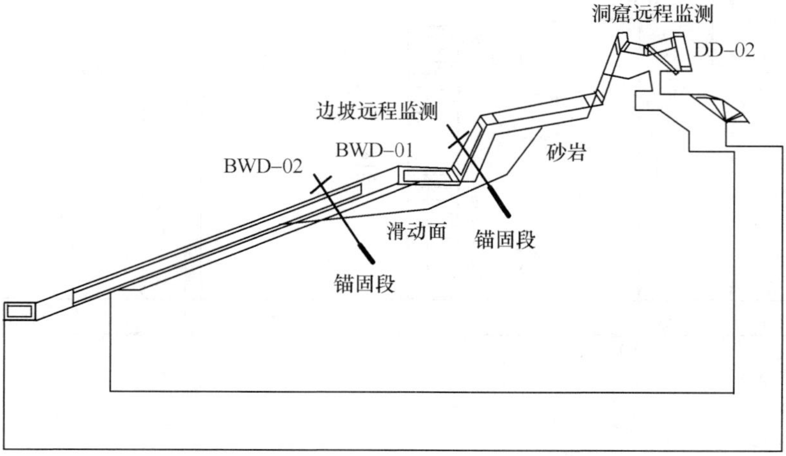

图 5.105　古格王国遗址远程监测点剖面示意图

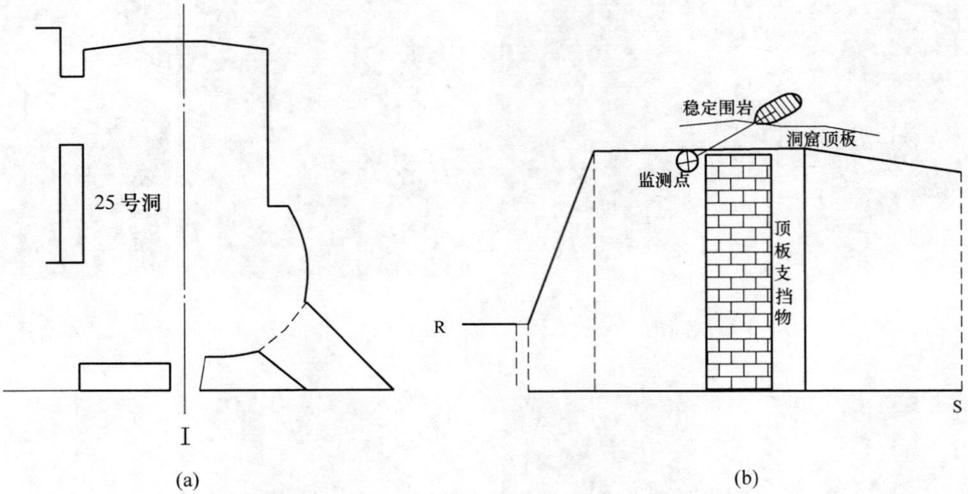

图 5.106　Ⅲ-DG-3 洞窟远程监测点剖面图
（a）平面图；（b）剖面图

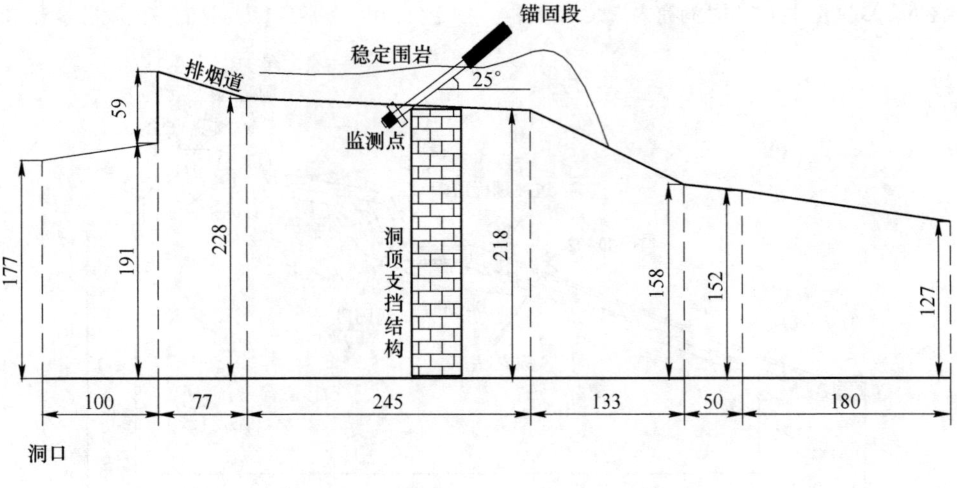

图 5.107　Ⅰ-1-3-12 洞窟远程监测点剖面图（单位：mm）

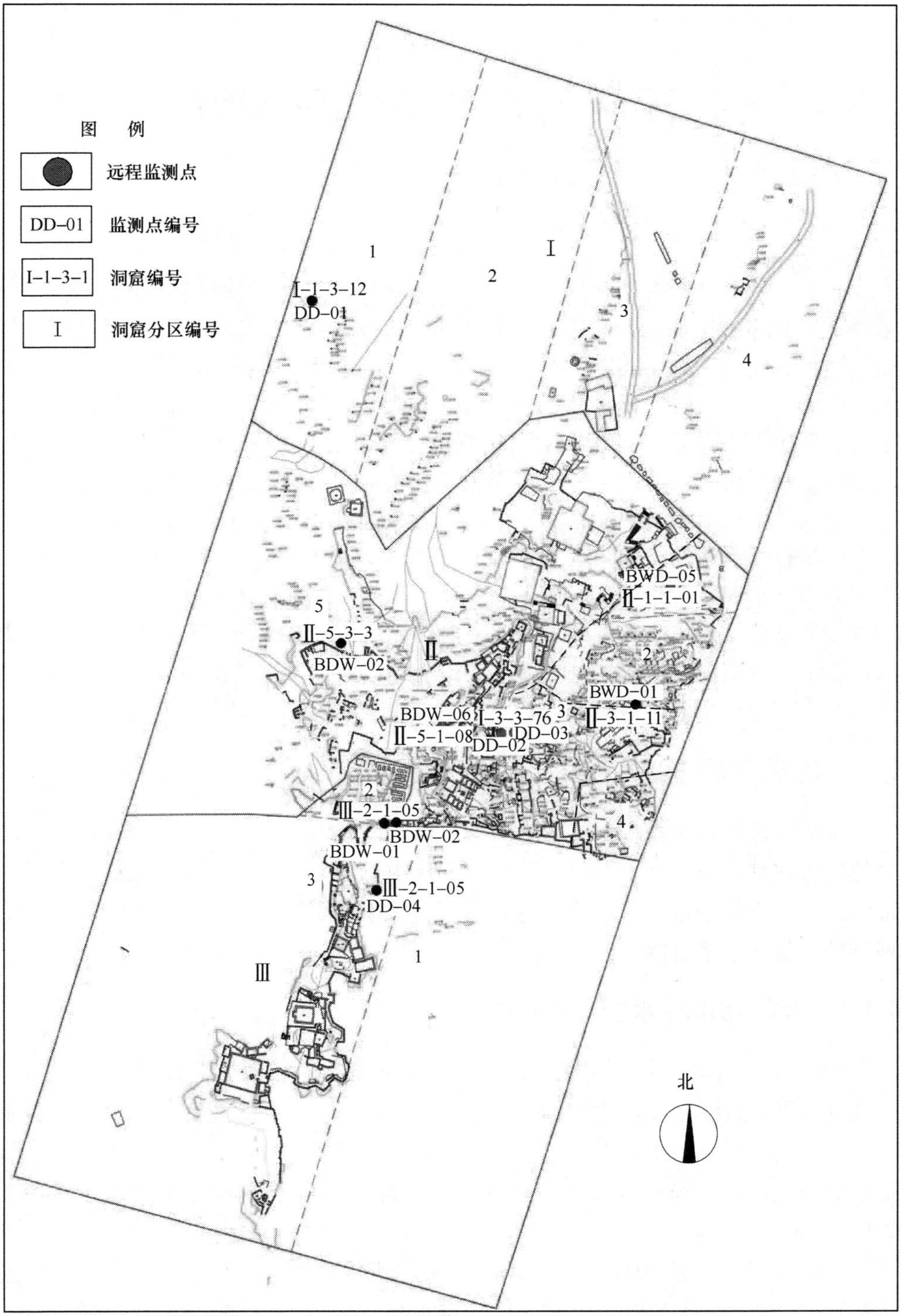

图 5.108 古格王国遗址远程监测点分布平面示意图

6　古格王国遗址区排水系统破坏机理及整治对策设计

古格王国遗址水害是洞窟、边坡、古建筑群及道路等变形破坏的主要原因。本章首先介绍了遗址区排水系统历次修复整治情况及组成现状，调查分析了洞窟、边坡、古建筑群、道路、冲沟、平台、排水设施等的破坏现状，从岩性、构造、地形地貌、气象、风化及工程作用等方面分析了排水系统的破坏机理，指出了其破坏原因。进而有针对性地研究提出了古格遗址区排水整治设计原则及步骤。在洞窟平台、山体顶部泄水管周边平台和山体顶部王宫平台流量计算的基础上，对洞窟平台泄水沟、亚区大冲沟和山顶平台泄水管进行了水力计算，并进行了降雨量校核。最后从肉帮沟和牛让沟的边坡防护与河岸防护、上山道路整治、沿坡冲沟整治、平台整治、洞窟顶部岩体渗水和漏水洞整治、洞窟顶部雨水漫流冲刷破坏整治、建筑物冲刷破坏整治、对山体表面现有地面漏水洞回填整治、出水口整治、薄层混凝土防水层失效的整治、局部增设排水设施、其他附属设施等十二个方面提出了整治对策及设计。

6.1　古格王国遗址区排水系统现状调查分析

本次遗址区排水系统现状调查的工作范围南起山顶王宫平台南部断崖处，北至遗址区北部残墙，东、西以肉帮沟和牛让沟为界。本次调查未发现古格王国遗址的原排水设施遗迹，排水系统的现状调查主要是针对1987年、1997年两次治理维护后的现状进行的。

6.1.1　遗址区历次排水整治修复概况

1987年，由国家文物局拨款，西藏自治区文物管理委员会组织，对古格王国遗址局部进行了初步治理和维护工作，主要对5处保存比较完好的建筑进行了维修，整治了局部上山的道路；1997年，国家文物局拨款40多万元作为遗址抢险加固与整治排水经费，对较为严重的危险部位进行了加固或防护处理（见图6.1～图6.3）。

古格王国遗址区1987年和1997年两次排水整治，重点放在山顶的王宫区（第Ⅲ区）和建筑遗存较多的第Ⅱ区。排水整治的主要思路是疏导、组织排水、分层排水和适当处理出水口。排水整治主要包括两方面：

（1）地面排水整治，包括地面出水口整治（见图6.4和图6.5）和上山道路硬化处理（见图6.6），其中第Ⅲ区（山顶王宫区）地面排水整治出水口共37处；第Ⅱ区第5亚区地面排水整治出水口共26处。

图6.1　土坯墙支挡加固

图6.2　洞窟内墙体支护

图6.3　红殿西北侧挡墙支护

图6.4　地面排水整治出水口1

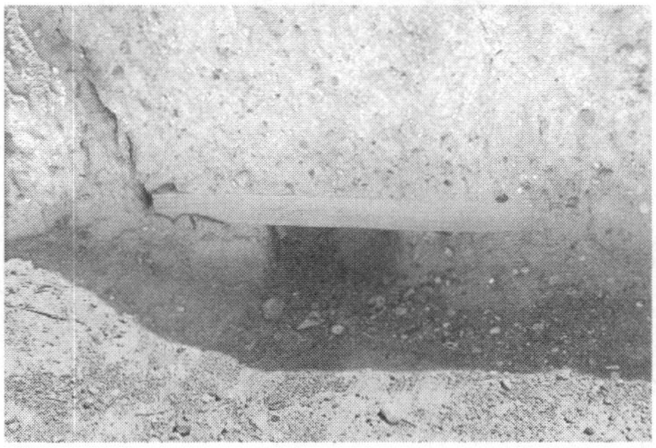

图6.5　地面排水整治出水口2

图6.6　上山道路浆砌块石硬化

（2）建筑物屋顶排水整治，第Ⅱ区第5亚区建筑物屋顶排水口共30多处，其中白殿屋顶排水口有11处（见图6.7），红殿屋顶排水口6处（见图6.8），大威德殿屋顶排水口4处，其他建筑物屋顶排水口10余处。

图6.7 白殿屋顶排水口

图6.8 红殿屋顶排水口

历次排水整治至今，古格遗址又经过了十余年，在自然营力的作用下，遗址区山体中有很大一部分排水设施逐步失效，无序的排水和冲蚀对于山体稳定、遗址区建筑物以及山梁两侧洞窟等文物遗存有着严重的影响。

依据两次对遗址区排水情况进行全面、系统的调查，遗址区历次排水整治的成功之处有：

（1）进行了局部区域疏导、组织排水、分层排水整治，避免雨水的无序排水，减少了汇水面积，同时也减小了地表径流的水动力，减缓了雨水对山体土体的冲刷破坏；

（2）在山体比较狭窄的路段硬化山路作为排水通道（见图6.6），既方便了游客登山游览景点，又可作为雨水的排水通道；

（3）在建筑物排水出口下方铺设一层砂卵石，减缓了出水口雨水水流对地面的冲蚀破坏，具体如图6.9和图6.10所示；

（4）出水口处硬化（见图6.11～图6.13），减缓了雨水水流对出水口的破坏；

（5）在局部平台外侧修砂卵石土坎和土坎挡水，改变了排水方向，效果良好，具体做法如图6.14所示。

图 6.9 白殿屋顶排水出口 1

图 6.10 白殿屋顶排水出口 2

图 6.11 红殿北侧平台出水口浆砌片石硬化

图 6.12 白殿西侧平台出水口浆砌卵石硬化

图 6.13 白殿西侧平台出水口未做硬化

虽然历史上曾对遗址做了两次抢险加固与排水整治工作，但是古格王国遗址区历次排水整治没有形成对文物本体和载体保护有利的排水网络，没有认识到该地区岩性特点，仅进行了局部的排水整治。局部的排水整治多围绕古建筑群进行，而对洞窟群几乎没有做过排水整治，洞窟和山体边坡在水患的影响下其稳定性不断劣化。

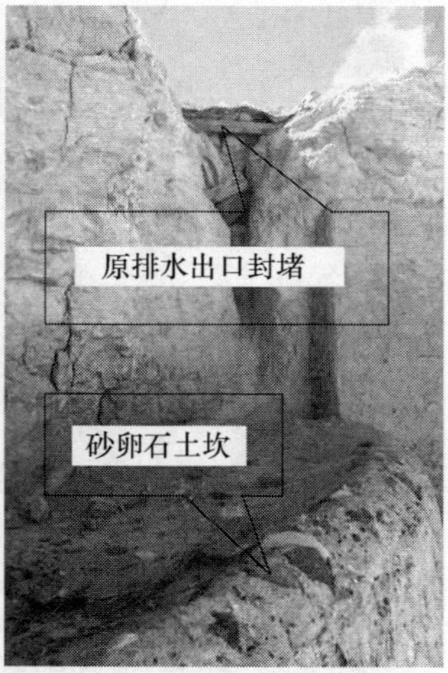

图 6.14　白殿正门前平台外侧砂卵石土坎挡水

6.1.2　遗址区山体排水系统组成

古格王国遗址经历了经年累月的降雨考验，基本上已经形成了一套自然-半自然的、自成体系的排水系统，主要由地表漫流、自然径流、人工径流和人工泄水设施等排水形式组成。其中建筑物较为密集的山顶王宫区人工干预排水的比例较高，而建筑较少，洞窟较多的Ⅰ、Ⅱ区，则以自然形成的排水体系为主，各种排水形式互相交织，形成了复杂的排水系统。由于古格山体特殊的地层岩性以及古格地区特殊气象环境的影响，自然形成的排水体系及人工干预的半自然排水体系不能够完全满足古格王国遗址的排水需求，存在诸多病害。本次研究分别对古格王国遗址区山体系统排水和局部排水现状进行了调查，对典型病害进行了归纳总结分析。

古格王国遗址区山体排水系统主要由山体内部大大小小的天然冲沟和人工设置的各类排水设施（汇水井、泄水口、泄水管、泄水檐）构成，如图 6.15 ~ 图 6.20 所示。遗址区工作范围内的降雨除小部分入渗补充基岩裂隙水外，大部分通过山体内的主冲沟（东立面 5 条主冲沟、北立面 2 条主冲沟）排至山体东西两侧的肉帮沟和牛让沟。山脊和山梁上发育的平台以及上山道路对排水路径有较大的影响（见图 6.21、图 6.22）。

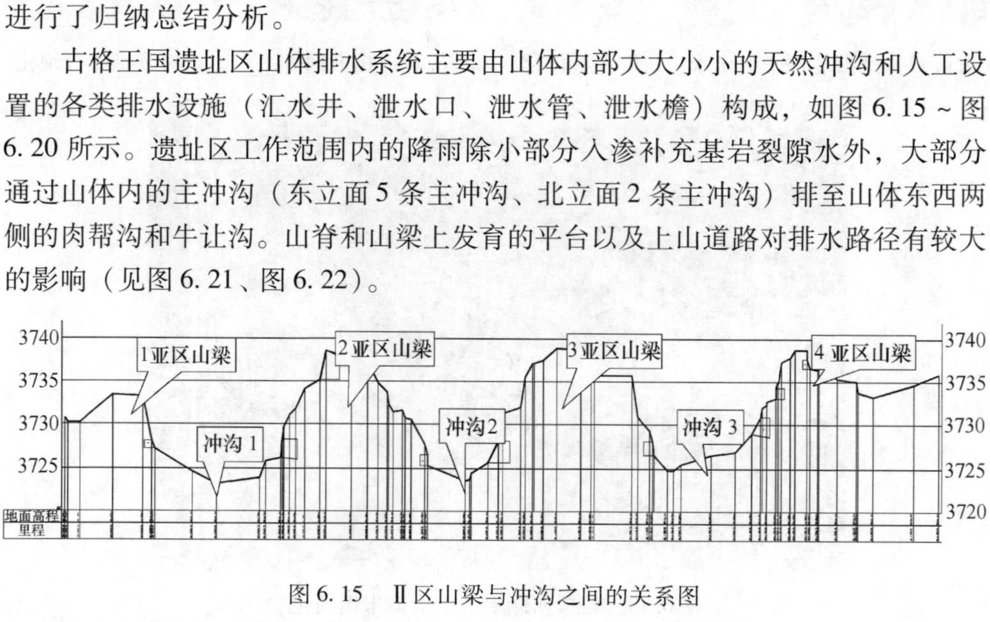

图 6.15　Ⅱ区山梁与冲沟之间的关系图

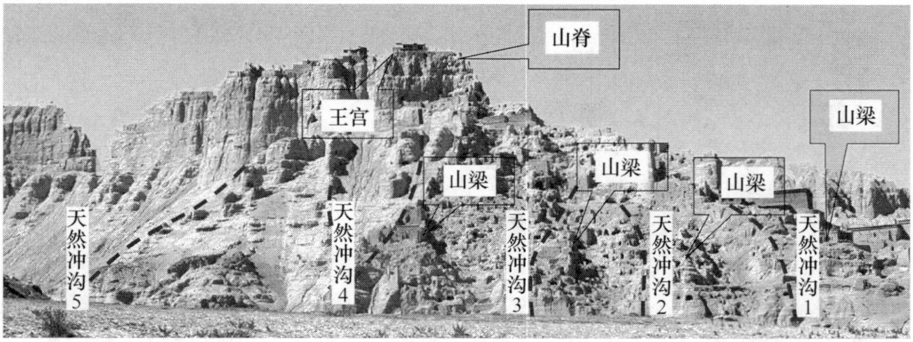

图6.16　遗址区山体东立面排水全景图

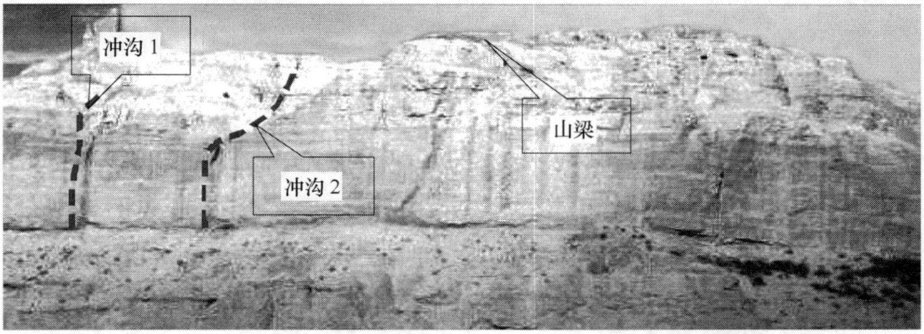

图6.17　遗址区山体西立面排水全景图Ⅰ

图6.18　遗址区山体西立面排水全景图Ⅱ

6.1.3　山体排水系统破坏类型及特点

6.1.3.1　肉帮沟和牛让沟的边坡坍塌与河岸冲刷破坏

古格王国遗址的载体——札不让山体的形成与整个土林形成的机理是一致的。在牛让沟和肉帮沟水流的切割下，札不让山发育为近南北方向延展的狭长山

图 6.19　遗址区山体西立面排水全景图Ⅲ

图 6.20　遗址区山体北立面排水全景图

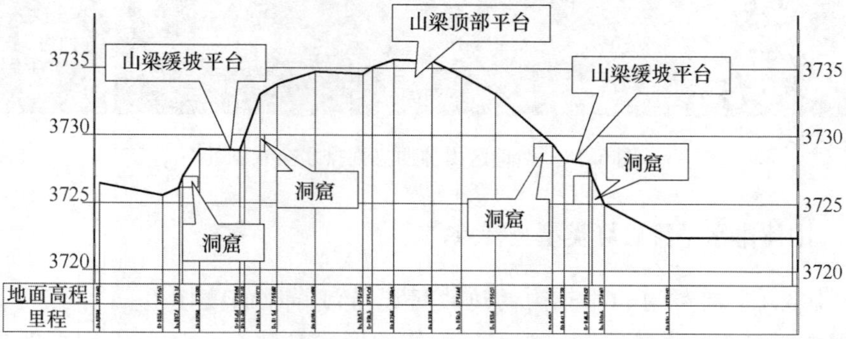

图 6.21　Ⅰ区 2 亚区山梁、洞窟和平台之间的关系图

图 6.22 主要上山道路

体，东西方向形成陡直的边坡。因东西两侧水动力大小不一，水流大的牛让沟一侧的札不让山体边坡比水流小的肉帮沟一侧山体边坡更为峻峭陡直。从目前东西两侧的边坡发育情况看，西侧边坡遭受牛让沟季节性洪水的侵蚀破坏（见图6.23），而东侧边坡主要以自重作用下的边坡破坏为主（见图6.24）。从破坏的危害性看，西侧边坡在河岸冲刷破坏作用下，易诱发整体边坡稳定问题，而东侧边坡因有洞窟分布一旦破坏即损失文物本体。因此，两侧边坡稳定问题均应引起重视，必须进行必要的加固和防护。

图 6.23 西侧边坡受牛让沟季节性洪水的侵蚀破坏

图 6.24 东侧边坡自重作用下的边坡破坏

6.1.3.2 沿坡天然冲沟的冲蚀破坏

遗址区冲沟主要包括山梁与山梁之间的天然冲沟和山梁中的小冲沟，在洞窟密集分布的坡体上天然主冲沟有七条，其中北立面有两条（见图6.25、图6.26），东立面有五条（见图6.27～图6.31）。主冲沟由两侧山梁坡体上的多条小冲沟汇集而成。目前，大小冲沟的径流危及洞窟和边坡稳定性，同时还存在冲沟出水口处冲蚀破坏严重的问题（见图6.32、图6.33）。

图 6.25　北侧天然冲沟-1 仰视图

图 6.26　北侧天然冲沟-2 仰视图

图 6.27　东侧天然冲沟-1 俯视图

图 6.28　东侧天然冲沟-2 俯视图

图 6.29　东侧天然冲沟-3 俯视图

图 6.30　东侧天然冲沟-4 仰视图

A　冲沟对洞窟的冲蚀破坏

冲沟主要对位于冲沟排水路径中和冲沟附近的洞窟有冲蚀破坏，冲沟附近的洞窟，洞口处岩体受雨水冲蚀破坏，有的出现雨水倒灌现象（见图 6.34、图 6.35）。冲沟排水路径中的洞窟，受雨水冲蚀破坏严重，有的造成洞顶岩体坍塌（见图 6.36）。

图 6.31 东侧天然冲沟-5 仰视图

图 6.32 山梁顶部小冲沟冲蚀破坏

图 6.33 天然冲沟出水口处冲蚀破坏

图 6.34 冲沟附近洞窟冲蚀坍塌

图 6.35 冲沟附近洞窟冲蚀破坏

图 6.36 冲沟处洞窟冲蚀坍塌

B 冲沟对建筑物残墙的冲蚀破坏

冲沟对建筑物残墙造成不同程度的冲蚀破坏，一是冲蚀、切割建筑物残墙（见图 6.37、图 6.38），危及建筑物整体稳定；二是建筑物残墙基础遭受掏蚀（见图 6.39），不利于上部建筑物的稳定。

图 6.37　小冲沟冲蚀建筑物残墙

图 6.38　天然冲沟处建筑物残墙冲蚀破坏

图 6.39　天然冲沟处建筑物基础底部冲蚀破坏

综上所述，遗址区的冲沟冲蚀破坏现象严重，加剧了山体边坡、遗址区建筑物和洞窟变形破坏的发展趋势。

6.1.3.3　平台积水与淤积破坏

平台积水和淤积破坏是遗址区山体中一种普遍破坏现象，平台主要分布在山梁顶部和山梁缓坡中，平台的上下一般都有一层洞窟，在一些平台中还存在部分建筑物残墙。由于平台地势高低不平，雨水从山梁顶部漫流而下，很容易出现积水现象。在长期积水情况下，洞窟遭受淤积破坏（见图 6.40），同时积水也造成洞窟顶层岩体渗漏，导致洞窟顶层岩体坍塌（见图 6.41）。平台积水使得建筑物残墙基础土体软化，不利于残墙稳定。

6.1.3.4　上山道路的风化和冲蚀破坏

从古格王国遗址参观正门到山顶王宫区有一上山道路（见图 6.42），局部路段已做硬化处理，采用浆砌块石砌筑，表面用水泥砂浆抹面。上山道路既方便游客上山参观，又可作为排水通道。目前，在风化作用和雨水冲蚀作用下上山道路表面砂浆抹面碎裂、剥落比较严重，尤其是红殿正前方上山道路冲蚀破坏严重（见图 6.43）。上山道路冲蚀破坏导致道路内侧建筑物基础底部受到冲蚀破坏和附近洞窟出现雨水倒灌现象（见图 6.44、图 6.45）。

图 6.40 Ⅱ区 3 亚区东侧平台积水与淤积破坏

图 6.41 因上部积水造成洞窟顶层岩体坍塌破坏

图 6.42 上山道路表面碎裂、剥落

图 6.43 红殿前上山道路冲蚀破坏

图 6.44 上山道路内侧建筑物基础冲蚀破坏

图 6.45 红殿前上山道路附近洞窟雨水倒灌

6.1.3.5 古建筑群冲蚀破坏

古格王国遗址区山体存在大量建筑群，雨水的冲刷淤积和径流对其造成了严重的破坏。除几个保存较为完好的宫殿和庙宇外，绝大多数仅剩残墙，主要分布在Ⅱ、Ⅲ区。主要的破坏现象有：墙体冲刷破坏、墙基掏蚀和墙体坍塌。

A　墙体冲刷破坏

建筑残墙墙面存在着严重的雨水冲蚀的痕迹，原来所抹的泥沙护面剥落，墙砖裸露，大部分围墙已不完整，围墙上一般有较为明显的冲蚀痕迹，个别冲蚀痕将整个围墙切割成了几段，断开的围墙根部淤积了大量围墙冲刷下来的泥沙，雨水汇集径流将墙根部冲出一个出水口，如图 6. 46 所示。

B　墙基掏蚀

古格王国遗址多数古建筑原建于较陡的坡面之上，雨水的冲刷径流使得墙体基础掏蚀严重，造成了墙体的部分乃至完全坍塌，局部墙体基础甚至存在向内部的掏蚀洞，严重影响着残墙的安全稳定，如图 6. 47 所示。

图 6. 46　Ⅱ区 3 亚区建筑残墙冲刷破坏

图 6. 47　Ⅱ区 3 亚区建筑残墙基础掏蚀

C　墙体坍塌

建筑墙体坍塌现象较普遍，在雨水等外部因素影响下，建筑结构遭受破坏，建筑墙体整体坍塌或者局部坍塌，甚至只残留墙体部分基础，如图 6. 48 和图 6. 49 所示。

图 6. 48　建筑物群残墙冲刷破坏

图 6. 49　建筑物门梁破坏

6. 1. 3. 6　洞窟与边坡的冲蚀破坏

A　洞窟的冲蚀破坏

古格山体存在的洞窟主要集中在Ⅰ区和Ⅱ区。雨水和地表径流的冲刷对洞窟造成了严重的破坏，考虑排水问题，破坏现象有洞顶漏水破坏和洞口淤积破坏。

（1）洞顶漏水破坏。洞顶漏水是位于较陡立面以及小型地表冲沟下方洞窟普遍存在的一种破坏现象。漏水洞位于洞口斜上方，一般呈圆形或近似圆形，直径多介于20～50cm，从漏水洞上方可直接看到洞窟内部，漏水洞周边有明显水流冲刷痕迹（见图6.50、图6.51）。部分洞窟洞顶漏水洞发育，导致洞顶完全坍塌，洞顶周边山体形成一个漏斗，周边水流均向洞内汇集，坍塌的洞窟内部堆积有大量岩体剥蚀后的残留物，内部较平坦的洞窟，堆积物上有少量小型冲沟（见图6.52）。

（2）洞口淤积破坏。部分洞窟因冲蚀或坍塌造成洞口淤积、雨水回流，此类洞窟一般位于山梁缓坡平台之上，且洞窟上部立面较陡。洞口周边淤积大量上部山体冲蚀下来的剥落物，洞窟内部标高低于洞口标高，洞口水流流向为洞窟内部（见图6.53）。

图6.50 Ⅱ-3-3-53 洞窟洞顶漏水洞及雨水回流

图6.51 Ⅱ-3-1-10 洞顶漏水洞

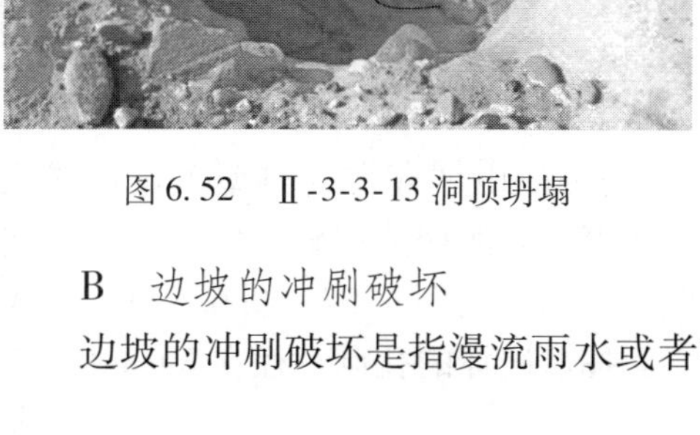

图6.52 Ⅱ-3-3-13 洞顶坍塌

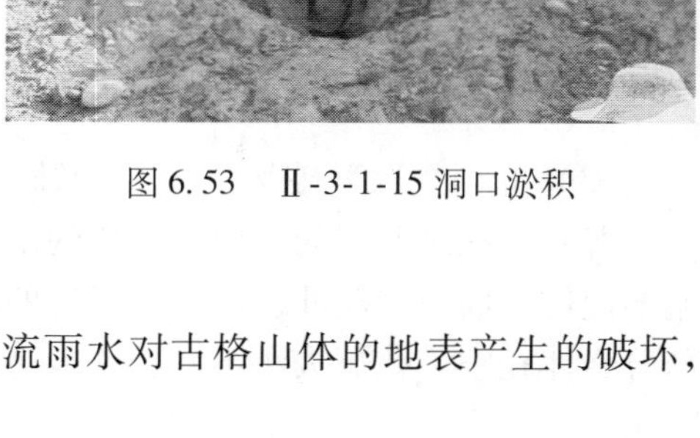

图6.53 Ⅱ-3-1-15 洞口淤积

B 边坡的冲刷破坏

边坡的冲刷破坏是指漫流雨水或者汇流雨水对古格山体的地表产生的破坏，

从破坏的形式及程度来分，可分为漫流型破坏、冲沟型破坏和立面掏蚀型破坏。

（1）漫流型破坏。漫流型破坏主要发生在坡度较缓的山梁顶部平台和山梁缓坡平台之上。岩体风化后的残积层，在雨水作用下易被水流冲刷搬运。从现场看，风化残积层较为稳定，在不破坏现状的情况下，该层可以抵抗一定程度的雨水冲刷（见图 6.54）。

图 6.54　Ⅱ-5-3 区某坡面漫流冲刷

（2）冲沟型破坏。冲沟型破坏主要位于山梁之间或者地形向内凹陷的区域。此类破坏一般较为严重，冲沟型破坏一般从山梁顶有建筑出水口的位置开始发育，破坏路径较长，随着汇水面积的增加逐渐发育成冲沟，冲沟截面大都呈 V 字形，坡度较陡地段沟底切割较深（见图 6.55），有明显水流集中冲刷的痕迹，坡度较缓地段冲沟平坦，一般由多条小冲沟组成（见图 6.56）。部分山梁之间冲沟内有大量块石、卵石。

图 6.55　Ⅱ-5 区某冲沟

图 6.56　Ⅱ-5 区某冲沟源头

（3）立面掏蚀型破坏。立面掏蚀型破坏是古格山体存在的典型破坏形式之一，普遍存在于洞窟的立面、陡峭的山体立面等。立面掏蚀型破坏的特征是：陡峭的边坡立面被水流冲刷出凹凸不平的串珠状孔洞（见图 6.57 ~ 图 6.59），造成部分岩体托空。孔洞大小不一，一般边坡立面掏蚀破坏的孔洞直径在 20cm 以上，

图 6.57　Ⅱ-1 区某立面掏蚀破坏

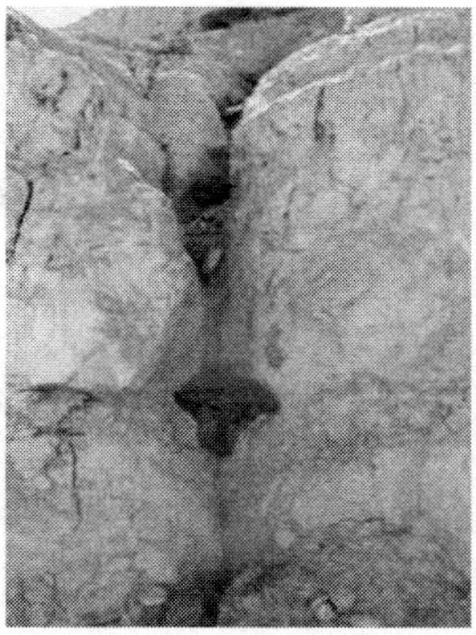

图 6.58　Ⅱ-2 区立面掏蚀破坏

图 6.59　Ⅰ-2 区山体立面掏蚀破坏

目前所调查的最大立面掏蚀洞直径达 2m。这种现象的产生与水和岩层的组合关系密切相关。

6.1.3.7　排水设施的破坏

古格山体的排水设施是指历次山体排水整治时设计施工的泄水管、汇水井、泄水檐及排水沟等，排水设施大都位于古格山体上部建筑区（Ⅱ区、Ⅲ区）。泄水管、汇水井、泄水檐及排水沟等存在着管口堵塞、管口松动、汇水口周边水泥开裂以及排水沟内混凝土开裂等破坏形式。

A　泄水管、泄水檐堵塞及开裂

经调查，古格山体泄水管采用 ϕ20cm 的 PVC 管，泄水檐采用镀锌铁皮轧制而成。泄水管、泄水檐设置于水流汇集明显处或者地势较为低洼处。泄水管及泄水檐的设置，较好地解决了部分雨水的排出，大部分起到了应有的功能，这也是此前排水设计的可借鉴之处。但是，部分泄水管、泄水檐汇水口处淤积了大量泥沙及小粒径卵石及块石，致使排水不通畅，甚至排水功能失效（见图 6.60）。还有部分泄水管、泄水檐进水口周边混凝土开裂，泄水管、泄水檐松动（见图 6.61、图 6.62），周边出现了小缝隙，汇水口部分水流通过缝隙排出，影响了泄水管的使用。

图 6.60　泄水管管口堵塞

图 6.61　泄水管松动

图 6.62　泄水檐松动

B　汇水井的堵塞

历次排水整治中，除了设置了大量泄水管和泄水檐之外，还在部分建筑围墙内的大平台设置了汇水井，其主要功能是汇集平台雨水，将水流通过下部暗管排向山体外，汇水井的设置有效缩短了水流对山体的冲刷距离，减小了水流的冲刷破坏。汇水井采用水泥混凝土砌筑，正方形横截面，边长在 80cm 左右，深度普遍为 40cm，底部设置暗管，暗管全部采用 ϕ20cm 的 PVC 白色塑料管。其中，最为典型的汇水井暗管设置在山顶议会厅地面，汇水井原设计有过滤盖板，但现场调查发现，由于盖板预留孔过小，盖板已被维护人员掀开来保证排水，即便如此，汇水井下部暗管还是出现了堵塞的情况，汇水井周边及底部淤积了大量的泥沙（见图 6.63）。遗址区内也有个别汇水井设置仍有较好的排水效果，比如第二休息平台东侧残墙内的汇水井（见图 6.64）。

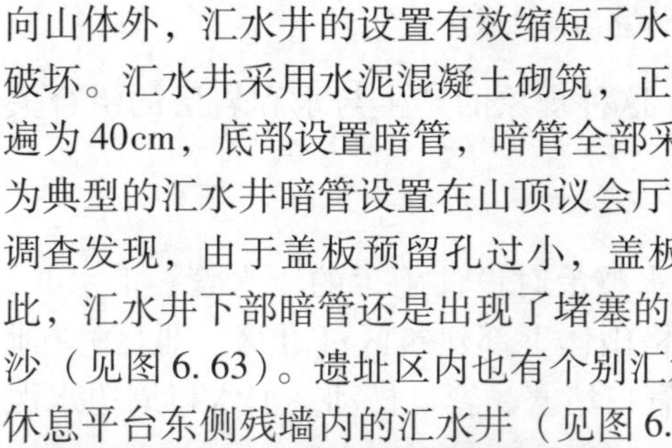

图 6.63　议会厅平台汇水井的堵塞

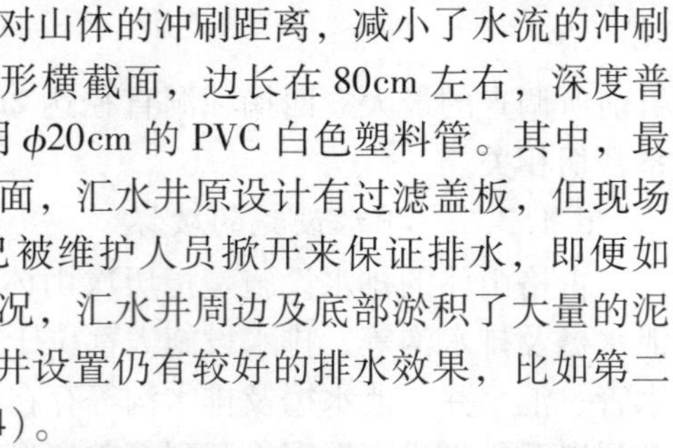

图 6.64　第二休息平台完好的汇水井

C 薄层铺砌防水层失效

除了一些排水设施周边及本身的破坏以外，部分进行防冲刷的施工也有着不同程度的破坏，比较典型的就是混凝土排水沟的失效和混凝土防冲刷层的失效。该混凝土砌排水沟位于坛城殿西南角，主要作用是铺砌地面原始冲沟，使水流有序排向下部。目前该冲沟的混凝土层几乎完全破碎，破碎的混凝土下方出现了小型的漏水洞，混凝土的铺砌完全失效（见图 6.65）。山顶休息室附近的一个混凝土防冲刷层，该防冲刷层位于建筑顶部排水管下方，其作用主要是防止顶部水流对下部的直接冲刷，但现场调查发现，该防冲刷层周边基础出现了冲蚀坑，混凝土层随之下陷，表面出现裂缝，混凝土块较松动，稍微用力即可将其移走，防护基本失效（见图 6.66）。

图 6.65 混凝土排水沟碎裂

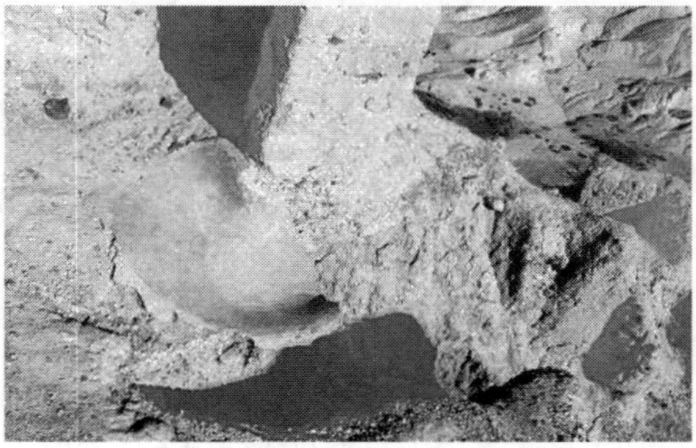

图 6.66 山顶休息室附近混凝土薄层冲蚀破坏

D 出水口冲刷破坏

人工出水口下部存在水流直接冲蚀的问题，人工出水口水流冲刷较为集中，出水口下方一般都有一个较为明显的冲蚀坑或者水流冲沟，如图 6.67 和图 6.68 所示。白殿屋顶出水口下方地面被水流冲刷成一冲蚀坑，冲蚀坑呈长方形，长约 1.5m、宽 30cm、坑深 1m，白殿外墙基础块石大面积裸露，外墙稳定因此会受到影响。

图 6.67 泄水檐下部的冲刷

图 6.68 白殿屋顶出水口下方地面冲蚀坑

6.1.3.8 漏水洞破坏

漏水洞是指山体、人行通道或者建筑物地面出现的水流入水口，水流通过该区域时，不能从地表漫流，而是直接渗入地下。根据漏水洞发育的位置，可以将漏水洞分为两大类。

A　排水通道漏水洞

排水通道漏水洞指山体的Ⅰ、Ⅱ区汇流排水通道上出现的漏水洞。排水通道上出现的漏水洞一般呈长方形，长边远大于短边，长边方向也就是水流的流向。明显特点是漏水洞周边土体下陷、坍塌，周围有明显的水流流入漏水洞的痕迹，出水口一般在排水通道下部，见图 6. 69 和图 6. 70。据现场调查，部分漏水洞下伏淤积坍塌的洞室或坍塌后建筑物的地垄。

图 6. 69　Ⅱ-3-1 立面排水通道上漏水洞

图 6. 70　Ⅱ-3 东立面漏水洞

B　山顶王宫平台漏水洞

山顶王宫平台漏水洞发育的位置多为前期进行过排水整治的建筑地面和人行通道等，主要是施工后产生的漏水洞。漏水洞的存在，改变了平台的水流路径，本来通过漫流可以汇集的平台水，在漏水洞位置渗入地下，使原排水设施失效。山顶王宫平台东侧有一条通道，通道东侧是陡峭的山崖，通道上分布着较多的漏水洞，有的漏水洞甚至连接在一起。通道上原来设置了多个泄水口排水，因漏水洞的发育使得水流在流向泄水口的途中就渗入地下，原出水口不能发挥其应有的功能，如图 6. 71 ~ 图 6. 73 所示。

图 6. 71　山顶王宫平台议会厅平台漏水洞

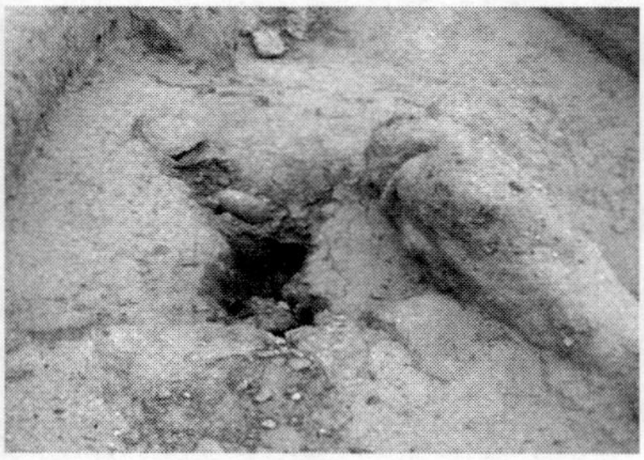

图 6. 72　人行通道漏水洞

图 6. 73　王宫平台东侧通道漏水洞

6.2 古格王国遗址区排水系统破坏机理及原因分析

古格王国遗址区排水系统遭受破坏，受诸多因素的控制和影响。控制排水系统失效的内因是岩性和构造，其外因是地形地貌、气象、风化作用和工程作用。从排水系统设计的角度分析，原设计施工未形成有利于保护洞窟、边坡和建筑物的网络化和分层、分流的排水系统，排水设施和排水路径的设计不合理，未考虑排泄能力、防护等级和抗冲刷能力等。具体分析如下。

6.2.1 排水系统破坏机理

6.2.1.1 岩性与构造控制作用机理

古格王国遗址区山体主要为第三系湖相沉积地层，主要以泥岩、砂岩为主，具有半成岩特点，遇水具有一定的膨胀性且易崩解，同时含较多的易溶盐，因此受雨水冲蚀易造成岩体变形破坏。另外，古格岩体的垂直节理比较发育，雨水易沿着垂直节理和裂隙侵蚀岩体，从而逐渐发育成漏水洞、冲沟和危岩体。这种独特的岩性和节理特点，造成了许多排水措施的失效，排水路径混乱无序，危及遗址区边坡、建筑物和洞窟的稳定。

6.2.1.2 地形地貌、气象、风化控制作用机理

古格王国遗址展布在西藏阿里地区特有的札达土林中，这种特殊的地形地貌形态表现为地形高耸陡直，使得土林地貌发育的水动力较大，雨水切割、冲蚀破坏严重。

札达地区气候独特，尽管年蒸发量远大于降水量，但降水量集中、地表径流大，对于古格山体的岩性特征来说，容易造成水的冲刷破坏。

遗址区冬季干旱多大风，昼夜温差大，紫外线强，冻融作用明显，风化作用强烈。遗址区岩体、古建筑物和排水设施在风化作用下，岩体、建（构）筑物材料及排水设施的强度劣化，使得各类破坏类型的破坏效果不断加剧放大。

6.2.1.3 工程控制作用机理

古格王国遗址山体中开凿了大量的洞窟和暗道，并在山脊、山梁顶部修筑了大量建筑，极大地改变了原始的山体排水系统。随着古格王国的消亡，缺乏修缮的文物本体逐渐坍塌和破坏，使得排水路径不断产生新的变化，直至排水路径混乱无序。对文物本体有利的排水系统的不断劣化，加快了遗址区边坡和洞窟的变形破坏。

6.2.2 排水系统破坏原因分析

6.2.2.1 山体排水未形成有利于保护洞窟、边坡和建筑物的网络化排水系统

从文物本体和边坡稳定的角度看，各级冲沟和排水设施形成的排水网络，肆

意发育、组合，已严重危及洞窟、边坡和建筑物的稳定，须重新调整排水网络，规范主冲沟、次级冲沟和其他排水路径的分布和发育，阻断并引导对文物本体和边坡有较大影响的冲沟的排水路径，在充分利用已有冲沟和其他排水路径的基础上，设计有利于洞窟、边坡和建筑物安全稳定的山体排水系统。

6.2.2.2　山体排水未形成分层、分流的排水系统

遗址区的山体分布着许多山梁，山梁中因开凿洞窟或天然形成了许多相对较平缓的平台，由于建筑物坍塌、洞窟破坏和冲沟形成，使得排水路径发生变化，形成许多直上直下的冲沟，水动力大，切割平台和洞窟，对建筑物和洞窟冲蚀破坏较大。同时遗址区中山梁平台由于各种破坏类型的存在，不但造成汇水面积大小不一，而且汇水也没能就近排入各级冲沟中，因汇水面积大冲刷而形成的冲沟水动力大，造成洞窟的变形破坏。这种破坏情况在遗址区比较普遍。总之，遗址区山体排水未形成分层、分流的排水系统，局部区域因水动力大，严重冲蚀、切割着洞窟和边坡。

6.2.2.3　排水设施和排水路径的设计不合理

局部排水设施或排水路径的破坏，也会影响整个排水系统的顺利排水。排水设施的破坏除了受排水系统破坏控制机制影响外，还受主观设计合理性的影响。

（1）混凝土的强度、层厚及抗老化能力决定着排水口的稳定。由于古格山体岩石的特殊物理化学性质，该岩体作为混凝土排水设施的基础，具有不稳定性，在水流的冲刷下极易造成冲蚀、渗漏，从而使上部混凝土部分托空，如果混凝土本身层厚较薄，强度不高，必然会发生开裂现象，目前泄水口周边及防冲刷混凝土的开裂破坏，大都是此原因造成的，混凝土的开裂也造成了泄水管、泄水檐的松动。

（2）出水口短时间泄水能力差，是造成排水设施堵塞的重要原因。古格山体岩石的耐崩解性差的特点使得地表在雨水水流的冲刷下易崩解，崩解产生的残积物在水流的带动下向出水口汇集，如出水口排水坡度较缓，短时间泄水能力差，泥沙将在汇水口附近淤积，从而使泄水口淤积堵塞，山顶王宫平台议会厅汇水井等排水设施的堵塞大都是此原因造成的。

（3）出水口设计未考虑抗冲刷能力是造成出水口下方形成冲蚀洞的主要原因。泄水口设计时，没有充分考虑水流对下部山体的冲刷破坏，出水口下部没有采取必要的防冲刷措施，易崩解的岩石在集中水流的冲刷下产生或大或小的冲蚀洞，从而劣化相关的稳定问题。

（4）排水路径的设计未考虑抗冲刷能力是形成漏水洞、造成出水口失效的主要原因。穿行建筑群的通道和建筑物地坪因冲刷破坏而进行了回填处理工程。由于未意识到当地岩体的特性，多采用此类岩体的残积和坡积土作为回填土，在雨水的作用下易形成溶蚀洞。溶蚀洞的产生首先在回填土层密实度较差的地方开

始，逐渐劣化，在垂直方向上扩大为漏水洞，然后进行水平方向上多个漏水洞的连接，直至原排水路径的破坏。

6.3 古格王国遗址区排水整治设计

6.3.1 遗址区排水整治设计原则

古格王国遗址区的排水整治设计原则的制定，主要吸取了遗址区排水现状调查的经验和教训，并考虑排水系统失效原因及其影响因素。根据古格王国遗址区排水系统的实际情况，结合文物保护设计原则，确定遗址区排水整治设计原则如下：

（1）文物保护原则。文物保护原则即“不改变文物原状的原则”，延长文物寿命。

（2）统筹兼顾原则。将排水、防水以及洞窟与边坡稳定三方面综合考虑，各方兼顾，相互支持，形成系统的排水整治设计。

（3）整体排水原则。在古格王国遗址区建立对文物本体和载体保护有利的排水网络，形成整体排水系统。

（4）抗冲防护原则。充分考虑古格王国遗址区岩性和构造的特点，提高排水设施和排水路径的防护等级和抗冲刷能力。

（5）分层分流原则。实施分层、分流原则，尽量减少汇水面积，有效减小水动力，减弱地表径流对山体的冲刷破坏。

（6）汇排直达原则。如不具备分层、分流的条件，则采用排水设施直接将该处汇水送达天然冲沟。

6.3.2 排水设计步骤

由于古格王国遗址区山体现状排水形式复杂，造成排水系统失效的因素众多，排水治理措施的选择应充分考虑前人的经验和本次调查、分析、研究的成果，在优先考虑文物本体和载体安全的前提下，进行综合治理。具体的排水整治设计技术路线如图6.74所示。

6.3.3 古格王国遗址区排水设计流量计算

古格山体目前沟壑众多，山体的雨水沿天然冲沟排出。进行排水设计，设置急流槽、整理山体平台、设置泄水管等，必然需要对山体排水进行一系列的计算，精确得知设计

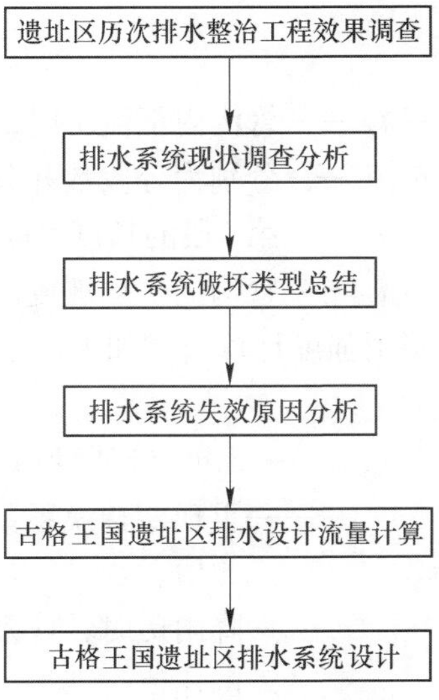

图6.74 排水系统整治设计技术路线图

流量、冲刷速度等参数，从而确定急流槽截面、泄水管管径、平台坡度等。

6. 3. 3. 1　设计流量计算

流量是排水设计的基本依据，其大小与汇水面积、降雨频率、汇水区域内的地形、地貌及植被等因素有关。设计流量的计算方法有很多种，包括暴雨推理法、径流形成法、形态调查法、直接类比法等多种方法。因对西藏地区的水流计算研究较少，札达地区水文气象数据采集基本空白，以上多种方法需要的系数难以确定，因此本设计中采用类比的方法，采用常用的半经验法对流量进行计算，并通过古格地区降雨量调查值进行校核。

流量计算公式如下

$$Q = 16.67\varphi qF \tag{6.1}$$

式中　Q——设计流量，m^3/s；

q——设计重现期和降雨历时内的平均降雨强度，mm/min；

φ——径流系数；

F——汇水面积，km^2。

坡面汇流历时计算公式如下

$$t_1 = 1.445\left(\frac{m_1 L_s}{\sqrt{i_s}}\right)^{0.467} \tag{6.2}$$

式中　t_1——坡面汇流历时，min；

m_1——地表粗糙度系数；

L_s，i_s——分别为坡面长度和坡度，m。

管沟汇流历时计算公式如下

$$t_2 = \sum_{i=1}^{n} \frac{l_i}{60 \times 20 \times i_g^{0.6}} \tag{6.3}$$

式中　t_2——管沟内汇流历时，min；

n，i——分别为分段数和分段序列号；

l_i——第 i 段的长度，m；

i_g——管沟的平均坡度。

降雨强度计算公式如下

$$q = c_p c_t q_{5,10} \tag{6.4}$$

式中　$q_{5,10}$——5 年重现期和 10min 降雨历时的标准降雨强度，mm/min；

c_p——重现期转换系数，为重现期降雨强度与标准重现期降雨强度的比值；

c_t——降雨历时转换系数，为降雨历时 t 与降雨历时 10min 的降雨强度的比值。

以下对山体平台汇水量进行计算，主要技术内容包括：Ⅰ区和Ⅱ区洞窟平台的汇水量及坡面历时计算、Ⅲ区山顶王宫平台主要泄水管周边汇水量及坡面历时计算等，下面选择较为典型的几个平台计算汇水量以及汇流历时。汇流历时计算主要是为了保证在假设降雨历时的时间段内，水流可以全部排走，从而最大程度地减小雨水的汇集及冲蚀破坏。

A　洞窟平台设计流量计算

本次研究以如图6.75所示Ⅱ-3-1区某平台为例进行洞窟平台设计流量计算。根据设计原则，洞窟平台整理后除特殊设计外，一般为漫流排水形式，平台坡度较缓，计算时假设降雨历时为5min。径流系数选取0.6（软质岩石坡面），地表粗糙度系数选取0.05（排水整治后坡面介于压实的土地面与光滑的不透水地面之间），5年重现期10min降雨历时降雨强度为1.0mm/min，计算时取重现期为15年（公式中最大重现期），查得古格地区15年重现期转换系数为1.36，60min降雨强度转换系数为1.25，5min降雨历时转换系数为1.25。

图6.75　Ⅱ-3-1区某平台

选取Ⅱ-3-1立面平台计算，洞窟平台长25m，宽2m，则：

汇水面积 $F = 25 \times 2 = 50\text{m}^2$

降雨强度 $q = 1.36 \times 1.25 \times 1 = 1.7\text{mm/min}$

设计流量 $Q = 16.67 \times 0.6 \times 1.7 \times 5 \times 10^{-5} = 8.5 \times 10^{-4}\text{m}^3/\text{s}$

假设整理后平台坡度为 i_s，则

坡面汇流历时 $t_1 = 1.445 \times (0.05 \times 25/\sqrt{i_s})^{0.467}$。

洞窟坡面水漫流汇集后经由整治后的急流槽或泄水沟排向山体之外，急流槽或泄水沟的平均长度为60m，其中前20m坡度为0.69，后40m坡度为0.3，此时管沟排水总历时：

$$t_2 = 0.09\text{min}$$

为保证洞窟平台漫流后水流通过排水沟及时排出山体之外，汇流总历时 $t < 5\text{min}$，必须控制洞窟平台的坡度 i_s，计算得知 $i_s > 0.008$，即整理洞口平台时其坡度不应小于0.8%。调查发现，平台长度长短不等，有的长度甚至有50多米，因此如均采用同一坡度，对于较短的平台势必造成浪费，而对于较长的平台则可能造成历时验算不满足，因此需要根据平台长短分别考虑。由于水流在排水沟中历时很短，几乎可以不用考虑，为简化计算，仅考虑平台长度对水流历时的影响。计算结果如表6.1所示。

表6.1　平台整治坡度

假设历时/min	坡长/m	最小纵坡/%	计算历时/min
5	5	0.04	4.70
5	10	0.13	4.93
5	15	0.3	4.90
5	20	0.53	4.91
5	25	0.83	4.91
5	50	3.3	4.92

计算得到的最小纵坡为相应平台长度下降雨历时内可以完全将水流排出的最小纵坡，排水设计时应作为参考，但还应该结合工程习惯及常用排水坡度来确定平台排水的排水坡度。

B　山体顶部泄水管周边平台设计流量计算

古格山体顶部平台排水主要是整理出平台坡降，雨水汇集后，通过泄水管直接排出山体之外，计算时考虑泄水管负责的周边平台水流的汇集以及坡面漫流历时。下面选取X10泄水管周边（见图6.76、图6.77）计算汇水及漫流时间，其周边汇水面积较大，是一典型的泄水管排水，若计算通过，则古格遗址山顶排水大部分可以满足排水要求。

图6.76　X10顶部汇水冲沟

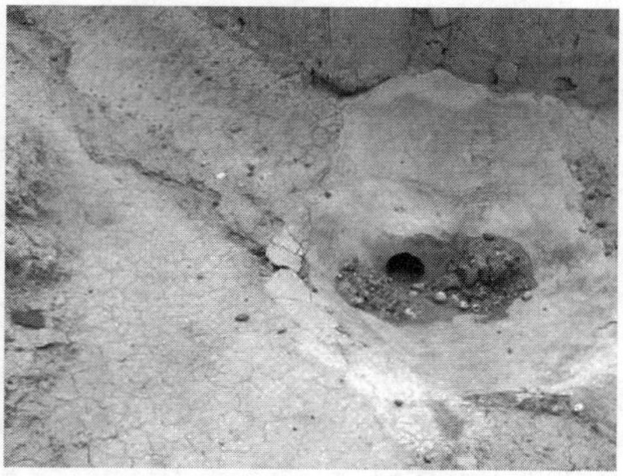

图6.77　X10集水口周边

该泄水管雨水汇集分为两部分，坡面汇集以及管口周边平台汇集。两条冲沟沿坡面向管口周边平台排水；坡面面积为70m^2，主要通过漫流向管口周边平台排水；管口周边平台面积为$35m^2$，主要通过漫流向管口排水。

该部分参数选取同洞窟平台，同样假设降雨历时为5min，此时

汇水面积 $F=70+35=105m^2$

降雨强度 $q=1.36\times1.25\times1=1.7mm/min$

设计流量 $Q=16.67\times0.6\times1.7\times10.5\times10^{-5}=2.3\times10^{-3}m^3/s$

假设整理后坡面坡度为i_{s_1}，管口周边平台坡度为i_{s_2}，则

漫流历时 $t_1=1.445\times(0.1\times L_{s_1}/\sqrt{i_{s_1}}+0.1\times L_{s_2}/\sqrt{i_{s_2}})^{0.467}$

其中，L_{s_1}、L_{s_2}分别为两部分水流漫流长度。

由于雨水汇集后直接通过泄水管排出，泄水管长度一般为2~3m，因此泄水管排水历时可以忽略不计，那么雨水漫流历时就为t_1，为了保证雨水顺利排出，必须保证$t_1<5min$，因此需要控制漫流平台的排水坡度。假设整理后坡面坡度与坡面现状坡度相同（$i_{s_1}=0.46$），漫流历时同漫流长度是密切相关的，现状平台（坡面）是不规则面，选取水流漫流的最长路径是保守的。根据此原则，分别选取水流漫流长度为$L_{s_1}=10m$、$L_{s_2}=6m$，计算得$i_{s_2}>0.022$，即排水平台整理后必须保证平台排水坡度不小于2.2%。

C 山体顶部王宫平台设计流量计算

除上述泄水管周边平台外，还有一较为典型的平台，即山顶王宫议会厅平台，该平台原排水设计为中部设置泄水井，通过泄水管排向山体之外。由于水流冲刷，平台表层岩土易崩解，从而堵塞泄水管导致排水失效。本次设计初步采用整个平台漫流形式，平台雨水漫流之后，经由泄水管排出山体之外，因此需要对该平台进行计算，如图6.78所示。基本参数选取不变。

图6.78 平台局部

本次设计初步采用整个平台漫流形式，平台雨水漫流之后，绕开原集水井（如图6.78右下方所示），经由泄水管排出山体之外，因此需要对该平台进行计算。基本参数选取不变。

平台面积 $F = 304 + 25 = 329\text{m}^2$

降雨强度 $q = 1.36 \times 1.25 \times 1 = 1.7\text{mm/min}$

设计流量 $Q = 16.67 \times 0.6 \times 1.7 \times 32.9 \times 10^{-5} = 5.6 \times 10^{-3}\text{m}^3/\text{s}$

选取最长排水路径 $L_s = 25\text{m}$，设平台整理后排水坡度为 i_s，则漫流历时 $t_1 = 1.445 \times (0.05 \times 25/\sqrt{i_s})^{0.467}$。

漫流之后水流直接通过泄水管排出，泄水管长度一般为 2 ~ 3m，因此泄水管排水历时可以忽略不计，那么雨水漫流历时就为 t_1，为了保证雨水顺利排出，必须保证 $t_1 < 5\text{min}$，因此需要控制漫流平台的排水坡度。计算得 $i_s > 0.0083$，即平台整理后其排水坡度不小于 0.83%。

6.3.3.2　水力计算

水力计算主要是通过已知设计流量等输入，计算确定排水沟、泄水管等泄水设施的截面积或孔洞。其计算方法根据排水设施的形式不同也不尽相同。

对于具有规则形状的沟渠断面，以及沟底纵坡较缓，流量与流速按照等流速的关系式

$$v = C \times \sqrt{Ri} \tag{6.5}$$

$$Q = \omega \cdot v = \omega \cdot C \cdot \sqrt{Ri} \tag{6.6}$$

式中　v——水流的断面流速；

Q——通过一定断面的流量；

ω——水流断面的面积，m^2；

R——水力影响半径，m；

i——水力坡降；

C——流速系数。

流速系数采用下式计算

$$C = \frac{1}{n} R^{y} \tag{6.7}$$

式中　n——水流断面粗糙系数；

R——水力半径，m。

$$y = 2.5\sqrt{n} - 0.13 - 0.75\sqrt{R}(\sqrt{n} - 0.10) \tag{6.8}$$

为避免沟渠中产生泥沙的淤积，沟渠内水流应具有一定流速，其最小流速为

$$v_{\min} = \alpha R^{1/2} \tag{6.9}$$

式中　α——与所含土粒有关的系数。

沟渠断面水力要素按照下列公式进行计算：

$$\begin{cases} \omega = bh + mh^2 \\ \chi = b + Kh \\ R = \omega/\chi \end{cases} \tag{6.10}$$

式中 b，h——分别为底宽和水深，m；

m——边坡坡率；

χ——湿周值，m；

K——断面系数。

排水沟设计包括排水沟沟底宽度、排水沟高度以及边坡坡率，通过分析计算得知，一定的边坡坡率下存在一个经济断面，此时有

$$h = \sqrt{\frac{\omega}{A}} \tag{6.11}$$

$$b/h = 2(\sqrt{1 + m^2} - m) \tag{6.12}$$

$$\chi_0 = 2\sqrt{\omega}\,(2\sqrt{1 + m^2} - m)^{1/2} \tag{6.13}$$

$$R_0 = \frac{1}{2}\sqrt{\frac{\omega}{2\sqrt{1 + m^2} - m}} = \frac{1}{2}h \tag{6.14}$$

$$v_0 = B\omega^{0.5y+0.25} \tag{6.15}$$

$$B = \frac{i^{0.5}}{n}\left(\frac{1}{2\sqrt{K - m}}\right)^{y+0.5} \tag{6.16}$$

$$\omega_0 = \left(\frac{Q_s}{B}\right)^{\frac{1}{0.5y+1.25}} \tag{6.17}$$

下标为0的参数表示在最佳断面时的参数。以下进行山体平台周边泄水沟水力计算。

A 洞窟平台泄水沟水力计算

进行洞窟平台设计流量计算时，仅仅考虑了平台的汇水排水，而平台向下排水的排水沟不仅负责洞窟平台的排水，还负责周边边坡的水流的排出，因此计算时需要一并考虑。

选取Ⅱ-3-1-10号洞窟西北侧泄水沟（见图6.79）进行计算，已知其负责的

图6.79 Ⅱ-3-1-10号洞窟西北侧泄水沟

汇水面积为 $830m^2$，初步确定泄水沟为浆砌片石，查表得到其粗糙系数 $n=0.02$，假设泄水沟截面边坡坡率为 1:1.5，设泄水沟沟底坡度 $i=0.05$，下面根据最佳断面法确定泄水沟的截面尺寸。

已知常数 $m=1.5$，$K=3.6$，$y=0.2$，$n=0.02$，$i=0.05$，$B=5.3$，$A=2.1$，$Q_s=0.01411m^3/s$，故

$$\omega_0 = \left(\frac{Q_s}{B}\right)^{\frac{1}{0.5y+1.25}} = 0.0124m^2$$

$$h = \sqrt{\frac{\omega_0}{A}} = 0.077m$$

$$b = 2h(\sqrt{1+m^2} - m) = 0.046m$$

$$v_0 = B\omega_0^{0.5y+0.25} = 1.14m/s$$

$$Q = \omega_0 \cdot v_0 = 0.01414m^3/s$$

设计流速小于最大流速 2.0m/s，因此流速符合要求。而计算流量 Q 与 Q_s 设计流量两者相差在3%以内，也符合要求，计算所得排水沟尺寸较小，考虑到工程常用做法，该泄水沟截面尺寸选取如下：$b=0.2m$，$H=0.2m$。

B　亚区大冲沟水力计算

亚区大冲沟主要负责各个亚区山体立面的排水，汇水面积较大，部分区域坡度较陡，因此设计时除需要对其进行水力计算外，还需在构造上满足一些基本要求。下面进行水力计算。

选取Ⅱ-3-1 与Ⅱ-2-2 立面之间冲沟（见图 6.80、图 6.81）进行计算，假设冲沟南北Ⅱ-3-1 与Ⅱ-2-2 立面水流，以及冲沟西侧上山通道东立面水流均通过此泄水沟排水，则其负责的汇水面积为 $5700m^2$，初步确定泄水沟采用浆砌片石，假设泄水沟截面边坡坡率为 1:1.5，设泄水沟沟底坡度 $i=0.05$，下面根据最佳断面法确定泄水沟的截面尺寸。

图 6.80　Ⅱ-3-1 与Ⅱ-2-2 立面之间冲沟下部（俯视）

图 6.81　Ⅱ-3-1 与Ⅱ-2-2 立面之间冲沟下部（仰视）

已知常数值 $m=1.5$，$K=3.6$，$y=0.2$，$n=0.02$，$i=0.05$，$B=5.308$，$A=2.1$，$Q_s=0.0969\text{m}^3/\text{s}$。浆砌片石容许最大设计流速 $v_{max}=2.0\text{m/s}$。

$$\omega_0=\left(\frac{Q_s}{B}\right)^{\frac{1}{0.5y+1.25}}=0.0515\text{m}^2$$

$$h=\sqrt{\frac{\omega_0}{A}}=0.157\text{m}$$

$$b=2h(\sqrt{1+m^2}-m)=0.094\text{m}$$

$$v_0=B\omega_0^{0.5y+0.25}=1.88\text{m/s}$$

$$Q=\omega_0\cdot v_0=0.0968\ \text{m}^3/\text{s}$$

设计流速小于最大流速 2.0m/s，因此流速符合要求。而计算流量 Q 与 Q_s 设计流量两者相差在 3% 以内，也符合要求，计算所得排水沟尺寸较小，根据一般排水沟设计经验，结合当地实际情况，该泄水沟截面尺寸选取如下：$b=0.5\text{m}$，$H=0.3\text{m}$。

C 山顶平台泄水管水力计算

泄水管和泄水檐排水是前人进行的排水设计，其功能是通过泄水管或者泄水檐将汇集的雨水直接排出山体之外，缩短了雨水的漫流距离，从而减小了水流对山体的冲刷。据统计，古格山体排水设施中，共设置 10 处泄水管（PVC 管 9 处，铁皮管 1 处）、铁皮泄水檐 20 余处，每个泄水设施所负责的汇水面积是不相同的，设置的泄水管的大小是一致的，因此选取负责汇水面积较大的泄水管（泄水檐）进行计算是可行的，也是保守的。下面选取 X10 泄水管进行计算。

其设计流量见上面计算，大小为 $2.3\times10^{-3}\text{m}^3/\text{s}$。一般来讲，泄水管内水流流速同泄水管管口水头压力相关，水头压力大，管内水流流速就大，水头压力小，管内水流流速就小。考虑到古格现状，在泄水管排水时，管口水流不允许有大量壅水，因此管口的水头压力较小，为计算泄水管最小直径，假设水流进入泄水管时的流速不大于浆砌片石的容许流速，即 $v=3\text{m/s}$。设泄水管直径为 ϕ，则：

$$\frac{\pi\phi^2}{4}\times v\geqslant2.3\times10^{-3}\text{m}^3/\text{s}，即\ \phi\geqslant3\text{cm}$$

从经验上看，管径 3cm 并不合理，这主要是由于本设计中汇水面积过小导致，考虑到前期设计中管径 $\phi=20\text{cm}$ 的排水效果是较为成功的，不仅能够满足排水需要，还能够在一定程度上防止水流中的泥沙对泄水管造成堵塞，因此建议本次泄水管设计中仍然选取 $\phi=20\text{cm}$。

6.3.3.3 设计降雨量校核

前期调查得知，该地区年降雨量 150mm 左右，单日最大降雨量可达到年降雨量的 1/3，即 50mm 左右。古格地区降雨一般是集中式降雨，降雨历时一般为

1 ~2 个小时。通过查表计算，古格地区的降雨强度为 1.7mm/min，按照该强度计算，1 小时降雨量为 102mm，大于 50mm，按照 1.7mm/min 计算偏于保守，因此上述计算采用 1.7mm/min 计算是可行的。

6.3.4　古格王国遗址区排水系统设计

通过本次对古格王国遗址区排水系统现状调查和分析研究，设计时应把遗址区内各区及各亚区的排水有效地连接起来，消除排水对文物本体和载体的影响，形成一个整体的排水系统。整个遗址区排水系统设计主要包括边坡防护、河岸防护、上山道路整治、沿坡冲沟整治、排水路径防护、排水设施防护和平台整治等设计。同时所有排水设施施工之前应在施工地段进行相应的考古调查工作，若发现原排水遗迹或其他遗迹应对其进行必要的保护。

6.3.4.1　*肉帮沟和牛让沟的边坡防护与河岸防护设计*

肉帮沟的边坡防护是指Ⅱ区 1 ~4 亚区临沟边坡的防护，共有 5 处，具体位置见附图二。采用浆砌片石砌筑沿坡防护墙，表面用水泥砂浆勾缝。防护墙与坡体交接处砌筑土坯衔接或找平，以防止坡体上方山体的雨水入渗，详见图 6.82。图中：(1) 尺寸均以厘米计，挡墙分 5 段，全长 173.1m。(2) 挡墙采用 M10 浆砌片石砌筑，明露部分用 1∶3 的水泥砂浆勾凸缝，其石料极限强度不小于 30MPa，挡墙埋深不小于 1.5m，且必须落于老土或岩石之上。挡墙基底承载力不小于 170kPa，施工时若地基承载力不够设计要求，则必须进行换填处理，直至满足设计要求；换填深度不小于 50cm，换填料压实度不小于 96%。(3) 挡墙在位于高度变化或地质变化处设置沉降缝且间隔不超过 15m，缝宽 2cm，缝内采用沥青麻絮填塞至密实。(4) 挡墙设置泄水孔，竖向和横向间距 300cm，呈梅花状布置，泄水孔横向设置向下 4% 的排水坡度，以保证横向排水通畅。泄水孔位置的墙后填料采用大粒径砾石设置反滤层，砾石后应铺设透水土工布，保证细料不流失。(5) 砌筑挡墙时，要分层错缝砌筑，基顶及墙趾台阶转折处不得做成垂直通缝，砂浆强度及水灰比必须符合要求，并填塞饱满；施工时尽量减少墙后土体的扰动，尽量保证土体自然稳定性，使挡墙与断崖坡面连接紧密不存在缝隙。(6) 挡墙具体高度根据实际地形确定，挡墙露出地面高度为山梁临肉帮沟面高度的 1/3 左右，要求做到连接平滑、外形美观，挡墙高度 $3.0\text{m} \leqslant H \leqslant 4.5\text{m}$。(7) 挡墙外坡面坡度 $1:m$ 根据实际情况可适当调整，范围为 $(1:0.3) \leqslant (1:m) \leqslant (1:0.45)$。(8) 墙身砌出地面后，基坑必须及时回填夯实，并做成不小于 5% 的向外流水坡，以免积水下渗，影响墙身稳定。若挡墙基底纵坡大于 5%，挡墙基础应做成台阶式，台阶尺寸随纵坡大小而定，但应保证台阶的高宽比不大于 1∶2。(9) 挡墙基底夯实，压实度不小于 96%。

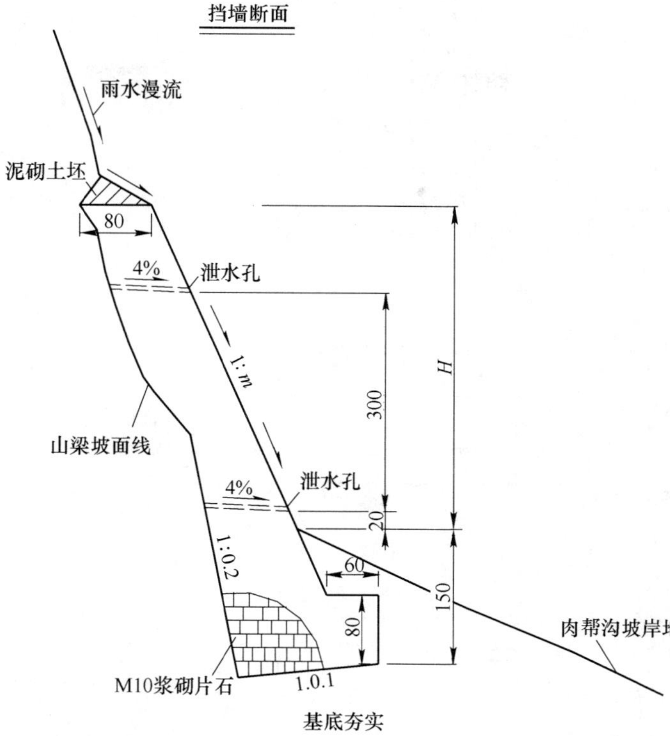

图 6.82 肉帮沟沿岸山梁边坡防护挡墙设计图

牛让沟的河岸防护是指遗址山体西侧临沟边坡的河岸防护，由于牛让沟为季节性河流，一年内长时间干涸，且遗址山体西侧无重要建筑，洞窟数量也很少，不需采用大规模的堤坝工程。本次设计主要采取在临沟边坡底脚铺设一层卵砾石，再在卵砾石层外部加一道铁丝网加固的简易做法。

6.3.4.2 上山道路的设计

上山道路的设计主要包括新建上山道路的设计和原上山道路整治设计两部分，详见附图二、图 6.83 和图 6.84。考虑到古格王国遗址区是一旅游景点，建筑物和洞窟分布范围较广，而遗址区内现只有一条上山道路供游客上山参观景点。本次设计拟在第Ⅰ区和第Ⅱ区各增设一条上山道路，设定参观路线，防止游客随意参观踩踏破坏山体表层的风化层，同时又作为排水通道。新建上山道路位置主要选在山梁缓坡平台处，采用浆砌片石砌筑，与周边环境相协调，景观不会受到影响。

A 新建上山道路设计

新建的两条上山道路设计在第Ⅰ区和第Ⅱ区，第 1 条上山道路在第Ⅰ区 1 ~3 亚区南侧与第Ⅱ区 5 亚区交接处，第 2 条上山道路在第Ⅱ区 1 ~4 亚区西侧顶部

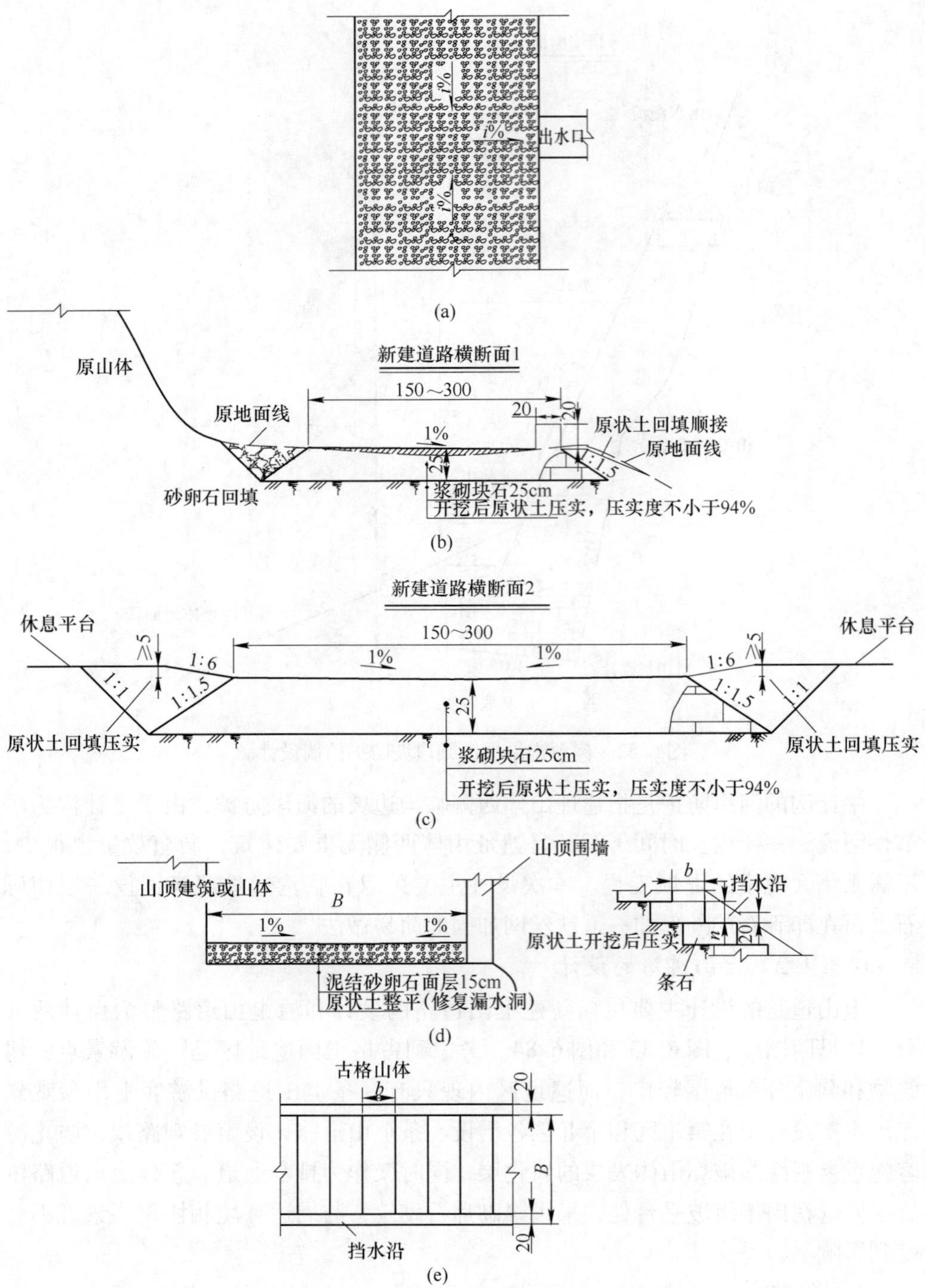

图 6.83　新建上山道路结构图

（a）平面示意图；（b）新建道路横断面 1；（c）新建道路横断面 2；
（d）新建道路横断面 3；（e）踏步设计

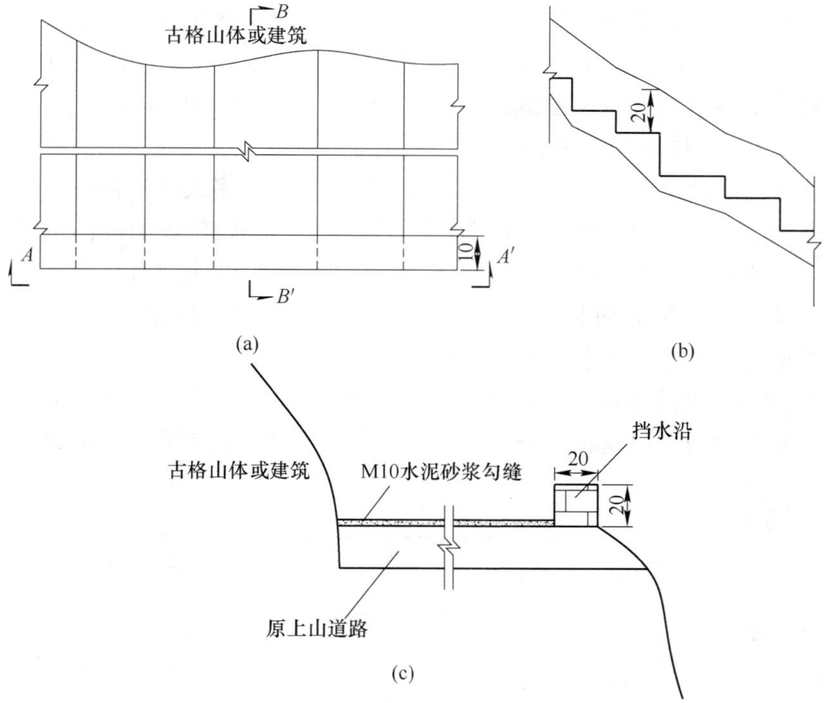

图6.84 原上山道路改造设计图

(a) 原道路修整平面示意图；(b) *A*—*A'*剖面图；(c) *B*—*B'*剖面图

平台处。据1985年考古调查资料，第2条上山道路可能是现存上山道路（原主干道）的支道，因此需要进行考古调查，确认该支道的原址。上山道路主要采用浆砌片石砌筑，表面用水泥砂浆勾缝；新建上山道路与沿坡冲沟交接处设置排水管涵，以便上山道路上方山体的雨水能及时排入冲沟，详见图6.83。图中：（1）横断面1适用于绕古格山体的参观道路，以及上山道路无踏步段。横断面2适用于古格山上休息平台等较为平缓地段道路。横断面1、2均使用M10浆砌块石修砌，并抹面。横断面3适用于山顶参观道路，施工时应先处理原有漏水洞，原地面整平后直接抹浆砌砂卵石。道路本身均作为排水通道，水流于道路汇集，在相应出水口处将雨水排出。道路宽度根据地形确定，但最窄不小于1.5m。（2）踏步设计图适用于上山道路踏步段，原破损踏步开挖整平后，使用M10浆砌块石砌筑。踏步的 *b*、*h* 根据地势确定，但 *b* 不应小于30cm。挡水沿应高于踏步20cm。

B 原上山道路的整治设计

古格王国遗址区原上山道路位于遗址区参观入口至山顶王宫平台之间，局部路段已做硬化处理，其余路段未做硬化处理。原硬化路段主要采取破损处修复措施，局部重新砌筑，其余未做硬化处理路段做硬化处理。整治后的原上山道路要满足作为排水通道的要求，详见图6.84。（1）本图为原上山道路修整示意，适用于无拦水沿且表面破坏不严重的上山道路。(2) 修整分为两部分原道路修整后勾缝和修葺拦水沿，拦水沿采用 M10 浆砌片石砌筑。(3) 施工过程中要严格施工，对需要凿除的道面应谨慎凿除，防止破坏下部基础和边坡的稳定性。

6.3.4.3　沿坡冲沟的整治设计

沿坡冲沟设计主要是针对古格王国遗址山体中的许多大小冲沟排水路径设计（详见附图二）和冲沟防冲刷设计，针对不同大小、不同位置的冲沟进行防护设计，同时又要兼顾文物保护的原则，与自然景观相协调，主要有以下几个类型：

(1) 影响到建筑物和洞窟安全稳定的大小冲沟，采用拦水坎对雨水径流途径进行改道，尽量避免雨水径流对建筑物和洞窟冲刷破坏。

(2) 冲沟坡度陡峭时，在冲蚀严重改变形态断面的区段，进行沟底卵石层嵌补，同时在冲沟下方设置一个浆砌片石消力池（详见图 6.85），减少雨水径流

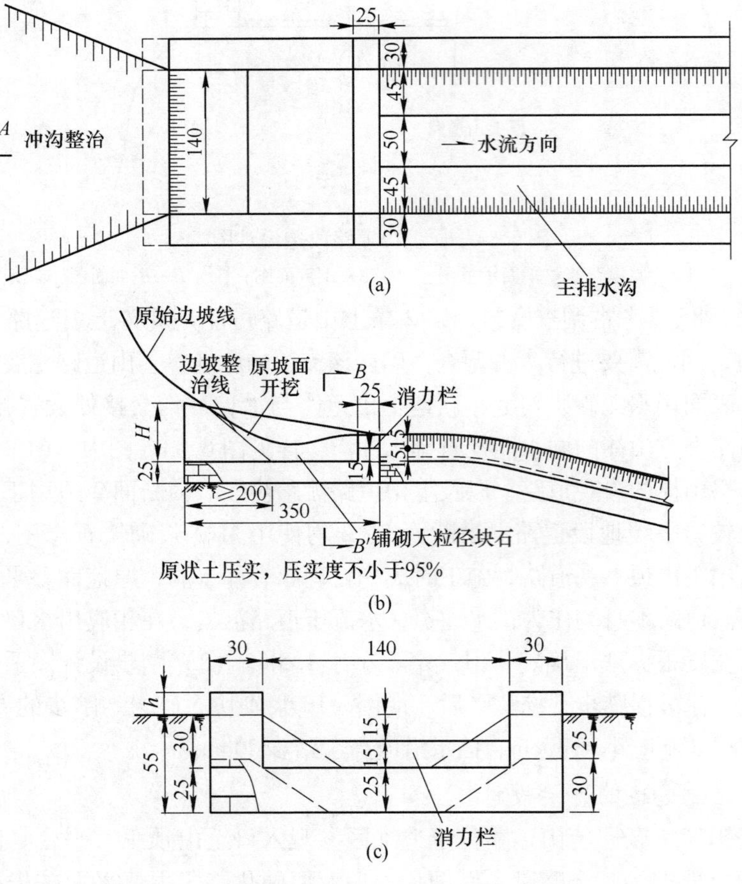

图 6.85　冲沟消力池设计图

(a) 消力池平面图；(b) A—A'剖面图；(c) B—B'剖面图

对沟底的冲刷破坏。图中：1）本消力池设置于沿坡大冲沟与山体较陡立面交接处，共设置6处。消力池采用M10浆砌片石砌筑，片石抗压强度不小于30MPa。山体开挖后，对原状土进行压实，压实度不小于95%。2）消力池直接与主浆砌排水沟相接，消力池视情况做成锥形以减缓水流直接冲刷。3）H值根据上部山体坡度确定，但保证护墙插入坡体内部。h值由30线性变化到H。4）消力池上方山体冲沟应进行适当整治，保证冲沟水流汇集于消力池。

（3）冲沟坡度相对较缓时，在沟底采用浆砌片石硬化处理，减少雨水冲刷破坏，根据雨水流量计算确定断面尺寸（详见图6.86和图6.87）。

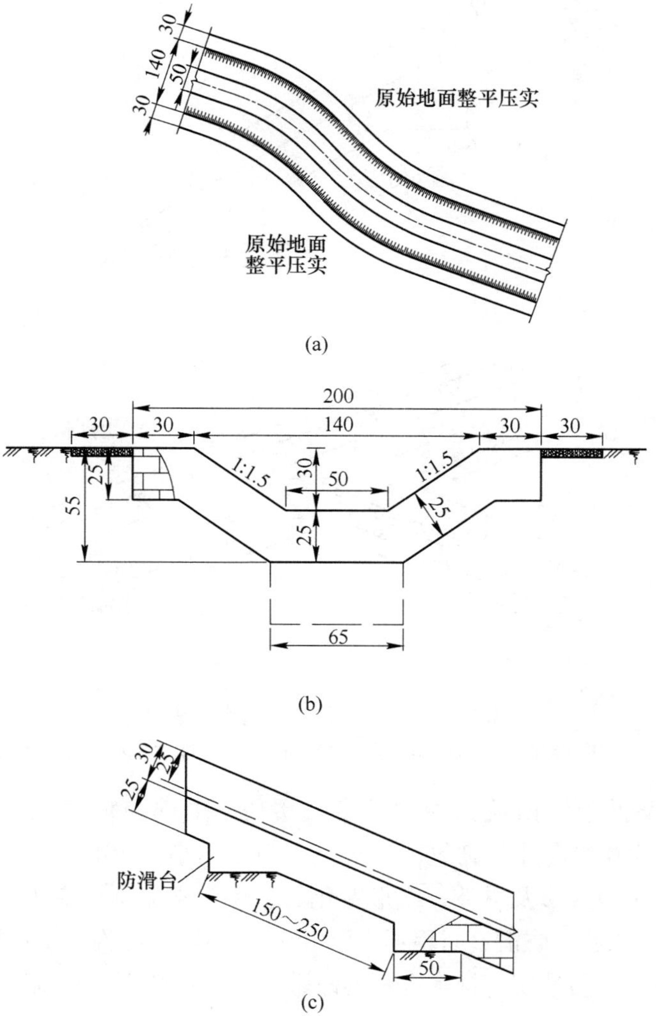

图6.86　主冲沟浆砌边沟构造图

（a）主排水沟平面图；（b）主排水沟横断面；（c）纵剖面图

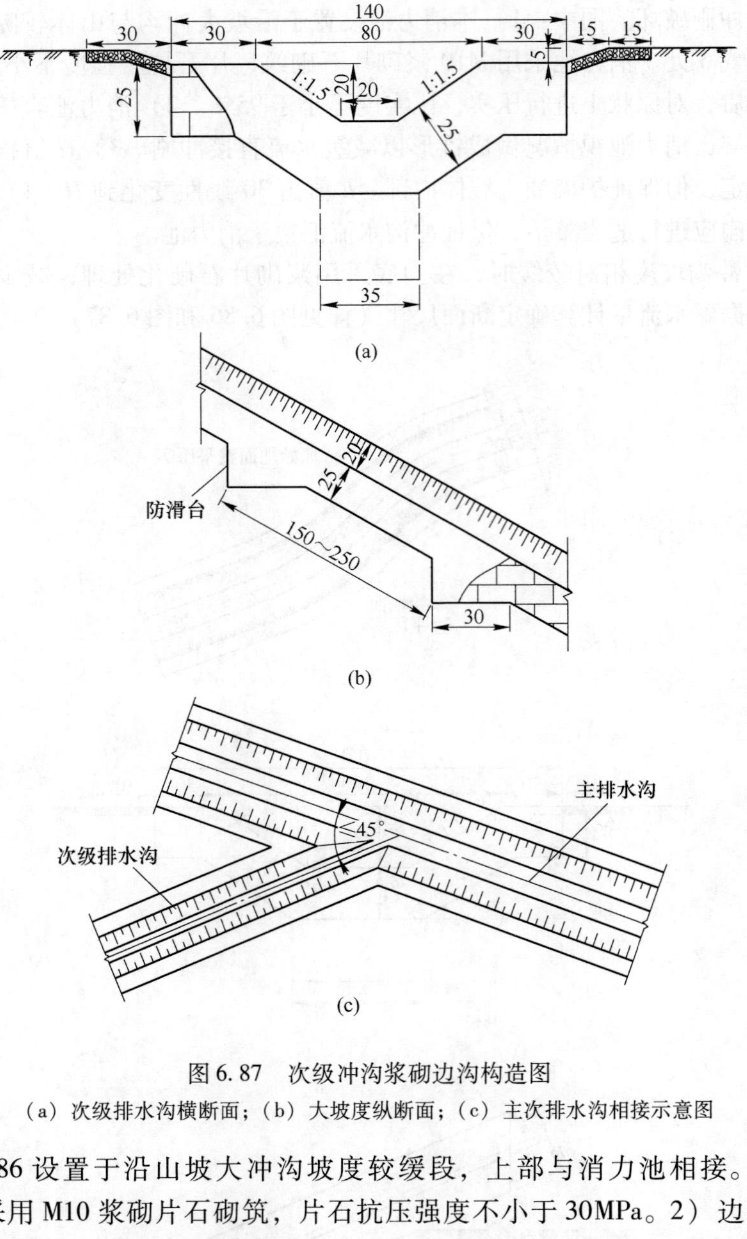

图 6.87　次级冲沟浆砌边沟构造图

（a）次级排水沟横断面；（b）大坡度纵断面；（c）主次排水沟相接示意图

图 6.86 设置于沿山坡大冲沟坡度较缓段，上部与消力池相接。该图中：1）边沟采用 M10 浆砌片石砌筑，片石抗压强度不小于 30MPa。2）边沟根据原始地形确定其平面线形及纵坡，线形变化时，尽量避免剧烈变化。3）纵坡大于 1:3 时，设置防滑台，防滑台间距不小于 150cm。4）大冲沟出水口下方铺设一层大粒径卵石或块石防冲刷。排水沟两侧铺撒 3cm 厚砂卵石防冲刷，铺撒范围排水沟两侧各 30cm。

图 6.87 所设计边沟适用于加固边坡小冲沟，一般与大冲沟边沟相接，具体布置位置见附图二以及各分区排水设计图。图 6.87 中：1）边沟采用 M10 浆砌片石砌

筑，片石抗压强度不小于30MPa。2）边沟平面线形及纵坡根据现场地形确定，坡度大于1∶3时应设置防滑台。为保证漫流水能够顺利汇入边沟，边沟施工时应低于地面，并设置一定坡度，见横断面图。3）排水沟施工后回填土应选用密实的泥岩土，回填并做出坡度后应压实，压实度不小于93%。4）次级排水沟与主排水沟衔接时应保证交角不大于45°，防止水流飞溅。5）排水沟两侧铺撒3cm厚砂卵石防冲刷，铺撒范围排水沟两侧各30cm。

6.3.4.4　平台整治设计

平台整治设计主要包括两部分内容：山梁缓坡中上下层洞窟之间平台整治设计和山梁顶部平台整治设计。

A　山梁缓坡中上下层洞窟之间平台整治设计

平台整治设计主要是解决平台积水和渗漏问题，并及时把平台雨水直接或就近排入天然冲沟，避免雨水从洞窟上方漫流而下冲蚀破坏洞窟。平台整治设计（见图6.88）主要分四步：

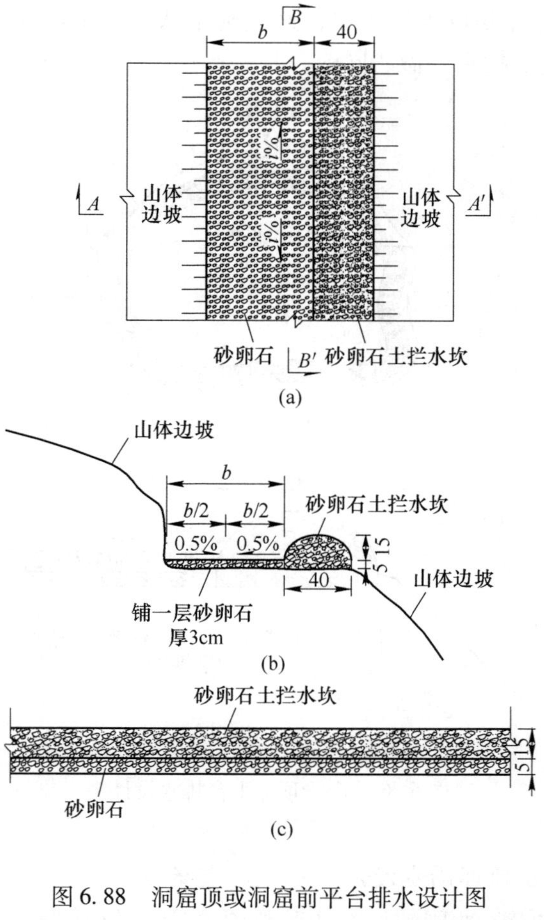

图6.88　洞窟顶或洞窟前平台排水设计图

（a）平面设计图；（b）*A*—*A*′剖面图；（c）*B*—*B*′剖面图

（1）沿排水路径平整平台，形成一个自然的排水纵坡，使排水通畅，避免平台积水现象。

（2）在平台外侧修拦水坎，防止平台雨水向平台下方洞窟处漫流而下，影响洞窟的安全稳定；拦水坎修筑有两种方法：一是采用砂卵石加土砌筑，二是砂卵石土中添加石灰土，石灰剂量10%。鉴于前人有成功的经验，倾向于采用第一种做法。

（3）平台表面铺设一层砂卵石，避免平台雨水冲蚀破坏。

（4）存在雨水倒灌的洞窟口修一拦水坎，阻挡雨水流入洞窟，避免洞窟内出现积水现象。

B　山梁顶部平台整治设计

山梁顶部平台整治设计包括平台顶部排水路径的整治和洞窟上方平台处拦水坎设置（详见图6.89）：（1）山梁顶部平台排水路径整治，依据平台地势合理设置排水路径，必要时平整土方，同时排水路径尽量避免从建筑物和洞窟处经过；（2）山梁顶部平台外侧设置拦水坎，避免雨水从平台上漫流而下经过洞窟，从而影响洞窟的稳定，拦水坎做法同前。

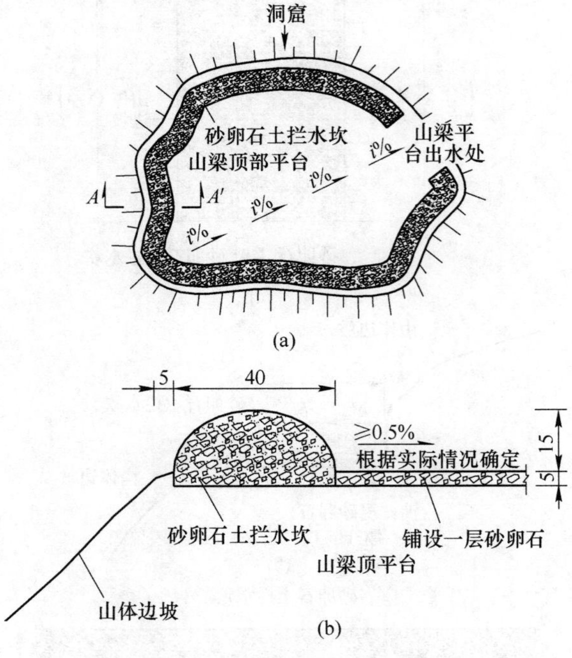

图6.89　山梁顶部平台排水设计图

（a）平面示意图；（b）*A*—*A*′剖面图

6.3.4.5　洞窟顶部雨水漫流冲刷破坏整治设计

洞窟顶部雨水漫流冲刷破坏有两种整治方法：（1）洞窟口顶部设置一道拦

水坎，拦水坎内侧1m范围内铺设一层砂卵石，改变雨水排水路径，使得雨水从洞窟顶两侧排走，以免影响洞窟的稳定，详见第5章图5.86；（2）对洞窟烟道用土坯进行封堵，防止雨水从烟道处流入洞窟。两种方法均可，倾向于后者，仅在参观道路附近留若干以供展示。

6.3.4.6 洞窟顶部岩体渗水和漏水洞整治设计

此类设计主要分为洞窟顶部岩体渗水处理和洞窟顶部岩体漏水洞处理两方面：

（1）洞窟顶部岩体漏水洞处理。在漏水洞处采用土木石铺盖，并在覆土层中铺设一层两布一膜防水土工布，详见第5章图5.87。

（2）洞窟顶部岩体渗水处处理。在洞窟顶部相应渗水范围铺设一层两布一膜防水土工布，在防水土工布上方铺设相应厚度的土层和砂卵石层，详见第5章图5.88。

6.3.4.7 建筑物冲刷破坏整治设计

建筑物墙体底部和基础的冲蚀破坏整治采用两种处理方法：

（1）在地形条件允许的情况下，采取改变排水路径的方法，绕过建筑物排出建筑物群外；

（2）在地形条件不允许改变排水路径的情况下，在建筑物迎水面铺设一层砂卵石防冲刷。

6.3.4.8 对山体表面现有地面漏水洞回填整治设计

地面漏水洞整治分三种类型：

（1）地面漏水洞下伏建筑地垄的，要先处理建筑物地垄（先清理建筑地垄内塌方，用土坯墙把建筑地垄内门洞堵实），然后再处理地面漏水洞，对漏水洞进行土方回填，并在回填土中距地面10cm处设置一层两布一膜防水土工布，表面铺设一层砂卵石，详见图6.90。

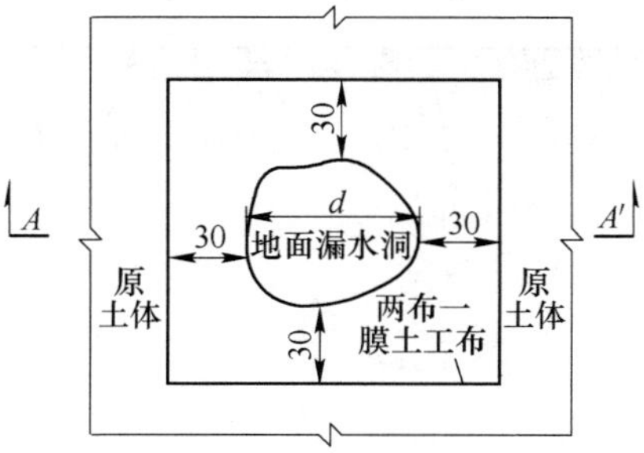

(a)

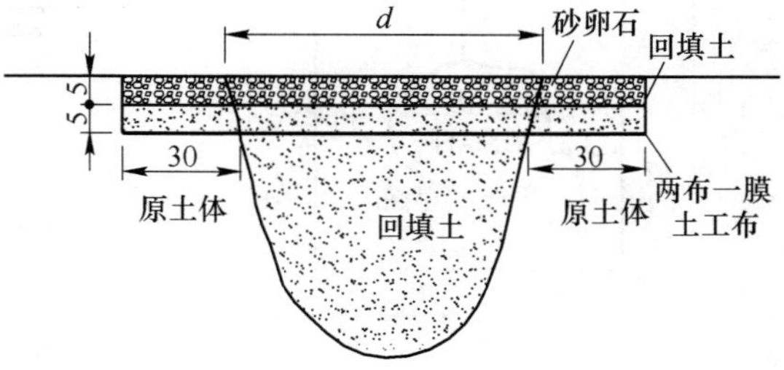

(b)

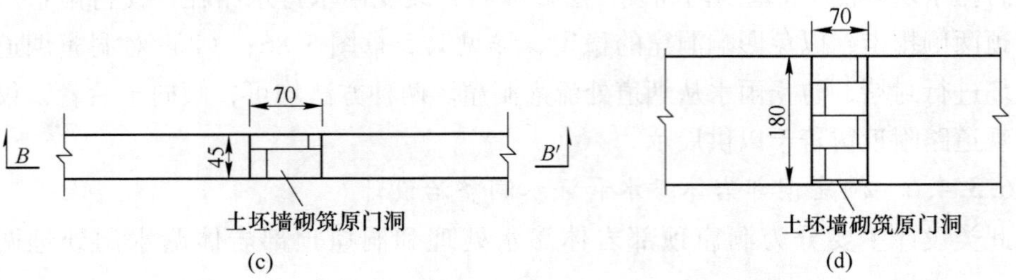

图 6.90　地面漏水洞下伏建筑地垄处理设计图

（a）地面漏水洞平面示意图；（b）A—A'剖面图；

（c）建筑地垄内部门洞处平面示意图；（d）B—B'剖面图

（2）建筑通道和建筑地坪处漏水洞，对漏水洞进行土方回填，并在回填土中设置一层防水土工布，表面铺设一层砂卵石，详见图 6.91。

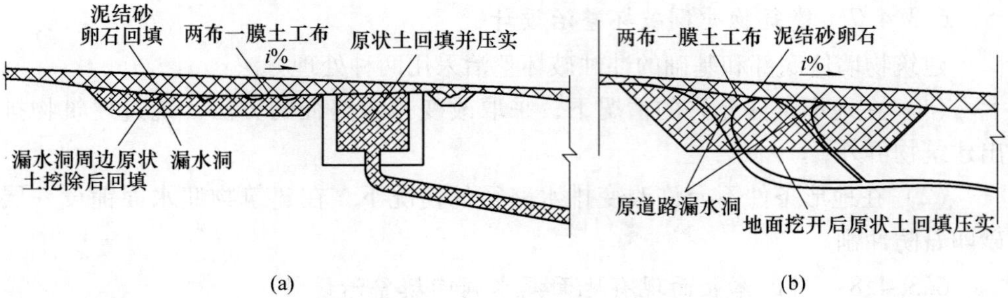

图 6.91　山顶建筑地坪漏水洞处理设计图

（a）议会厅处理剖面图；（b）绕山顶道路处理示意图

（3）其他不影响洞窟、边坡和建筑物的地面漏水洞，采用土方回填处理，表面铺一层砂卵石，详见图 6.92。图中漏水洞直径 d 根据实际情况确定。

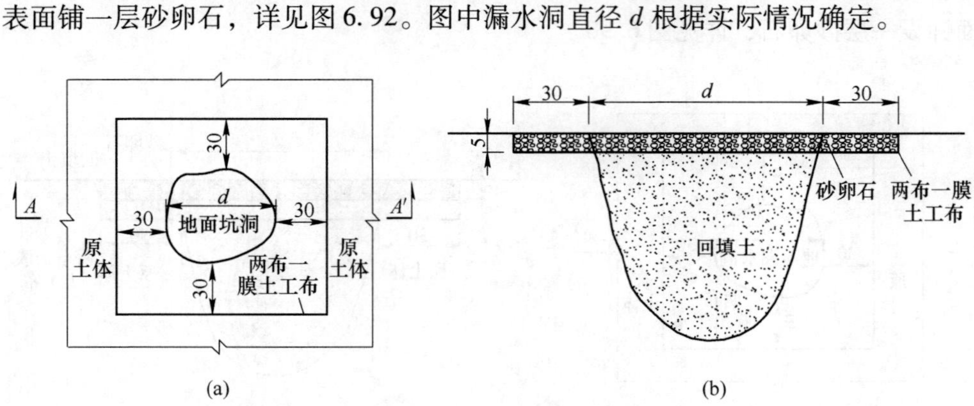

图 6.92　地面漏水洞回填设计图

（a）地面漏水洞平面；（b）A—A'剖面示意图

6.3.4.9　出水口整治

出水口整治方式有如下两种：

（1）对出水口汇水处硬化处理，采用 M10 浆砌片石砌筑，出水口处采用排水管直接将雨水下送到下方地面，避免出现雨水倒流现象，详见图 6.93 和图 6.94。

图 6.93 所示出水口构造适用于增设泄水管出水口和原 PVC 泄水管出水口改造，具体位置见各分区平面排水设计图并结合调查资料确定。出水口采用 M10 浆砌片石砌筑，出水口施工前，基础原状土应压实，防止出水口部位出现塌陷。出水口施工完毕后，为避免水流绕过出水口直接渗入地下，泄水口周边回填土必须夯实，压实度不应小于 93%。该图中未示出泄水口外侧墙壁山体，根据现场地形及泄水口设置情况确定 L 长度，出水口下方有施工条件的，应铺砌块石以防冲刷。泄水口施工时应预埋 PVC 管，PVC 管埋设坡度不小于 5%。此外为保证泄

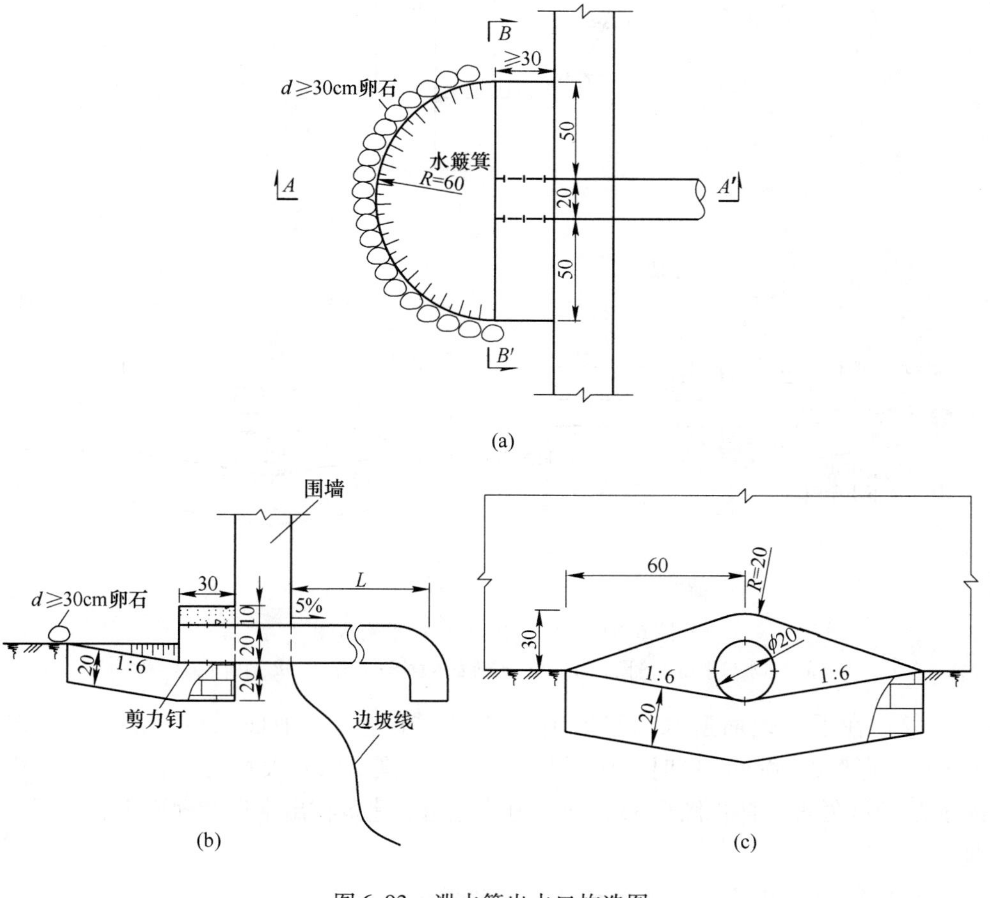

图 6.93　泄水管出水口构造图

（a）出水口平面示意图；（b）A—A'剖面示意图；（c）B—B'剖面示意图

水管同混凝土紧密结合，出水口施工时，可采用 L5cm ϕ6mm 剪力钉对泄水管进行固定。出水口周边如条件允许铺一层大粒径卵石滤水防止堵塞，并定期检查维护。

如图 6.94 所示，在平台外侧设置一拦水坎，平台表面根据实际地形和排水方向平整土方，尽量不挖少填，表面铺设一层砂卵石。平台外侧向中心设置 0.5% 排水横坡（避免雨水倒灌洞窟内），排水纵坡坡度根据实际地形和排水方向确定，但排水纵坡不得小于 0.75%。

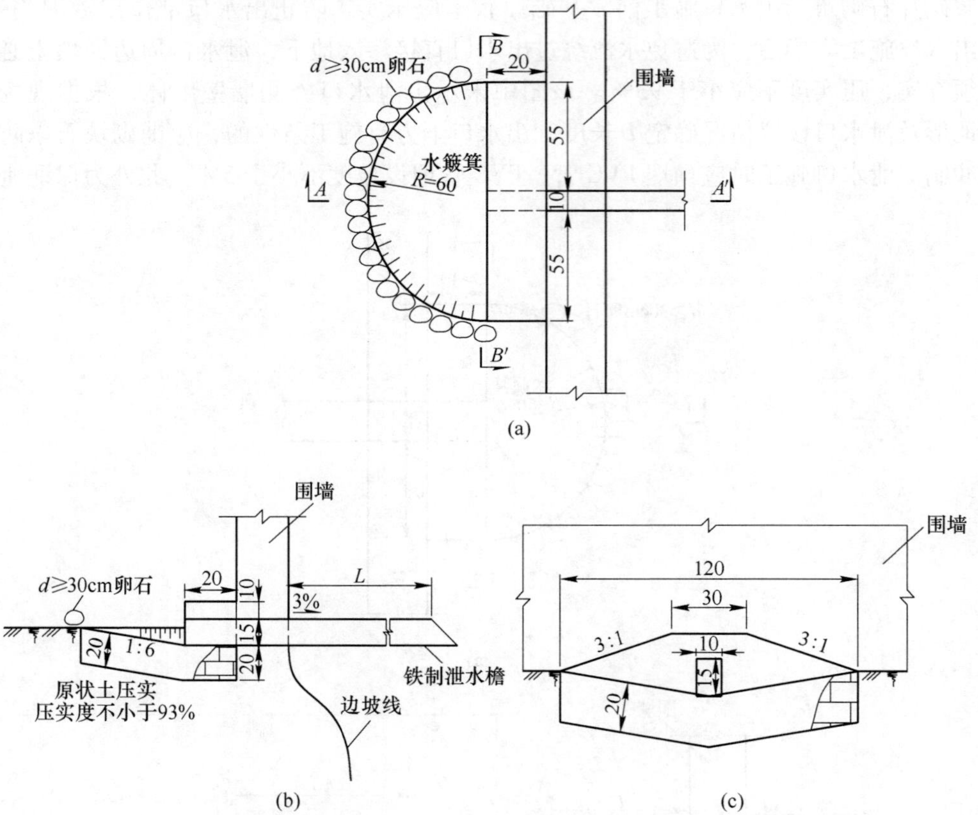

图 6.94　泄水檐出水口汇水构造图

（a）出水口平面示意图；（b）A—A'剖面示意图；（c）B—B'剖面示意图

（2）在下方地面迎水面采取消力措施，在迎水面地面铺设一层卵石，厚 5cm，长宽都为 80cm。同时在地面上方放置一层厚 15cm 大粒径卵石，从而对雨水实现消能处理，详见图 6.95。该消力池适用于建筑物出水口和地面出水口下方地面。

6.3.4.10　*薄层混凝土防水层失效的整治*

在薄层混凝土防水层失效处清除已破坏的薄层混凝土防水层，改为铺设一层

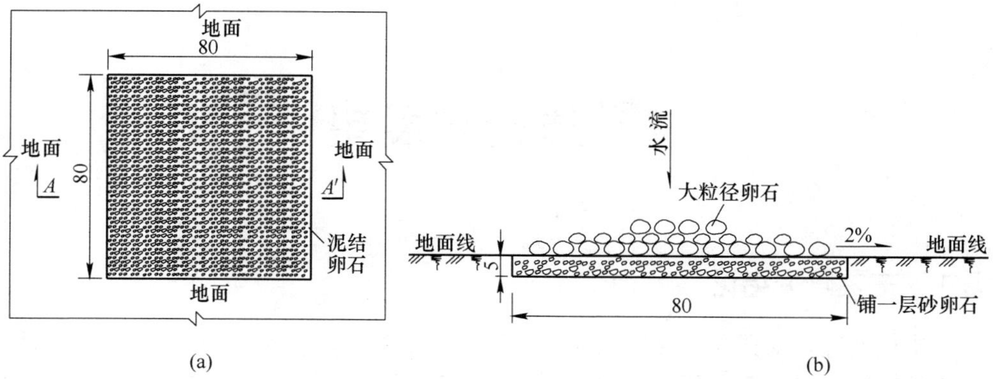

图 6.95　出水口下方地面消力池设计图

（a）设计平面示意图；（b）A—A′剖面示意图

砂卵石，调整排水路径，以免周围土体被雨水掏空。

6.3.4.11　局部增设排水设施

对于局部排水不畅通，积水情况严重的部位，在原有设施的基础上，增设汇水井、排水管等排水设施，使之形成合理有效的排水系统，在最大程度上减少水流冲刷、水蚀破坏。汇水井和排水管设施同 6.3.3 节设计内容，具体位置详见附图三～附图五。

6.3.4.12　其他附属设施

在上山道路沿线和休息平台处设置一些指示牌及垃圾桶，在山顶王宫平台隐蔽处增设一处干式卫生间。

7 结论与展望

7.1 主要研究结论

本项研究针对西藏古格王国遗址现存747座洞窟存在的变形破坏现象及亟待解决的问题，采用多种研究方法和手段，从工程地质条件分析、变形破坏模式、变形破坏力学机制、变形破坏影响因素、洞窟及边坡稳定性评价、洞窟及边坡加固对策、古格山体排水系统现状及整治措施等多方面进行了较为全面的研究，得出了以下主要研究结论和成果：

（1）古格王国遗址山体较差的工程地质条件和围岩特殊的物理力学性质及水理特性是遗址洞窟变形破坏的主因，具体表现在：

1）遗址区地处西藏山原湖盆谷地之藏南山原湖盆宽谷区札达盆地亚区，由于印度板块的持续向北运动，而今的札达盆地依然处于持续抬升的地质构造背景中；

2）地形为山原湖盘剥蚀形成的阿里地区特有的札达“土林地貌”，在干旱气候条件下受风化剥蚀及深切淋滤作用较强烈；

3）地层岩性主要为札达盆地第三系上新统-第四系下更新统厚层札达群托林组半固结岩石地层，岩层空间分布复杂，层理明显，垂直节理和张裂隙发育；

4）岩石内部微裂隙和溶孔较发育，膨胀性黏土矿物成分含量较高，多具中等膨胀性，部分为强膨胀；岩块强度相对较低，表现出半成岩的软岩性质；岩石遇水易崩解、膨胀、软化，变得松散、破碎，强度衰减幅度较大。

（2）古格王国遗址现存747座洞窟的规模、用途、形制、岩性及完整性等差异性较大，按洞窟规模、围岩、结构及完整性将洞窟分为4大类17小类，即：巨型洞窟、大型洞窟、中型洞窟和小型洞窟；砾岩型洞窟、砂岩型洞窟、泥岩型洞窟和互层型洞窟；单体洞窟、上下连体洞窟和水平连体洞窟；完整洞窟、较完整洞窟、不完整洞窟和极不完整洞窟等。

通过对洞窟的现场调查、分析和研究，按照洞窟发生变形破坏的位置、形状和方式，提出了古格王国遗址洞窟的5大类11种变形破坏模式，即：洞顶破坏型，包括洞顶坍塌型、洞顶下卧型、洞顶冒落型、洞顶冒漏型和洞顶剥蚀型；洞口破坏型，包括洞窟淤积型和洞口破坏型；洞壁破坏型，包括洞壁垮塌型和洞壁剥蚀型；洞底破坏型及人为破坏型等。

（3）在古格王国遗址洞窟工程地质条件调查和变形破坏模式分析的基础上，

总结分析了导致其变形破坏的4大类（结构型、水理型、应力型及复合型）8种力学机制，其中节理型、层理型、水理型和工程偏应力型占据主导地位。采用数值模拟方法再现了多种类型洞窟不同条件下变形破坏的过程，分析了其变形破坏机理，主要表现在：

1）水平层理、垂直节理及裂隙等结构面共同切割古格山体，使洞窟围岩碎裂化严重、强度降低，特别是洞窟顶板及洞窟入口处表现更为明显；

2）水的冲刷、渗流及淋滤腐蚀造成洞窟围岩强度降低，特别是冲沟附近和排水不畅地段洞窟破坏尤为严重；

3）在遗址山体边坡坡脚、分布密集、间距较小及洞窟空间结构复杂的洞窟，容易产生集中应力，导致洞窟在应力集中部位首先产生破坏。指出了洞窟围岩物理力学特性、围岩结构、水的作用及集中应力大小等是遗址洞窟变形破坏的主要原因。

采用BP网络对洞窟完整性进行了成功预测，利用训练良好的网络对洞窟变形破坏影响因素进行了计算分析，得出了与理论分析和数值模拟方法类似的结论。

（4）应用MSARMA分析方法及设计系统计算了古格王国遗址山体边坡整体稳定性，发现山体边坡是稳定的，通过边坡稳定影响因素敏感性分析，发现水及地震（震动）对边坡稳定的影响较大。采用深部工程软岩大变形力学分析设计系统——LDEAS软件系统，对三个典型边坡（含洞窟）的稳定性以及结构型变形破坏洞窟、重力型变形破坏洞窟和工程偏应力型变形破坏洞窟的稳定性模拟分析结果也同时表明：

1）干燥状态下山体整体处于稳定状态；当考虑雨水侵蚀时，山体表面岩体遇水软化，且随水量增加强度急剧降低，对于洞壁和顶板较薄的洞窟，夏季淋雨可能出现崩塌现象；

2）对立体交叉结构、进深或跨度较大、边坡下部洞窟顶板受集中应力作用明显的洞窟，破坏相对较为严重；

3）水是洞窟破坏的主要原因，垂直节理和水平层理的结构型变形破坏也是控制洞窟稳定的重要因素。

（5）古格王国遗址洞窟及边坡加固应遵循安全第一、重点加固、防治并重和文物保护等四项原则，在对洞窟文物重要性和工程重要性分类基础上，进行有针对性、有重点地加固维修。

（6）提出了古格王国遗址洞窟及边坡加固对策具体措施及设计方案，主要有以下几方面内容：

1）洞窟加固治理措施，包括支顶工程（洞口支顶和洞内支顶）、封堵工程（洞口封堵和洞壁坍塌处封堵）及防水工程（洞口防水和洞顶防水）等三大类；

2）危岩体处理措施，包括危岩体加固和危岩体清理两方面；

3）边坡防护措施，采用浆砌片石护墙对上部建筑支挡，同时对边坡表面进行防护，防止边坡表面继续破坏，增强上部建筑的稳定性；

4）环境整治措施，主要包括洞口清理、洞内清理；

5）其他辅助措施，如在泥砌块石和土坯墙等工程材料外表抹一层泥皮，既能起到抗风化的作用，又可达到与周围环境协调一致的效果。

本次研究同时提出了古格王国遗址洞窟及边坡稳定性远程监测设计具体方案，可对洞窟及边坡稳定性动态和加固效果进行长期监测。

（7）针对古格王国遗址水害是洞窟、边坡、建筑及道路等变形破坏的主要原因，研究提出了古格遗址区排水整治设计原则及步骤。在洞窟平台、山体顶部泄水管周边平台和山体顶部王宫平台流量计算以及洞窟平台泄水沟、亚区大冲沟和山顶平台泄水管水力计算的基础上，从肉帮沟和牛让沟的边坡防护与河岸防护、上山道路整治、沿坡冲沟整治、平台整治、洞窟顶部岩体渗水和漏水洞整治、洞窟顶部雨水漫流冲刷破坏整治、建筑物冲刷破坏整治、对山体表面现有地面漏水洞回填整治、出水口整治、薄层混凝土防水层失效的整治、局部增设排水设施、附属设施等十二个方面提出了整治设计对策。

2011 年 5 月，总投资 5744 万元的古格王国遗址保护维修工程正式启动，是迄今对古格王国遗址最大规模的保护维修工程。工程通过文物建筑本体的保护维修和建筑遗址保护、壁画保护与修复、遗址山体的排水整治与山体加固三个阶段，对遗址进行了全面的保护性维修。其中洞窟遗址保护维修、遗址山体的排水整治与山体加固等工作采用了本书研究提出的加固防护对策、排水整治措施及工程设计施工方案。整个保护维修工程历时 3 年多，已于 2014 年 9 月底前全面完工，效果显著，已顺利通过了国家文物局验收专家组的终验。为进一步加强文物保护和文化传承，总投资 1270 万元、占地面积 2300 平方米的古格文化展厅也于 2015 年 8 月建成。保护维修工程完工和古格文化展厅建成后，世人将可以身临其境近观这座消失王朝的神秘风采、近距离触摸感受厚重的西藏文化历史。

7.2　研究工作展望

西藏古格王国遗址是全国首批重点文物保护单位之一，对其洞窟、边坡乃至建筑群的变形机理及加固研究不仅具有宝贵的科学价值，而且具有重要的政治意义、宗教意义和文化意义。通过先后多次的现场工作和多年的研究工作，深感该遗址加固保护的重要性和复杂性。其复杂性不仅体现在该遗址赋存工程地质条件的复杂性上，更表现在边坡形态、洞窟规模、力学结构及空间分布、建筑群形制等方面。本次研究运用工程地质学、工程岩体力学、软岩工程力学和工程科学等多种学科知识，采用现场工程地质调查、工程地质勘察、现场测试、室内试验、数值模拟、理论分析和设计验算等多种方法手段，从洞窟及边坡工程地质条件、洞窟变形破坏模式、变形力学机制、洞窟及边坡稳定性分析评价、加固对策及设计、山体排水系统破坏现状及整治对策等多方面进行了较为系统的研究，取得了一些重要的有益结论，提出了有针对性的科学措施。由于本项研究时间紧、任务重，如能在以下几个方面进一步细化研究，则将更加有利于古格王国遗址的加固保护工作。

7.2.1 加强古格王国遗址围岩的冻融及风化研究

现场调查发现，外部环境因素对遗址洞窟、边坡及建筑基础变形破坏的影响很大。本文研究着重从降雨的角度对围岩水理特性、排水破坏现状、机理及整治对策等进行了研究，由于古格地区地处低纬度高海拔地区，降雪的冻融作用对遗址洞窟、边坡及建筑基础的稳定性也有一定的影响，下一步如能开展冻融方面的深入研究，必将获得更多有益的认识和结论，对古格遗址保护更有意义。此外，古格地区的季风性气候（夏季多为西南季风）也有一定的影响，而现场调查发现西立面的砂岩洞窟风化较为严重，但由于遗址西立面洞窟数量相对甚少，本次研究在这方面涉及较少，可做进一步的研究工作。

7.2.2 加强古格王国遗址边坡建筑群变形机理及加固对策研究

古格王国遗址各类建筑物、构筑物众多，形制及分布复杂，研究任务重、难度大。本次研究重点进行了洞窟及边坡方面的研究，而对建筑群的研究涉及较少。由于该建筑群年代久远、形制复杂、破坏严重、重要性强，对其进行全面研究正是下一步亟待开展的工作。主要应包括建筑物的力学结构、材料性能、基础流变、变形破坏机理及加固对策等方面的内容。

7.2.3 建立古格王国遗址三维信息系统和三维可视化系统

本研究提出了古格王国遗址洞窟及边坡稳定性实时远程监测设计实施方案，可实现跨地域实时监控各监测点的稳定性动态变化状况，如果能建立遗址三维信息系统和三维可视化系统，则能使该系统更加完善。该研究就是要利用现代信息技术，广泛收集古格王国遗址地理信息、洞窟信息、建筑信息、节理分布、危岩体分布、监测点分布等信息，形成可视化的空间信息管理系统，为遗址各建筑物、构筑物的检修维护提供及时帮助。根据系统的总体结构与功能特点，该系统的研究主要集中在三维形体的重构、空间数据库与空间拓扑关系的建立、虚拟现实技术的开发。即利用原始的图形与属性数据，进行三维形体的重构，形成古格王国遗址洞窟、建（构）筑物及山体的三维形体；然后将重构数据存入空间数据库中，并建立相应的拓扑关系；最后利用虚拟现实技术，实现构筑物内部全程漫游及各种信息的查询。

附 录

附图一 西藏古格王国遗址洞窟平面位置示意图

附图二　西藏古格王国遗址山体平面排水设计图

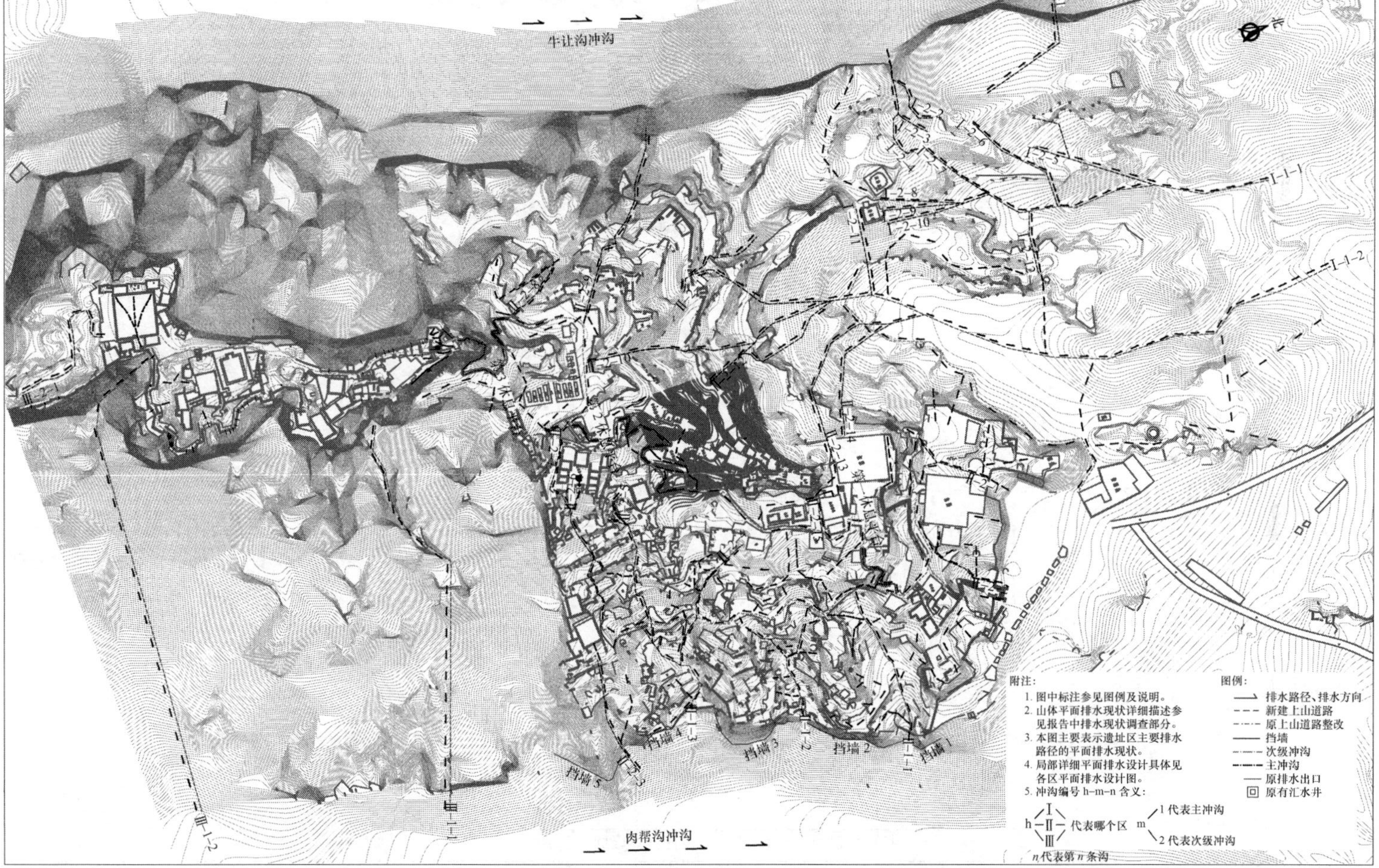

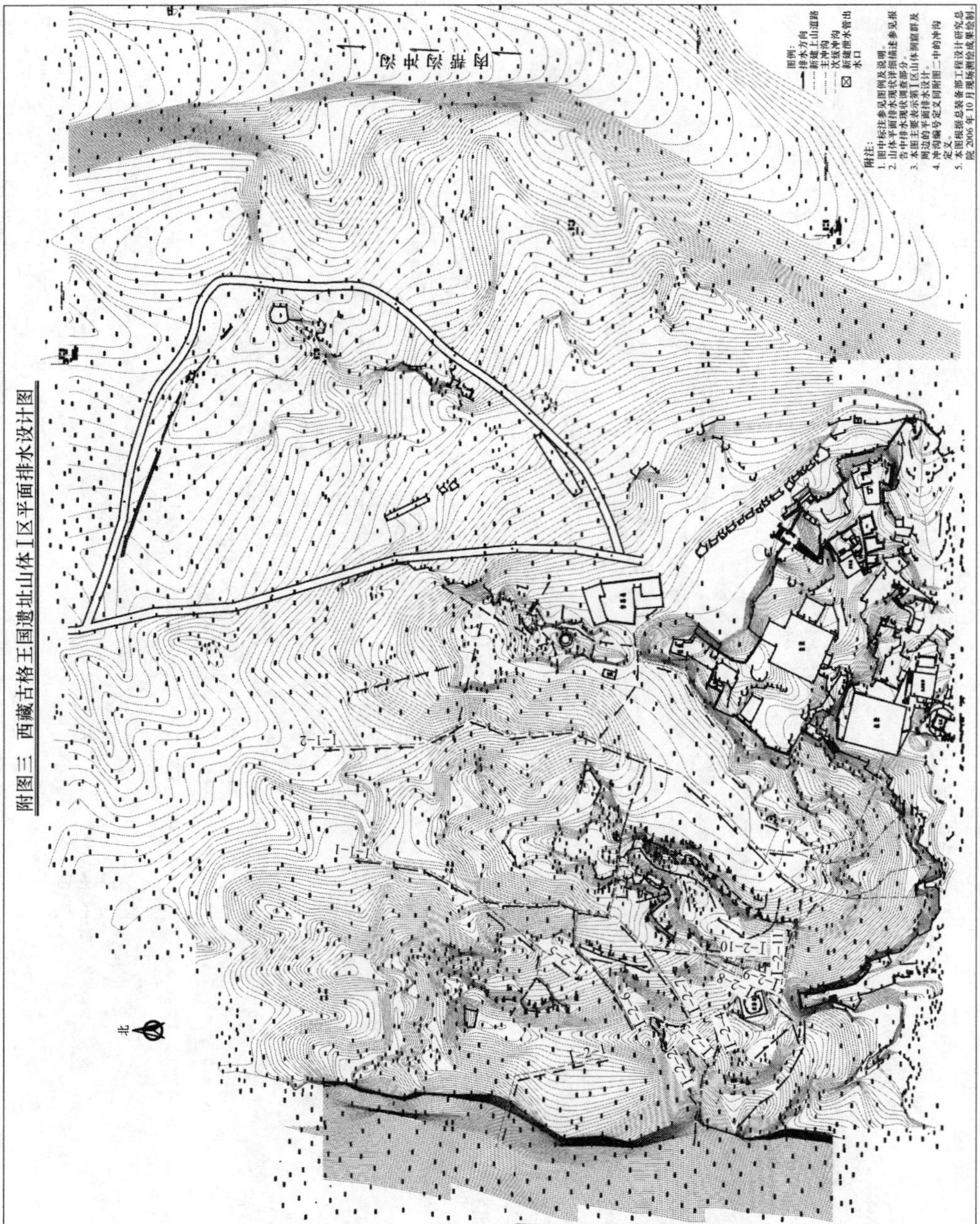

附图三 西藏古格王国遗址山体Ⅰ区平面排水设计图

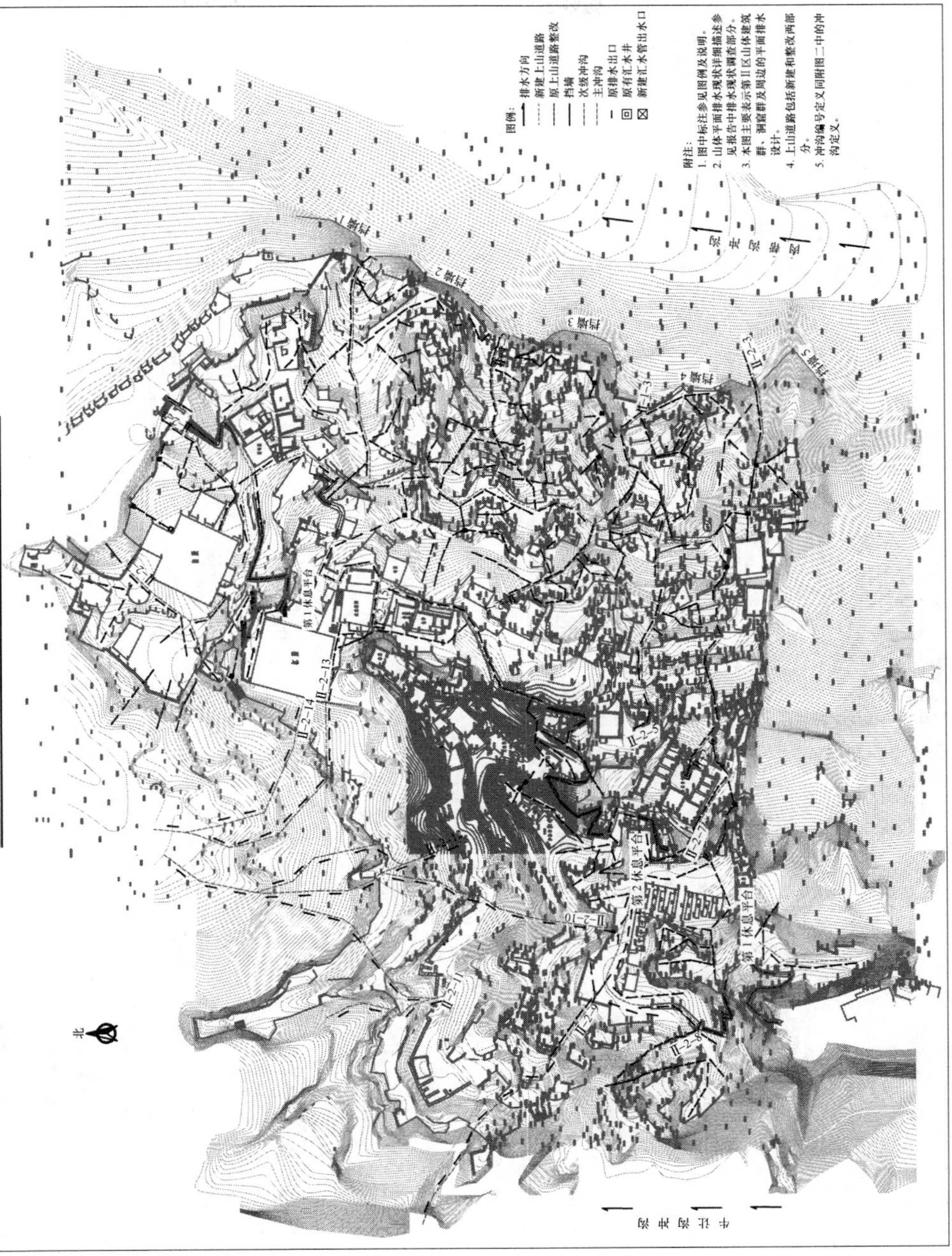

附图四　西藏古格王国遗址山体Ⅱ区平面排水设计图

附图五　西藏古格王国遗址山体Ⅲ区平面排水设计图

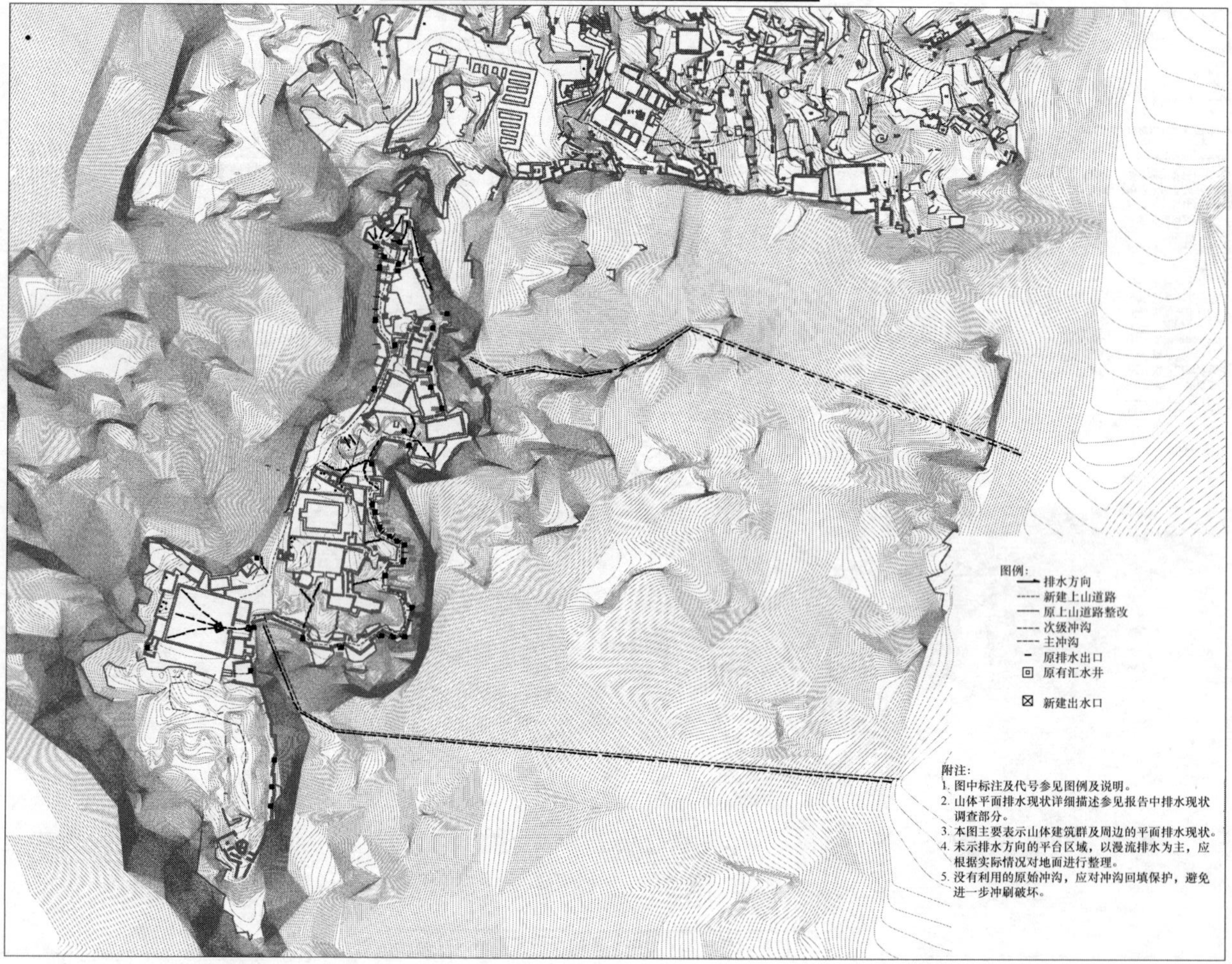

参考文献

[1] 人增多吉，张文生．阿里地区古格王国遗址调查记［J］．文物，1988，11.
[2] 欧朝贵．古格王国遗址［J］．西藏研究，1988，8(3)：51～59.
[3] 禾冉．“古格王国遗址”名称辨析［J］．西藏研究，2001，8(3)：18～22.
[4] 卢小飞．古格王国探源［J］．中国民族，1985(10).
[5] 宗同昌．古格王国侧记［J］．紫禁城，1989(01).
[6] 张国云．神秘的西藏古格王国遗迹［J］．科技潮，1999，07.
[7] 范春歌．西藏阿里“古格王国”探秘［J］．中国地名，2000，04.
[8] 喻天舒．传教士与古格王国的覆灭［J］．中国藏学，2007，01.
[9] 乐途．札达土林，追忆神秘的古格王国［J］．农村．农业．农民（B版），2007，03.
[10] 西藏自治区文物管理委员会编．古格故城［M］．北京：文物出版社，1991.
[11] 张建林．荒原古堡：西藏古格王国故城探察记［M］．成都：四川教育出版社，1996.
[12] 王辉，彭措朗杰．西藏阿里地区文物抢救保护工程报告［M］．北京：科学出版社，2002.
[13] 许耀华．科学发展观与南京历史文化名城保护［J］．南京社会科学，2004(5)：167～170.
[14] 王林．中外历史文化遗产保护制度比较［J］．城市规划，2000，24(8)：49～61.
[15] 吴志强．城市规划核心法的国际比较研究［J］．国外城市规划，2000(1)：1～7.
[16] ［英］大卫·沃伦．历史名城的保护规划：政策与法规［J］．国外城市规划，1995(1)：15～21.
[17] 阮仪三，程俐骢．建立我国历史性环境保护的法律体系［J］．同济大学学报（社会科学版），1999，10(3)：78～83.
[18] 王景慧．城市历史文化遗产保护的政策与规划［J］．城市规划，2002，2(1)：68～74.
[19] 王俊．浅谈历史文化古城保护［J］．山西建筑，2004，30(18)：6～7.
[20] 邱静雯．历史文化名城保护制度比较研究［J］．中州学刊，2003(1)：166～169.
[21] 苑利．日本文化遗产保护运动的历史和今天［J］．西北民族研究，2004(2)：132～138.
[22] 阮仪三．历史建筑与城市保护的历程［J］．时代建筑，2000(3)：10～13.
[23] 赵光宇，马晖．从《雅典宪章》到《北京宪章》——对居住问题的历史性思考［J］．华中建筑，2000，18(3)：16～17.
[24] 张松．日本历史环境保护的理论与实践［J］．清华大学学报（自然科学版），2000，40(s1)：44～48.
[25] 赵中枢．从文物保护到历史文化名城保护——概念的扩大与保护方法的多样化［J］．城市规划，2001，25(10)：33～36.
[26] 喻学才．遗址论［J］．东南大学学报（哲学社会科学版），2001，3(2)：45～49.
[27] 傅岩．历史园林：“活”的古迹——《佛罗伦萨宪章》解读［J］．古建园林技术，2004(2)：46～48.
[28] 徐惠平，王继青．可持续发展中的经济利益博弈研究［J］．复旦学报（社会科学版），2000(3)：119～124.

[29] 赵晓．从“华盛顿共识”到“北京共识”[J]．中国经济周刊，2004(33)：38.
[30] 杨予川．土遗址文物保护中多学科的作用 [J]．文物建筑，2007(I)：167～173.
[31] 王旭东．中国西北干旱环境下石窟与土建筑遗址保护加固研究 [D]．杭州：浙江大学，2002.
[32] 王旭东，李最雄，郭青林．干旱环境下土遗址风化加固室内实验研究 [A]．中国文物保护技术协会第二届学术年会论文集：238～248.
[33] 和玲．含氟聚合物及其对文物的保护研究 [D]．西安：西北工业大学，2001.
[34] 联合国科教文组织．文物保护中的适用技术 [M]．北京：中国对外翻译出版公司，1985.
[35] Danilo Ranalli, Marco Scozzafava, Marco Tallini. Ground penetrating radar investigations for the restoration of historic buildings: the case study of the Collemaggio Basilica (L' Aquila, Italy) [J]. Journal of Cultural Heritage, 2004(5): 91～99.
[36] 张寅生．物探在考古勘探中的应用初探 [J]．文物保护与考古科学，1990(6).
[37] 阎桂林．考古磁学-磁学在考古中的应用 [J]．物探与化探，1996(2)：141～148.
[38] 黄克忠，钟世航．云冈石窟风化的微测深试验 [J]．文物保护和考古研究，1989(1)：28～33.
[39] 钟世航．文物保护和考古工作中物探应用的新进展 [A]．勘探地球物理北京(89) 国际学术讨论会论文集，1989(8)：616～620.
[40] 钟世航．用物探方法解决文物保护和考古中某些难题 [J]．地球物理学报，1991(5)：636～643.
[41] 钟世航．用物探方法给乐山大佛诊断 [A]．《地球和地球物理》，地球物理科普文选第一集．北京：中国地质出版社，1994(6)：160～166.
[42] 钟世航．物探在考古及文物保护中的应用数例 [A]．1995 年中国地球物理学会第十一届年会论文集．北京：石油出版社，1995(10)：412～420.
[43] 钟世航．地球物理技术在我国考古和文物保护工作中的应用 [J]．地球物理学进展，2002，17(3)：498～506.
[44] 钟世航．我国考古和文物保护工作中物探技术的应用 [J]．文物保护与考古科学，2004，16(3)：58～64.
[45] 钟世航．石雕风化深度的检测及石窟岩体裂缝深度探查 [A]．2005 年云冈国际学术研讨会论文集·保护卷 [C]．北京：文物出版社，2006(8)：234～238.
[46] 孙秀容，许东儿，刘志高，等．绍兴城市广场大善寺塔基础稳定性地球物理评价 [A]．全国资源与环境调查暨工程检测新技术研讨会论文集，2001.
[47] 何满潮，韩雪，周旭荣，等．里耶地下秦代古城护城河空间位置低损探查 [J]．工程地质学报，2006：661～664.
[48] 刘成禹，何满潮，周旭荣，等．隐伏古护城河的勘察方法研究 [J]．工程勘察，2007(6)：66～69.
[49] 何满潮，周旭荣，韩雪，等．“中华第一井”遗址水文地质病害调查研究 [J]．中国地质灾害与防治学报，2006，17(4)：57～60.
[50] 沈鸿雁，袁炳强，肖忠祥，等．晋阳古城遗址考古地球物理特征 [J]．地球物理学进

展, 2008, 23(4): 1291 ~ 1298.

[51] 汪东云，张赞勋，傅林森，等. 宝顶山石窟区石刻保护水体质量评价 [J]. 工程勘察，1994(6): 30 ~ 36.

[52] 张赞勋，傅林森，汪东云，等. 北山石窟风化产物可溶盐形成的水文地球化学机理[J]. 工程勘察，1996(2): 37 ~ 42.

[53] 汪东云，张赞勋，傅林森，等. 宝顶山石窟造象岩壁风化产物化学特征及形成分析[J]. 工程地质学报, 1995, 3(3): 18 ~ 30.

[54] 汪东云，张赞勋，傅林森，等. 北山典型石窟渗水状况及变化趋势——典型窟渗水病害研究之一 [J]. 水文地质工程地质, 1994(2): 41 ~ 46.

[55] 汪东云，张赞勋，傅林森，等. 北山典型石窟风化产物化学特征及变化规律——典型窟渗水病害研究之二 [J]. 水文地质工程地质，1994(3): 14 ~ 21.

[56] 汪东云，傅林森，张赞勋，等. 北山石窟岩体风化现状及控制因素 [J]. 重庆建筑工程学院院报，1993，1.

[57] 张赞勋，汪东云，傅林森，等. 北山石窟岩体风化产物的形成及其破坏作用 [J]. 重庆建筑工程学院院报，1993(3) .

[58] 汪东云，张赞勋，傅林森，等. 北山石窟渗水特征及其对造象岩体的破坏作用 [J]. 水文地质工程地质，1993(6): 39 ~ 44.

[59] 李文军. 北石窟寺地下水与石窟岩体潮湿渗水的关系及地下水治理措施 [J]. 敦煌研究，2006(4): 109 ~ 115.

[60] 张红梅，马国栋，速宝玉. 大同云岗石窟文物渗水病害防治方案探讨 [J]. 水文地质工程地质，2004(5): 64 ~ 67.

[61] 蒋思维，谢本立. 大足北山石窟的水害和治理 [J]. 工程勘察，1995(6): 34 ~ 36.

[62] 周尚忠. 仿自然条件对云冈石窟风化的研究 [J]. 山西能源与节能，2003，12(4): 35 ~ 36.

[63] 方云，顾成权，严绍军，等. 河南洛阳龙门石窟溶蚀病害机理的研究 [J]. 现代地质，2003，12(4): 479 ~ 482.

[64] 周正强. 景泰县五佛沿寺石窟渗水治理 [J]. 甘肃水利水电技术，2009，44(4): 2262 ~ 2263.

[65] 王茹，金云霄. 龙门石窟皇甫公洞及路洞渗水病害初析 [J]. 洛阳大学学报，2006，21(2): 89 ~ 94.

[66] 李丽慧，牟会宠，杨志法，等. 龙游大型古地下洞室群 1 ~ 5 号洞水文地质与工程地质条件研究 [J]. 工程地质学报，2005，13(2): 206 ~ 211.

[67] 李黎，谷本親伯. 龙游石窟地质环境及病害的初步调查 [J]. 敦煌研究，2002(4): 92 ~ 97.

[68] 李黎，谷本親伯. 龙游石窟砂岩的水稳定性研究 [J]. 文物保护与考古科学，2005，17(4): 28 ~ 34.

[69] 李黎，王思敬，谷本親伯，等. 龙游石窟岩面水岩作用研究 [J]. 工程地质学报，2008，16(6): 798 ~ 805.

[70] 李黎. 中国龍遊洞窟における砂岩の風化特性に関する研究 [D]. 日本：大阪大

学，2006.
[71] 丁梧秀，陈建平，冯夏庭，等．洛阳龙门石窟围岩风化特征研究［J］．岩土力学，2004，25(1)：145～148.
[72] 张在明，秦建明，姜宝莲，等．陕西彬县大佛寺石窟的地质及考古调查［J］．西北地质，1994，15(1)：31～35.
[73] 石玉成．石窟文物病害成因分析及其对策研究［J］．自然灾害学报，1997，6(1)：104～110.
[74] 曹文炳，万力，曾亦键．云冈石窟洞窟内凝结水形成机制与防治研究［A］．2005年云冈国际学术研讨会论文集·保护卷［C］．2005：184～191.
[75] 孙兵．龙门石窟渗水病害机理分析及防渗材料试验研究［D］．北京：中国地质大学，2006.
[76] 甘向明．云冈石窟凝结水研究与防治［D］．北京：中国地质大学，2006.
[77] 姚增，周仲华，丁梧秀．敦煌石窟群围岩波动力学参数特征研究［J］．地质灾害与环境保护，1994，5(4)：25～32.
[78] 王旭东，张明泉，张虎元，等．敦煌莫高窟洞窟围岩的工程特性［J］．岩石力学与工程学报，2000，19(6)：756～761.
[79] 李最雄，王旭东．榆林窟东崖的岩体裂隙灌浆及效果的工地震检测［J］．敦煌研究，1994(2)：156～170.
[80] 王洪章．对洛阳龙门石窟环境隐患因素的分析［J］．军工勘察，1994(4)：44～47.
[81] 陈日，丁中华．风化及环境污染对云冈石窟的影响分析［J］．环境科学进展，1995，10，3(5)：57～61.
[82] 陈日．硫酸盐化速率对云冈石窟的环境污染分析及防治对策［J］．大同职业技术学院学报，2002，16(3)：64～67.
[83] 李海波，吴绵拔．龙门石窟文物区岩体波动测试与分析［J］．岩土力学，1995，16(3)：43～48.
[84] 马涛，和玲，Simon S. 超声波技术在大佛寺石窟石质保护中的应用［J］．文物保护与考古科学，1997，9(2)：33～39.
[85] 马涛，孙渊和，Simon S. 乾陵石刻内部裂隙的超声波探测研究［J］．文物保护与考古科学，2002，14(2)：9～20.
[86] 李俊如，黄理兴，李海波．利用超声波确定敦煌莫高窟洞壁力学特性［J］．辽宁工程技术大学学报（自然科学版），2001，20(4)：460～462.
[87] 赵以辛，王安建，张军，等．南响堂石窟表面粉尘特征及对石雕影响的研究［J］．环境科学研究，2002，15(6)：12～16.
[88] 赵以辛，王安建，赵不凋，等．南响堂石窟石雕风化壳形成机制与环境污染［A］．2005年云冈国际学术研讨会论文集·保护卷［C］．2005：201～210.
[89] 钟世航，黄克忠．用物探技术探查乐山大佛内部状况［J］．工程地球物理学报，2004，1(3)：226～230.
[90] 黄继忠，张俊芳．粉尘对云冈石窟石雕影响的研究［J］．文物保护与考古科学，2004，16(1)：1～8.

[91] 李耀刚，靳洪晓，彭涛，等. 物探新技术在云冈石窟防水保护勘察中的应用［A］. 2005 年云冈国际学术研讨会论文集·保护卷［C］. 2005：253 ~ 263.

[92] 陈祥，孙进忠，祁小博. 石质文物风化程度的超声波 CT 检测［J］. 岩石力学与工程学报, 2005, 24(1)：4970 ~ 4976.

[93] 温晓龙，牛春. 大气环境污染对云冈石窟的影响［A］. 2005 年云冈国际学术研讨会论文集·保护卷［C］. 2005：109 ~ 115.

[94] 梅宝，邓世坤，胡朝彬. 探地雷达技术在云冈石窟维护中的应用［J］. 工程地球物理学报，2006，3(6)：448 ~ 451.

[95] 李黎，王思敬，谷本親伯. 龙游石窟砂岩风化特征研究［J］. 岩石力学与工程学报，2008，27(6)：1217 ~ 1222.

[96] 李黎，谷本親伯. 龙游石窟砂岩的泥质胶结物研究［J］. 工程地质学报，2005，13(2)：189 ~ 194.

[97] 左健，许存义. 古壁画、陶彩颜料的拉曼光谱分析［J］. 光散射学报，1999，11(3)：215 ~ 219.

[98] 丁忠明，吴来明，孔凡公. 文物保护科技研究中的 X 射线照相技术［J］. 文物保护与考古科学，2006，18(1)：38 ~ 46.

[99] 杨宜民，冯敏，朱剑，等. 宣德官窑青花瓷的面扫描分析［J］. 光谱学与光谱分析，2004，24(8)：902 ~ 906.

[100] 杨军昌，韩汝玢. X 光照相技术在文物及考古学研究中的应用［J］. 文物保护与考古科学，2001，13 (1)：55 ~ 60.

[101] 杨志法，李丽慧，潘炜，等. 关于大型古地下工程若干问题的讨论［J］. 科学技术与工程，2003，3(5)：464 ~ 466.

[102] Talesnick M, Halzor Y H, Tsesansky M. The stability of ancient bell-shaped caverns at the Bet Guvrin National Park—a comprehensive geomechanical study［J］. Israel Journal of Earth Science，2000，49(2)：81 ~ 102.

[103] Talesnick M, Halzor Y H, Tsesansky M. The elastic deformability and strength of a high porosity, anisotropic chalk［J］. International Journal of Rock Mechanics & Mining Sciences. 2001，38：543 ~ 555.

[104] Halzor Y H, Talesnick M, Tsesansky M. Continuous and discontinuous stability of the bell-shaped caverns at Bet Guvrin Israel［J］. International Journal of Rock Mechanics & Mining Sciences. 2002，39：867 ~ 886.

[105] 孙钧，凌建明，贾岗，等. 从工程科学角度看浙西大地的龙游石窟［J］. 岩石力学与工程学报, 2001，20(1)：131 ~ 133.

[106] 杨志法，李丽慧，张路青，等. 关于龙游石窟 4 号洞 4-2 号岩柱长期抗剪强度反分析问题的讨论［J］. 工程地质学报，2005，13(1)：62 ~ 67.

[107] 李丽慧，杨志法，张路青，等. 关于龙游石窟斜顶“设计”中工程科学问题的探讨［J］. 岩石力学与工程学报，2005，24(2)：336 ~ 343.

[108] 李丽慧，杨志法，牟会宠，等. 邯郸北响堂寺 3 号石窟的工程科学亮点研究［J］. 岩土力学，2004，25(9)：1460 ~ 1464.

[109] 中国科学院地质研究所，中国岩石力学工程学会咨询部．河北邯郸北响堂寺石窟的地质环境（研究报告之一）[R]．北京：中国科学院地质研究所，1992.

[110] 中国科学院地质研究所，中国岩石力学工程学会咨询部．河北邯郸北响堂寺石窟稳定性分析及工程处理建议（研究报告之二）[R]．北京：中国科学院地质研究所，1992.

[111] 中国科学院地质研究所，中国岩石力学工程学会咨询部．北响堂寺 3 号窟三维弹性有限元应力分析和稳定性初步评价（研究报告之三）[R]．北京：中国科学院地质研究所，1992.

[112] 郭改梅，杨志法，陶波，等．龙游牛场古地下洞室群岩柱的长期抗拉强度反演 [J]．工程地质学报，2006，14(4)：449 ~ 453.

[113] 郭改梅，杨志法，陶波，等．浙江龙游牛场古地下洞室群 1 号洞顶板长期抗拉强度估算 [J]．吉林大学学报（地球科学版），2007，37(4)：783 ~ 788.

[114] 赵立新，肖成忠．龙游石窟 3 号洞东区洞顶围岩稳定分析及加固措施 [J]．中国科技信息，2007（18）：73 ~ 74.

[115] 王宏伟，孙风贤．花山谜窟景区 2 号、35 号洞窟稳定性分析研究 [J]．上海地质，2007，4：14 ~ 20.

[116] 祝介旺，柏松，刘恩聪．龙游石窟结构的力学思想 [J]．岩土力学，2008，29(9)：2427 ~ 2432.

[117] 张成渝．洛阳龙门石窟水的赋存对岩体稳定性的影响 [J]．北京大学学报（自然科学版），2003，39(6)：829 ~ 834.

[118] 张成渝．洛阳龙门石窟岩体振动疲劳效应初析 [J]．北京大学学报（自然科学版），2002，38(6)：809 ~ 816.

[119] 丁梧秀，蔡丽朋，陈建平，等．洛阳龙门石窟围岩风化层结构特性研究 [J]．洛阳大学学报，2003，18(4)：79 ~ 82.

[120] 石玉成．石窟防震减灾与文物保护 [J]．灾害学，1998，13(4)：90 ~ 94.

[121] 石玉成，蔡红卫，徐晖平，等．石窟围岩及其附属构筑物地震稳定性评价方法研究[J]．西北地震学报，2003，22(1)：83 ~ 89.

[122] 晏鄂川，方云．云冈石窟立柱岩体安全性定量评价 [J]．岩石力学与工程学报，2004，23(增 2)：5046 ~ 5049.

[123] 王芝银，李云鹏，杨志法，等．石窟薄层顶板破坏的早期潜在原因分析 [J]．岩土力学，2004，25(10)：1531 ~ 1536.

[124] 曾庆利，宋玉环，杨志法，等．安徽花山古代大型地下洞室群工程地质条件与变形破坏规律研究 [J]．水文地质工程地质，2007，2：15 ~ 19.

[125] 杨志法，宋玉环，曾庆利．花山谜窟工程地质力学初步考察报告 [R]．2005.

[126] 牟会宠，杨志法，伍法权．石质文物保护的工程地质力学研究 [M]．北京：地震出版社，2000.

[127] 何满潮，金永军，孙晓明，等．布达拉宫地基岩体稳定性研究 [J]．吉林大学学报（地球科学版），2003，33(4)：514 ~ 518.

[128] 何满潮，韩雪，刘成禹，等．西藏布达拉宫西印经院稳定性研究 [J]．岩石力学与工

程学报，2006，25(9)：1784～1789.

[129] 何满潮，韩雪，刘成禹，等．布达拉宫西印经院地基应力特征与结构变形分析 [J]．岩土力学，2007，28(2)：283～292.

[130] 何满潮，刘成禹，王树仁，等．国家重点文物保护工程——高句丽将军坟变形破坏机理研究 [J]．岩石力学与工程学报，2005，24(13)：2220～2224.

[131] 刘成禹，何满潮．古王陵变形破坏机理及稳定性研究——以国家重点文物高句丽太王陵为例 [J]．水文地质工程地质，2007(5)：25～28.

[132] 和玲，梁国正．偏氟聚物加固保护土质文物的研究 [J]．敦煌研究，2002(6)：92～108.

[133] 周双林，原思训，杨宪伟，等．丙烯酸非水分散体等几种土遗址防风化加固剂的效果比较 [J]．文物保护与考古科学，2003，15(2)：40～48.

[134] 周双林，王雪莹，胡原，等．辽宁牛河梁红山文化遗址土体加固保护材料的筛选 [J]．岩土工程学报，2005，27(5)：567～570.

[135] 周双林．文物保护用有机高分子材料及要求 [J]．四川文物，2003(3)：94～96.

[136] 周双林，原思训．有机硅改性丙烯酸树脂非水分散体的制备及在土遗址保护中的试用 [J]．文物保护与考古科学，2004，16(4)：50～52.

[137] 周双林．土遗址防风化加固保护材料研制及在秦俑土遗址的试用 [D]．北京：北京大学，2000.

[138] 李最雄．丝绸之路古遗址保护 [M]．北京：科学出版社，2003.

[139] 苏伯民，李最雄，胡之德．PS 与土遗址作用机理的初步探讨 [J]．敦煌研究，2000(1)：30～35.

[140] 王银梅．西北干旱区土建筑遗址加固概述 [J]．工程地质学报，2003，11(2)：189～192.

[141] 中国对外翻译出版公司，联合国教科文组织出版办公室．文物保护工作中的适用技术 [M]．北京：中国建筑工业出版社，1985.

[142] 范章．SV-Ⅱ灌缝胶及其在古建筑土坯堵体加固中的应用 [J]．西北建筑与建材，2003(5)：26～28.

[143] 杨涛，李最雄，湛文武．PS-F 灌浆材料的物理力学性能 [J]．敦煌研究，2005(4)：40～50.

[144] 庞正智．加固交河古代遗址裂缝 [J]．文物，1997(11)：88～91.

[145] 熊厚金，胡一红，张展．高分子灌浆防水加固技术对沙土层文物的原位保护 [M]．见：国家文物局文物一处编．文物科学技术成果应用指南．

[146] Giacomo Chiari. Chemical treatments and capping techniques of earthen structures : a long-term evaluation [A]. In : 6th International Conference on the Conservation of Earthen Architecture [C]. Las Cruces, New Mexico, U. S. A. , October 14～16, 1990：267～270.

[147] 周双林．土遗址防风化保护概况 [J]．中原文物，2003(6)：78～83.

[148] 单玮，张康生，刘世勋．秦俑一号坑碳化遗迹的加固 [A]．见：秦始皇兵马俑博物馆编．秦俑学研究 [M]．西安：陕西人民教育出版社，1996：1385～1387.

[149] 张宗仁，樊北平．几处商秦土遗迹的保护 [A]．见：秦始皇兵马俑博物馆编．秦俑学

研究［M］. 西安：陕西人民教育出版社，1996：1379～1383.
［150］李最雄，王旭东，孙满利．交河故城保护加固技术研究［M］. 北京：科学出版社，2008.
［151］王旭东．中国西北干旱环境下石窟和土遗址保护加固研究［D］. 兰州：兰州大学，2003.
［152］黄克忠．岩土文物建筑的保护［M］. 北京：中国建筑工业出版社，1998：109.
［153］李最雄．PS 加固土质石质文物的稳定性和强度问题［J］. 敦煌研究，1996(3)：96～111.
［154］李最雄，王旭东，田淋．交河故城土建筑遗址的加固实验［J］. 敦煌研究，1997(3)：171～181.
［155］李最雄，王旭东，张志军，等．秦俑坑土遗址的加固实验［J］. 敦煌研究，1998(4)：151～158.
［156］李最雄，王旭东，郝利民．室内土建筑遗址的加固实验［J］. 敦煌研究，1998(4)，144～149.
［157］李最雄，王旭东．古代土建筑遗址的加固研究［J］. 敦煌研究，1995（3）：1～17.
［158］赵海英，李最雄，韩文峰，等．PS 材料加固西北干旱区土遗址试验研究［J］. 湖南科技大学学报（自然科学版），2008，23(1)：45～49.
［159］周环，张秉坚，李最雄，等．潮湿环境土遗址的防水与加固保护研究［A］. 第三届文物保护技术协会论文集，2006：47～51.
［160］涂晓，陈平．高昌古城土遗址加固工程冻融试验研究［J］. 四川建筑，2008，28(6)：74～75.
［161］张慧，李玉虎，万俐，等．土遗址防风化加固材料的研制及加固性能比较研究［J］. 东南文化，2008(2)：91～96.
［162］李最雄．我国古丝绸之路土遗址保护加固研究［A］. 见：甘肃省化学会成立六十周年学术报告会暨二十三届年会论文集，2003：59～65.
［163］李小洁，林金辉，万涛．一种新型土遗址加固材料的制备及加固效果评价［J］. 成都理工大学学报（自然科学版），2006，33(3)：321～326.
［164］周环，张秉坚，李最雄．用潮汽固化有机硅材料保护潮湿环境土遗址［A］. 见：中国文物保护技术协会第二届学术年会论文集，2002：253～257.
［165］Las Cruces. 6th International Conference on Conservation of Earthen Architecture. New Mexico U. S. A，October，14～16：248～267.
［166］Study of the interpretation and location of the ruin of the ancient Graves using Remote Sensing Technique. Dewen，Song（Ministry of Coal Industry in China）；Sihan，Yao Source：Proceedings of SPIE- The International Society for Optical Engineering，v 1395 pt 2，1990：964～973.
［167］日本东京国立文化财研究所．东京国立文化财研究所概要［M］. 东京：1993.
［168］New methods for the Problem of collective ruin. Peters，Craig Steven（Univ of California）；Mangel，Marc Source：SIAM Journal on Applied Mathematics，1990，50（5）：1442～1456.

[169] 张志军．秦兵马俑文物保护研究［M］．西安：陕西人民教育出版社，1998.

[170] 杨予川．应用PS材料对三门峡国墓地车马坑的加固保护［J］．敦煌研究，1997(3)：177～181.

[171] 周双林，杨颖亮，等．潮湿土遗址加固保护材料的初步筛选［A］．中国文物保护技术协会第二届学术年会论文集，2002：229～237.

[172] 周双林，潘小伦．非水分散体加固剂固结砂土能力的研究［J］．文物保护与考古科学，2004，16(1)：52～55.

[173] 陈怡名，刘弘祥，张吉佐．钢纤维混凝土应用于台湾地下洞窟支撑之介绍［A］．海峡两岸土力学及基础工程（地工技术）学术研讨会论文集，西安，1994(10)：567～574.

[174] 刘芳珍．彬县大佛寺石窟危岩加固设计与施工［J］．岩土工程学报，1998，20(5)：112～115.

[175] 石玉成，蔡红卫．石窟围岩及其附属构筑物地震稳定性评价方法研究［J］．西北地震学报，2000，22(1)：83～89.

[176] 石玉成，秋仁东．预应力锚索加固石窟围岩的地震响应的数值模拟分析研究［J］．防震减灾工程学报，2007，27(4)：436～450.

[177] 秋仁东．地震荷载作用下预应力锚索加固石窟围岩的动力响应研究［D］．兰州：中国地震局兰州地震研究所，2006.

[178] 秋仁东，石玉成，徐舜华，等．预应力锚索加固石窟岩体的地震动力响应研究［J］．西北地震学报，2007，29(1)：49～53.

[179] 秋仁东，石玉成．地震荷载作用下石窟的震害特征及抗震加固［J］．灾害学，2006，21(1)：38～42.

[180] 刘丽萍，李国祥，魏国安．灌浆锚杆在庆阳北石窟寺165号洞窟病害治理中的应用［J］．路基工程，2001(6)：68～70.

[181] Wang Yousong, Zhang Yan. Research on the Strengthening Method of Unsafe Rocks at Tianlongshan Grottoes［J］. Journal of South China University of Technology（Natural Science Edition）, 2002, 30(1)：79～83.

[182] 高峰，石玉成，韦凯．锚杆加固对石窟地震反应的影响［J］．世界地震工程，2006，22(2)：84～88.

[183] 张旺民，肖成忠．锚喷技术在龙游石窟4#、5#洞抢险加固中的应用［J］．湖南水利水电，2006(2)：36～37.

[184] 蒲有林．预应力锚索在石窟文物保护中的应用［J］．山西建筑，2007，33（19）：86～87.

[185] 杨志法，王思敬，许兵．龙游石窟群工程地质条件分析及保护对策初步研究［J］．工程地质学报，2000，8(3)：291～295.

[186] 李丽慧，杨志法，岳中琦，等．龙游大型古洞室群变形破坏方式及加固方法研究［J］．岩石力学与工程学报，2005，24(12)：2018～2028.

[187] 王现国，彭涛，郭友琴，等．龙门石窟变形破坏原因及保护对策［J］．中国地质灾害与防治学报，2006，17(1)：130～132.

[188] 李丽慧，杨志法，潘炜，等．龙门大型古地下洞室群加固方法的探讨［J］．岩石力学与工程学报，2004，25(6)：98～101.
[189] 张晓华，金昌明，陆学年．碳纤维材料在加固石窟工程中的应用［J］．西部探矿工程，2005，111（增）：382～383.
[190] 王金华．锚固加固技术及其在石质文物保护领域中的应用［A］．见：2005年云冈国际学术研讨会论文集·保护卷［C］．2005：310～321.
[191] 李最雄．锚固支护在土遗址保护工程中的应用与分析——新疆交河故城抢险加固工程．第四届中国岩石锚固与注浆学术会议论文集，2007：284～287.
[192] 赵明霞．浅谈土遗址加固保护的措施［J］．山西建筑，2008，34(8)：144～145.
[193] 孙满利，王旭东，李最雄，等．木质锚杆加固生土遗址研究［J］．岩土工程学报，2006，28(12)：2156～2159.
[194] 赵冬，毛筱霏，陈平．土工长丝锚杆加固土建筑遗址研究［J］．工业建筑，2008，38(1)：114～116.
[195] 宁甲旭，马洪超，刘兴龙．在石质性文物保护工程中如何提高锚杆抗拔力［J］．岩土工程界，2008，11(8)：75～76.
[196] 周环．潮湿环境土遗址的加固保护研究［D］．杭州：浙江大学，2008.
[197] 周环，张秉坚，陈港泉，等．潮湿环境下古代土遗址的原位保护加固研究［J］．岩土力学，2008，29(4)：954 ～ 962.
[198] 李心坚．龙门石窟保护中的灌浆技术［J］．雕塑，2008（6）：36～37.
[199] 刘伟，等．西藏自治区札达土林自然保护区综合考察报告［R］．西藏地矿厅第二地质大队，1999.
[200] 雷宛，校宏跃，邓一谦．工程与环境物探教程［M］．北京：地质出版社，2006.
[201] 周莉．深井软岩水理特性试验研究［D］．北京：中国矿业大学，2008.
[202] 何满潮，周莉，李德，等．深井泥岩吸水特性试验研究［J］．岩石力学与工程学报，2008，27(6)：1113～1120.
[203] 李智毅，杨裕云．工程地质学概论［M］．武汉：中国地质大学出版社，1994.
[204] 何满潮，景海河，孙晓明．软岩工程力学［M］．北京：科学出版社，2002.
[205] Itasca Consulting Group Inc. FLAC^{2D} (Version 2.0) users manual [R]. USA: Itasca Consulting Group Inc., 1997.
[206] Damjanac B, Detoumay E, Huang H. Effects of underground nuclear tests in French Polynesia on the stability of atoll flanks [A]. In: FLAC and Numerical Modeling in Geomechanics [C]. Dectoumay, Hart ed. Rotterdam: A. A. Balkema. 1999, 23～31.
[207] Kieffer D S, Goodman R E. Evaluating an old gravity dam on a soft foundation using FLAC [A]. In: FLAC and Numerical Modeling in Geomechanics [C]. Dectoumay, Hart ed. Rotterdam: A. A. Balkema. 1999, 33～37.
[208] 寇晓东，周维垣，杨若琼，等．FLAC^{3D}进行三峡船闸高边坡稳定分析［J］．岩石力学与工程学报，2001，20(1)：6～10.
[209] 杜守继，职洪涛，翁慧俐，等．高速公路软岩隧道复合支护机理的FLAC解析［J］．中国公路学报，2003，16(2)：70～77.

[210] 梁海波，李仲奎，谷兆祺．FLAC 程序及其在我国水电工程中的应用 [J]．岩石力学与工程学报，1996，15(3)：225 ~ 230.
[211] 朱建明，徐秉业，朱峰，等．FLAC 有限差分程序及其在矿山工程中的应用 [J]．中国矿业，2000，9(4)：78 ~ 82.
[212] 康红普．回采巷道锚杆支护影响因素的 FLAC 分析 [J]．岩石力学与工程学报，1999，18(5)：497 ~ 502.
[213] 谢和平，周宏伟，王金安，等．FLAC 在煤矿开采沉陷预测中的应用及对比分析 [J]．岩石力学与工程学报，1999，18(4)：397 ~ 401.
[214] 来兴平，伍永平，蔡美峰．FLAC 在地下巷道离层破坏非线性数值模拟中的应用 [J]．西安科技学院学报，2000，20(3)：193 ~ 195.
[215] 林忠明，陈忠辉，王家臣，等．眼前山铁矿边坡稳定性 FLAC 模拟与损伤分析 [J]．岩石力学与工程学报，2002，21(增 2)：2393 ~ 2398.
[216]《工程地质手册》编写委员会．工程地质手册 [M]．3 版．北京：中国建筑工业出版社，1992.
[217] 黄润秋，陈尚桥．重庆市浅埋地下洞室安全顶板厚度研究 [J]．工程地质学报，1998，2：120 ~ 127.
[218] 黎斌，范秋雁，秦凤荣．岩溶地区溶洞顶板稳定性分析 [J]．岩石力学与工程学报，2002，21(4)：532 ~ 536.
[219] 廖春芳，彭衡和，曹文贵，等．岩溶及采空区路基岩层顶板安全厚度确定方法研究 [J]．公路，2003，1(1)：2 ~ 5.
[220] 向贤礼，曾祥忠．岩溶地区路基溶洞顶板的稳定性评价及应用 [J]．西部探矿工程，2007，6：164 ~ 167.
[221] 王旭，王宏，王文辉．人工神经网络原理与应用 [M]．沈阳：东北大学出版社，2000：3 ~ 4.
[222] Hechi-Nielsen R. Theory of the back propagation neural network [M]. Proc. of IJCNN, 1989 (1)：593 ~ 603.
[223] 张际先，宓霞．神经网络及其在工程中的应用 [M]．北京：机械工业出版社，1996.
[224] 冯紫良，孙海涛，王树娟．用人工神经网络预测单桩竖向承载力 [J]．同济大学学报，1999(8)：397 ~ 401.
[225] Sarma. S. K. Stabitity analysis of embankments and slope, Geotech. Eng. Div., 1979, Vol. 105, GT12：1512 ~ 1514.
[226] 何满潮，霍起元．萨尔玛方法及其应用 [J]．长春地质学院学报，1986(1).
[227] He Manchao etc. Slope Stability Analysis of North wall of Fushun Open-pit, Field Measurements in Geomechanics. sakurai, (ed), 1988.
[228] 何满潮．FWOP 边坡稳定性工程岩体力学分析及 GOLDER 公司设计中的理论问题探讨 [D]．北京：中国矿业大学，1989.
[229] 何满潮．露天矿高边坡工程 [M]．北京：煤炭工业出版社，1991.
[230] Bishop. A. W. The Use of the Slip Circle in the Stability Analysis of Slope [J]. Geotechnique, 1995, 5(1)：7 ~ 17.

[231] 姚爱军. 边坡工程稳定性耦合分析理论与方法研究 [D]. 北京：中国矿业大学，1999.
[232] 姚爱军，薛廷河. 复杂边坡稳定性评价方法与工程实践 [M]. 北京：科学出版社，2008.
[233] 韩雪. 平庄露天矿边坡稳定性远程监控系统及预测预报方法 [D]. 北京：中国矿业大学，2007.
[234] 何满潮. 滑坡地质灾害远程监测预报系统及其工程应用 [J]. 岩石力学与工程学报，2009，28(6)：1081～1090.

冶金工业出版社部分图书推荐

书　名	作　者	定价（元）
现代金属矿床开采科学技术	古德生　等著	260.00
采矿工程师手册（上、下册）	于润沧　主编	395.00
现代采矿手册（上、中、下册）	王运敏　主编	1000.00
我国金属矿山安全与环境科技发展前瞻研究	古德生　等著	45.00
深井开采岩爆灾害微震监测预警及控制技术	王春来　等著	29.00
地下金属矿山灾害防治技术	宋卫东　等著	75.00
中厚矿体卸压开采理论与实践	王文杰　著	36.00
采矿学（第2版）（国规教材）	王　青　等编	58.00
地质学（第4版）（国规教材）	徐九华　等编	40.00
工程爆破（第2版）（国规教材）	翁春林　等编	32.00
采矿工程概论（本科教材）	黄志安　等编	39.00
矿山充填理论与技术（本科教材）	黄玉诚　编著	30.00
高等硬岩采矿学（第2版）（本科教材）	杨　鹏　编著	32.00
矿山充填力学基础（第2版）（本科教材）	蔡嗣经　编著	30.00
采矿工程CAD绘图基础教程（本科教材）	徐　帅　等编	42.00
露天矿边坡稳定分析与控制（本科教材）	常来山　等编	30.00
地下矿围岩压力分析与控制（本科教材）	杨宇江　等编	39.00
碎矿与磨矿（第3版）（本科教材）	段希祥　主编	35.00
新编选矿概论（本科教材）	魏德洲　等编	26.00
矿山岩石力学（本科教材）	李俊平　主编	49.00
土木工程安全管理教程（本科教材）	李慧民　主编	33.00
土木工程安全检测与鉴定（本科教材）	李慧民　主编	31.00
地下建筑工程（本科教材）	门玉明　主编	45.00
岩土工程测试技术（本科教材）	沈　扬　主编	33.00
地基处理（本科教材）	武崇福　主编	29.00
土木工程施工组织（本科教材）	蒋红妍　主编	26.00
土力学与基础工程（本科教材）	冯志焱　主编	28.00
金属矿床开采（高职高专教材）	刘念苏　主编	53.00
金属矿山环境保护与安全（高职高专教材）	孙文武　等编	35.00
井巷设计与施工（高职高专教材）	李长权　等编	32.00